차근차근
배우는

C 프로그래밍 기초

저자 소개

강동진 · 류춘하 · 박보석 · 송무희 · 하숙정

저자들이 소속된 경북대학교 교양전산교육부는 교내 IT 활용과 프로그래밍 등 실무형 정보화 교육 및 교양 교육을 담당하고 있다. 저자들은 IT 교육의 실용성을 확보하기 위한 실무형 프로그래밍 교육으로 SOHO비즈니스 프로그램, 오피스 활용, SW콘텐츠 제작, 멀티미디어 활용을 비롯하여, 소프트웨어 프로그래밍 관련 과목인 C언어, 자바, C++ 등 컴퓨터 관련 강의를 수년간 하고 있으며 매년 교재도 개발하고 있다.
학교 강의 외 초청 특강, 모바일용 앱 및 웹 기반 솔루션 개발에도 다양하게 참여하고 있으며, 논문 발표 및 학술 관련 연구 개발도 지속적으로 하고 있다.

강동진 djkang@knu.ac.kr | **류춘하** chryu@knu.ac.kr | **박보석** boseok4u@knu.ac.kr
송무희 mhsong@knu.ac.kr | **하숙정** sjha@knu.ac.kr

차근차근 배우는

C 프로그래밍 기초

초판 1쇄 2017년 2월 1일 • **초판 4쇄** 2022년 8월 9일
지은이 강동진·류춘하·박보석·송무희·하숙정 • **펴낸이** 홍원화 • **펴낸 곳** 경북대학교출판부
출판등록 1973년 10월 10일 ㉣97호 • **주소** 대구광역시 북구 대학로 80
전화 053-950-3830 • **팩스** 053-953-4692 • **이메일** press@knu.ac.kr
홈페이지 http://knupress.com
ISBN 978-89-7180-451-3 93560

* 정가는 뒤표지에 있습니다. 파본은 바꾸어 드립니다.

차근차근 배우는 C PROGRAMMING 프로그래밍 기초

강동진 · 류춘하 · 박보석 · 송무희 · 하숙정 지음

경북대학교출판부

머리말

오늘날 정보통신기술과 인터넷의 발전으로, 창의적인 아이디어나 기술 기반의 높은 부가가치 창출을 위해 다양한 문제 해결 능력이 요구되고 있다. 각종 정보 기기를 활용해 문제 해결 능력을 키우고 논리적 사고력을 향상시키기 위해 다양한 방법이 연구되고 있는데, 가장 대표적으로 프로그래밍 언어를 통해 프로그램을 작성함으로써 문제를 분석하고 알고리즘을 설계하며, 이런 일련의 과정 안에서 문제 해결 방안을 찾아내는 방식이 활용되고 있다.

본 교재는 가장 널리 사용하는 프로그래밍 언어인 C언어를 사용하여 정보 처리 업무의 신속성과 정확성을 높이고, 자동화를 위한 일련의 과정들을 프로그래밍함으로써 문제를 분석하고 해결하는 능력을 기를 수 있도록 하였다. 이를 위해 실제 업무와 동일한 사고와 처리 방식으로 실습할 수 있도록 실습 예제에서 해결 과정을 제시한 후 직접 코드를 작성할 수 있게 하였으며, 다양한 프로그램을 분석하고 이해하는 과정을 반복함으로써 보다 확장되고 조직화된 문제 해결 능력을 키울 수 있도록 하였다.

모든 프로그래밍 언어에서 가장 기본이 되는 언어가 C언어이다. 다른 어떤 언어를 공부하더라도 C언어가 기반이 된다. 본 교재는 이런 C언어의 중요성을 고려하여 학생들이 프로그래밍 과정을 체계적으로 공부할 수 있도록 총 12단원으로 구성하였다. 학생들은 각 단원별로 C언어의 기본 구문을 차근차근 익히며 다양한 실습 문제를 풀어 가는 과정에서 C언어의 구문뿐만 아니라 요구사항 분석, 문제해결 방안, 알고리즘, 코딩, 디버깅, 실행 등의 프로그래밍 과정을 공부한다. 각 파트는 다시 세부적으로 특정 주제를 포함한 소단원으로 나뉘며 각 단원이 끝날 때마다 프로그램 실습 문제가 제시되어, 학생들이 직접 코드를 작성해 스스로 문제를 해결하는 능력을 키울 수 있다. 또한 향후 자신의 전공 분야에 필요한 문제 해결 능력도 기를 수 있다.

본 교재로 프로그램을 공부하는 학생들이 프로그래밍에 흥미를 느끼고 실력을 쌓아 나가는 데 조금이나마 도움이 되기를 기대한다.

2017년 1월

저자를 대표하여 **강동진**

Chapter 1 C언어 시작하기

Chapter 2 변수

C 프로그래밍 기초

Chapter 3 입력과 출력

Chapter 4 연산자

Chapter 5 조건문

Chapter 6 반복문

Chapter 7 배열

Chapter 8 2차원 배열

Chapter 9 문자열

Chapter 10 함수

C 프로그래밍 기초

Chapter

C PROGRAMMING

1 C언어 시작하기

1.1 프로그램 및 C언어

1.2 프로그램 개발 과정

1.3 개발 툴 사용하기

1.4 프로그래밍 실습

1.1 프로그램 및 C언어

1.1.1 컴퓨터란

컴퓨터는 데이터(data)를 프로그램으로 처리하여 정보(information)로 변환하는 장치들의 모임이다. 주변에서 흔히 보는 컴퓨터는 개인용 컴퓨터(PC: Personal Computer), 스마트폰(smart phone) 등이 있다.

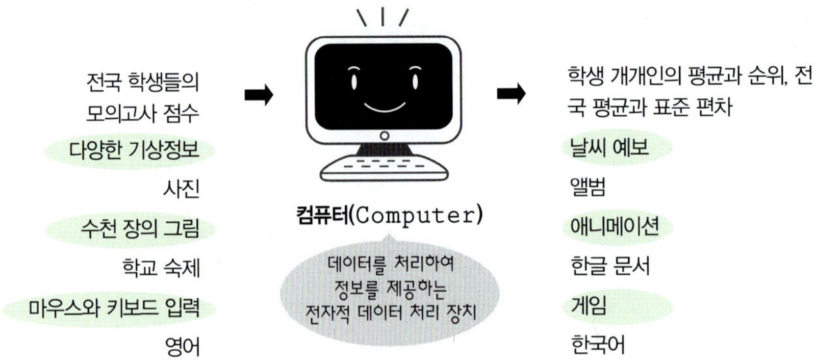

[그림 1-1] 컴퓨터의 역할

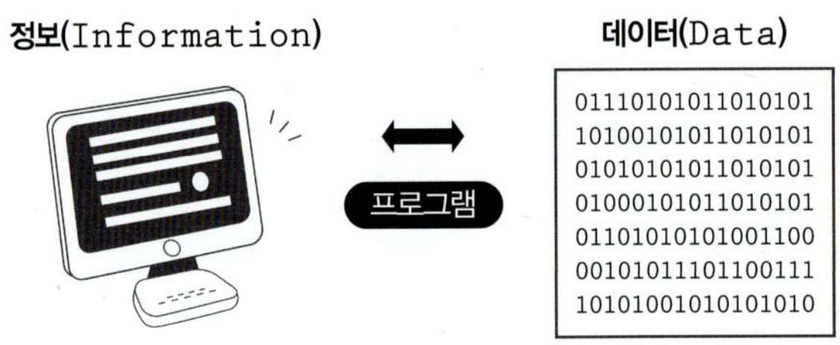

[그림 1-2] 컴퓨터와 프로그램

컴퓨터를 구성하는 물리적 장치를 하드웨어(hardware)라고 하는데, 중앙처리장치(CPU: Central Processing Unit), 기억장치(주기억장치, 보조기억장치), 입력장치, 출력장치로 구성된다.

CPU는 기계어로 쓰인 컴퓨터 프로그램의 명령어를 해석하여 실행한다. 즉, 프로그램에 따라 외부에서 정보를 입력 · 기억 · 연산하고 출력장치로 출력한다. CPU는 구성요소와 정보를 교환하면서 컴퓨터 전체의 동작을 제어한다. 주기억장치(메모리)는 프로그램과 프로그램 수행에 필요한 데이터와 연산 결과 데이터 등을 임시로 기억하는 장치로서, 사람의 뇌에서 단기 기억 장소에 해당한다. 반면 보조기억장치는 영구적으로 저장하는 장치로서, 하드디스크, CD-ROM 등이 있으며 사람의 두뇌에서 장기 기억 장소나 노트 등에 해당한다.

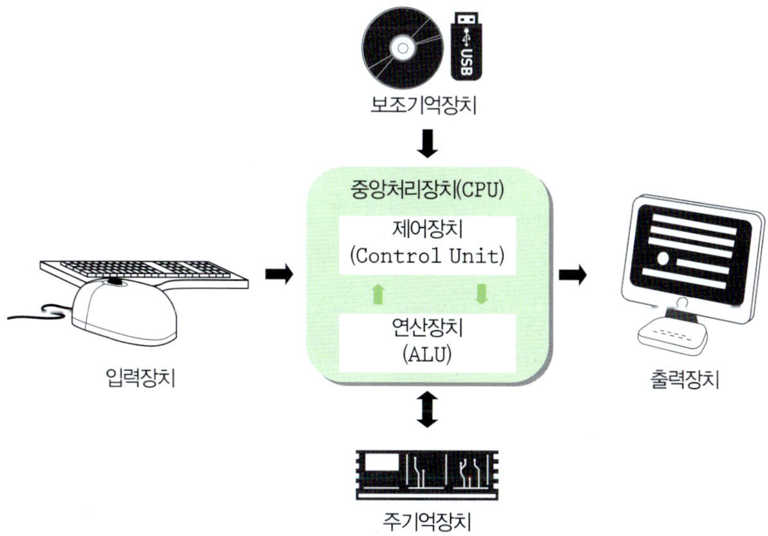

[그림 1-3] 컴퓨터의 구성 요소

1.1.2 프로그램이란

보고서 작성, 인터넷 정보 검색, 계산 작업, 데이터 정리 등 우리는 컴퓨터를 이용하여 다양한 작업들을 처리한다. 이러한 작업들은 컴퓨터 내에 설치된 프로그램을 이용하게 되는데, 이러한 프로그램을 만드는 과정을 프로그래밍(programming)이라고 한다. 프로그램은 특정 프로그래밍 언어에 의해 작성된다. 즉, 다시 말해 프로그래밍 언어를 이용하여 특정한 문제를 해결하기 위해 상세한 계획이나 절차를 만드는 과정이 프로그래밍 또는 코딩(coding)이고 그 결과물이 프로그램이다. 프로그램은 다른 용어로 소프트웨어(software)라고도 한다.*

---

* 프로그램은 넓은 의미에서 순서를 나열한 것을 뜻한다. 운동회, 발표회, TV 방송 등의 절차 또는 순서를 일반적으로 프로그램이라고 한다("음악회, 오페라, 발레 등의 상연 곡목이나 그 밖의 필요사항을 기재한 리스트"—위키피디아). 컴퓨터 프로그램은 컴퓨터로 특정 작업을 수행하기 위한 명령어의 나열로서, 소프트웨어 프로그램 또는 일반적으로 프로그램이라고 한다.

CPU는 메모리와 동일하게 0과 1을 기본 소자로 하는 트랜지스터(transistor, 스위치)로 구성된다. CPU는 명령(instruction)을 입력받아 해석하여 연산을 수행하거나, 해당 제어 신호를 주변장치(입출력장치, 기억장치)에 전달하는 역할을 한다. 즉, CPU는 제어, 산술/논리 연산을 위한 명령어를 가진다. 이와 같이 CPU가 해석할 수 있는 명령어를 기계어(machine language)라고 한다. CPU는 기계어로 된 프로그램을 해석한 후 실행한다. 예를 들어 프로그램은 윈도우즈 운영 체제에서 exe확장자를 가지며 기계어로 만들어져 있다. 다음은 프로그램이 운영 체제에 의해 실행되는 과정을 간략히 설명한 것이다.

① 바탕화면의 '메모장'을 더블클릭하거나 [시작]–[실행]에서 'notepad'를 입력한다.
② 운영 체제가 보조기억장치인 하드디스크에 있는 해당 프로그램(C:\Windows\notepad.exe)을 주기억장치에 로드(load, 탑재)한다. 로드라는 것은 '싣다'라는 의미이며 실제로 복사한다는 뜻이다.
③ 탑재된 프로그램의 첫 번째 명령어를 CPU에 전달한다.
④ CPU는 해당 명령어를 해석하여 명령을 수행한다.
⑤ 프로그램이 종료될 때까지 CPU에 다음 명령어를 전달하고 수행한다.

컴퓨터에서 어떤 문제를 풀려면, 컴퓨터(실제로 CPU)가 해석 가능한 명령어로 표현해서 알려 줘야 한다. 즉 컴퓨터의 관점에서 프로그램은 문제를 풀기 위한 명령어(기계어)의 조합이다. 그러나 기계어는 2진 체계로 되어 있으므로 사람이 직접 기계어로 프로그램을 작성하는 것은 비효율적이고 불가능하다. 기계어를 심볼화한 것을 어셈블리어(assembly language)라고 한다. 어셈블리어 또한 사람에게는 어려운 언어이다.

[표 1–1]과 같이 명령어가 8개인 CPU에서 숫자 2개를 입력받아 그 합을 출력하는 프로그램이 수행되는 과정을 살펴보자. 실제로 개인용 컴퓨터의 CPU는 대부분 명령어가 100~300여 개이지만 여기서는 [표 1–1]과 같이 입출력과 덧셈만을 수행할 수 있는 명령어가 8개인 가상의 Simple CPU를 사용하기로 한다. 어렵게 느껴지면 이 부분을 그냥 넘어가고 교재 중반 이후에 다시 살펴보기를 권한다.

[표 1-1] Simple CPU의 명령어 집합(instruction set)

기계어	어셈블리어(심볼)	설명
000	LOAD X	메모리 X에서 누적 레지스터(ACC)로 로딩
001	LOAD Rn	레지스터 n에서 누적 레지스터(ACC)로 로딩
010	STORE X	ACC의 내용을 메모리 X에 저장
011	STORE Rn	ACC의 내용을 레지스터 n에 저장
100	ADD X	메모리 X + ACC → ACC
101	ADD Rn	레지스터 n + ACC → ACC
110	IN	입력장치에서 입력받아 ACC에 저장
111	OUT	ACC의 내용을 출력장치에 전송

사람은 종이에 1+2가 적혀 있을 때 눈으로 1과 2를 입력받아 뇌에서 1과 2를 임시로 저장한 후 그 합을 구하고 음성이나 필기도구로 그 결과를 표현한다. 컴퓨터가 연산을 수행하는 과정도 이와 유사하다. 즉 입력받은 값을 레지스터에 임시 저장하고 다음 값을 입력받기 위해 레지스터의 값을 주기억장치에 저장한다. 두 번째 값을 입력받은 후에는 이전에 주기억장치에 저장한 값을 다시 CPU로 가져와서 두 값을 더한 다음 그 결과를 출력장치로 보낸다.

[프로그램 1-1]은 Simple CPU에서 두 수를 입력받아 합을 구하고 출력하는 기계어 프로그램이다. 가상의 컴퓨터는 64바이트의 메모리와 입출력장치, 8개의 명령어를 수행할 수 있는 Simple CPU가 버스(bus)를 통해 연결되어 있다고 가정한다.

프로그램 1-1 Simple CPU에서 두 수를 입력받아 결과를 화면에 출력하는 기계 코드/어셈블리 코드

기계 코드	어셈블리 코드
110	IN
010 00110	STORE 6
110	IN
100 00110	ADD 6
111	OUT

설명

▸ 1행: 입력장치에서 첫 번째 입력 값으로 숫자 1을 입력받아 ACC에 저장

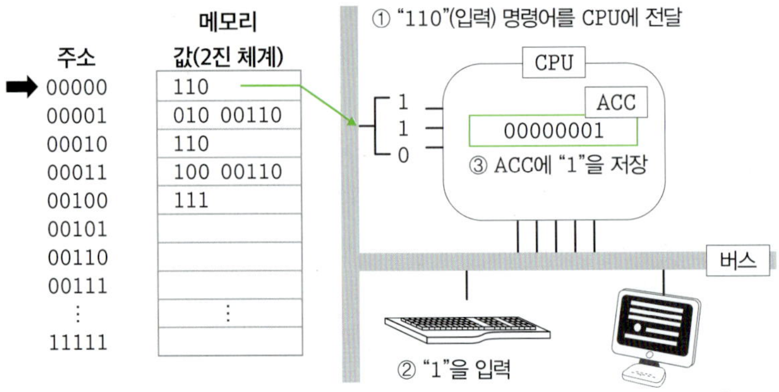

▸ 2행: CPU는 010 명령어를 해석하여 ACC의 값을 메모리(주기억장치) 00110에 저장

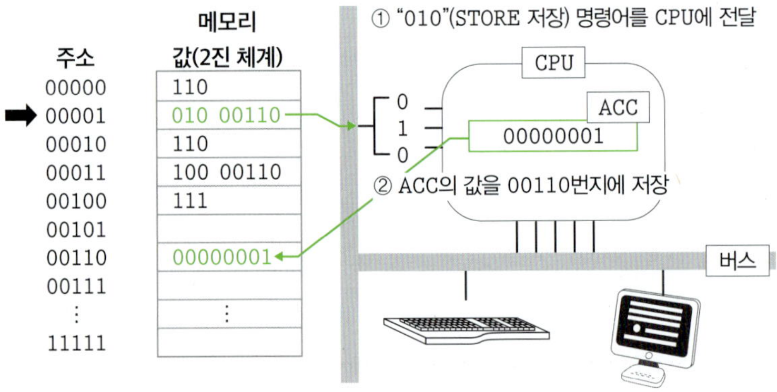

▸ 3행: 입력장치에서 두 번째 입력 값으로 숫자 2를 입력받아 ACC에 저장

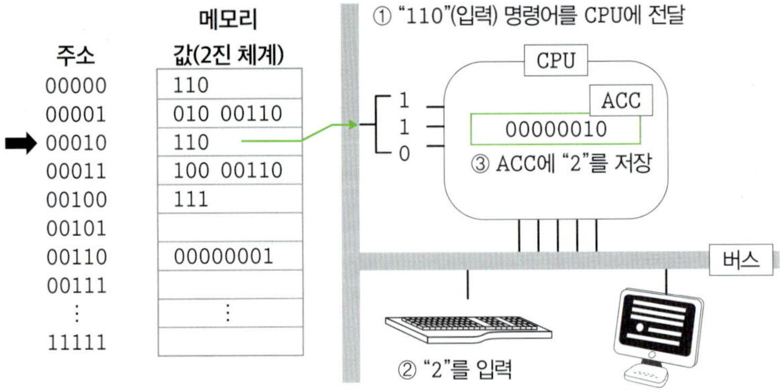

▸ 4행: 첫 번째 입력 값을 저장해 둔 00110번지에서 읽어 온 '00000001'(10진수 1)과 ACC에 저장된 두 번째 입력 값 '00000010'(10진수 2)을 더한 결과 값 '00000011'(10진수 3)을 ACC에 저장

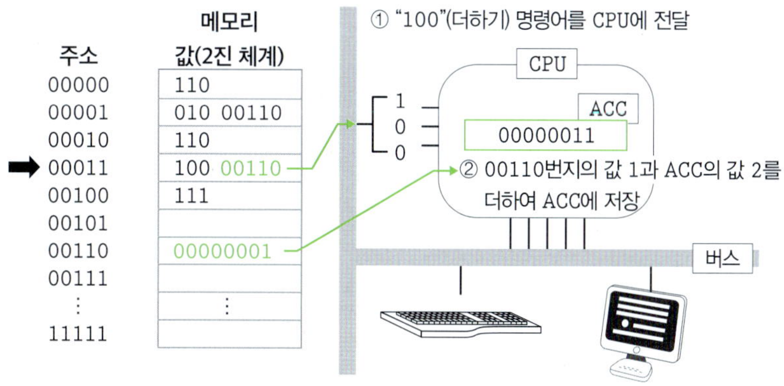

▸ 5행: CPU는 111 명령어를 해석하여 ACC에 있는 값 3을 화면에 전달

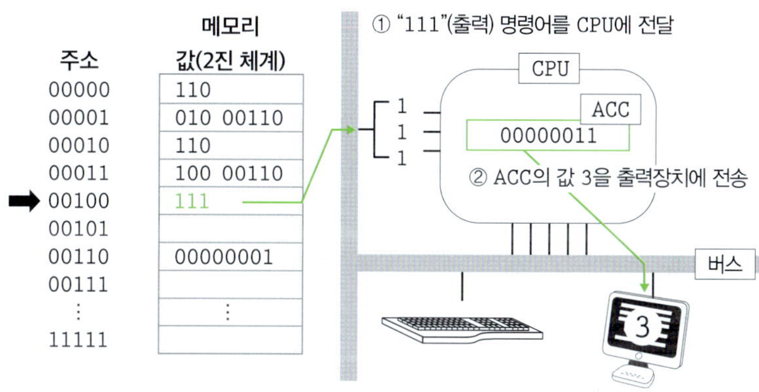

1.1.3 프로그래밍 언어

사람이 자신의 의사를 상대방에게 전달하려면 상대방이 사용하는 언어를 알아야 하는 것처럼 사람이 컴퓨터에게 의사를 전달하려면 컴퓨터 언어를 알아야 한다. 컴퓨터 언어는 프로그램을 작성하는 데 사용되는 언어라고 해서 프로그래밍 언어라고 하는데, 한국어, 영어, 일본어 등 사람이 사용하는 언어가 매우 다양한 것처럼 프로그래밍 언어도 매우 다양하다. 사람의 언어는 사람들끼리 의사소통을 하기 위해서 정한 약속이다. 예를 들어서 우리가 먹을 수 있는 식물 중의 하나를 '사과'라 부르기로 약속하고, 한 사람이 '사과'라고

[표 1-2] 프로그래밍 언어의 특성과 장단점

프로그래밍 언어	특성과 장단점
FORTRAN	1954년에 최초로 등장한 과학 기술 계산용 언어
Algol	1958년에 처음 개발된 과학 계산용 언어 구조가 명료하고, 구문 표기법으로 형식 문법을 최초로 사용 피엘원(PL/1), 파스칼, 시, 에이다 등 구조적 프로그래밍에 도움
COBOL	코다실에서 개발된 사무 처리용 언어(1960년)
LISP	인공 지능과 관련된 문제 처리에 적합한 언어
PL/1	포트란과 코볼의 특성을 합한 것으로, 다양한 응용을 위해 개발된 범용 언어
APL	대수적인 연산자를 이용하여 수학 계산 및 자료 처리를 목적으로 개발된 언어
BASIC	1965년에 개발된 대화용 언어
Pascal	1971년에 개발된 알골 언어의 후속 언어 범용, 교육용, 구조적 프로그래밍 언어
Ada	수학 응용, 시스템 프로그램 응용, 실시간 및 병렬 처리 응용 등을 위한 프로그래밍 언어
Java	운영 체제나 CPU와는 독립적으로 실행 가능한 프로그래밍 언어 자바는 C++언어의 기초 위에 객체 지향 개념을 구현하도록 설계된 언어
C/C++	유닉스(UNIX) 운영 체제를 위하여 개발 C+, C++ 등으로 기능이 보강되어 객체 지향 언어로 각광받음

표현하면 다른 사람은 '사과'를 생각해 낼 수 있다. 이때 '사과'를 표시하기 위해서 여러 가지 방법을 사용한다. 그리고 그 방법에 따라서 언어의 종류는 여러 가지로 구분된다.

프로그래밍 언어는 수준 혹은 세대에 따라 구분할 수 있다. 수준별로는 저급 언어(기계어, 어셈블리어), 고급 언어(코볼, 포트란, 파스칼 등), 초고급 언어(사용자 중심 언어, 비절차 언어, 자연어) 등으로 구분한다. 세대별로는 1세대 언어(기계어), 2세대 언어(어셈블리어), 3세대 언어(컴파일러 언어), 4세대 언어(비절차언어, 사용자 중심 언어), 5세대 언어(자연어 단계까지 발전된 언어) 등으로 구분한다. 초고급 언어와 5세대 언어에 가까울수록 사람이 프로그래밍 언어를 이해하고 사용하기가 쉽고, 반대로 멀수록 컴퓨터 입장에서 더 빠르고 효율적이다.

> ▸ **기계어**
> 0과 1로만 구성된 컴퓨터가 직접 이해할 수 있는 언어

[그림 1-4] 기계어

프로그래밍 언어가 이처럼 다양한 이유는 해결하기 위한 문제의 성격에 따라 프로그래밍 언어의 특성과 장점이 달라지기 때문이다. 예를 들어 포트란(FORTRAN)이라는 언어가 수식 계산이 대부분인 문제를 쉽게 처리하는 특성이 있다면, 코볼(COBOL)은 입출력 데이터가 많은 사무 계산 업무를 쉽게 처리하는 장점이 있다. 또한 C나 Basic 등이 텍스트 기반의 프로그래밍에 적합하다면, 비주얼 베이직(Visual Basic)이나 비주얼 C++ 등은 그래픽 기반의 프로그래밍에 적합하다. 이렇듯 프로그램을 개발하기 위해서는 문제의 특성에 맞는 프로그래밍 언어와 도구를 선택하는 것이 중요하다.

1.1.4 C언어

C언어는 벨연구소의 Dennis Ritchie가 1972년에 DEC사의 제품인 PDP−11에서 동작하는 유닉스(UNIX) 운영 체제를 개발하기 위하여 만든 언어로, 특징은 다음과 같다.

첫째, 구조화된 프로그래밍이 가능하다. 구조화된 프로그램은 어느 한 부분을 잘못 만든 경우 그 부분만 수정함으로써 효율적으로 문제를 해결할 수 있는 프로그램을 말한다. 구조화 작업은 큰 문제를 작은 문제로 분할하는 과정을 여러 단계 거쳐 얻은 작은 문제들을 프로그래밍하여 다시 조립하는 것을 의미한다. 예를 들어 자동차는 구조화가 되어 있기 때문에 문제가 발생했을 때 해당 모듈(부품)만 교체하면 된다.

둘째, 컴퓨터를 세밀하게 제어할 수 있다. 컴퓨터의 자원(CPU, 주기억장치 등)을 직접 제어할 수 있다. 지정된 메모리에 특정 값을 저장하거나 입력장치의 값을 가로챌 수도 있다. 하드웨어를 제어할 수 있는 가장 강력한 언어는 어셈블리어이다. 그러나 사용법이 어렵고 에러를 수정하기 어렵다는 치명적인 단점이 있다. 사용법이 쉬우면서도 어셈블리어에 뒤지지 않는 하드웨어 제어 능력을 가진 언어가 C언어로, C 프로그램 안에 어셈블리어를 가져와서 사용할 수도 있다.

셋째, 이식성(portability)이 좋고 유연하다. 이식성이 좋다는 말은 이미 개발된 프로그램을 다른 종류의 운영 체제에서 사용하고 싶을 때 많이 수정하지 않고 사용할 수 있다는 뜻이다. 즉 다양한 컴퓨터 기종 그리고 다양한 운영 체제에서 큰 수정 없이 사용할 수 있다는 의미이다. 그 이유는 C언어는 역사가 오래되어 문법과 라이브러리가 표준화(예: C11, ANSI C)되어 있기 때문이다. 대부분의 운영 체제에서 C언어를 지원하기 때문에 도스(DOS) 운영 체제용으로 작성한 프로그램도 유닉스나 OS/2라는 운영 체제로 가져가서 크게 수정하지 않고 사용할 수 있다. 대부분의 국가에서 아라비아 숫자를 사용하는 것과 같이 대부분의 운영 체제에서 C언어를 사용할 수 있다.

넷째, 확장성이 좋다. C언어는 사용자가 직접 다양한 형태의 자료형을 만들어 사용할 수 있다. 또한 포인터를 이용하여 변수, 배열, 구조체, 공용체, 함수 등을 모두 매개변수로 전달할 수 있다. 자세한 내용은 각 장을 공부하고 나면 이해가 될 것이다.

다섯째, 가볍고 효율적이다. C언어는 이전에 나온 어떤 언어보다 작고 효율적이다. 작다는 것은 같은 기능을 구현할 때 다른 언어에 비해 소스 파일의 크기가 작다는 의미이다. 크기가 작으므로 효율적이고 실행 속도도 빠르다.

C++는 객체지향 프로그래밍(OOP: Object-Oriented Programming)을 지원하기 위해 C 언어가 가지는 장점은 그대로 계승하면서 객체의 상속성(inheritance) 등의 개념을 추가한 효과적인 언어이다. C++는 C언어의 확장이라고 볼 수 있으므로 기존의 C언어로 개발된 모든 프로그램들을 수정 없이 그대로 사용할 수 있다.

1.2 프로그램 개발 과정

프로그램은 문제 분석, 설계, 순서도/의사 코드 작성, 코딩, 컴파일/링크, 디버깅, 테스트/평가, 설치/실행 단계를 거쳐 만들어진다.

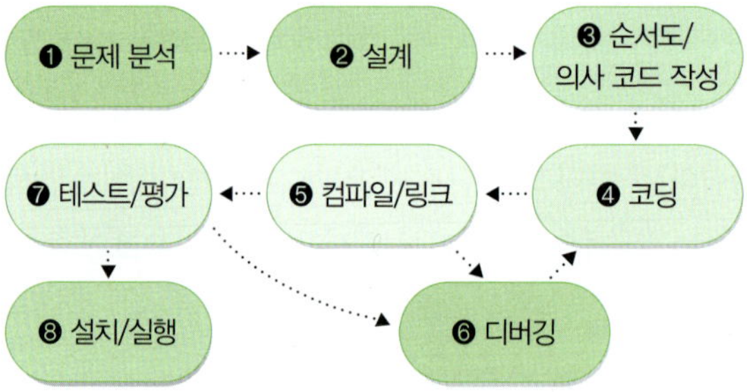

[그림 1-5] 프로그램 개발 과정

① 문제 분석

문제의 내용과 성격을 파악하고 프로그램의 요구사항을 도출하여 적합한 해결 방법을 찾는 과정이다. 프로그램을 실행하면서 어떤 자료를 입력받고, 어떤 결과를 구해야 하며, 그 결과를 어떤 형식으로 출력할지를 결정하는 것으로, 이 과정에서 문제 해결을 위한 전반적인 분석과 검토가 이루어진다.

② 설계

문제 분석 단계에서 도출된 요구사항을 분석하여 문제 해결을 위한 제반 사항들을 결정한다. 예를 들어 입출력 매체와 형태, 운영 체제, 프로그래밍 언어 등을 결정한다. 건물을 지을 때 설계와 비슷한 개념의 단계이다.

③ 순서도/의사 코드 작성

순서도란 문제를 해결하기 위한 절차(알고리즘)를 미리 약속된 도형으로 알기 쉽게 나타낸 것으로, 순서도를 작성하면 프로그램을 논리적이고 체계적으로 작성할 수 있다. 의사 코드(pseudo code)는 문제 해결 절차, 즉 알고리즘을 사람이 사용하는 자연어와 프로그래밍 언어의 중간 수준으로 표현한 것이다. 의사 코드가 완성되면 결정된 프로그래밍 언어를 이용하여 실제 코드를 작성하기가 매우 편리하다. 처음 프로그래밍을 하는 사람들은 ①~③의 과정을 생략하려고 한다. 그러나 이는 프로그램이 완성될 때가지 가장 중요한 과정으로, 생략할 경우 프로그램을 전면 수정해야 하는 최악의 상황도 발생할 수 있다.

④ 코딩(coding)

설계와 순서도나 의사 코드에 따라 원시 프로그램을 작성하고 입력하는 과정이다. 소스 코드(source code)란 컴퓨터가 직접 이해할 수 있는 기계어로 번역되기 이전의 프로그래밍 언어로 작성된 상태의 프로그램을 말한다.

⑤ 번역(컴파일/링크)

원시 프로그램을 기계어로 번역하여 컴퓨터가 이해할 수 있는 언어로 작성하는 과정으로, 기계어로 번역된 프로그램을 목적 코드(object code)라고 한다. 그러나 목적 코드는 기계어로 변환되었지만 컴퓨터가 곧바로 실행할 수 없다. 그 이유는 하나의 문제를 여러 소

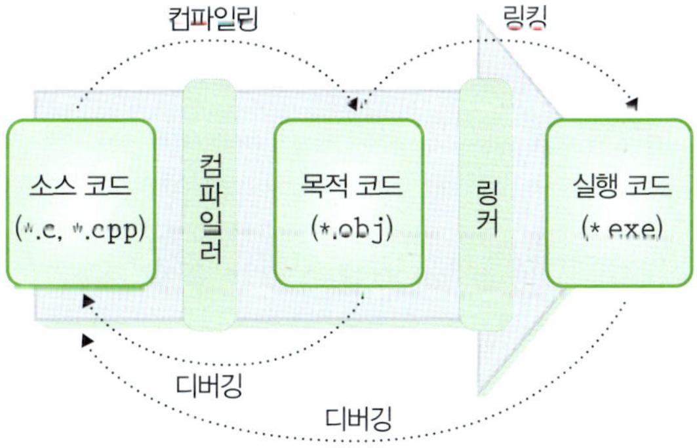

[그림 1-6] 실행 파일 생성 과정

스 파일로 나누어서 작성한 경우라면 여러 소스 파일의 목적 코드를 하나로 합치는 과정이 필요하며, 소스 파일에서 사용하는 라이브러리를 위한 코드를 합치는 과정도 필요하기 때문이다. 이렇게 여러 목적 코드와 라이브러리 코드를 합치는 과정을 링크(link)라고 한다. 이 과정을 거치면 컴퓨터가 실행할 수 있는 실행 코드가 만들어진다.

⑥ 디버깅

번역 과정에서 나타나는 에러인 구문 에러(syntax error)를 버그(bug)라 하고 버그를 수정하는 작업을 디버깅(debugging)이라고 한다. 구문(또는 문법) 에러를 컴파일시간 에러, 링크 시에 발생하는 에러를 링크시간 에러라고 한다. 에러를 모두 수정할 때까지 디버깅, 코딩, 컴파일/링크 작업을 반복한다.

⑦ 테스트/평가

실제로 처리할 데이터와 비슷한 모의 자료를 이용하여 프로그램을 실행해 보는 과정으로, 논리 에러(logic error)와 실행시간 에러(runtime error)를 검사한다. 논리 에러는 실행 결과가 틀리게 나오는 에러로서, 알고리즘 자체의 문제로 발생할 수 있다. 실행시간 에러는 프로그램이 비정상적으로 종료되는 에러로서, 저장되지 않은 파일을 열려고 하거나 잘못된 값을 입력하거나 포인터를 잘못 사용하거나 함수나 배열 등을 잘못 사용하여 발생한다. 프로그래밍에서는 ⑥디버깅 과정보다 ⑦테스트/평가 과정에서 발생하는 에러가 문제가 된다. 알고리즘이 어떻게 잘못되었는지를 세밀하게 분석해야 하며 최악의 경우 알고리즘을 전면 수정해야 할 수도 있다. 따라서 이런 상황을 최소화하려면 ①~③까지의 과정에 많은 시간을 할당하고 정확한 분석과 알고리즘을 검증한 후 프로그래밍을 하는 것이 바람직하다.

⑧ 설치/실행

문법에 대한 에러와 논리 에러를 수정한 후 실제 환경에 프로그램을 설치(install)하고 프로그램에 실제 데이터를 입력하여 실행해 보는 과정이다.

다음은 실수 a, b를 입력받아 a, b의 차를 구하는 알고리즘과 순서도, 의사 코드, 소스 코드를 작성하는 예를 보여 준다.

① a, b를 읽는다.
② a-b≥0이면 ④로
③ a-b<0이면 ⑤로
④ a, b의 차는 a-b
⑤ a, b의 차는 b-a

[그림 1-7] 알고리즘

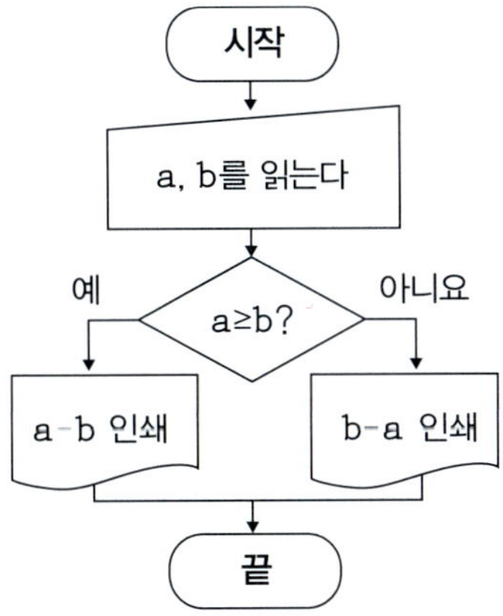

[그림 1-8] 순서도

프로그램 시작
　　변수 선언
　　a, b를 입력
　　if a≥b이면
　　　　출력 a-b;
　　else
　　　　출력 b-a
프로그램 종료

[그림 1-9] 의사 코드

프로그램 1-2 두 실수의 차를 출력하는 C 프로그램(ch1-2. cpp)

```
#include <stdio.h>

int main()
{
    float a, b;
    scanf("%f %f", &a, &b);
    if (a>=b)
        printf("%f \n", a-b);
    else
        printf("%f \n", b-a);
    return 0;
}
```

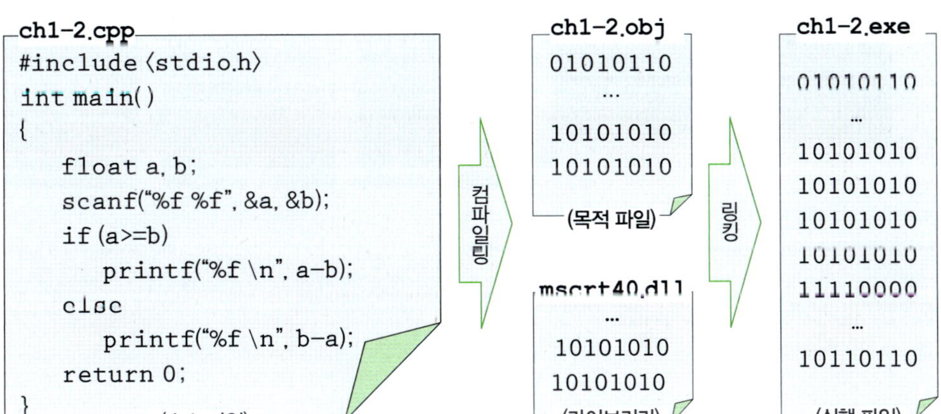

[그림 1-10] 실행 파일 생성 과정의 예

1.3 개발 툴 사용하기

개발 툴(tool)이란 프로그램을 개발하기 위한 프로그램이다. Visual Studio Community와 Eclipse 개발 환경을 설치하는 방법과 개발 과정을 알아보자.

1.3.1 Visual Studio 2015 Community 설치하기

Microsoft Visual Studio 2015 Community는 학교, 비영리 단체 및 개인 개발자가 무료로 사용 가능한 프로그램이기 때문에 별도의 라이선스가 필요 없다. 다만, 30일 이상 해당 프로그램을 사용하려면 Microsoft 계정을 이용하여 로그인해야 한다.

① Visul Studio 2015 Community를 다운로드하기 위해 http://visualstudio.com으로 이동한다.

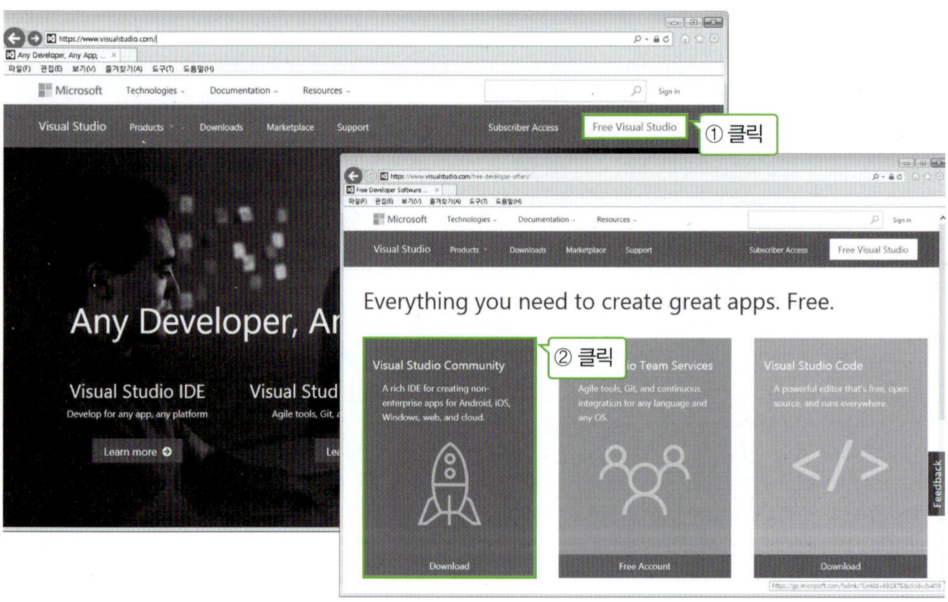

② 다운로드하고 프로그램을 실행한다.

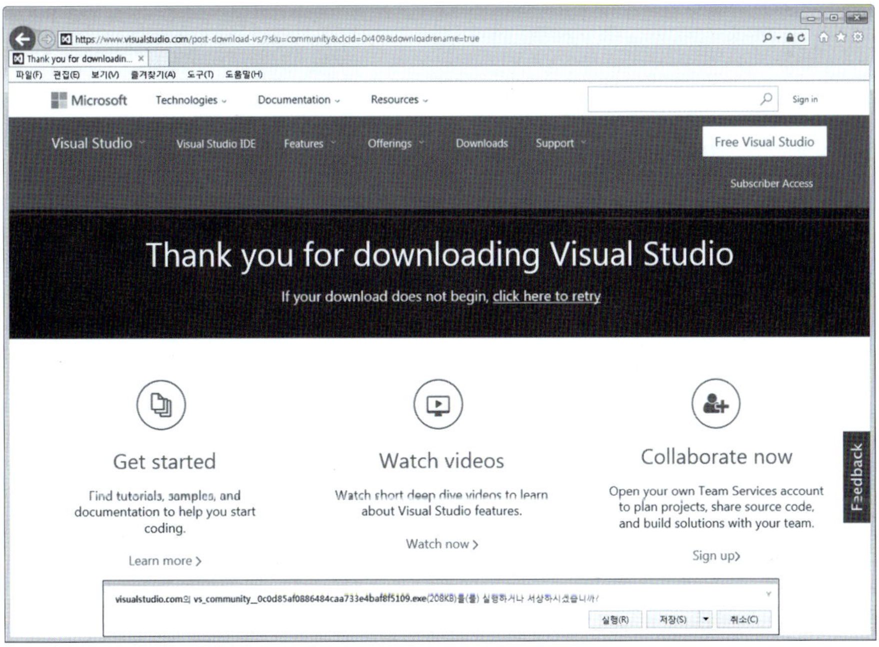

③ 기본 값(Default) 설치를 선택하고 설치(Install) 버튼을 클릭한다.

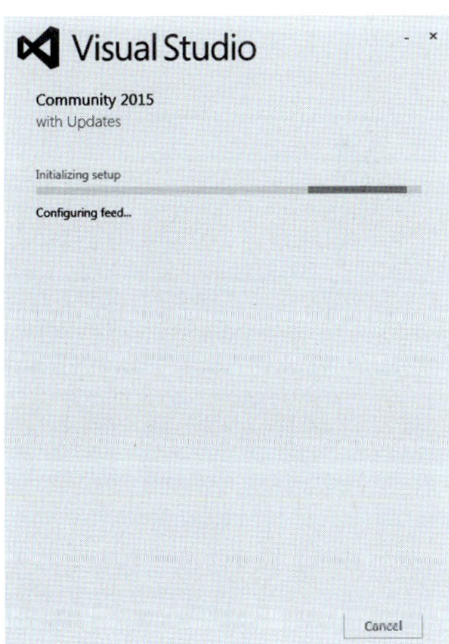

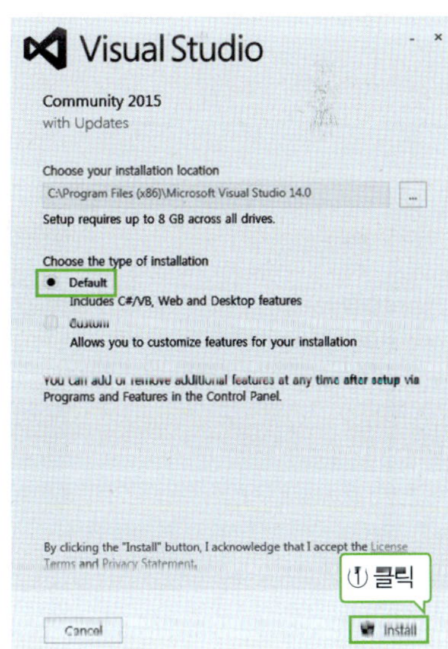

④ 설치가 끝나면 컴퓨터를 재시작(Restart Now)한다.

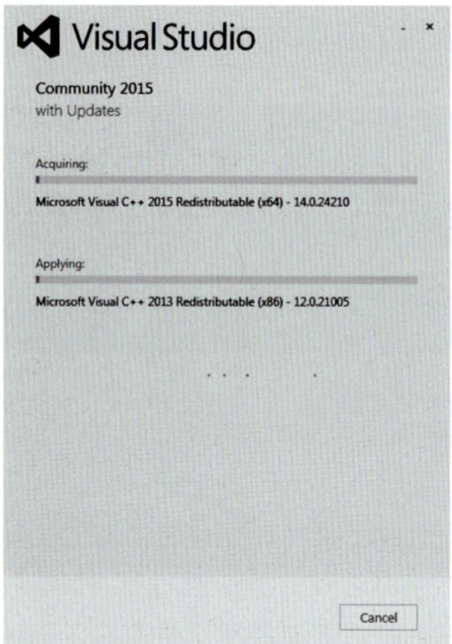

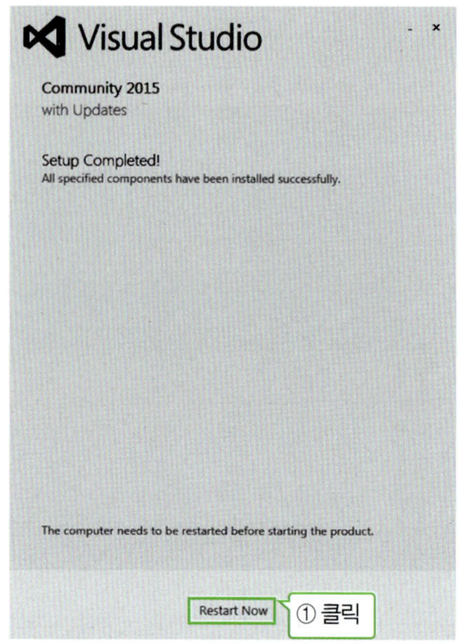

⑤ Visual Studio를 실행한다. 시작 버튼에서 Visual Studio 2015를 실행하고, 로그인(Sign in)을 클릭하거나, 나중에(Not now..)를 클릭한다. 로그인을 해야 Visual Studio를 무료로 30일 이상 사용할 수 있다.

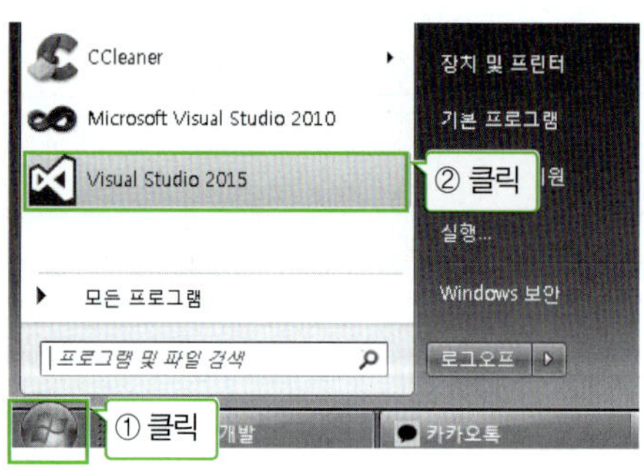

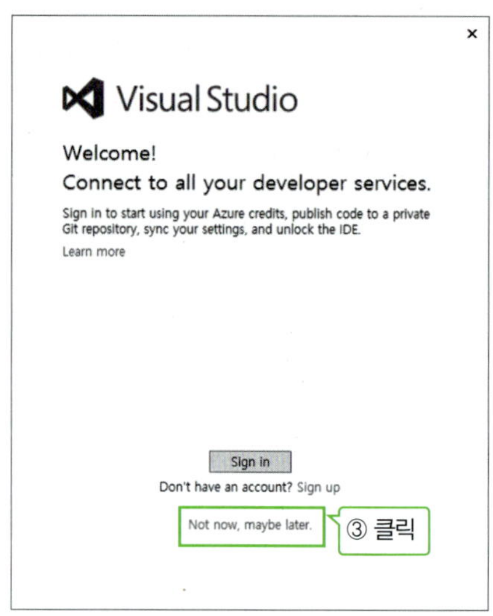

⑥ 개발 설정(Development Settings)을 일반(General)으로 하고 테마(theme)를 선택한 후 Visual Studio를 시작(Start Visual Studio)한다.

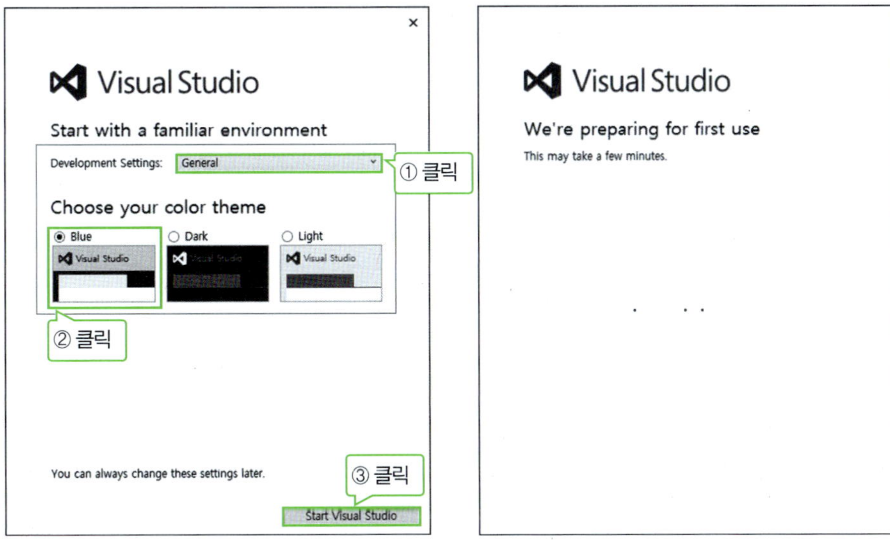

⑦ 기본 설치가 완료되었으나 누락된 추가 도구를 설치해야 C 프로그램 코딩을 할 수 있다. [파일]–[새로 만들기]–[프로젝트]를 실행한다.

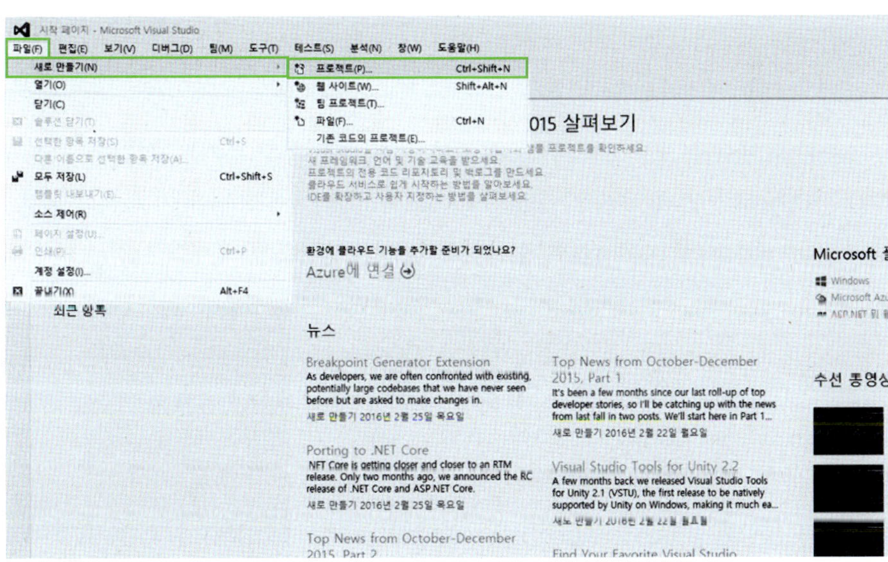

⑧ 템플릿에서 Visual C++를 선택하면 Windows 데스크톱용 Visual C++ 2015 도구 설치가 나타나며, [확인] 버튼을 눌러 주면 설치가 시작된다.

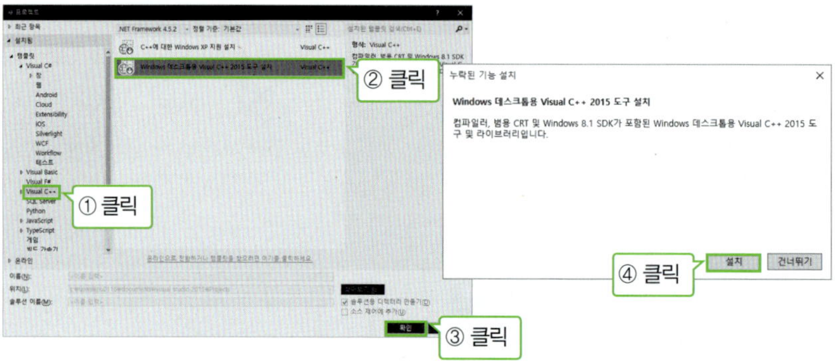

⑨ 실행 중인 Visual Studio를 종료하고 추가 기능을 계속 설치한다.

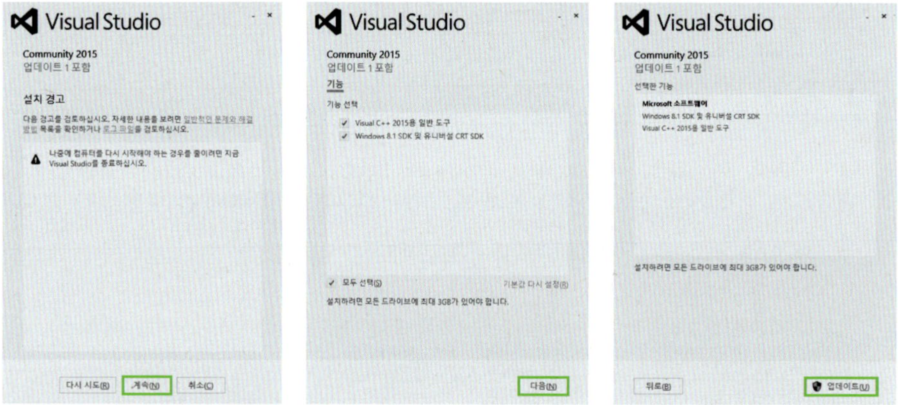

⑩ 한글 메뉴로 보이도록 하기 위해서는 한국어 팩을 추가로 설치한다. [Tool]-[Options]-[Environment]-[International Settings]에서 'Korean'이 목록에 없을 경우 'Get additional languages'를 선택한다.

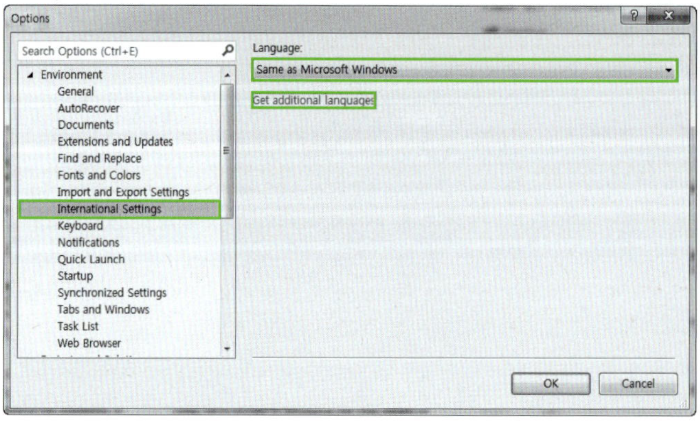

⑪ 인터넷 브라우저에서 '한국어'를 선택하고 [다운로드]를 클릭하여 한국어 팩을 실행한다. 설치를 완료하고 다시 Visual Studio 2015를 실행하면 한국어로 실행된다.

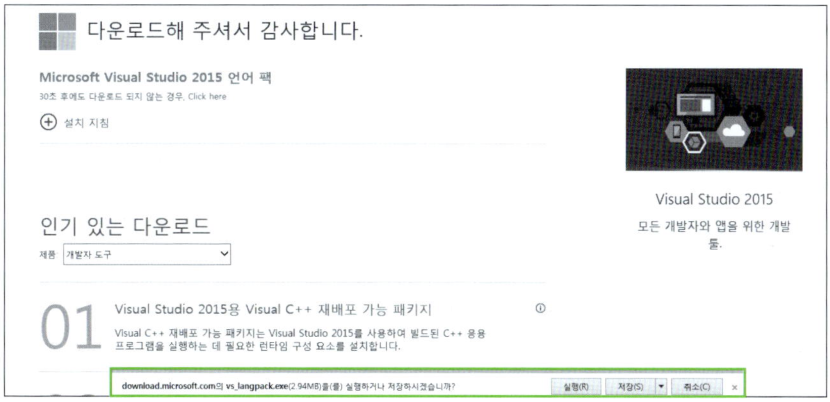

1.3.2 Eclipse 설치하기

Eclipse는 다양한 플랫폼에서 쓸 수 있는데, 자바를 비롯한 다양한 언어를 지원하는 프로그래밍 통합 개발환경 구축을 목적으로 시작하여, 현재는 범용 응용 소프트웨어 개발 플랫폼으로 진화하였다. C 프로그램을 개발하기 위한 플러그인 설치 과정을 소개한다.

① MinGW 웹사이트(Http://mingw.org)를 방문해서 MinGW Installation Manager를 다운로드한다.

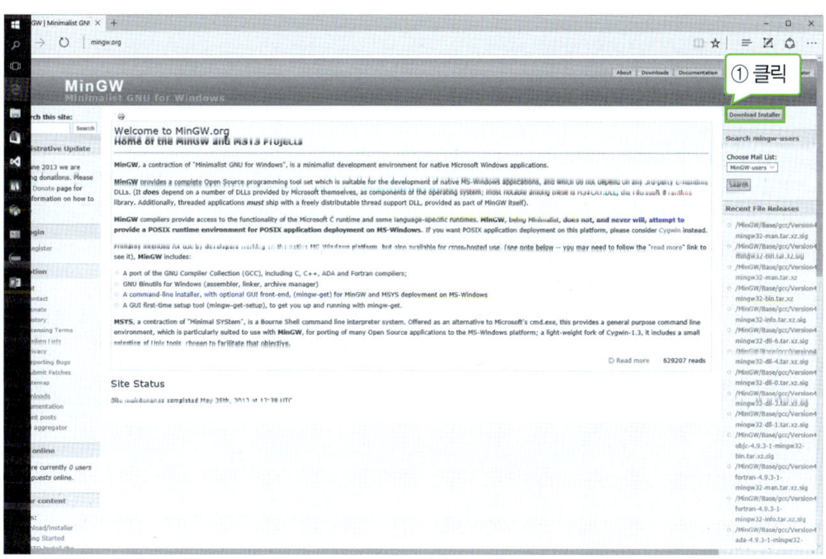

② 박스로 표시된 부분을 체크한 후 Installation → Apply changes를 눌러 설치한다. 버전별로 fortran class에서 dll이 없는 경우도 있으므로 fortran이라 적힌 것은 모두 체크 후 설치한다.

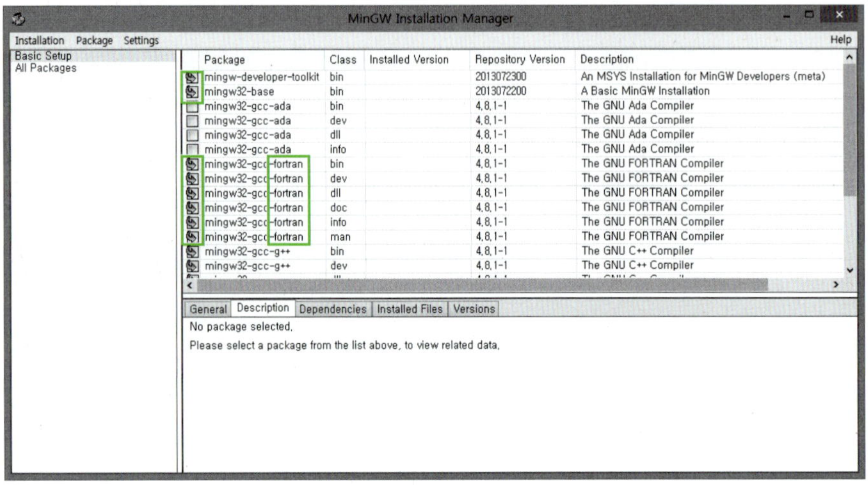

③ 제어판에 들어가기 위해서 ctrl과 alt 사이에 있는 윈도우키와 R키를 동시에 누른 후 "제어판"을 입력한다. 환경 변수를 설정하기 위해 [제어판]-[시스템]-[고급 시스템 설정]-[고급]-[환경 변수]를 클릭한다.

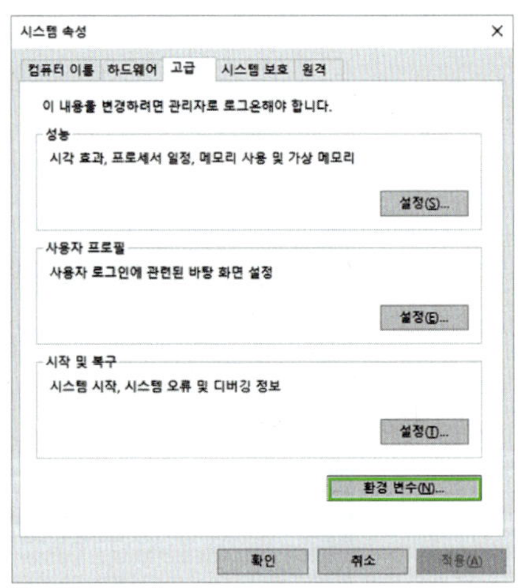

④ 환경 변수에 3개의 실행 경로를 추가한다.

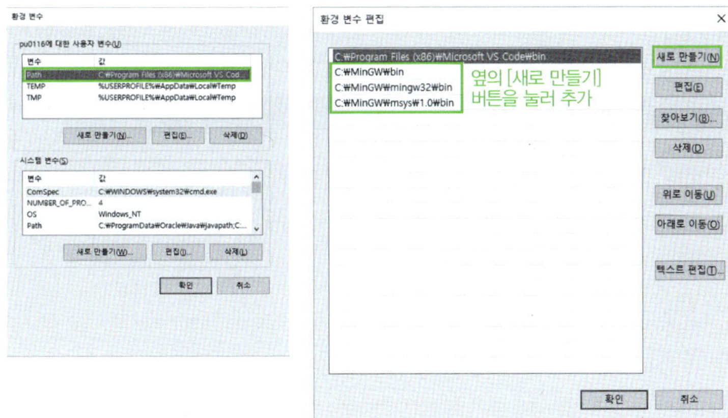

⑤ www.oracle.com을 방문하여 Java를 설치한다.

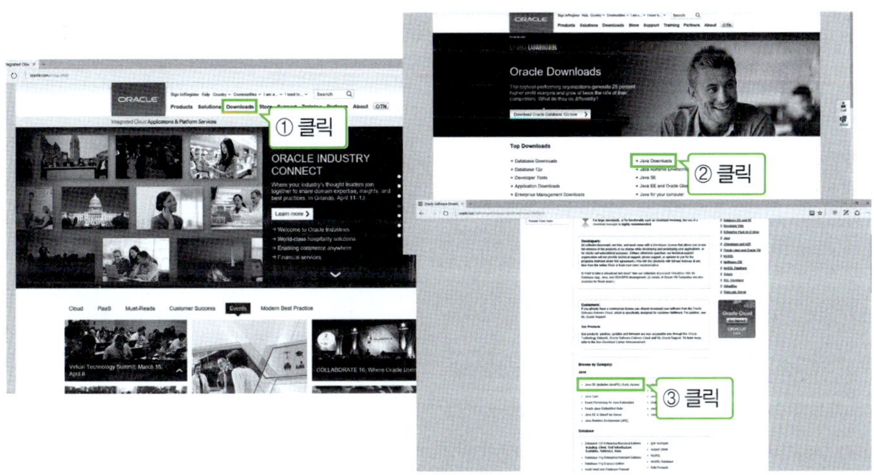

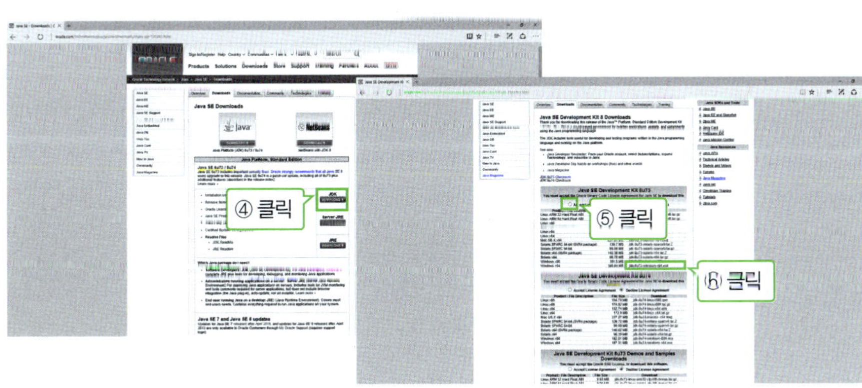

⑥ Eclipse 사이트를 방문하여 Eclipse IDE for C/C++ Developers를 다운로드한다.

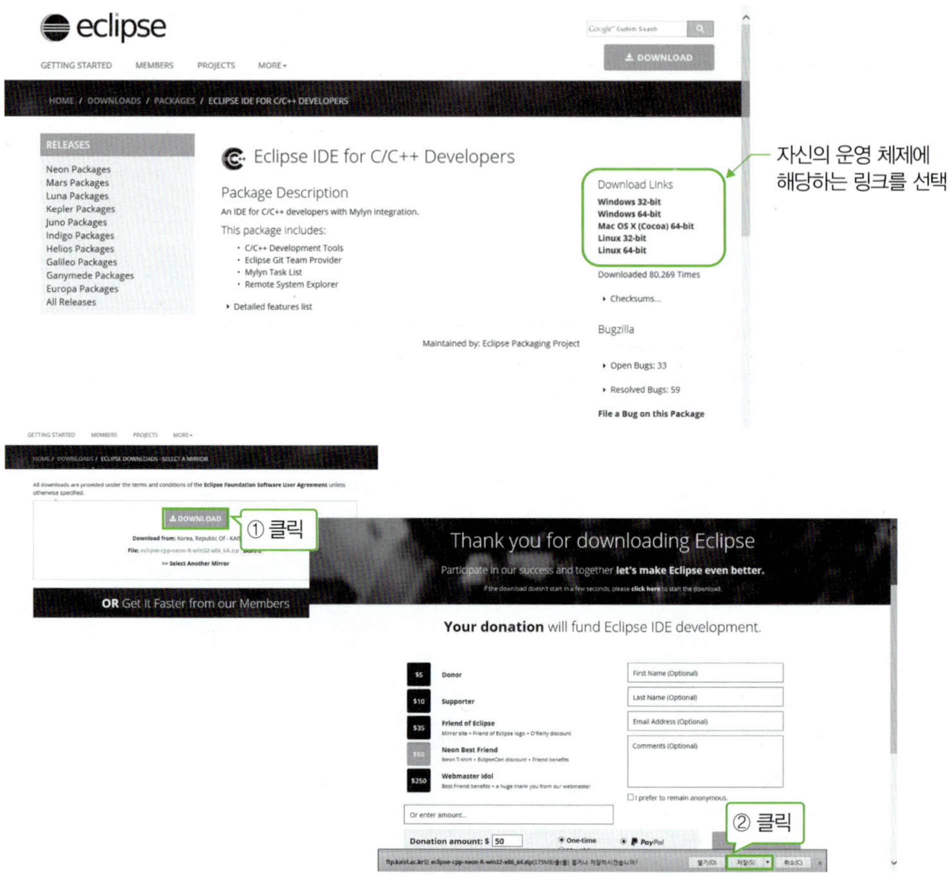

⑦ 다운로드한 파일을 선택하여 압축을 푼다.

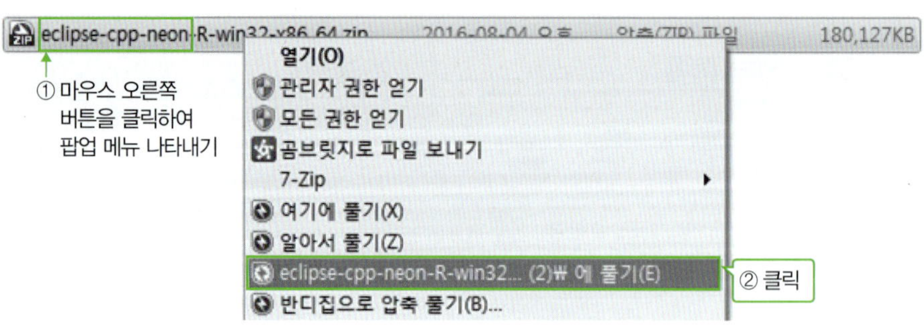

1.3.3 Visual Studio 2015 Community 사용하기

■ 프로젝트 생성 및 소스 프로그램 입력

① Visual Studio 2015를 실행하고 [파일]-[새로 만들기]-[프로젝트...] 메뉴를 선택하여 새 프로젝트를 생성한다.

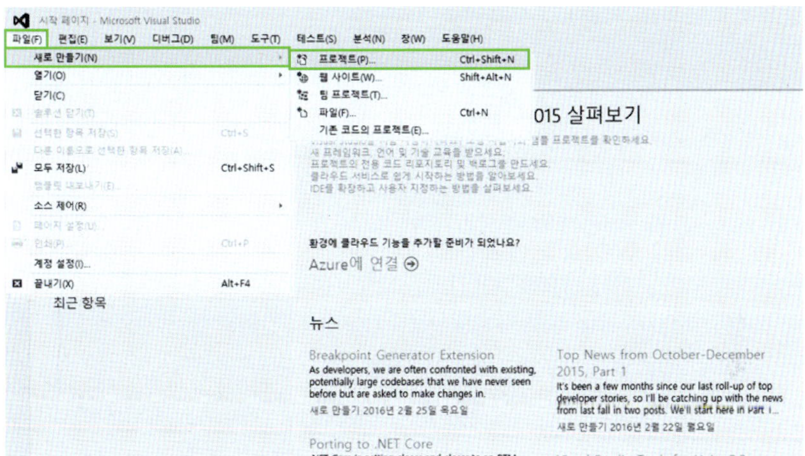

② Visual C++ 프로젝트의 유형 중에서 [Win32 콘솔 응용 프로그램]을 선택한다. 이름 입력창에 "MyFirstProject"를 입력하고 위치를 선택한다. 위치는 기본 위치보다 수업에서 계속 사용할 폴더를 선택하거나 생성한다. 솔루션 이름은 자동으로 만들어진 이름을 그대로 사용한다. [확인]을 클릭하면 응용 프로그램 마법사가 실행된다.

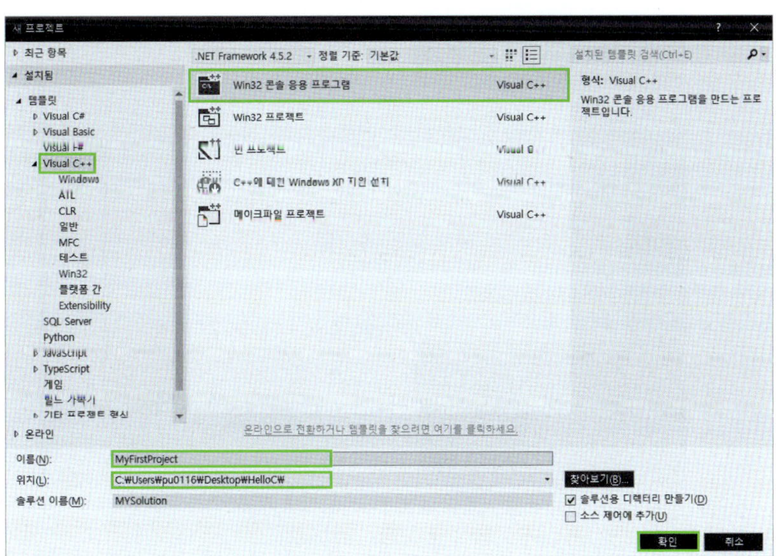

③ 응용 프로그램 종류 항목은 반드시 “콘솔 응용 프로그램”을 선택하고, 추가 옵션은 “빈 프로젝트”를 선택한다. [마침]을 클릭한다.

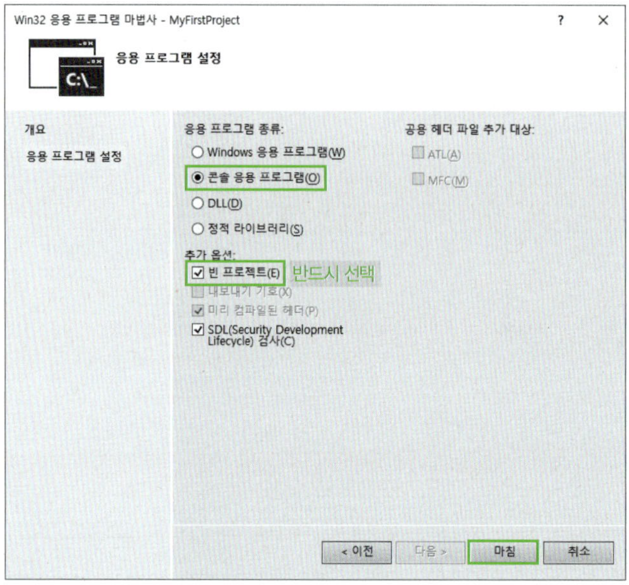

④ 솔루션 탐색기의 [소스 파일]에서 오른쪽 마우스 버튼을 클릭하고 [추가]-[새 항목]을 클릭한다.

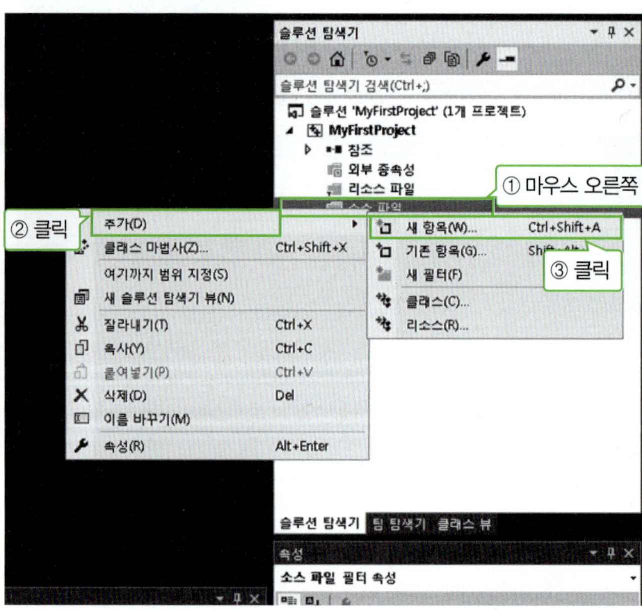

⑤ [C++ 파일]을 선택하고 이름에 "main.cpp"를 입력한다. 이름을 입력할 때 확장자를 생략하고 "main"만 입력하면 자동으로 확장자가 cpp가 되어 소스 파일의 이름은 "main.cpp"가 된다. 확장자가 cpp이면 C++언어에 맞게 컴파일되며, 확장자가 c이면 C언어에 맞게 컴파일된다. 그러므로 정확히 C언어 구문에 맞게 컴파일하려면 확장자를 명시하여 "main.c"로 입력해야 한다. 이 책에서는 ".c"를 붙이는 번거로움을 피하기 위해 확장자 cpp를 사용한다.

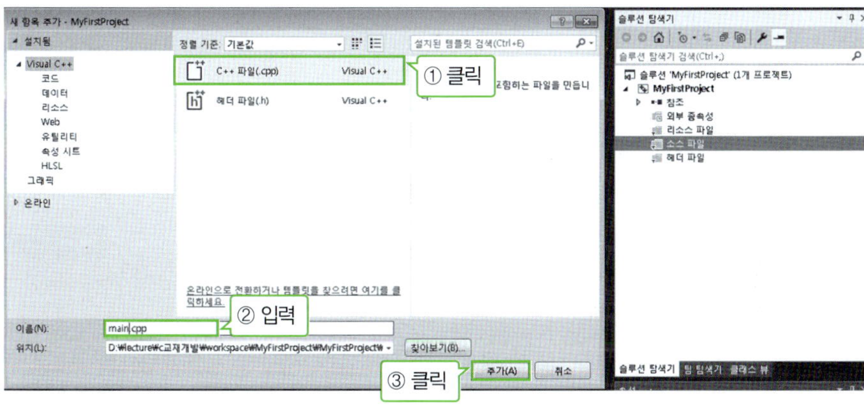

⑥ 프로젝트에 소스 파일이 추가되어 [솔루션 탐색기] 옆에 소스 파일 편집 창이 활성화되고 커서가 나타난다. [main.cpp] 탭 편집 창에서 소스 프로그램을 입력하고 편집한다.

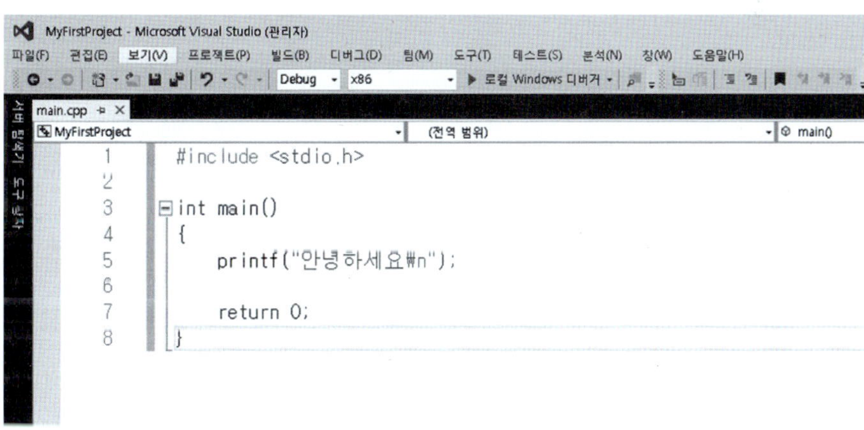

■ 컴파일-링크하여 실행 파일(.exe) 만들기

① 소스 프로그램을 작성한 후에는 [빌드]-[솔루션 빌드] 메뉴를 실행하여 확장자가 '.exe'인 실행 파일을 만든다. [출력] 창에 컴파일과 링킹을 한 결과, 즉 빌드(build)한 결과가 나타난다. '빌드: 성공 1, 실패 0'이 출력되어야 한다.

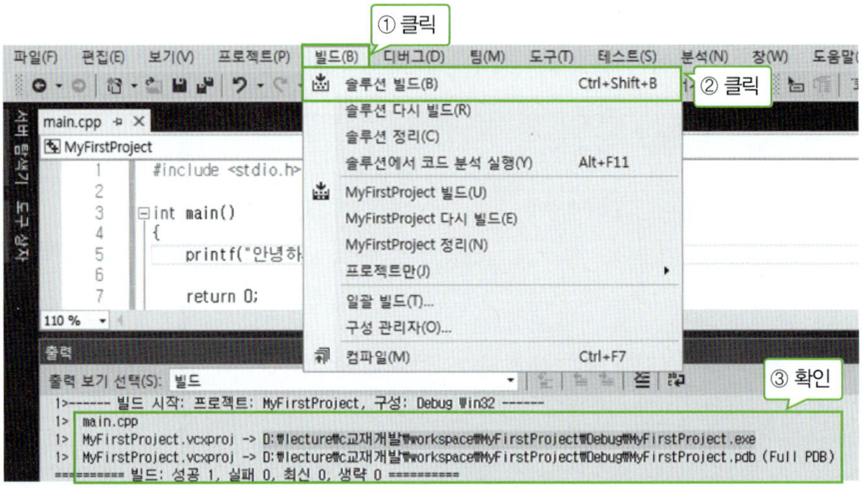

■ 실행하기

① [디버그]-[디버그하지 않고 시작]이나 [Ctrl]+[F5]를 눌러 실행한다. 프로그램 실행 결과 창이 뜨고 '안녕하세요'가 출력된다. 프로그램 실행이 정상적으로 끝나면 '계속하려면 아무 키나 누르십시오...'가 나타나는데, 키보드의 아무 키나 누르면 다시 편집 창으로 돌아간다. 프로그램을 다시 실행하고 싶다면 [Ctrl]+[F5]를 누른다.

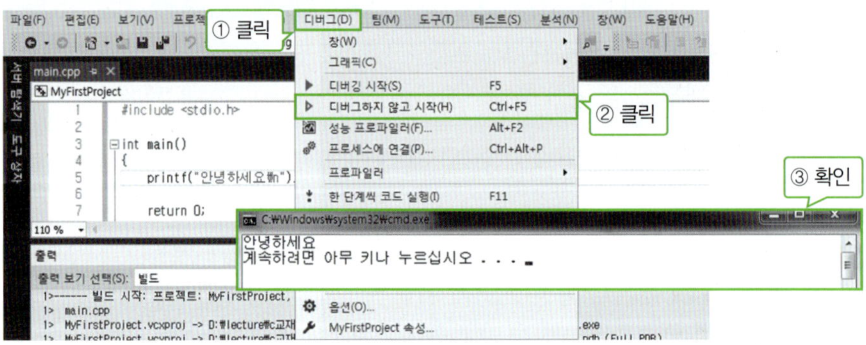

■ 디버깅(Debugging)하기

작성한 프로그램에 에러가 없으면 바로 실행되어 결과를 확인할 수 있고, 결과가 정확하다면 프로그램 개발은 끝이 난다. 그러나 에러가 있다면 디버깅 작업이 필요하다.

① 소스 프로그램에서 printf 함수 호출문의 끝에 있는 ';'을 지워 보자. 다시 빌드를 하지 않아도 확인 가능한 에러가 있으면 소스 코드에 빨간 밑줄이 나타나는데, 마우스를 가져가면 에러에 관한 정보가 팁으로 나타난다. 이 팁을 보고 소스 코드를 입력하면서 굳이 빌드를 하지 않고도 간단한 에러는 수정할 수 있다. 그러나 여기서는 에러를 수정하는 과정을 소개하기 위해 ';'을 지운 상태에서 진행한다.

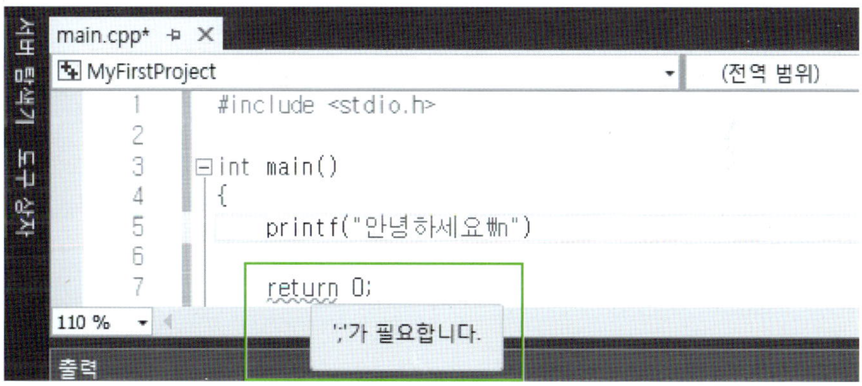

② 소스 코드에 포함된 모든 구문 에러 정보는 [디버그]-[솔루션 빌드] 메뉴를 선택하거나 곧바로 [Ctrl]+[F5] 키를 눌러 빌드하면 [출력] 창에 한꺼번에 나타난다. 이때 출력 창의 특정 에러 메시지를 더블 클릭하면 해당 코드 앞에 막대 표시가 나타나므로 쉽게 확인할 수 있다.

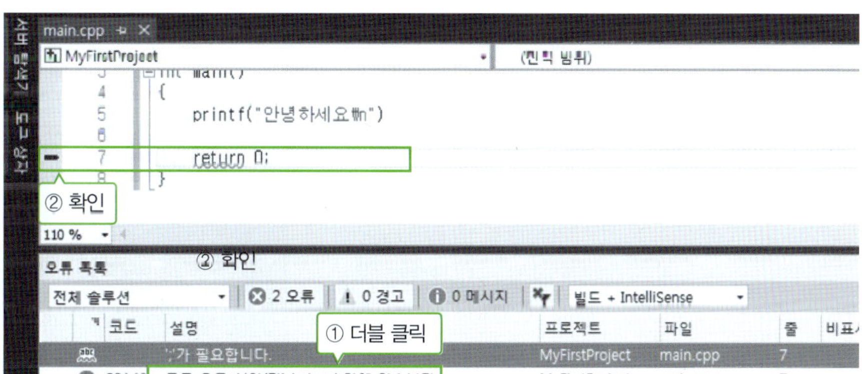

③ 구문 에러를 수정하고 나서 빌드한 다음 실행해야 하지만 에러 수정 후 곧바로 [Ctrl]+[F5]키를 눌러 실행을 요청할 수도 있다. 구문 에러와 링크 에러가 없으면 자동으로 빌드 단계를 거쳐 실행까지 해 주므로 편리하다. 그러나 빌드 단계에서 에러가 있으면 다음 그림과 같이 묻는다. 에러를 수정하기 위해 [아니요] 단추를 눌러서 출력 창을 확인하고 에러를 수정하는 작업을 반복한다.

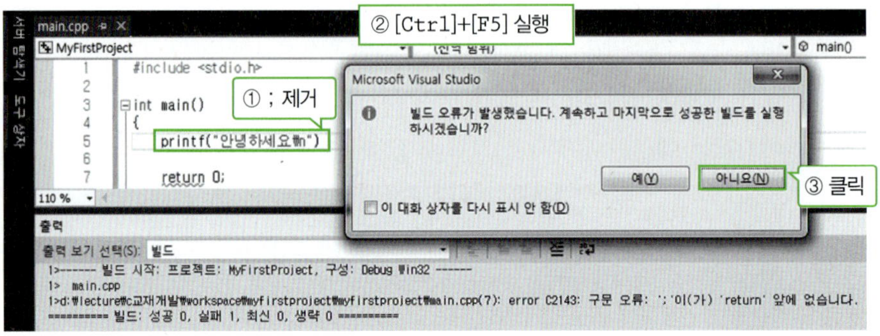

1.3.4 Eclipse 사용하기

① Eclipse 압축을 푼 폴더로 이동하여 eclipse.exe를 실행한다.

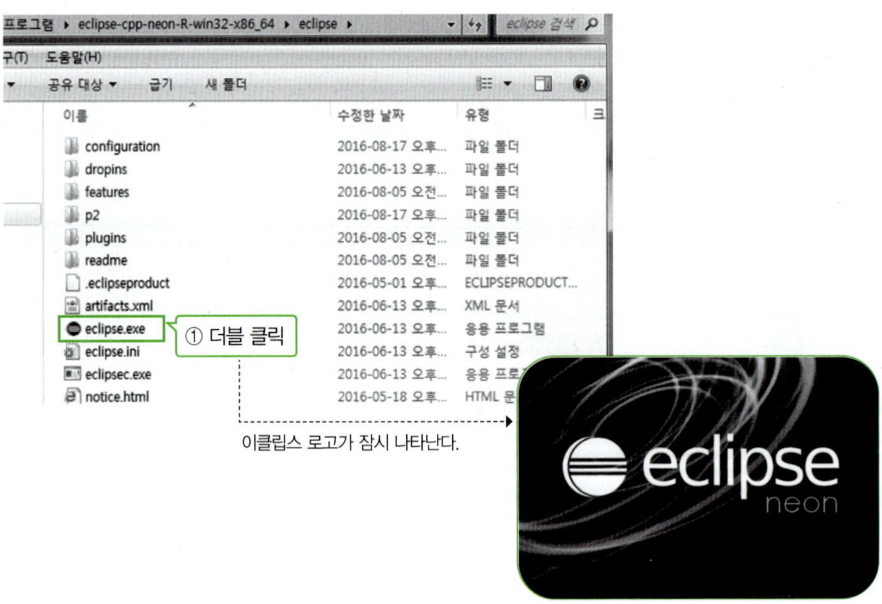

② 작업공간(workspace) 폴더를 지정한다. 작업공간은 프로그램 개발 환경에 대한 설정을 저장하는 폴더이다. 하위에 프로젝트를 생성하여 원시 프로그램을 저장한다.

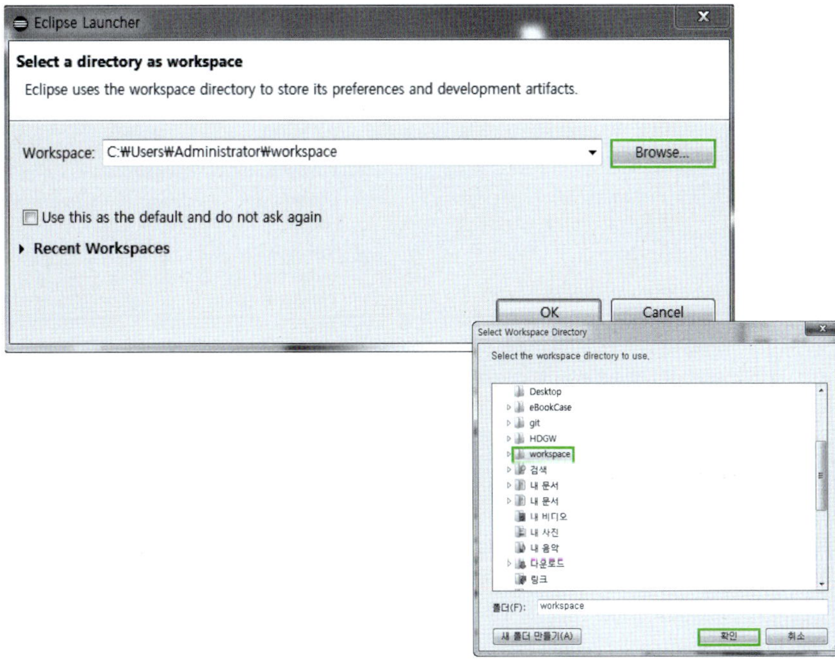

③ 다음과 같이 Welcome 탭이 뜨면 정상적으로 실행된 것이다. 탭 페이지를 닫는다.

④ [File]–[New]–[C Project]를 실행한다.

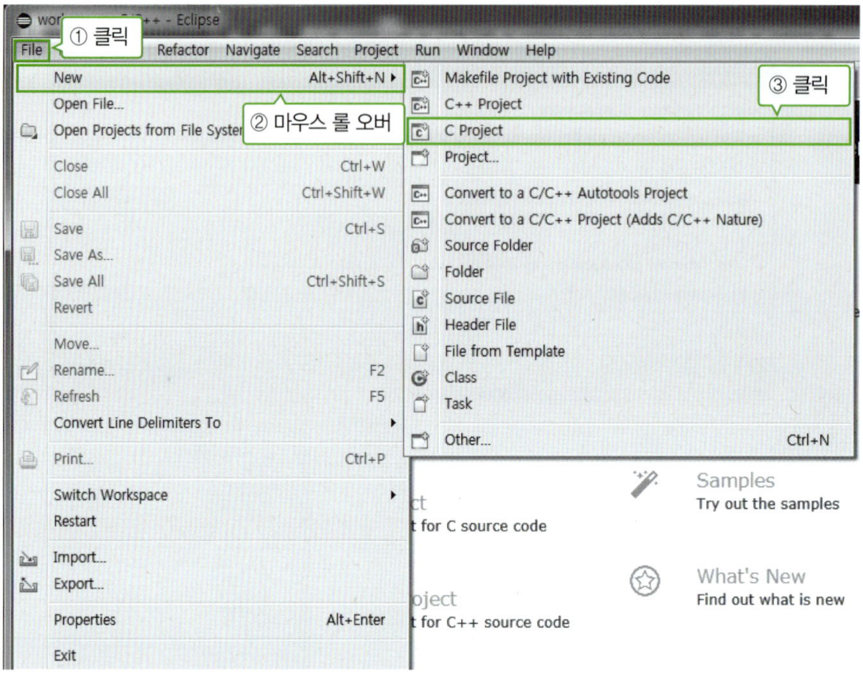

⑤ 프로젝트 이름을 입력하고 이미 설치한 MinGW GCC를 선택하고 [Finish]를 클릭하면 프로젝트가 생성된다.

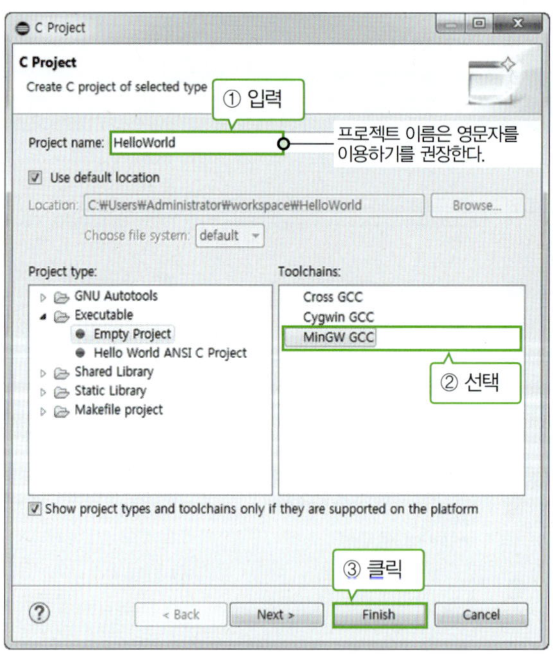

⑥ [Project Explorer]에서 생성된 프로젝트를 선택하고 소스 파일(Source File)을 추가한다.

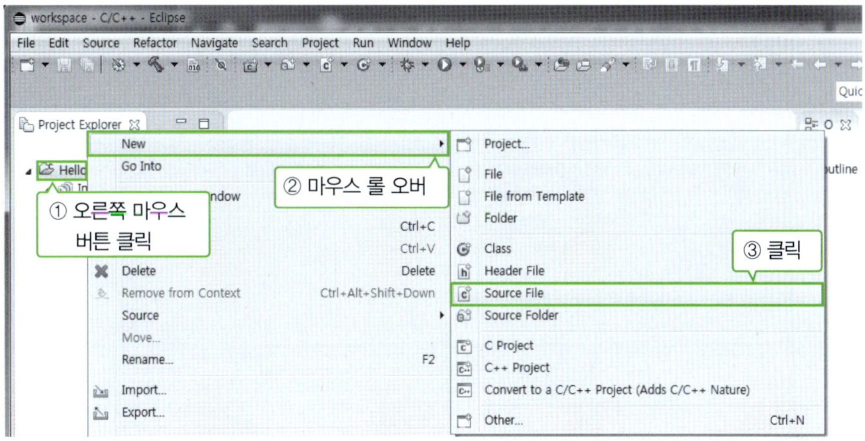

⑦ 소스 파일 추가 창에서 소스 파일 이름을 입력한다. 소스 파일 이름은 영문자 사용을 권장하며 확장자는 반드시 .c가 되어야 한다.

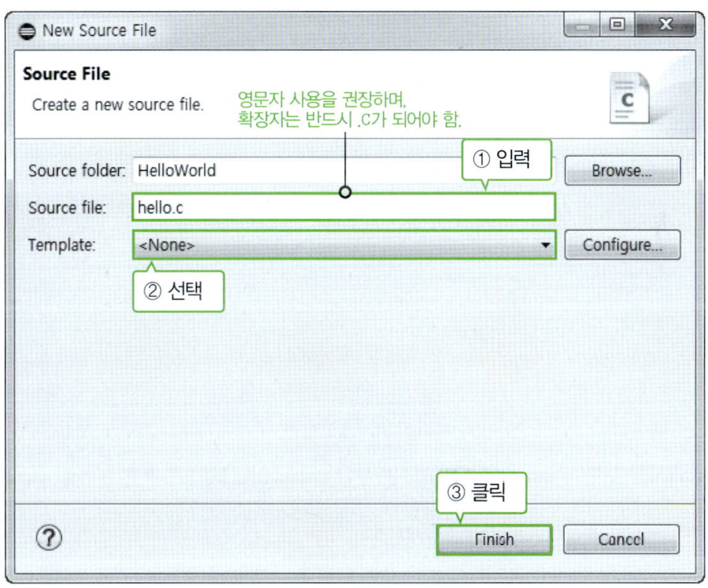

⑧ 생성된 파일 hello.c를 더블 클릭하고 프로그램 코드를 입력한다.

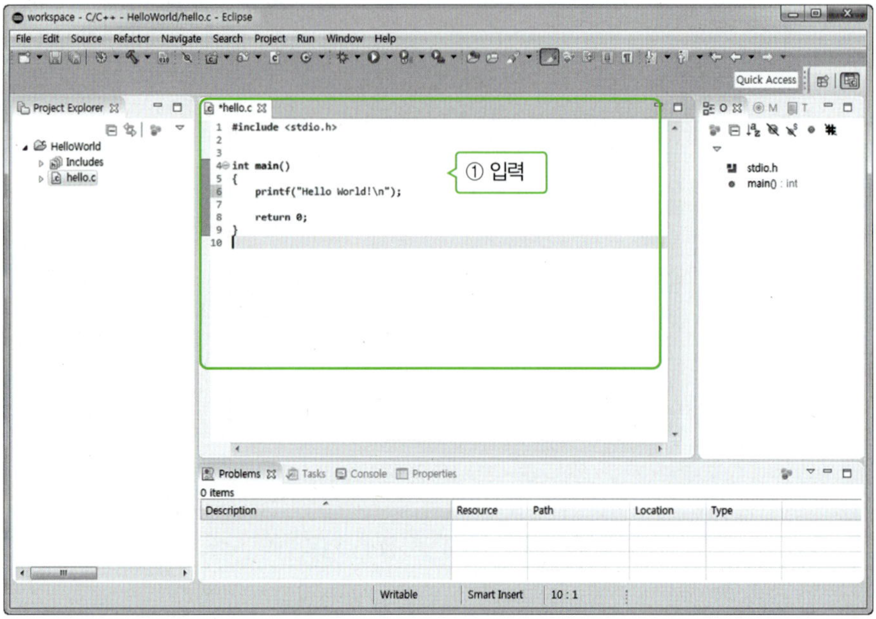

⑨ 저장하고 빌드 버튼을 실행하여 실행 파일을 생성한다.

⑩ 실행 버튼을 클릭하면 하위 Console 탭에 프로그램 실행 결과가 나타난다.

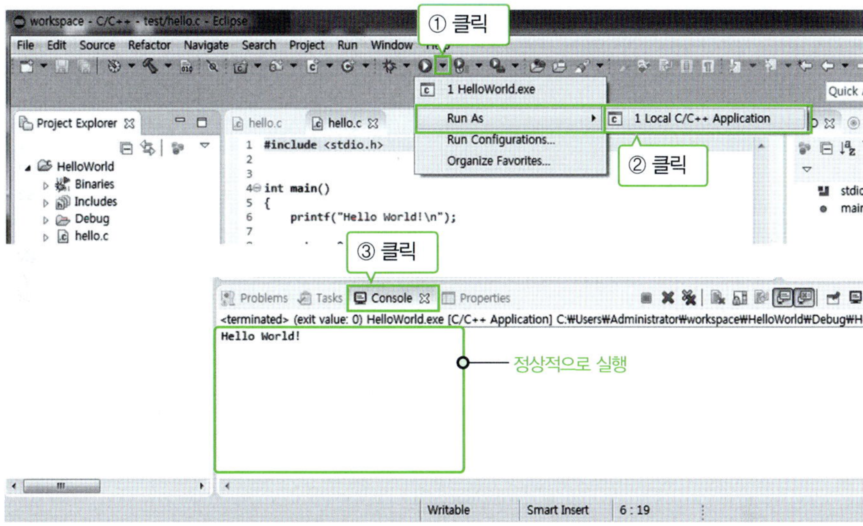

1.4 프로그래밍 실습

1.4.1 자신의 생년월일과 이름 출력하기

프로젝트를 생성하고 소스 파일을 추가하여 자신의 생년월일과 이름을 출력하는 프로그램을 작성하고 실행해 보자.

```
생년월일: 1998년 5월 10일
이름: 홍길동
```

분석 및 해결 과정

① 본문의 프로젝트 생성 방법에 따라 프로젝트를 생성한다.

② 소스 파일을 추가한다.

③ '안녕하세요'가 출력된 예문을 참고하여 소스 파일을 편집한다.

프로그램 1-3 자신의 생년월일과 이름 출력하기(ch1-3.cpp)

```
#include <stdio.h>

int main()
{



    return 0;
}
```

C 프로그래밍 기초

Chapter

C PROGRAMMING

2 변수

2.1 자료의 2진 표현

사람은 물체를 인식하고 계산을 할 때 이미지로 처리한다. 예를 들어 종이에 '365×2'라는 수식이 적혀 있을 경우 '365', '×', '2'를 미리 학습한 대로 뇌에서 인지하고 암산을 하거나 연습장을 사용하여 계산한다. 즉 사람은 자료를 표현할 때 이미지로 저장하므로 계산은 느리더라도 인내심이 허락하는 한 무한의 자료를 처리할 수 있다.

컴퓨터에서 사용되는 모든 자료들은 2진수, 즉 0과 1의 코드로 표현되고 저장된다. 그러므로 자료가 숫자이든 문자이든 2진수, 즉 숫자로 변환되어 처리된다. 그러나 컴퓨터는 2진 체계로 자료를 표현하는데, 그 2진 체계에도 길이의 한계가 있다. 프로그래머는 자료형마다 표현 방식과 제한된 크기를 미리 알고, 처리할 자료에 가장 적절한 자료형을 선택해야 효과적이고 올바른 프로그램을 작성할 수 있다.

정수	소수점이 없는 숫자	예) 2100, -5
실수	소수점이 있는 숫자	예) 3.14, .2, 0.5, 4., -345.0
문자	' '로 묶은 문자 1개	예) 'A', '+', '1'
문자열	" "로 묶은 1개 이상의 문자	예) "C언어", "apple", "한"

[그림 2-1] C언어 자료의 종류

2.1.1 정수의 2진 표현

컴퓨터에서 자료를 표현하는 데는 한계가 있으므로 10진 정수를 2진수로 표현할 때 몇 자리(비트)로 표현하느냐에 따라 2진수가 다르게 표현된다. 예를 들어 10을 16자리(16비트) 2진수로 표현하면 '00000000 00001010'이고 32자리(32비트)로 표현하면 16개의 0을 앞자리에 더 붙여야 한다. 두 수의 값어치는 동일하나 비트열의 크기가 다르므로 다른 자료형의 값으로 취급해야 한다.

10을 2바이트 이진수로 표현

00000000 00001010

10을 4바이트 이진수로 표현

00000000 00000000 00000000 00001010

[그림 2-2] 정수 10의 2진수 표현

양수를 표현하는 방법은 일반적으로 2진수로 변환하는 방법과 같고 음수는 2의 보수로 표현한다. 정수를 표현하기 위해 1바이트를 사용한다고 가정했을 때 표현할 수 있는 범위는 $-(2^7)$~(2^7-1)이다.

[표 2-1] 8비트에서 정수의 표현

양수	2진수	음수	2진수
+127	01111111	-128	10000000
+126	01111110	-127	10000001
⋮	⋮	⋮	⋮
+5	00000101	-6	11111010
+4	00000100	-5	11111011
+3	00000011	-4	11111100
+2	00000010	-3	11111101
+1	00000001	-2	11111110
0	00000000	-1	11111111

[표 2-2] 정수의 표현 범위

비트	최솟값	최댓값
8	$-2^7 = -128$	$2^7-1 = 127$
16	$-2^{15} = -32,768$	$2^{15}-1 = 32,767$
32	$-2^{31} = -2,147,483,648$	$2^{31}-1 = 2,147,483,647$
64	$-2^{63} = -9,223,372,036,854,775,808$	$2^{63}-1 = 9,223,372,036,854,775,807$

보수(Complement)

· 진수를 사용하는 경우 보수는 1의 보수와 2의 보수로 나뉜다.
· 둘 다 음수를 표현하기 위해서 사용한다.

〈1의 보수〉

2진수의 0과 1을 반전하여 음수를 표기하는 방법

〈2의 보수〉

1의 보수에 1을 더해서 음수를 표기하는 방법

(예)	00001001
1의 보수	11110110
2의 보수	11110111

· 보수 표현은 컴퓨터에서 산술연산 시 양수와 음수를 동일하게 취급하고 덧셈 연산만으로 덧셈과 뺄셈의 연산이 모두 가능하게 하는 방법

[그림 2-3] 2의 보수

2.1.2 문자의 2진 표현

문자는 고유 번호를 부여한 코드로 변환되어 표현되며 이것을 문자 체계(character system)라고 한다. 대표적인 코드 체계는 ASCII(American Standard Code for Information Interchange)로서 7비트를 사용하여 128개의 문자, 숫자, 특수문자에 고유 번호를 부여한다. 확장 ASCII 코드는 8비트를 사용하여 256개의 문자를 코드화한다.

예를 들어 컴퓨터에서는 'A'라는 문자가 2진수 1000001로 변환되며 최소 표현단위가 1바이트이므로 최상위 비트에 0을 추가하여 01000001(10진수 65)로 표현된다. [그림 2-4]에서 '1'은 00110001로 표현되므로 10진수 1과는 다름을 주의해야 한다.

앞 3비트

뒤 4비트	000	001	010	011	100	101	110	111
0000	NUL	DLE	Space	0	@	P		p
0001	SOH	DC1	!	1	A	Q	a	q
0010	STX	DC2	"	2	B	R	b	r
0011	ETX	DC3	#	3	C	S	c	s
0100	EOT	DC4	$	4	D	T	d	t
0101	ENQ	NAK	%	5	E	U	e	u
0110	ACK	SYN	&	6	F	V	f	v
0111	BEL	ETB	'	7	G	W	g	w
1000	BS	CAN	(	8	H	X	g	x
1001	HT	EM	)	9	I	Y	i	y
1010	LF	SUB	*	:	J	Z	j	z
1011	VT	ESC	+	;	K	[	k	{
1100	FF	FS	,	<	L	\	l	|
1101	CR	GS	-	=	M	]	m	}
1110	SO	RS	.	>	N	^	n	~
1111	SI	US	/	?	O	_	o	DEL

→ 100 0001

→ 011 0001 숫자 1이 아님

[그림 2-4] ASCII 코드

C언어에서 문자는 기본적으로 ASCII를 사용하지만 표현할 수 있는 문자가 제한(확장 ASCII는 256개의 문자 정의)되어 있으므로 한글, 한자, 히라가나 등의 문자를 직접 표현할 수 없다. 초기에는 국가마다 문자를 표현하기 위한 국가표준(예: 한글의 완성형, 조합형 등)을 제정하여 사용하였으나 국가 간의 표준이 되어 있지 않으므로 자료를 변환하기 번거로웠다. 이를 국제 표준화한 것이 유니코드(Unicode)인데, 인류의 모든 문자가 계속 추가되고 있다.

2.1.3 실수의 2진 표현

소수점이 포함된 숫자를 말하며 소수점을 부동 소수점(floating point), 실수를 부동 소수라고도 한다. 2진 소수 0.111_2는 10진 소수 $1\times2^{-1}+1\times2^{-2}+1\times2^{-3}$과 같다. 반대로 10진 소수를 2진 소수로 바꾸는 알고리즘은 다음과 같다.

① 10진 소수에 2를 곱하여 1의 자리의 올림 값과 소수점 아래 값을 구한다.
② ①의 결과에서 소수점 아래 값이 0이면 ③으로 가고, 0이 아니면 소수점 아래 값만 가지고 ①로 간다.
③ 올림 값을 순서대로 나열한다.

예를 들어, [그림 2-5]와 같이 10진 소수 0.875는 2진 소수 0.111_2로 변환된다.

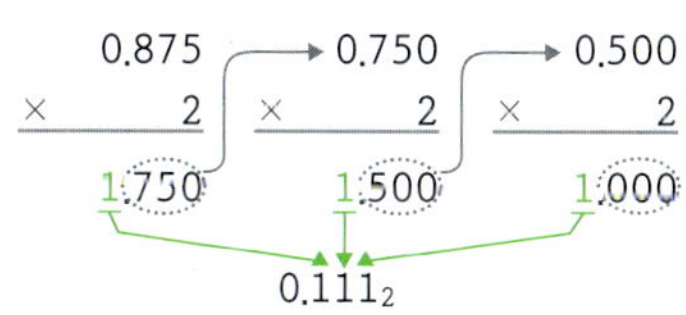

[그림 2-5] 2진 소수로의 변환 예

[그림 2-5]와 같이 비트로 저장하면 비트의 낭비가 많고, 변환 속도가 늦기 때문에 컴퓨터에서 실수는 지수로 변환되어 표현된다. 4바이트(32비트) 크기를 갖는 실수의 표현은 부호(sign)부 1비트, 지수(exponent)부 8비트, 가수(mantissa)부 23비트로 나뉘어 표시된다.

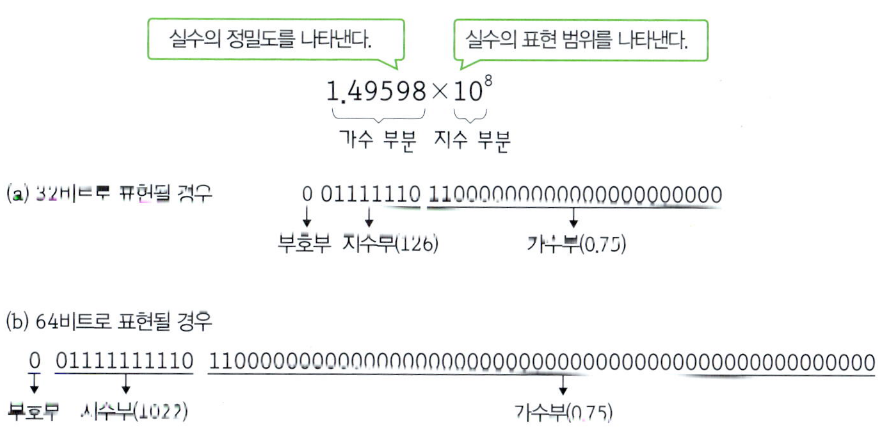

[그림 2-6] 실수의 표현 예

실제 컴퓨터에서 0.875를 32비트로 표현할 경우 [그림 2-6(a)]와 같이 표현된다. 10

진수 변환 식은 $(-1)^{\text{부호 비트}} \times (1+\text{가수부 값}) \times (2^{\text{지수부 값}-127})$이며 [그림 2-6(a)]의 2진수는 $(-1)^0 \times (1+0.75) \times (2^{126-127})=0.875$ 10진수로 변환된다.

변환 식은 몰라도 되나 프로그래머가 반드시 알아야 할 것은 10진 실수가 2진 실수로 변환될 때 근삿값으로 저장될 수 있으므로 실수 자료를 처리할 때 절삭된 값을 고려해야 한다는 것이다. 가수부 비트 수가 많을수록 소수 이하 자릿수를 더 세밀하게 표현할 수 있으며, 지수부 비트 수가 많을수록 큰 수를 표현할 수 있다. 32비트로 표현할 경우 소수점 이하 7자리까지 절삭 없이 2진 소수로 변환된다. 즉 0.123456789를 2진수로 변환하여 다시 10진수로 환원하면 반올림되어 0.1234568이 되므로 오차가 발생함을 주의해야 한다. 64비트로 표현할 경우는 소수점 이하 15자리까지만 유효하다.

[표 2-3] 실수의 표현 범위

크기	유효 자릿수	양의 최솟값	최댓값/최솟값
32비트	소수점 이하 7자리	10^{-38}의 근삿값	$\pm10^{38}$의 근삿값
64비트	소수점 이하 15자리	10^{-308}의 근삿값	$\pm10^{308}$의 근삿값

2.2 상수와 변수

2.2.1 상수

C언어에서 상수(constant)를 학습하는 것은 자연어를 학습할 때 숫자, 문자 등을 배우는 것과 같다. 상수는 프로그램에서 자료의 값을 나타내는 데 사용되는 숫자나 문자이며 사용된 후에는 없어진다. 상수는 문자 상수, 정수 상수, 실수 상수, 문자열 상수로 구분된다.

문자 상수
'문자' 또는 '\문자'
예) 'A', '\n'

정수 상수
숫자(10진수), 0숫자(8진수), 0x숫자(16진수)
예) 2017, -2017, 02017, 0x2017A

실수 상수
소수점을 포함한 숫자[f/F/l/L], 소수점을 포함한 숫자e지수[f/F/l/L]
예) 3.14, 3.14f, 3.14L, 0.314e+1

문자열 상수
"문자들"
예) "Hello", "가나다라\n"

원하는 문자를 단일 인용부호(')로 싸고 반드시 하나의 문자만 와야 한다. 'AB'와 같이 사용할 수 없으며 이 경우 컴파일할 때 에러가 발생하게 된다.

문자들 중에 단일 인용부호 안에 나타내기 곤란한 문자들이 있다. 예를 들어 단일 인용부호 자체를 나타내고자 할 때 이를 '''로 나타내면 '' 다음에 '가 하나 더 붙은 것인지(이 경우 에러가 된다) 아니면 ' 자체를 나타낸 것인지 알 수 없다. 또한 키보드로 입력이 곤란한 문자들이 있다. 각종 제어문자나 〈Enter〉 문자, 〈Tab〉 문자, 그래픽 문자들은 키보드로 입력하기가 곤란하기 때문에 위와 같은 방법으로는 나타내기 힘들다. 이를 보완하기 위해 [표 2-4]와 같이 '\'로 시작하는 표현 방법을 쓰는데, 이런 문자를 탈출 문자라 하고 이러한 표현 기법을 탈출 기법이라고 한다.

[표 2-4] 탈출 문자

탈출 문자	ASCII 문자	의미
\0	NULL	NULL 문자
\a	BEL	beep 음
\b	BS	백스페이스(커서를 이전 칸으로 이동하되 이전 글자를 지우지는 않음)
\t	HT	탭(커서를 다음 탭 시작 위치로 이동)
\n	LF	개행(커서를 다음 줄 시작 위치로 이동)
\r	CR	열복귀(커서를 현재 줄 시작 위치로 이동)
\"	"	이중 인용부호
\'	'	단일 인용부호
\\	\	백슬래쉬

10진수로 정수 상수를 나타낼 때에는 우리가 일상 생활에서 사용하듯이 2013, +2013, -2013과 같이 나타내고 +는 생략할 수 있다. 2,013과 같이 ,(쉼표)를 포함하면 구문 오류가 발생하므로 주의해야 한다.

8진수로 정수 상수를 나타내고자 할 때에는 앞에 숫자 0을 붙이고 원하는 숫자를 적는다. 03743은 8진수 3743으로 $3 \times 8^3 + 7 \times 8^2 + 4 \times 8^1 + 3$, 즉 10진수 2019를 나타낸다. 숫자 앞에 0이 있으면 8진수로, 없으면 10진수로 간주하기 때문에 03743과 3743은 같은 수가 아니라는 것을 주의해야 한다. 0을 여러 개 적을 수 있으나 관습적으로 하나만 적는다.

16진수로 정수 상수를 나타내고자 할 때에는 앞에 0x나 0X를 붙이고 원하는 숫자를 16진수로 적는다. 예를 들어 0x7e3은 16진수 7e3으로 $7 \times 16^2 + 14 \times 16^1 + 3$, 즉 10진수 2019를 의미하며 0xff는 10진수 255를 의미한다(16진수는 10진수 10~15를 a~f로 표현한다).

소수점 표기법은 일반 표기와 동일하지만, 0.875와 0.875f는 다름에 주의해야 한다. 즉,

0.875는 8바이트, 0.875f는 4바이트로 표현되므로 비트 크기도 다를 뿐만 아니라 비트열([그림 2-6] 참고)도 다르다. 실수를 처리할 때는 오차가 발생할 수 있으므로 주의해야 한다.

지수 표기법은 가수와 지수 형태로 나타내는 것으로 가수$\times 10^{\text{지수}}$인데, 이때 가수는 소수점 형태의 실수이며 지수는 정수이고 E는 소문자 e를 사용해도 된다. 즉, 0.314e1은 0.314×10^{1}을 의미하므로 0.314e1, 0.314e+1, 31.4e-1은 동일한 값이다.

문자열(string)은 두 개 이상의 문자들을 의미하며 이중 인용부호로 싸면 문자열 상수가 된다. printf 다음의 괄호 안에 있는 것이 바로 문자열 상수라는 것을 알 수 있다. 문자열 상수 내에서 탈출 문자를 사용할 수 있다. '\0'는 ASCII 값이 0인 문자로 NULL 문자라고 부르며, 화면에 출력시켜도 아무것도 출력되지 않는다. 주로 문자열의 끝을 나타내는 문자로 사용된다.

프로그램 2-1 **상수 표현의 예(ch2-1.cpp)**

```
#include <stdio.h>

int main()
{
    // 문자 상수
    printf("%d\n", sizeof 'a');
    printf("%c\n", 'a');
    printf("%c\n", 97);

    // 정수 상수
    printf("%d\n", sizeof 2019);
    printf("%d %o %x\n", 2019, 2019, 2019);
    printf("%d %d\n", 2147483648, 2147483648L);

    // 실수 상수
    printf("%d %d\n", sizeof 3.14f, sizeof 3.14);
    printf("%f %f\n", 3.14, 31.4e-1);
    printf("%f\n", 0.12345678901234567890);

    return 0;
}
```

실행 결과

```
1
a
a
4
2019 3743 7e3
-2147483648 -2147483648
4 8
3.140000 3.140000
0.123457
```

참고

printf 함수는 표준 출력 장치로 문자열을 출력하는 함수로, 3장에서 자세히 설명하겠지만 이 장에서도 사용되므로 간단한 사용법을 살펴보자. printf 함수는 첫 번째 인수가 반드시 문자열("")로 시작하며 그 뒤로 '%문자'의 개수만큼 인수가 추가된다. [그림 2-7]에서 %d, %f 위치에는 표현식1, 표현식2의 평가 값이 치환되어 각각 10진 정수, 실수로 출력된다. %d와 %f를 변환 명세라고 하는데, 자세한 내용은 3장을 참고한다.

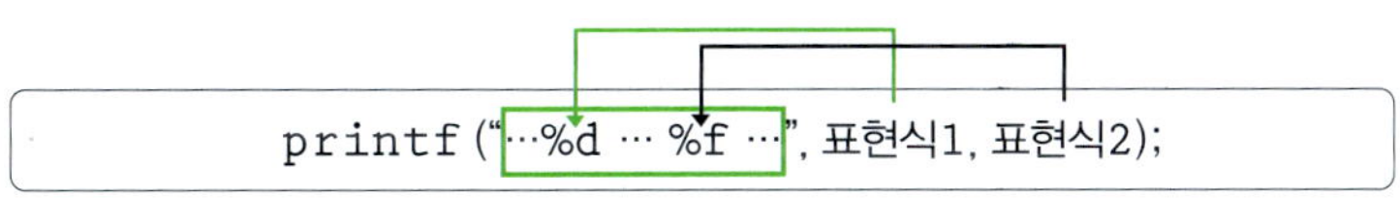

[그림 2-7] printf 함수의 사용법

설명

- 6행: sizeof 'a'는 'a'가 주기억장치에서 사용하는 바이트 수를 알려 주는 연산자이다. 앞 절에서 설명한 바와 같이 문자가 1바이트를 차지한다는 것을 확인할 수 있다.
- 7~8행: 'a', 97 모두 동일한 문자 'a'를 출력한다. 즉 모두 같은 표현이며 동일한 ASCII 코드 값으로 표현됨을 확인할 수 있다.
- 11행: 정수는 4바이트로 저장됨을 확인할 수 있다.
- 12행: %o와 %x는 각각 8진수, 16진수로 변환하는 변환 명세이다. 10진수 2019가 8진수 3743, 16진수 7e3임을 확인할 수 있다.
- 13행: 2147483648이 출력되지 않고 -2147483648이 출력되었다. 그 이유는 [표 2-2] 정수의 표현 범위에서 32비트로 표현할 수 있는 최댓값은 2,147,483,647인데 그 범위를 벗어났기 때문이다. 2147483648을 2진수로 표현하면 '1000…000'이며 이것을 다시 10진

수로 변환하면 -2147483648이 된다. 프로그래머는 이러한 오버플로(overflow)가 발생하지 않도록 주의해야 한다.

- 16행: f가 있을 경우, 없을 경우 각각 4바이트, 8바이트를 차지한다. 컴파일러는 L이 있으나 없으나 8바이트이지만 컴파일러에 따라 차이가 날 수 있다.
- 17~18행: %f는 2진수를 실수로 변환하여 출력하는 변환 명세이다. 3.14와 지수 표현 31.4e-1은 동일한 값을 가진다. %f는 소수점 이하 7자리를 반올림하여 6자리만 출력한다.

2.2.2 변수

변수란 프로그램에서 데이터를 저장하기 위한 식별자이다. 주기억장치는 바이트 단위로 주소가 붙어 있고, 주소를 사용하여 데이터를 업데이트하고 읽을 수 있다. 변수는 프로그램 중간에 값이 변할 수 있다는 의미로, 자료를 주기억장치에 저장하거나 읽어 오기 위해 주기억장치 주소를 직접 사용하지 않고 메모리 공간에 적절한 이름(식별자)을 붙인 후 그 이름에 해당하는 메모리 공간에 자료를 저장하거나 자료를 읽어 오기 위한 것이다. 컴파일러는 프로그램의 변수 선언 문장을 주기억 장소에 공간을 확보하는 기계코드로 변환한다.

식별자 생성 및 변수를 선언하는 문법을 살펴본다. 자연어에서 물건마다 이름이 있듯이 프로그램에서 사용하는 이름을 식별자(identifier)라 한다. 식별자는 변수의 이름으로 사용될 수 있다.

· 알파벳 소문자와 대문자, 숫자 그리고 밑줄 문자('_')만 사용하여 만든다.
· 대·소문자를 구별한다.
· 첫 글자는 숫자로 시작할 수 없다.
· 예약어를 식별자로 사용할 수 없다.
· 변수의 길이에는 제한이 없으나 31자 이하를 권장한다.

다음의 예약어(reserved word 또는 keyword)는 C언어에서 그 의미를 미리 규정해 놓은 이름이며 변수 이름으로 사용될 수 없다.

```
_Bool, _Complex, _Imaginary, auto, break, case, char, const, continue,
default, do, double, else, enum, extern, float, for, goto, if, inline, int,
long, register, restrict, return, short, signed, sizeof, static, struct,
switch, typedef, union, unsigned, void, volatile, while
```

형식 변수의 선언

자료형 변수명;

자료형 변수명1 [= 초깃값] [,변수명2 [= 초깃값]] [,…];

※ [ ]는 생략할 수 있음을 의미

• 예)
```
char c = 'a';     // 문자 상수 1개를 저장하기 위한 변수 선언
int i = 7;        // 정수 1개를 저장하기 위한 변수 선언
double interest_rate = 0.05;
```

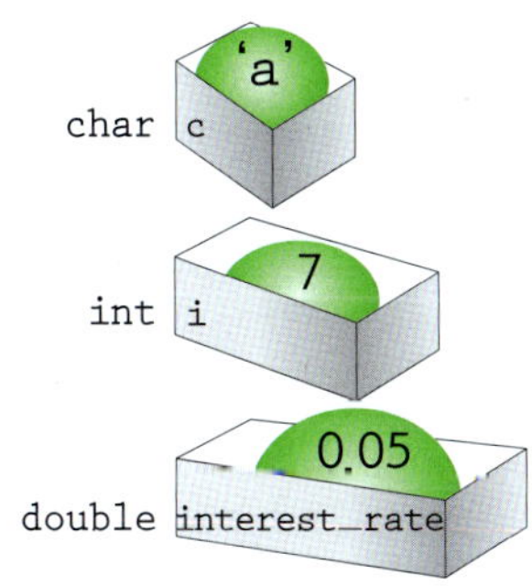

[그림 2-8] 변수의 개념

관습적인 규칙으로 변수의 이름이 변수의 역할을 잘 설명할 수 있도록 만들어야 한다. _(언더스코어)문자, 대·소문자로 단어를 구별할 수 있도록 만든다.

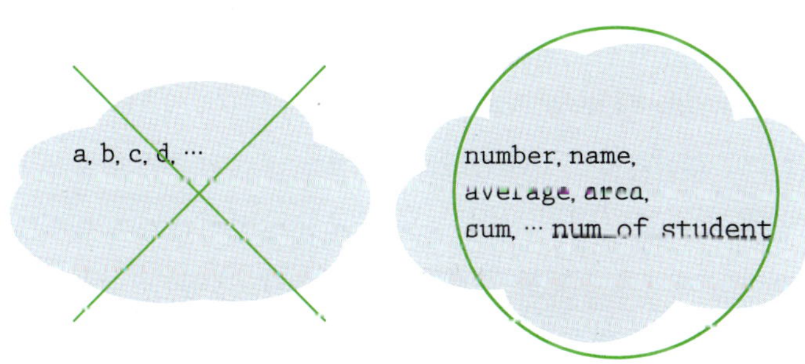

[그림 2-9] 변수의 나쁜 예와 좋은 예

변수는 선언부에서 선언해야 한다. 선언부는 {에서 시작해서 일반 문장이 나오기 전까지이다. 일반 문장은 변수 선언 문장 이외의 문장을 의미한다.

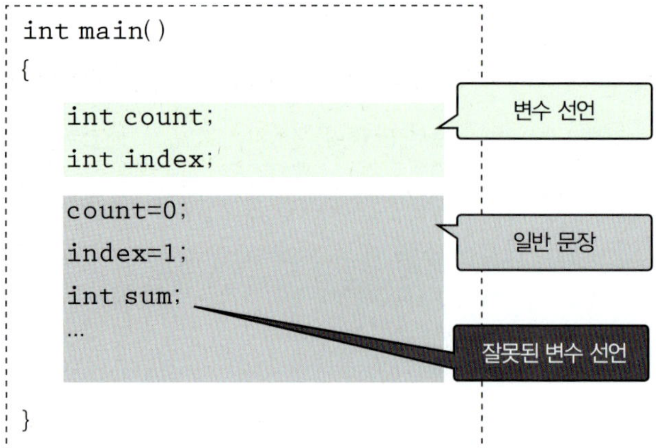

[그림 2-10] 변수 선언 위치

2.3 자료형

자료를 주기억장치에 저장하기 위해서는 이 자료와 동일한 형태의 자료형(data type)을 가진 변수를 선언해야 한다. 자료의 표현 방법에 따라 char, int, float 세 가지 자료형의 변수만 있어도 되지만 기억 장소의 낭비를 없애기 위해 다양한 크기의 많은 자료형을 제공한다. 예를 들어 1~31 중의 날짜를 저장하기 위해서는 최소 4비트만으로도 충분한데, 4바이트(32비트)를 사용한다면 28비트가 낭비된다. 이러한 낭비를 최소화하고 처리의 효율성을 높이기 위해 세부적으로 자료형을 분류한다.

처리할 자료가 1,000개 있을 때 int형 자료로 저장한다면 4,000바이트의 저장 공간이 필요하지만 short형 자료로 저장한다면 2,000바이트의 저장 공간이 필요하다. 그러므로 프로그램에서 처리할 자료의 범위를 먼저 분석한 후 자료형 중에서 가장 적당한 것을 선택하면 주기억장치의 제한된 용량을 최대한 효과적으로 사용할 수 있다

이것이 C언어에서 다양한 자료형을 제공하는 이유인데, 또 한 가지 이유는 처리 속도와 관련이 있다. 실수형 자료는 정수형 자료에 비해 컴퓨터 내부적으로 처리 속도가 훨씬 느리다. 그러므로 정수형으로 처리할 수 있는 자료를 실수형으로 처리하면 기억 장소 점유와 처리 속도 면에서 모두 좋지 않다.

[표 2-5] 자료형의 종류

자료형			설명	바이트 수	범위
정수형	부호 있음	short int	short형 정수	2	-32768~32767
		int	정수	4	-2147483648~2147483647
		long	long형 정수	4	-2147483648~2147483647
	부호 없음	unsigned short	부호 없는 short형 정수	2	0~65535
		unsigned int	부호 없는 정수	4	0~4294967295
		unsigned long	부호 없는 long형 정수	4	0~4294967295
문자형	부호 있음	char	문자 및 정수	1	-128~127
	부호 없음	unsigned char	문자 및 부호 없는 정수	1	0~255
실수형		float	단일정밀도 실수형	4	-3.4×10^{38} ~ 3.4×10^{38}
		double, long double	두배정밀도 실수형	8	-1.7×10^{308} ~ 1.7×10^{308}

2.3.1 정수형 변수

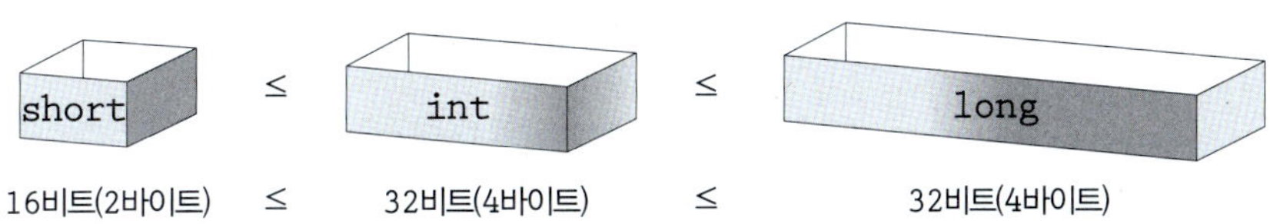

[그림 2-11] 정수형의 종류

정수형 변수는 주기억장치를 차지하는 크기에 따라 short, int, long 세 가지로 분류되며, 이는 다시 부호 비트의 사용 여부에 따라 signed, unsigned로 분류되어 총 6가지 종류가 있다.

int형

-2^{31}, …, -2, -1, 0, 1, 2, …, $2^{31}-1$

-2147483648 ≤ n ≤ +2147483647

short형

-2^{15}, …, -2, -1, 0, 1, 2, …, $2^{15}-1$

-32768 ≤ n ≤ +32767

long형

보통 int형과 같음

[그림 2-12] 정수형의 표현 범위

표현할 수 있는 값의 범위를 벗어난 값을 저장했을 때 오버플로(overflow)가 발생했다고 한다. 수도 계량기나 주행 거리계 등은 오버플로가 발생하면 다시 순환하지만 의외의 값으로 바뀌므로 프로그래머는 오버플로가 발생하지 않도록 알고리즘을 설계해야 한다([그림 2-12] 참고).

unsigned는 0과 양의 정수 값만을 저장하기 위한 변수 앞에 붙인다.

2.3.2 문자형 변수

문자형은 예약어 char로 표현하며, char 앞에 signed와 unsigned가 올 수 있다. char는 문자 1개를 저장하기 위한 자료형이며, signed char, unsigned char는 정수를 저장하기 위한 자료형이다. char와 unsigned char는 표현 범위가 같으나 단순히 문자를 저장할 때는 char를, 0~255 크기의 정수를 저장할 때는 signed char를 사용하기를 권장한다. 즉 나이, 월, 일 등과 같이 255보다 작은 양수의 정수 자료를 저장할 때는 'char age'보다 'unsigned char age'로 선언하는 것이 바람직하다.

[표 2-6] 문자형의 종류

문자형	크기(바이트)	표현 범위
char	1	0 ~ 255
signed char	1	-128 ~ 127
unsigned char	1	0 ~ 255

2.3.3 실수형 변수

실수형은 기억 장소를 차지하는 크기에 따라 float, double, long double이 있으며 float는 소수점 이하 7자리까지, double과 long double은 소수점 이하 15자리까지 표현할 수 있다.

[표 2-7] 실수형의 종류

실수형	크기(byte)	유효 자릿수	최솟값	최댓값
float	4	소수점 이하 7자리	-10^{38}의 근삿값	$+10^{38}$의 근삿값
double	8	소수점 이하 15자리	-10^{308}의 근삿값	$+10^{308}$의 근삿값
long double	8	소수점 이하 15자리	-10^{308}의 근삿값	$+10^{308}$의 근삿값

프로그램 2-2 **변수의 사용 예(ch2-2.cpp)**

```
1  #include <stdio.h>
2
3  int main()
4  {
5      // 정수형 변수
6      unsigned char age = 97;
7      int max = 2147483647;
8      int max_plus_1 = max + 1;
9
10     // 실수형 변수
11     float radius = 10, area;
12
13     printf(“age = %d\n”, age);
14     printf(“max = %d, max+1 = %d\n”, max, max_plus_1);
15
16     area = 3.14f * radius * radius;
17     printf(“반지름이 %f인 원의 면적은 %f입니다.\n”, radius, area);
18
19     return 0;
20 }
```

실행 결과

```
age = 97
max = 2147483647, max+1 = -2147483648
반지름이 10.000000인 원의 면적은 314.000000입니다.
```

설명

- 6, 13행: char 자료형으로 선언해도 문법적으로 문제가 없으나 age는 양의 정수인 나이를 저장하기 위한 변수로 사용되므로 unsigned char형으로 선언하기를 권장한다. 13행에서 %c 대신 %d를 사용했으므로 10진수로 출력되며, 만약 %c를 사용한다면 ASCII 코드 값이 97인 문자 ‘A’가 출력된다.
- 7행: 4바이트를 차지하는 int 자료형 값 중 최댓값이 2,147,483,647이다. 즉, 최상위 비

트만 0이고 나머지 비트가 모두 1인 값을 할당한다.

- 8행: 현재 max에는 int형으로 표현할 수 있는 최댓값이 저장되어 있으므로 여기에 1을 더한 값을 int형 변수 max_plus_1에 저장할 수 없다. 따라서 오버플로가 발생하고 9행에서 전혀 다른 값이 출력된다.
- 14행: max는 올바른 값이 출력되나 max_plus_1은 오버플로가 발생하여 예상치 2147483648이 출력되지 않고 최솟값인 -2147483648이 출력된다.

```
  01111111 11111111 11111111 11111111 : max
+ 00000000 00000000 00000000 00000001 : 1
---------------------------------------
  10000000 00000000 00000000 00000000 : max_plus_1
```

[그림 2-13] 오버플로의 예

- 11행: 4바이트 float형 변수 radius를 선언하고 초기 값으로 10을 대입한다. 4바이트의 float형 변수 area를 선언한다.
- 16행: 오른쪽 식의 값을 평가한 값 314를 area에 대입한다. 만약 3.14f에서 f를 생략하고 컴파일하면 경고 메시지가 발생한다. 그 이유는 Visual Studio에서의 기본 실수형은 double이므로 3.14를 double형 실수로 번역하기 때문이다. 3.14는 8바이트의 double형 상수이고 3.14f는 4바이트의 float형 상수이므로 오른쪽 식의 값은 8바이트를 차지한다. 결국 8바이트의 자료를 4바이트 기억 장소에 저장하면 자료의 잘림이 발생하므로 경고 메시지가 나타난다. 자세한 설명은 4장 연산자의 자료형의 변환을 참고한다.
- 17행: radius와 area에 저장된 값을 주기억장치에서 읽어 와 %f 형식으로 출력한다.

2.4 프로그래밍 실습

2.4.1 삼각형의 면적 구하기

밑변이 3cm, 높이가 5cm인 삼각형의 면적을 구해 보자.

분석 및 해결 과정

입력 자료: 없음

처리 자료: 밑변, 높이, 면적(밑변 × 높이/2)

출력 자료: 밑변, 높이, 면적

자료형: 실수형

실행 결과

```
밑변 = 3.000000cm, 높이 = 5.000000cm인 삼각형의 면적 = 7.500000cm²
```

순서도 및 의사 코드 작성

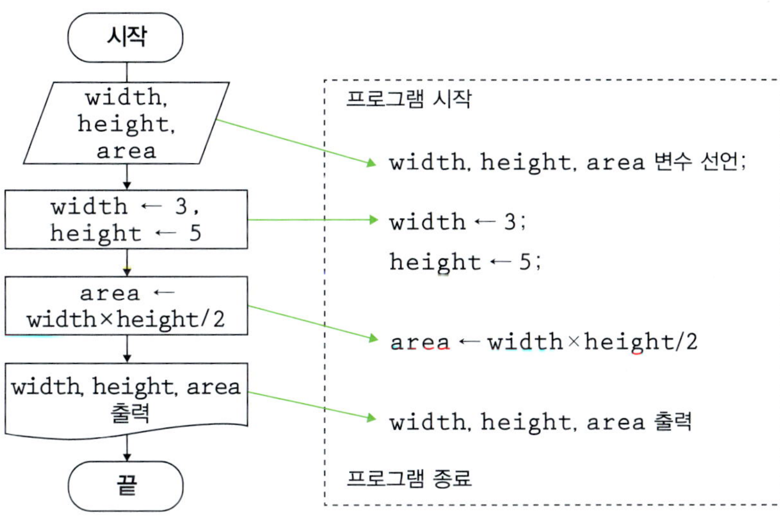

[그림 2-14] 삼각형의 면적을 구하는 순서도와 의사 코드

프로그램 2-3 삼각형의 면적 구하기(ch2-3.cpp)

```
#include <stdio.h>

int main()
{
    // 변수 선언
```

다음 장 »

```
    // 밑변, 높이에 각각 3, 5 대입
    [                    ]

    // 면적 구하기
    [                    ]

    // 출력
    [                    ]

    return 0;
}
```

- 변수 선언: 처리할 자료의 밑변, 높이, 면적을 저장하기 위한 변수를 선언한다. 밑변과 높이는 각각 3, 5와 같이 정수 형태이나 결과 값 면적이 실수형으로 될 수 있으므로 모두 double형으로 선언한다. 모든 변수가 초기화되지 않았으므로 임의 값을 가진다.
- 값 대입 및 면적 구하기: width, height 변수에 double형 상수 3.0, 5.0을 대입하고 width × height/2.0 식으로 면적을 구한다. 3, 5, 2와 같이 int형 상수로 표현해도 되나 실수형은 소수점을 명시적으로 표현하기를 권장한다.
- 출력: 밑변, 높이, 면적은 double형이므로 %f나 %lf 변환 명세로 출력한다.

주의

- printf 함수에서 float, double형 자료를 출력할 때는 변환 명세를 반드시 %f나 %lf를 사용해야 한다. %f를 %d로 수정하여 실행할 경우 실수형으로 표현된 2진수를 10진 정수형으로 변환하여 출력하므로 밑변, 높이가 이상한 값으로 출력된다.

```
밑변 = 0cm, 높이 = 1074266112cm인 삼각형의 면적 = 7.500000cm²
```

Memo

C 프로그래밍 기초

Chapter

C PROGRAMMING

3 입력과 출력

3.1 입출력 개요

프로그램을 실행하는 동안 프로그램 외부, 즉 키보드를 통해 사용자로부터 필요한 값을 입력받는 입력 함수와, 프로그램 실행을 통해 구한 결과 값이나 실행 중간에 사용자에게 필요한 정보 또는 메시지를 모니터 화면에 표시하는 출력 함수에 대하여 소개한다. 자료의 입력과 출력은 C언어에서 제공하는 라이브러리 함수의 일부인 입출력 함수를 이용하여 편리하게 코딩할 수 있는데, 입력을 위해서는 scanf 함수가, 출력을 위해서는 printf 함수가 가장 많이 사용된다.

입출력에서 스트림이란 입력과 출력을 바이트들의 흐름으로 판단한 것이다. 파일, 프린터, 네트워크 등의 입출력은 이러한 스트림을 생성하여 이루어진다. 운영 체제에서 기본적으로 제공하는 입출력 스트림을 표준 입출력 스트림이라 하는데 키보드, 모니터가 각각 입력, 출력 스트림에 해당한다.

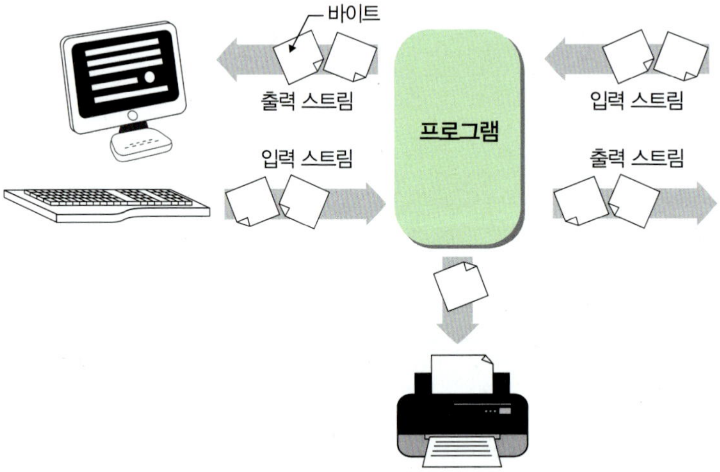

[그림 3-1] 입출력 스트림

스트림을 통하여 운영 체제에 입출력 요청을 하는 것은 간단한 프로그래밍으로 할 수 없으므로 라이브러리를 사용해야 한다. 건물을 지을 때 건축 현장에서 기본 골격을 만든 후 나머지 재료들(창문, 타일, 조명 기구 등)은 직접 만들어서 사용하는 것이 아니라 외부 생산 공장에서 납품을 받아 조립하여 완성하는 것과 마찬가지로 C언어도 프로그램에서 많이 사용되는 기능들을 미리 함수 프로그램으로 작성해 두어 프로그래머가 필요할 때마다 이용할 수 있도록 하고 있다. 만일 프로그래머가 입출력, 삼각 함수(sin, cos) 등과 같은 기능을 직접 프로그램으로 작성해야 한다면 프로그래밍은 매우 비효율적이게 될 것이다.

C 프로그램은 함수들의 집합으로 이루어져 있으므로 프로그래머가 main 함수와 같이 필요한 함수를 직접 작성해야 한다. 그러나 표준 라이브러리에 포함된 함수라면 직접 작성할 필요 없이 필요한 함수를 호출하여 이용할 수 있다. 따라서 프로그래밍이 훨씬 수월해진다. C 표준 라이브러리 외에 상용화된 라이브러리들도 있다. 예를 들면 Visual C++에서는 MFC(Microsoft Foundation Class)라고 하는 라이브러리를 제공하는데, 여기에는 윈도우 화면을 생성하거나 자료를 처리하는 알고리즘들이 구현되어 있다. C언어를 배운다는 것은 문법만이 아니라 C언어가 제공하는 표준 라이브러리에 어떤 함수가 있으며 이 함수를 어떤 경우에 사용하는지를 배우는 것도 포함된다는 것을 기억해 두기 바란다. 이 장에서는 표준 라이브러리에 포함된 대표적인 함수인 입출력 함수를 배운다.

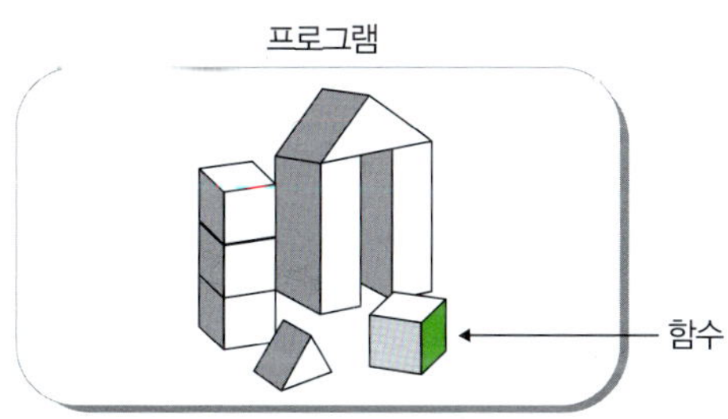

[그림 3-2] 함수(라이브러리)의 개념

3.2 출력 함수

3.2.1 printf 함수

형식

```
printf("문자열");
```

• "문자열" 안에 있는 문자열을 모니터 화면에 그대로 표시한다.

수식을 계산한 결과 값이나 현재 변수에 저장된 값이 아닌 모니터 화면에 특정 메시지를 표시하거나 특정 글자들을 그대로 출력하려면 문자열 형태의 인수 한 개만 포함한

printf 함수를 사용한다.

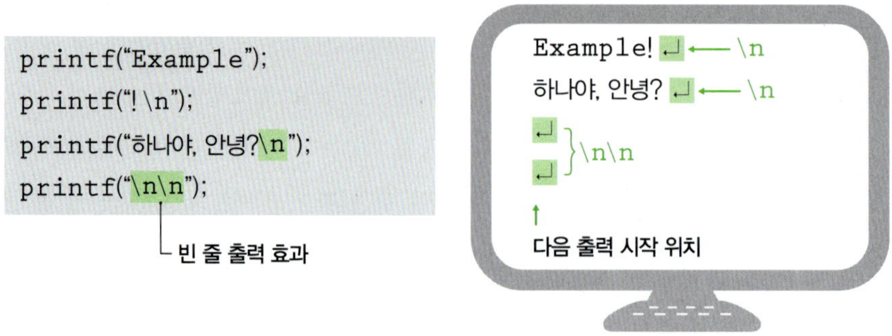

[그림 3-3] 간단한 printf의 예

printf 함수는 콘솔(console) 장치인 모니터 화면상에서 이전 출력이 끝난 위치에 이어서 출력을 한다. 그러므로 화면상의 줄 끝까지 출력을 하지 않는 한 자동으로 줄을 바꾸지 않는다. 출력 결과를 보기 좋게 하기 위해 줄을 바꾸고 싶다면 어떻게 해야 할까? 강제로 줄을 바꾸는 특별한 문자를 사용해야 한다. C언어에서는 일반적으로 알고 있는 문자의 의미를 벗어나 특별한 의미를 가진 문자를 표시하기 위해 '\'로 시작하는 탈출 문자(escape sequence)를 제공한다. 예를 들면 'n'은 알파벳의 n을 의미하지만 '\n'은 단순한 알파벳 n이 아니라 줄을 바꾸어 주는 개행(line feed) 문자를 의미한다. C언어에서 자주 사용하는 탈출 문자는 [표 2-4]에서 이미 살펴 보았다.

형식

printf("변환 명세를 n개 포함한 형식 문자열", 인수1, 인수2, …, 인수n)

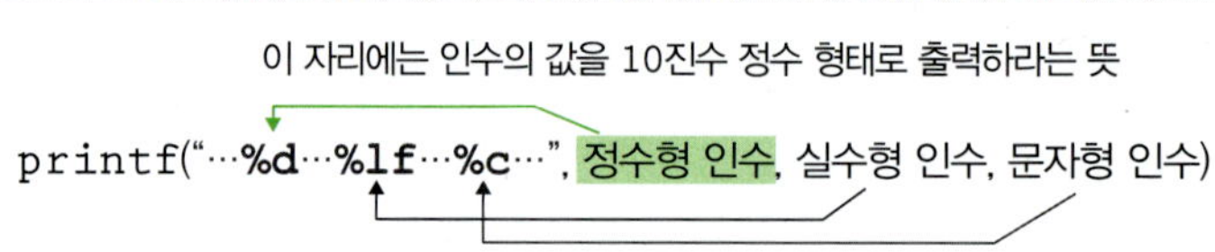

- "형식 문자열" 안에 있는 내용을 그대로 모니터 화면에 표시하되, 변환 명세를 만나면 "형식 문자열" 뒤에 나타나는 인수의 값을 변환 명세의 형식에 맞게 순서대로 출력한다.
- 인수는 상수, 변수, 식, 대입문이 될 수 있으며 최종 결과 값이 변환 명세에 지정된 형식에 맞추어 출력된다.
- 변환 명세는 [표 3-1]과 같이 자료형에 따라 사용할 것이 정해져 있으므로 인수의 결과 값에 따라 정확히 사용해야 한다.

[표 3-1] 출력할 값의 자료형에 따른 대표적인 변환 명세

출력 값	변환 명세	자료형	출력 형식
정수	%d, %i	정수형	정수를 10진수 형태로 출력
	%u	unsigned int형	부호가 없는 정수를 10진수 형태로 출력
	%o	정수형	정수를 8진수 형태로 출력
	%x	정수형	정수를 16진수 형태로 출력
실수	%f	float형	실수를 소수점 아래 6자리까지 출력
	%lf	double형	실수를 소수점 아래 6자리까지 출력
	%e	float형	'가수×10^지수^'에 해당하는 float형 실수를 '가수e지수'와 같이 지수 형식(또는 과학적 표기 형식)으로 출력
	%le	double형	double형 실수를 '가수e지수' 형식으로 출력
문자	%c	char형	문자 한 개만 출력
문자열	%s	문자열형	문자열 출력

3.2.2 필드폭 지정

형식 %d를 사용한 정수 출력

"%필드폭d"

- d: 자료를 정수 형식으로 출력하라는 의미이다.
- 필드폭: 자료를 출력하는 데 사용할 전체 칸을 의미한다. 정수형 자료를 출력하기 위해 필드폭만큼의 칸을 확보한 후 출력 자료를 오른쪽 정렬 방식에 맞추어 출력한다.

"%+필드폭d"

- 필드폭: 자료를 출력하는 데 사용할 전체 칸을 의미하고, 오른쪽 정렬을 지정한다.
- +: 부호 출력을 지정하는 것으로 출력할 값이 양수라면 숫자 앞에 '+'를, 음수라면 '-'를 출력한다.

"%-필드폭d"

- 필드폭: 자료를 출력하는 데 사용할 전체 칸을 의미한다.
- -: 왼쪽 정렬 방식에 맞추어 앞에서부터 출력한다.

예

```
int n = 123;

printf("n=%d\n", n);
printf("n=%5d\n", n);
printf("n=%+5d\n", n);
printf("n=%-5d\n", n);
printf("n=%-+5d\n", n);
```

(`%-+5d`에서 `-`: 왼쪽 정렬, `+`: 부호 출력)

n	=	1	2	3	↵		
n	=			1	2	3	↵
n	=		+	1	2	3	↵
n	=	1	2	3			↵
n	=	+	1	2	3		↵

```
n=123↵
n=   123↵
n= +123↵
n=123  ↵
n=+123 ↵
```

%d → **꼭 필요한 만큼만** 칸을 차지한다.

출력할 값이 100일 때

1	0	0

%5d → **5칸을 차지하여** 출력하되,
칸의 끝과 출력 값의 **오른쪽 끝을 맞춘다.**
왼쪽에 빈칸이 생길 수 있다.

필드폭: 5칸

		1	0	0

형식 %lf를 사용한 실수 출력

"%필드폭.정밀도lf"

- lf: 자료를 실수 형식으로 출력하라는 의미한다.
- 정밀도: 소수점 아래 몇 자리까지 출력할지를 지정한다.
- 필드폭: 소수점 위의 자리, 소수점, 소수점 아래 자릿수를 포함한 전체 출력 칸을 의미한다.

"%.정밀도lf"

- 정밀도: 소수점 아래 몇 자리까지 출력할지를 지정한다.
소수점 위의 값은 꼭 필요한 만큼만 칸을 확보하여 출력한다.
출력할 값에 포함된 소수점 아래 값의 자리가 지정한 정밀도보다 크다면 (정밀도+1)번째 자리에서 반올림하여 출력한다.

"%필드폭lf"

- 필드폭: 소수점과 소수점 아래 자릿수를 포함한 전체 출력 칸을 의미한다.

소수점 아래 값은 무조건 6자리까지 출력하고
나머지 왼쪽 칸에 소수점 위의 값과 소수점을 출력한다.

"%필드폭.lf"

필드폭만큼의 칸을 확보하여 출력하되
출력 값을 소수점 아래 첫 자리에서 반올림한 후 소수점 위의 값만 출력하라는 의미로,
"%필드폭.01f"와 동일한 결과가 출력된다.

예

92.5 출력 → **%5.1lf**

소수 차지 칸: 표시하고 싶은 정확도를 지정

전체 차지 칸: 소수점도 한 칸 차지

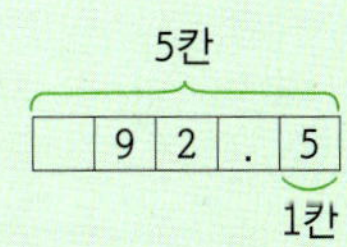


```
double ave = 83.768;

printf("ave=%7.3lf\n", ave);
printf("ave=%6.2lf\n", ave);
printf("ave=%.2lf\n", ave);
printf("ave=%10lf\n", ave);
printf("ave=%5.1lf\n", ave);
```

```
ave= 83.768
ave= 83.77
ave=83.77
ave= 83.768000
ave=    84
```

주의

"%3.1lf"에서 3은 소수점 위의 값을 출력하는 데 사용할 칸이 아니라 전체 출력 칸을 의미한다. 시험 점수의 평균을 소수점 아래 한 자리까지 출력하도록 필드폭을 지정할 때 "%3.1lf"로 잘못 지정하는 경우가 많다. '3.1'을 소수점 위 3자리, 소수점 아래 1자리로 해

석하기 때문이다. '.' 앞의 3은 전체 출력 칸을 의미하는 것이므로 평균 점수 100.0까지 출력하려면 필드폭을 최소 5로 지정해서 "%5.2lf"를 사용해야 한다. 5보다 작게 지정하면 오른쪽으로 칸을 더 확보하므로 여러 줄에 여러 명의 평균 점수를 출력할 때 세로로 소수점의 위치를 맞출 수가 없다.

문자 1개를 출력할 때는 변환 명세 %c를 사용한다. 출력할 내용이 문자이더라도 기본 정렬 방식은 오른쪽 정렬이므로 왼쪽 정렬을 하고 싶다면 '-'를 사용한다.

형식 %c를 사용한 문자 출력

"%필드폭c"

- c: 자료를 문자 형식으로 출력하라는 의미이다.
- 필드폭: 문자를 출력하는 데 사용할 전체 칸을 의미하며 출력할 문자를 맨 오른쪽 칸에 맞추어 출력한다.

"%-필드폭c"

- 필드폭: 문자를 출력하는 데 사용할 전체 칸을 의미한다.
- -: 문자를 맨 왼쪽 칸에 맞추어 출력한다.

여러 문자로 구성된 문자열을 출력할 때는 변환 명세 %s를 이용한다. 출력할 내용이 문자열이더라도 기본 정렬 방식은 오른쪽 정렬이므로 왼쪽 정렬을 하고 싶다면 '-'를 사용한다. C언어에서는 문자 상수를 저장하기 위한 char란 자료형은 제공하지만 문자열을 저장하기 위한 별도의 자료형은 제공하지 않는다. 그러므로 문자열을 변수에 저장하려면 9장 문자열 배열에서 소개하는 배열을 이용해야 하므로 여기서는 printf 함수에서 문자열 상수를 직접 사용하여 출력하는 방법만 소개한다.

형식 %s를 사용한 문자열 출력

"%필드폭s"

- s: 출력 값을 문자열 형식으로 출력하라는 의미이다.
- 필드폭: 문자열을 출력하는 데 사용할 전체 칸을 의미한다. 출력할 문자열의 마지막 문자를 맨 오른쪽 칸에 맞추어 출력한다.

"%-필드폭s"

- 필드폭: 문자열을 출력하는 데 사용할 전체 칸을 의미한다.
- -: 문자열의 첫 문자를 맨 왼쪽 칸에 맞추어 출력한다.

3.2.3 putchar 함수

putchar는 문자 전용 출력 함수이다. printf 함수는 문자, 정수, 실수, 문자열 등 범용으로 사용되는 출력 함수이지만 처리 속도가 느리다. 그래서 C언어 표준 출력 함수에서는 문자와 문자열을 출력하는 경우 편리하게 사용할 수 있도록 변환 명세를 사용하지 않는 문자, 문자열 전용 함수를 제공한다.

형식

putchar('문자' 또는 문자형 변수);

- '문자' 안의 문자 1개 또는 문자형 변수에 저장된 1개의 문자를 출력한다.

예

```
char grade = 'A';

putchar(grade);
putchar('+');
putchar('\n');
```

```
A+↵
```

3.2.4 puts 함수

puts 함수는 문자열만 출력하기 위한 함수이므로 printf와 달리 변환 명세가 필요 없다. printf 함수에서 문자열을 %s로 출력하면 문자열만 출력되는 데 반해 puts 함수는 문자열을 출력한 후 무조건 개행 문자('\n')를 자동으로 출력한다.

형식

puts("문자열" 또는 문자열을 저장한 변수);

- "문자열" 안의 문자열을 그대로 출력하거나 문자열 변수에 저장된 문자열을 출력한 후 줄을 바꾼다.

예

```
puts("Hello!");
puts("My name is Hong GilDong.");
puts("Nice to meet you.");
```

printf("Hello!\n"); 또는 printf("%s\n", "Hello!");와 동일

```
Hello!↵
My name is Hong GilDong.↵
Nice to meet you.↵
```

문자열을 출력한 후 무조건 개행 문자를 출력하므로 줄이 바뀐다.

3.3 프로그래밍 실습 1

3.3.1 표준체중 구하기

키, 체중이 각각 143cm, 40kg일 때 표준체중을 구하고 실제 체중과 표준체중의 차이를 구해 보자.

분석 및 해결 과정

입력 자료: 없음

처리 자료: 키, 체중

출력 자료: 표준체중, 실제 체중과 표준체중의 차이

자료형: 실수형

실행 결과

```
키: 143↵
체중: 40.0↵
↵
표준체중 38.7과의 차이: +1.3kg↵
```

순서도

표준체중과의 차이 구하기

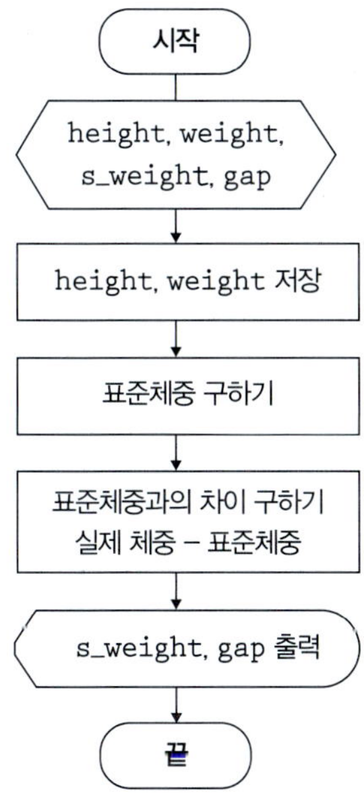

[그림 3-4] 표준체중 구하기 순서도

프로그램 3-1 표준체중 구하기(ch3-1.cpp)

```
#include <stdio.h>

int main( )
{
    // 변수 선언

    // 키, 몸무게 대입

```

다음 장 »

```
    // 표준체중 및 차 구하기



    // 출력



    return 0;
}
```

3.4 입력 함수

```
#include <stdio.h>

int main()
{
    int height;
    double s_weight;

    height = 152;
    s_weight = (height-100) * 0.9;

    printf("키 : %d \n", height);
    printf("표준체중 : %.1lf \n", s_weight);

    return 0;
}
```

하나의 키에 맞는 표준체중을 구할 수 없는 이유는?

height 값을 프로그램 안에서 직접 152로 지정

어떤 키든 해당 표준체중을 구하려면?

고정이 아니라 프로그램 실행 시 결정해야 한다.
→프로그램 실행자가 값을 지정
→프로그램 외부에서 값을 지정해서 height 변수에 저장되게 해야 한다.
→입력을 받는다.

[그림 3-5] 입력의 필요성

키 변수(height)가 대입문을 통해 저장되면 다른 키에 대한 표준체중을 구하기 위해 프로그램 편집기에서 프로그램 파일을 열어서 키에 새로운 자료 값을 대입하도록 수정한 후 다시 컴파일하고 실행해야 할 것이다. 이미 개발을 완료하여 배포하는 실행형 프로그램이라면 소스 코드를 볼 수 없을뿐더러 수정도 할 수가 없다. 그러므로 대입문으로 직접 값을 지정한 프로그램은 특정 자료에 대해서만 사용할 수 있는 프로그램이 되므로 실효성이 전혀 없다.

그렇다면 이 프로그램이 어떤 키에 대해서도 사용할 수 있는 일반적인 프로그램이 되려면 어떻게 해야 할까? 대입문을 이용하여 변수에 저장할 값을 프로그램에서 직접 지정하는 것이 아니라 프로그램이 실행되는 동안 사용자에게 변수에 저장할 값을 물어서 사용자가 직접 입력한 값으로 저장되게 한다면 이 프로그램은 모든 키에 사용할 수 있는 프로그램이 될 것이다. 이와 같이 프로그램에서 직접 값을 지정하는 것이 아니라 프로그램 외부에서 값을 지정하는 것을 프로그램에 자료를 입력한다고 하며, 키보드로 입력한 값을 편리하게 코딩할 수 있도록 C언어의 표준 입력 함수 scanf, getchar, gets를 제공한다.

3.4.1 scanf 함수

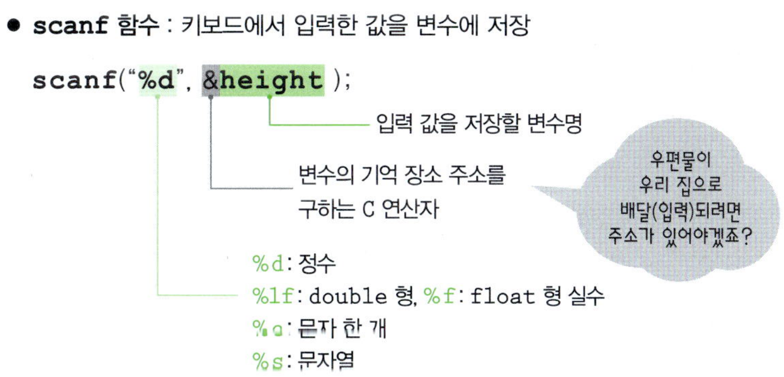

[그림 3-6] scanf 함수의 형식

scanf 함수를 사용할 때 주의할 것은 키보드에서 입력되는 값을 실제로 주기억장치 몇 번지에 저장할지, 즉 입력된 값을 저장할 변수의 실제 주소를 명시해야 한다는 것이다. 그러나 프로그래머가 특정 변수의 실제 기억 장소 주소를 미리 알 수는 없다. C언어에서는 변수의 기억 장소 주소를 구해 주는 연산자 '&'를 제공하므로 다음과 같이 변수명 앞에 &를 붙여 주면 된다.

형식

```
scanf("변환 명세", &변수명)
```

- &변수명

  scanf에서는 입력된 값을 저장할 기억 장소의 주소를 명시해야 하므로 변수명 앞에 반드시 '&'(앰퍼샌드라고 함)를 붙여야 한다. 단 9장에서 소개하는 문자열의 경우에는 &를 붙이지 않는다.

- scanf 함수의 실행 과정

  scanf 함수를 만나면 모니터 화면에 커서가 깜박거리며 사용자가 키보드에서 자료를 입력하기를 기다린다. 사용자가 키보드에서 자료를 입력하고 엔터키를 누르면 입력이 완료되고 입력된 자료는 변환 명세에 맞게 변환된 후 변수에 해당하는 기억 장소에 저장된다.

```
1  int height;
2
3  printf("키는? ");
4  scanf("%d", &height);
5
6  printf("입력한 키: %dcm\n", height);
```

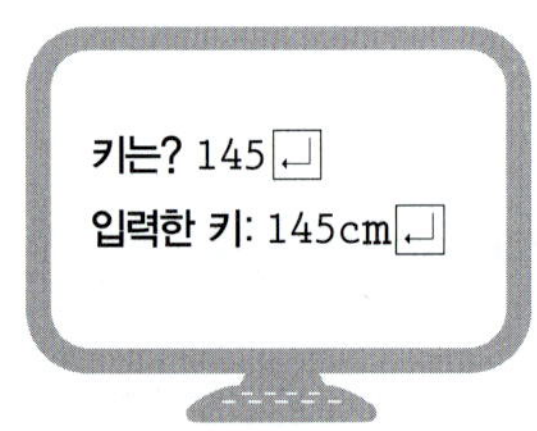

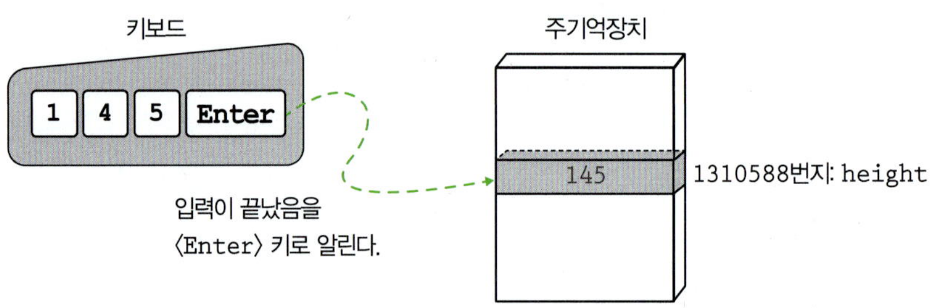

[그림 3-7] scanf 함수의 실행 과정

- scanf 함수를 사용할 때의 주의사항

  ① "변환 명세" 안에 변환 명세가 아닌 다른 문자는 사용하지 않는다.

  printf와 같이 변환 명세 외에 단순히 화면에 출력할 글자를 표시하기 위해 " " 안에 일반 문자를 사용하면 안 된다. 즉 3행을 제거하고 4행을 scanf("키는? %d", &height)와 같이 사용하면 될 것 같지만 그럴 경우 컴파일 에러는 발생하지 않지만 실행할 때 자료를 입력해도 height에 자료가 입력되지 않는다. 그러므로 필요하다면 scanf를 사용하기 전에 printf를 사용하여 표시하고 싶은 내용을 미리 출력한다([그림 3-7]의 3행 참고).

② 4행의 "변환 명세"에서 큰따옴표로 닫기 전에 공백 문자를 사용하지 않는다.

C언어에서 공백 문자(white character)란 스페이스바, 탭키, 엔터키를 눌렀을 때 나타나는 문자로서, 입력을 할 때 자료 간 구분에 주로 사용된다. 그런데 scanf("%d\n", &age), scanf("%d ", &age), scanf("%d\t", &age)와 같이 큰따옴표로 닫기 전에 '\n', ' ', '\t' 등의 공백 문자를 사용하면 나머지 입력문의 내용에 따라 자료가 제대로 입력이 되지 않거나 입력을 한 번 더 해야 하는 현상이 발생한다. 그러므로 scanf에서 사용하는 변환 명세는 %와 변환 지시자(d, f, lf, c 등)만 사용하는 것이 안전하다.

③ 변환 명세에서 필드폭은 꼭 필요할 때만 사용한다.

scanf("%2d", &age)와 같이 변환 명세에 필드폭 2를 지정할 경우, 공백 문자가 없다면 최대 2자리의 정수를 입력받겠다는 의미가 된다. 그러므로 입력을 받을 때 1↵, 21↵는 문제가 되지 않지만 [그림 3-8]과 같이 123↵를 누르게 되면 age에는 12만 저장된다. 뿐만 아니라 뒤에 또 다른 scanf 함수 호출이 있다면 나머지 3이 다음 변수에 저장된다.

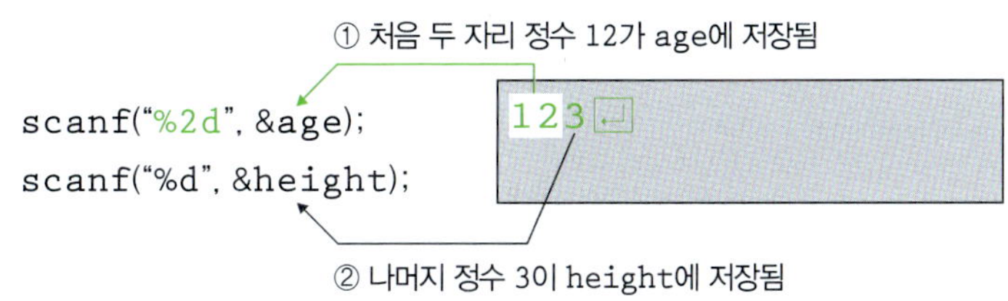

[그림 3-8] 필드폭을 명시한 경우의 입력 예

그러므로 주민등록번호나 학번과 같이 자료의 자릿수가 고정적으로 정해져 있어서 정확하게 입력받기를 원하거나 scanf 함수의 입력 원리를 완전하게 알고 있지 않다면 필드폭을 사용하지 않는 것이 바람직하다. scanf 함수의 다른 세부적인 내용은 초급 프로그래밍 과정에서는 필요하지 않으므로 여기서는 생략한다.

④ 자료형에 맞는 변환 지시자(d, lf, c, s 등)를 사용해야 한다.

printf 함수에서는 double형 변수를 출력하기 위해 %lf가 아닌 %f를 사용해도 결과가 출력되지만 scanf 함수에서는 정확한 변환 지시자를 사용해야 한다. 4행에서 int형 변수인 age에 대한 변환 명세로 %lf를 사용하거나 double형 변수에 대한 변환 명세로 %d 또는 %f를 사용하면 실행 결과를 예측할 수 없게 된다. 즉 프로그램이 입력을 받을 때 무조건 중단되거나, 에러는 발생하지 않지만 엉뚱한 값이 입력되므로 반드시 정확한 변환 지시자를 사용해야 한다.

```
scanf("%d ", &height);
scanf("%d\t", &height);
scanf("%d\n", &height);
```

큰따옴표로 닫기 전에 이 곳에 빈칸, 탭(\t), 줄바꿈(\n)을 넣지 않는다.
데이터를 한 개 더 입력해야 scanf가 완료된다.

```
scanf("%2d", &height);
```

입력 자릿수를 제한하지 않는 한 필드폭을 지정하지 않는다.
%2d는 최대 두 자리 정수를 입력받는다는 뜻이므로 세 자리 정수는 입력할 수 없다.

```
scanf("키는?%d", &height);
```

출력할 내용은 printf 함수를 이용한다.

```
printf("키는?");
scanf("%d", &height);
```

[그림 3-9] scanf 함수를 사용할 때 주의점

3.4.2 %s를 사용한 문자열 입력

문자열을 저장하려면 9장 문자열에서 소개하는 char형 1차원 배열을 이용해야 한다. 여기서는 간단한 사용법만 이해한 후 배열을 이용한 문자열의 처리는 9장에서 자세히 익히도록 한다. 지금까지의 기본 입력용 변수에는 입력된 값을 저장할 주소를 명시하기 위해 변수명 앞에 &를 반드시 붙여야 했다. 그러나 문자열을 저장하는 변수명이나 배열명은 그 자체가 문자열을 저장할 주기억장치의 시작 주소이므로 &를 붙이지 않는다는 것에 주의하라.

형식

scanf("%s", 문자열을 저장할 인수);

문자열을 저장할 인수는 char형 포인터 또는 char형 1차원 배열명이다.
일반 변수와 달리 포인터와 배열명이 주소이므로 앞에 '&'를 붙이지 않아야 한다.

예

```
char name[10];                // 최대 10개의 문자를 저장할 수 있는 1차원 배열 선언을 의미한다.

printf("이름은? ");
scanf("%s", name);            // 입력된 문자열을 name 배열에 저장한다.
printf("입력한 이름: %s", name);  // name 배열에 저장된 문자열을 출력한다.
```

```
이름은? 홍길동↵
입력한 이름: 홍길동↵
```

엔터키를 입력하기 전까지의 문자가 name에 저장된다. '홍 길동'과 같이 중간에 빈칸을 입력하면 "홍"이란 문자열로 저장된다는 것에 주의한다. 공백을 포함한 문자열 입력은 gets 함수를 사용한다.

3.4.3 여러 개의 자료를 한꺼번에 입력하기

하나의 scanf 함수 호출문으로 여러 변수의 값을 입력받을 수 있다. 그러나 한 번에 한 개의 변수로 입력하는 것에 비해 주의할 점이 많으므로 스스로 판단하여 편한 방법을 사용하도록 한다.

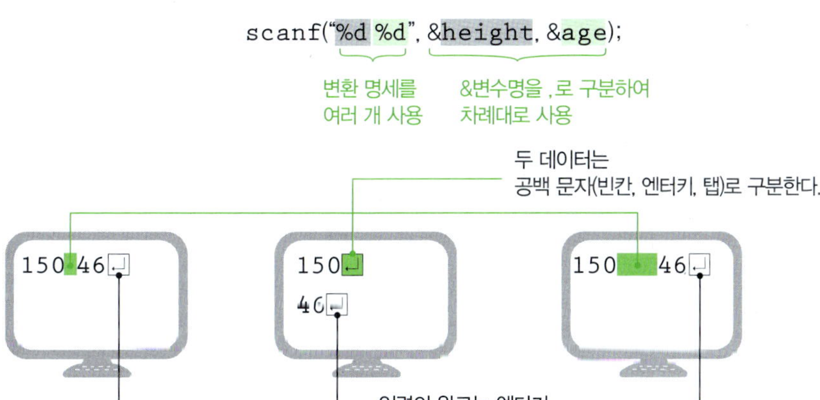

[그림 3-10] 여러 개의 자료 입력

형식

scanf("변환 명세를 n개 포함한 형식 문자열", &변수명1, &변수명2, …, &변수명n)

scanf("%d%d", &변수명$_1$, &변수명$_2$)

scanf("%d, %d", &변수명$_1$, &변수명$_2$)

- "%d %d"와 같이 변환 명세 사이에 빈칸을 넣어도 된다.
- 자료를 입력할 때 자료 간의 구분을 위해 C언어의 공백 문자(빈칸, 탭, 엔터키)를 사용하며 입력의 끝을 표시하기 위해 엔터키를 누른다.

  예) 입력 방법 1: 10 20↵
  입력 방법 2: 10〈Tab〉 20↵
  입력 방법 3: 10↵
  20↵

- "%d%d\n", "%d%d "와 같이 큰따옴표로 닫기 전에 '\n'이나 빈칸을 넣지 않는다. 변환 명세 사이에 ','를 사용했다면 자료를 입력할 때도 자료 간 구분을 위해 반드시 ','를 눌러야 한다.

  예) 입력 방법: 10, 20↵

예

```
1 int n1, n2, n3, n4;
2
3 printf("곱셈을 하고 싶은 두 개의 정수는? ");
4 scanf("%d %d", &n1, &n2);
5 printf("\n덧셈을 하고 싶은 두 개의 정수는? ");
6 scanf("%d, %d", &n3, &n4);
```

```
곱셈을 하고 싶은 두 개의 정수는? 72 81↵
덧셈을 하고 싶은 두 개의 정수는? 123, 456↵
```

- 72 81↵: 자료 간의 구분은 공백 문자를 이용하며 입력을 끝내기 위해 엔터키를 누른다.
- 123, 456↵: 6행의 변환 명세 사이에 ','가 있으므로 첫 번째 입력 값 다음에 반드시 ','를 입력해야 한다.

주의

- scanf의 "형식 문자열" 안의 변환 명세의 개수와 입력 변수의 개수가 같아야 프로그래머가 원하는 대로 결과를 얻을 수 있다. 실수로 개수를 다르게 작성한다면 결과 값이 이상하거나 입력을 한 번 더 하거나 해야 한다. 그러므로 변환 명세와 입력 변수의 개수를 반드시 맞추도록 한다.

3.4.4 getchar 함수

형식

```
getchar( )
```

- 키보드에서 문자 1개를 입력
- 변환 명세가 필요 없다.

```
                    ┌─ 인수가 없다.
변수 = getchar( );
```

① 키보드에서 누른 문자가 이 함수의 결과 값이 된다.

② ①의 문자가 변수에 저장된다.

getchar 함수는 문자만을 입력받기 위한 함수이므로 변환 명세가 필요 없을 뿐만 아니라 인수도 사용하지 않는다. 즉 getchar 함수의 호출은 언제나 getchar( )이다. 함수를 호출하면 반환 값이라는 한 개의 값을 구해 주는데, getchar는 사용자가 키보드에서 누른 한 개의 문자를 반환 값으로 구해 준다. 그러므로 키보드에서 입력된 문자를 변수에 저장하려면 위와 같이 대입문을 사용해야 한다.

3.4.5 gets 함수

scanf 함수에서 변환 명세 %s를 사용하여 문자열을 입력받을 때 빈칸이나 탭키를 입력하게 되면 이전까지의 문자들만 문자열에 저장된다. 즉 "Hong GilDong"과 같이 중간에 빈칸이나 탭키가 들어 있는 문자열을 입력받을 수 없다. 빈칸이나 탭키를 포함한 문자열을 입력받고 싶다면 줄 단위로 입력할 수 있는 gets 함수를 사용한다. gets 함수는 문자열만 입력받기 위한 함수이므로 변환 명세가 필요 없으며 엔터키를 입력하기 전까지의 모든 문자가 문자열로 저장된다.

형식

```
gets(문자열을 저장할 변수);
```

엔터키를 입력하기 전까지의 모든 문자가 변수에 저장된다.
문자열을 저장할 변수는 char형 포인터, char형 1차원 배열명이다.

예

```
char address[30];                          // 30개의 문자를 저장할 수 있는 1차원 배열 선언을 의미한다.

printf("주소는? ");
gets(address);                             // 입력된 문자열을 address 배열에 저장한다.
printf("입력한 주소: %s\n", address);      // address 배열에 저장된 문자열을 출력한다.
```

```
주소는? 대한민국 대한특별시 대한구↵
입력한 주소: 대한민국 대한특별시 대한구↵
```

Visual Studio 2015 버전에서는 gets를 사용할 수 없으므로 gets_s를 사용한다.

3.4.6 scanf_s 함수

Visual Studio 2015에서 scanf 함수를 사용하면 scanf 함수가 안전하지 않다는 컴파일 에러가 발생한다. scanf 함수는 입력의 크기를 검사하지 않기 때문에 보안에 취약하다. 따라서 scanf 함수 대신 scanf_s 함수를 사용하는 것이 바람직하다.

scanf_s는 scanf와 달리 마지막 인자에 입력받는 변수의 바이트 수를 지정하면 된다. 문자, 정수, 실수와 같이 기본 자료형을 입력받을 경우는 scanf 함수와 동일하게 사용하면 된다. 문자열을 입력받을 경우 문자열의 크기를 마지막 인자에 지정한다. 즉, scanf_s("%s", k, 10)과 같이 사용한다.

```
ⓧ C4996   'scanf': This function or variable may be unsafe. Consider using scanf_s instead. To disable deprecation,
          use _CRT_SECURE_NO_WARNINGS. See online help for details.
```

scanf 함수로 입력을 계속 처리하려면 [그림 3-11]과 같이 '#pragma warning(disable:4996)' 문장을 프로그램 시작 부분에 입력한다.

```
#pragma warning(disable:4996)
#include<stdio.h>

int main() {

    char k[10];
    scanf("%9s", k);

    printf("%s", k);

    return 0;
}
```

[그림 3-11] 컴파일 경고(warning) 없이 scanf 사용하기

3.4.7 fflush 함수

입출력 장치는 운영 체제에서 관리하므로 프로그램은 운영 체제로 입출력 값을 전달하거나 전달받는다. 입출력할 때는 입출력이 발생하는 즉시 해당 프로그램에 전달하는 방식(버퍼링 없이 전달한다고 함)과 모았다가 전달하는 방식(버퍼링한다고 함)이 있다.

앞에서 소개한 입출력 함수는 모두 버퍼링 입출력 방식이다. 이 방식은 입출력 시 데이터를 모았다가 전달하므로 효율적인 입출력 방식인 반면에 실시간성을 보장하지 못한다는 단점이 있다. 특히 버퍼링에서 숫자 값을 입력받고 문자를 입력받을 경우 버퍼에 남아 있는 엔터키가 다음 문자 입력으로 전달되는 문제가 발생한다.

이러한 문제를 해결하기 위해서는 문자를 입력받기 전에 버퍼에 있는 내용을 지우는 함수 fflush를 사용하도록 fflush(stdin);을 사용해야 한다.

[프로그램 3-2]는 문자와 정수 간의 상호 변환을 활용해 소문자를 대문자로 변환하고 문자 '1'을 숫자 1로 변환하는 예이다.

프로그램 3-2 문자의 연산 및 fflush 사용 예(ch3-2.cpp)

```
#include <stdio.h>

int main()
{
    char lower, upper, char_num, num;

    printf("알파벳 소문자 한 개를 입력하세요. ");
    lower = getchar();

    upper = 'A' + (lower - 'a');

    printf("입력한 소문자 %c의 대문자는 %c \n", lower, upper);

    fflush(stdin); // 버퍼에 남은 개행 문자를 제거하기 위해 버퍼 전체를 비운다.
    printf("\n0~9 중 한 개를 입력하세요. ");
    char_num = getchar();

```

다음 장 »

```
18     num = char_num - '0';
19
20     printf("입력한 문자 '%c'는 정수 %d입니다. \n", char_num, num);
21
22     return 0;
23 }
```

실행 결과

```
알파벳 소문자 한 개를 입력하세요. g↵
입력한 소문자 g의 대문자는 G↵
↵
0~9 중 한 개를 입력하세요. 4↵
입력한 문자 '4'는 정수 4입니다.↵
```

설명

- 10행: (lower-'a')는 lower가 알파벳 순서적으로 'a'보다 몇 개 뒤에 있는지를 의미한다. 대문자와 소문자의 순서는 동일하므로 대문자 'A'보다 (lower-'a')개 뒤에 있는 문자가 결국 lower의 대문자에 해당한다.
- 14행: 8행 getchar 입력 후 버퍼에는 개행 문자(엔터키)가 남아 있으므로 fflush(stdin)으로 버퍼를 비우고 다음 문자를 입력받아야 한다. 14행을 지우거나 주석 처리 후 실행하면 다음 입력을 엔터키로 받게 되어 다음 문자를 입력받지 못한다.

  [g↵] → [↵] → fflush(stdin); → [ ]
- 18행: '0', '1', '2' 순서로 ASCII 코드 값이 부여되므로 char_num의 코드 값에서 '0'의 코드 값을 빼면 곧바로 원하는 정수가 된다.
- Visual Studio 2015에서는 fflush(stdin)가 적용되지 않으므로 14행에 while(getchar( ) != '\n'); getchar( );를 사용한다.

3.5 프로그래밍 실습 2

3.5.1 원의 반지름을 입력받아 면적 구하기

문제

원의 반지름을 입력받은 후 원의 면적을 구하여 출력해 보자.

분석 및 해결 과정

입력 자료: 반지름

처리 자료: 반지름, 면적, 원주율

출력 자료: 반지름, 면적

자료형: 실수형

실행 결과

```
반지름을 입력하세요. 3.5↵
반지름이 3.50인 원의 면적은 38.47입니다.↵
```

프로그램 3-3 원의 반지름을 입력받아 면적 구하기(ch3-3.cpp)

```
#include <stdio.h>

int main()
{
    // 변수 선언
    [                                        ]

    // 반지름 입력
    [                                        ]
```

다음 장 »

```
    // 면적 구하기
    
    
    // 출력
    
    
    return 0;
}
```

Memo

C 프로그래밍 기초

Chapter

C PROGRAMMING

4 연산자

4.1 개요 및 연산자의 종류

4.2 다양한 연산자

4.3 프로그래밍 실습 1

4.4 기타 연산자

4.5 연산자의 우선순위

4.6 프로그래밍 실습 2

4.1 개요 및 연산자의 종류

프로그램을 통해 계산을 수행하려면 수식이 필요하다. 프로그램에서의 수식(expression)은 연산자(operator)와 하나 이상의 피연산자(operand)로 구성되며, 수치 값으로 계산되는 모든 것을 의미한다. 연산자는 아래의 수식처럼 연산의 기능을 나타내는 기호를 말하고, 피연산자는 변수, 상수, 또 다른 식과 같이 연산의 대상을 말한다. 피연산자의 개수에 따라 연산자를 분류할 수 있는데, 피연산자가 하나인 경우를 단항 연산자(unary operator), 두 개인 경우를 이항 연산자(binary operator), 세 개인 경우를 삼항 연산자(ternary operator)라고 한다.

```
  ┌연산자
  ↓
3+5      a-b      x>y      (a+b)/2
↑ ↑
피연산자
```

[표 4-1]은 C언어의 연산자를 기능별로 분류한 것이다. C언어는 다른 프로그래밍 언어에 비해 연산자의 종류가 많다. C언어의 다양한 연산자는 복잡한 연산을 간단하게 표현할 수 있도록 해 줄 뿐 아니라, 자료를 가공할 수 있는 능력도 탁월하여 효율적인 프로그램 작성을 가능하게 해 준다. 이제 C언어에서 제공하는 다양한 연산자의 기능과 사용법을 알아 보자.

[표 4-1] 기능에 따른 연산자 분류

구분	종류
대입 연산자	=
산술 연산자	+ - * / %
복합 대입 연산자	+= -= *= /= %= >>= <<= &= |= ^=
관계 연산자	> < >= <= == !=
논리 연산자	&& || !
조건 연산자	?:
증감 연산자	++ --
비트 연산자	& | ^ ~ << >>
형 변환 연산자	(자료형)
콤마 연산자	,
주소 연산자	&
sizeof 연산자	sizeof(피연산자)

4.2 다양한 연산자

4.2.1 대입 연산자

대입 연산자(assignment operator)는 연산자 왼쪽에 있는 변수에 오른쪽에 있는 수식 값을 저장하는 연산자이며 치환 연산자라고도 한다. 대표적인 대입 연산자는 변수에 값을 저장하는 '=' 연산자이다. 예를 들어 x=100은 x라는 변수에 100의 값을 대입하라는 의미이며 x와 100이 같다는 의미가 아니다. 대입 연산자에 의해 새로운 값이 대입되면 이전에 저장되어 있던 변수 값은 없어진다. 또한 대입 연산자는 다중 대입이 가능한데, 다중 대입은 동시에 여러 개의 변수에 값을 대입하는 것을 말한다. 대입 연산자의 결합 방향은 오른쪽에서 왼쪽이다.

대입 연산자의 왼쪽에 위치하는 피연산자를 l-value(left value), 오른쪽에 위치하는 피연산자를 r-value(right value)라 한다. r-value에는 어떤 수식이든 사용할 수 있으나 l-value에는 반드시 값의 대입이 가능한 변수만 사용해야 하며 상수나 연산자가 포함된 수식을 사용할 수 없다.

형식 대입 연산자

```
변수명 = 값      // 오른쪽에 있는 값을 왼쪽 변수에 대입한다.
변수명 = 변수    // 오른쪽 변수에 저장된 값을 왼쪽 변수에 대입한다.
변수명 = 수식    // 오른쪽 수식의 결과 값을 왼쪽 변수에 대입한다.
```

예

```
a = 1;        // 1을 변수 a에 저장한다.
b = a +1;     // 변수 b에 1+1의 결과 2를 저장한다.
ch = 'A';     // 변수 ch에 문자상수 'A'를 저장한다.
x – y = 1;    // 다중 대입이 가능하며 이때는 결합 방향이 오른쪽에서 왼쪽이다.
```

4.2.2 산술 연산자

산술 연산자(arithmetic operator)는 기본 사칙연산(더하기, 빼기, 곱하기, 나누기)을 할 수 있는 연산자를 말한다. 더하기는 '+', 빼기는 '–', 곱하기는 '*', 나누기는 '/ '로 표기하며 나눗셈의 나머지를 구하는 연산자 '%'가 있다. [표 4-2]는 산술 연산자의 종류와 사용 예를 보여 준다.

[표 4-2] 산술 연산자의 종류와 의미

산술 연산자	기능	사용 예	연산 결과
+	더하기	9+2	11
−	빼기	9−2	7
*	곱하기	9*2	18
/	나누기(몫, 정수/정수)	9/2	4
	나누기(정수/실수 또는 실수/실수)	9/2.0	4.5
%	나누기(나머지, 정수만 가능)	9%2	1

나머지 연산자(%)를 제외한 모든 산술 연산자는 정수형이나 실수형 모두 피연산자로 사용할 수 있다. 단, 나머지를 구하는 나머지 연산자의 피연산자는 항상 정수형이어야 한다. 그리고 나누기 연산자('/')는 피연산자의 자료형에 따라 결과가 달라진다. 즉 '/' 연산자는 정수형 연산에서는 몫을 구하는 연산자 역할을 하며, 실수형 연산에서는 일반 나누기 연산자로 사용된다.

예

```
5 / 2        // 5÷2의 몫 → 2
5.0 / 2.0    // 5÷2의 결과 값 → 2.5
5 % 2        // 5÷2의 나머지 → 1
```

주의

```
5 % 2.5      // 컴파일 에러(2.5가 실수형이므로 나머지 연산자를 사용할 수 없다)
```

4.2.3 복합 대입 연산자

대입 연산자를 산술 연산자나 비트 연산자(4.4.1절 참고)와 결합해 복합 대입 연산자(compound assignment operator)로 사용할 수 있다. 복합 대입 연산자는 긴 수식을 사용하는 것보다 효율적으로 프로그램을 작성할 수 있게 해 주는데, 왼쪽 피연산자 부분에는 대입 연산자처럼 변수만 올 수 있다. 복합 대입 연산자는 왼쪽 변수를 이용해 오른쪽 식을 계산한 뒤, 그 결과를 다시 왼쪽 변수에 대입한다. 이는 대입 연산자와 산술 연산자를 각각 사용하는 것과 계산 결과는 동일하나 실행 속도가 더 빠르다. 따라서 많은 연산이 필요한 프로그램의 경우 복합 대입 연산자를 사용하면 프로그램의 실행 속도를 향상시킬 수 있다. [표 4-3]은 C언어에서 제공하는 10가지 복합 대입 연산자를 보여 준다.

[표 4-3] 복합 대입 연산자의 종류와 의미

복합 대입 연산자	사용 예	의미
+=	a += b	a = a + b
-=	a -= b	a = a - b
*=	a *= b	a = a * b
/=	a /= b	a = a / b
%=	a %= b	a = a % b
&=	a &= b	a = a & b
|=	a |= b	a = a | b
^=	a ^= b	a = a ^ b
<<=	a <<= b	a = a << b
>>=	a >>= b	a = a >> b

프로그램 4-1 복합 대입 연산자 활용하기(ch4-1.cpp)

```
#include <stdio.h>

int main()
{
    int x, y;

    x = y = 5;

    printf(“x = %d, y = %d\n”, x, y);
    printf(“x += y의 결과는 %d\n\n”, x += y);

    printf(“x = %d, y = %d\n”, x, y);
    printf(“x -= y의 결과는 %d\n\n”, x -= y);

    printf(“x = %d, y = %d\n”, x, y);
    printf(“x *= y의 결과는 %d\n\n”, x *= y);

    printf(“x = %d, y = %d\n”, x, y);
    printf(“x /= y의 결과는 %d\n\n”, x /= y);
```

다음 장 »

```
20
21     printf(“x = %d, y = %d\n”, x, y);
22     printf(“x %%= y의 결과는 %d\n”, x %= y);
23
24     return 0;
25 }
```

실행 결과

```
x = 5, y = 5
x += y의 결과는 10

x = 10, y = 5
x -= y의 결과는 5

x = 5, y = 5
x *= y의 결과는 25

x = 25, y = 5
x /= y의 결과는 5

x = 5, y = 5
x %= y의 결과는 0
```

설명

- 7행: 문장 하나에 대입 연산자를 둘 이상 사용한 다중 대입 문장이며, 대입 연산자의 결합 방향은 오른쪽에서 왼쪽이다. 변수 y에 5를 대입한 후, 변수 y에 저장된 값인 5를 다시 변수 x에 대입한다.
- 10행: x += y ⇒ x = x + y ⇒ x = 5 + 5 ⇒ x = 10
- 13행: x -= y ⇒ x = x - y ⇒ x = 10 - 5 ⇒ x = 5
- 16행: x *= y ⇒ x = x * y ⇒ x = 5 * 5 ⇒ x = 25
- 19행: x /= y ⇒ x = x / y ⇒ x = 25 / 5 ⇒ x = 5
- 22행: x %= y ⇒ x = x % y ⇒ x = 5 % 5 ⇒ x = 0

4.2.4 관계 연산자

관계 연산자(relational operator)는 피연산자 두 개의 크기를 비교하는 연산자로, 비교 연산자라고도 부른다. 관계 연산의 결과 값은 논리 값인 '참' 또는 '거짓'이다. C언어에서 '참(true)'을 숫자로 변환하면 1이며 '거짓(false)'은 0이다. 관계 연산자는 주로 다음에서 소개할 논리 연산자와 함께 사용되거나 5장에서 소개할 if문이나 while문의 조건식을 만드는 데 사용된다. C언어에서는 6가지의 관계 연산자를 사용한다. [표 4-4]는 x는 1, y는 2일 때 관계 연산자의 연산 결과를 보여 준다.

[표 4-4] 관계 연산자의 종류와 연산 결과

관계 연산자	사용 예	의미	연산 결과(x=1, y=2인 경우)
>	x > y	x가 y보다 큰가?	거짓(0)
>=	x >= y	x가 y보다 크거나 같은가?	거짓(0)
<	x < y	x가 y보다 작은가?	참(1)
<=	x <= y	x가 y보다 작거나 같은가?	참(1)
==	x == y	x가 y와 같은가?	거짓(0)
!=	x != y	x가 y와 같지 않은가?	참(1)

4.2.5 논리 연산자

논리 연산자(logical operator)는 논리 값(참과 거짓)을 이용한 논리 연산 기능을 제공하며, 여러 조건을 함께 검사할 때 주로 사용된다. C언어는 [표 4-5]와 같이 세 가지 논리 연산자 AND(&&), OR(||), NOT(!)을 제공한다. 또한 논리 값이라는 자료형이 없기 때문에 논리 값 참은 1로, 논리 값 거짓은 0으로 표시한다. [표 4-6]은 두 개의 입력에 대한 각 경우의 수를 고려한 논리 연산자의 연산 결과이다.

AND(&&) 연산자는 두 개의 피연산자의 값이 모두 참일 때만 연산 결과가 참이 되고, OR(||) 연산자는 피연산자의 값 중 하나라도 참이면 연산 결과가 참이 된다. NOT(!) 연산자는 단항 연산자로 피연산자의 값이 참이면 거짓, 거짓이면 참이 된다.

[표 4-5] 논리 연산자의 종류

연산자	의미	사용 예	연산 결과(x=1, y=0인 경우)
&&	AND	x && y	0
||	OR	x || y	1
!	NOT	!x	0

[표 4-6] 논리 연산 결과

x	y	x && y	x || y	!x
0	0	0	0	1
0	1	0	1	1
1	0	0	1	0
1	1	1	1	0

일반적으로 논리 연산자는 여러 개의 조건을 결합해서 사용하는데, 예를 들어 'x가 5보다 크고 10보다 작으면 참이고 아니면 거짓'이라는 논리식을 '5<x<10'과 같이 수학에서 사용하는 식으로 작성할 수 없다.

만약 x의 값이 10이라면 '5<x<10'의 경우 결과는 거짓이지만 예상과는 전혀 다른 결과를 만들어 낸다. 이 경우 C언어에서는 아래와 같이 왼쪽에서 오른쪽으로 연산을 진행한다. x의 값이 10이므로 (5<x)의 결과는 참이 되어 값이 1이 된다. 따라서 전체 수식은 1<10이 되고 결과는 참이 되므로 잘못된 조건식임을 알 수 있다.

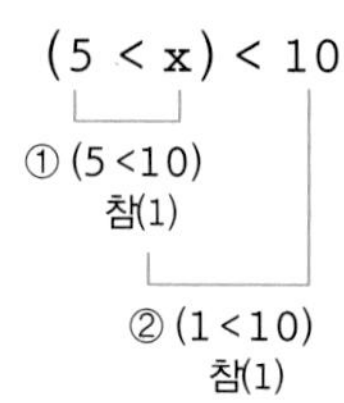

이러한 문제는 피연산자들의 자료형을 일치시키면 해결되므로 논리 연산자를 이용해 '(x>5) && (x<10)'와 같이 표현해야 한다. 이 식은 만약 x가 10인 경우 5와 10 사이의 값이 아니므로 결과는 거짓이 된다. 이는 x가 10인 경우 (x>5)은 참이고 (x<10)은 거짓이다. 따라서 참(1)과 거짓(0)의 논리 값에 대한 AND(&&) 연산의 결과는 거짓(0)의 값을 갖게 된다. 그리고 논리 연산자는 관계 연산자보다 우선순위가 낮아 관계 연산자와 함께 사용될 경우 항상 관계 연산자부터 수행하므로 괄호는 생략해도 된다. 하지만 식에 괄호를 쓸 필요가 없더라도 우선순위를 모른다면 다음과 같이 괄호를 쓰는 것이 좋다.

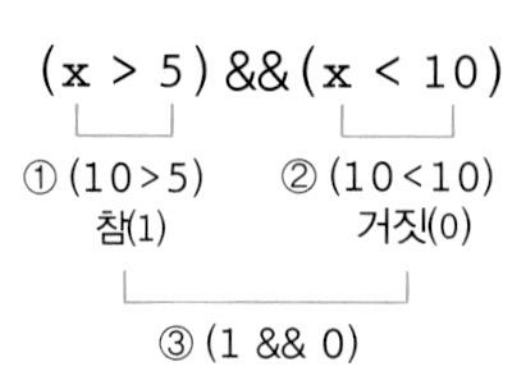

4.2.6 조건 연산자

조건 연산자(conditional operator)는 C언어에서 유일하게 피연산자가 세 개인 삼항 연산자이다. ? 연산자 앞에 있는 조건식의 결과가 참이면 콜론(:) 앞에 있는 수식1의 결과가 전체 연산의 결과가 되고, 거짓이면 콜론(:) 뒤에 있는 수식2의 결과가 전체 연산의 결과가 된다.

형식 **조건 연산자**

조건식 ? 수식1 : 수식2;

[프로그램 4-2]는 10진 정수 한 개를 입력받아 짝수인지 홀수인지 판별하는 프로그램을 조건 연산자를 이용해 작성한 것이다.

프로그램 4-2 **조건 연산자 활용하기(ch4-2.cpp)**

```
#include <stdio.h>

int main()
{
    int x;

    printf("정수 입력: ");
    scanf("%d", &x);

    (x % 2 == 0) ? printf("%d는 짝수입니다.\n", x) :
                   printf("%d는 홀수입니다.\n", x);

    return 0;
}
```

실행 결과

```
정수 입력: 5↵
5는 홀수입니다.
```

```
정수 입력: 24↵
24는 짝수입니다.
```

설명

- 10행: 조건식을 판단한 결과가 참(입력한 수가 짝수)이면 10행을, 거짓이면 11행을 실행한다. 문장이 긴 경우에는 10, 11행과 같이 여러 행으로 나누어 표현할 수 있다. 단 printf나 scanf와 같은 함수 이름이나 " " 안의 내용은 여러 행으로 나누어 표현할 수 없다.
- 10, 11행: x % 2가 1이면 참, 0이면 거짓이 되므로 다음과 같이 표현할 수도 있다.
  printf("%d는 %s수입니다. \n", x, (x % 2) ? "홀" : "짝");

4.2.7 증감 연산자

증감 연산자(increment/decrement operator)는 변수의 값을 1만큼 증가시키거나 감소시킬 때 사용된다. 증감 연산자에는 변수의 값을 1만큼 증가시키는 증가 연산자(increment operator: ++)와 변수의 값을 1만큼 감소시키는 감소 연산자(decrement operator: --)가 있다.

증감 연산자는 피연산자의 위치에 따라 전위형(prefix) 또는 후위형(postfix) 연산자로 구분되는데, 전위형은 ++나 -- 연산자가 변수명 앞에 오고 후위형은 뒤에 온다. [표 4-7]은 C언어에서 사용하는 증감 연산자들의 종류이다.

[표 4-7] 증감 연산자의 종류

종류	증감 연산자	연산 결과
전위형(prefix)	++x	x 값을 1 증가시킨 후, 연산을 수행한다.
	--x	x 값을 1 감소시킨 후, 연산을 수행한다.
후위형(postfix)	x++	현재의 x 값을 연산에 사용한 후, x 값을 1 증가시킨다.
	x--	현재의 x 값을 연산에 사용한 후, x 값을 1 감소시킨다.

다음의 예는 증감 연산자가 다른 연산자와 함께 사용될 때 전위형 또는 후위형에 따라 연산의 처리 과정이 다름을 보여 준다. 그러나 증감 연산자를 포함한 수식이 단독으로 사용될 때는 전위형과 후위형의 결과 값이 같다. 또한 증감 연산자는 정수형뿐 아니라 실수형 변수에도 사용 가능하다.

프로그램 4-3 증감 연산자의 전위형과 후위형의 처리 결과(ch4-3.cpp)

```
1  #include <stdio.h>
2
3  int main()
4  {
5      int x, y;
6
7      x = 5;
8      y = x++;
9      printf(“x++ 후 x, y 값의 변화\n”);
10     printf(“x = %d\n”, x);
11     printf(“y = %d\n”, y);
12
13     x = 5;
14     y = ++x;
15     printf(“++x 후 x, y 값의 변화\n”);
16     printf(“x = %d\n”, x);
17     printf(“y = %d\n”, y);
18
19     return 0;
20 }
```

실행 결과

```
x++ 후 x, y 값의 변화
x = 6
y = 5
++x 후 x, y 값의 변화
x = 6
y = 6
```

설명

- 8행: 증감 연산자가 대입 연산자와 결합된 경우이며 후위형이므로, 증가되기 전의 x 값 5가 y에 먼저 대입된 후, 변수 x 값이 1 증가된다.
- 14행: 전위형 증감 연산자를 사용하였으므로 변수 x 값이 1 증가된 후, 증가된 x 값 6이 y에 대입된다.

프로그램 4-4 증감 연산자 활용하기(ch4-4.cpp)

```
1  #include <stdio.h>
2
3  int main()
4  {
5      int a = 2, b = 2, c = 3;
6
7      a = ++a * 3;
8      b = b++ * 3;
9      c = 3 - --c;
10
11     printf("a = %d\n", a);
12     printf("b = %d\n", b);
13     printf("c = %d\n", c);
14
15     return 0;
16 }
```

실행 결과

```
a = 9
b = 7
c = 1
```

설명

- 7행: a 값이 1 증가되어 3이 된 후 a*3 연산을 수행하고, 그 결과 값 9가 a에 대입된다.
- 8행: 1 증가 전의 b 값(2)으로 b*3 연산을 수행하고, 그 결과 값 6이 b에 저장된다. 그런 뒤 b 값이 1 증가되어 7이 된다.
- 9행: c 값이 먼저 1 감소하여 2가 된 후 3-c 연산을 수행한다. 그런 뒤 결과 값 1이 c에 다시 저장된다.

4.3 프로그래밍 실습 1

4.3.1 100 이하의 자연수 확인하기

정수 x의 값을 입력받아 그 수가 100 이하의 자연수인지 구분하는 프로그램을 작성해 보자.

실행 결과

```
정수를 입력하시오: 50↵
50은 100 이하의 자연수입니다.
```

```
정수를 입력하시오: -50↵
-50는 100 이하의 자연수가 아닙니다.
```

분석 및 해결 과정

- 정수 x를 입력한다. 자연수는 1부터 시작하므로 입력된 x 값이 1 이상 100 이하의 값인지를 판단하는 조건식을 만든다(x>=1의 조건과 x<=100의 조건을 동시에 만족하도록 한다).
- 조건식이 참인 경우와 아닌 경우의 출력문을 작성한다(조건 연산자).

프로그램 4-5 입력된 정수 x가 100 이하 자연수인지 판단(ch4-5.cpp)

```
#include <stdio.h>
int main()
{
```

다음 장 »

```
    return 0;
}
```

4.3.2 표준체중을 이용한 비만 여부 판단하기

키와 몸무게, 이름을 입력받아 키에 맞는 표준체중을 구한 후 실제 몸무게와 표준체중의 차이를 다음의 실행 결과와 같이 출력하는 프로그램을 작성해 보자. 몸무게가 표준체중보다 적게 나가는 사람은 -로, 많이 나가는 사람은 +로 부호가 출력되도록 한다.

실행 결과

```
키(cm)를 입력하세요: 175.7↵
몸무게(kg)를 입력하세요: 75↵
이름을 입력하세요: 홍 길동↵

"홍 길동"님의 표준체중은 68.1kg입니다.
표준체중과의 차이는 +6.9kg으로 당신은 "비만"입니다.
```

```
키(cm)를 입력하세요: 175.7↵
몸무게(kg)를 입력하세요: 65↵
이름을 입력하세요: 홍 길동↵

"홍 길동"님의 표준체중은 68.1kg입니다.
표준체중과의 차이는 -3.1kg으로 당신은 "허약"입니다.
```

분석 및 해결 과정

- 키, 몸무게, 이름을 입력받는다. 이름은 문자열 사이에 공백이 들어가도록 입력받는다 (gets 함수).
- 표준체중 = (자신의 키-100)*0.9
- 표준체중과의 차이 = 실제 몸무게-표준체중
- 조건 연산자를 이용하여 실제 체중이 표준체중보다 크면 '비만'으로, 작으면 '허약'으로 출력되도록 한다.
- 표준체중보다 적게 나가는 사람은 -, 많이 나가는 사람은 +부호가 출력되도록 printf 문의 변환 명세에 +부호 플래그를 사용한다. 또한 큰따옴표를 출력하기 위해서는 \", \" 의 이스케이프 문자를 이용한다.

프로그램 4-6 표준체중을 이용한 비만 여부 판단하기(ch4-6.cpp)

```
#include <stdio.h>
int main()
{
    char name[10];
    double height, my_weight, std_weight;






    return 0;
}
```

4.3.3 두 수를 입력받아 몫과 나머지 출력하기

키보드로 두 수를 입력받아 큰 수를 작은 수로 나눈 몫과 나머지를 출력하는 프로그램을 작성해 보자.

실행 결과

```
두 정수 입력: 48 9↵

>> 큰 수 / 작은 수 = 5
>> 큰 수 % 작은 수 = 3
```

분석 및 해결 과정

- 두 수(n1, n2) 입력
- 두 수의 크기를 비교하여 큰 수(max)와 작은 수(min) 구하기: 비교, 조건 연산자 이용
- 큰 수를 작은 수로 나눈 몫과 나머지 출력하기: 산술 연산자(/, %) 이용
- 조건 연산자를 사용할 때, 수행할 문장이 두 개 이상인 경우에는 해당 문장들을 반드시 괄호로 묶어 준다.

프로그램 4-7 큰 수를 작은 수로 나눈 몫과 나머지 출력하기(ch4-7.cpp)

4.4 기타 연산자

4.4.1 비트 연산자

컴퓨터는 모든 자료를 2진(binary) 값으로 처리하며, 2진 값의 0과 1 중 하나를 저장할 수 있는 최소 저장(표현) 단위를 비트(bit)라 한다. 비트 연산자(bit operator)는 피연산자를 2진수로 바꾸어 비트 단위로 처리하는 연산자인데, 이때 피연산자의 자료형은 반드시 정수형이어야 한다. 비트 연산자로는 [표 4-8]과 같이 비트 논리 연산자(&, |, ^, ~)와 비트 이동 연산자(<<, >>)가 있다.

[표 4-8] 비트 연산자의 종류와 연산 결과

연산자	의미	사용 예	결과(x=12, y=5인 경우)
&	비트 AND	x&y	00000100
|	비트 OR	x|y	00001101
^	비트 XOR	x^y	00001001
~	비트 NOT(1의 보수)	~x	11110011
<<	왼쪽 이동(left shift)	x<<3	01100000
>>	오른쪽 이동(right shift)	x>>3	00000001

비트 AND(&), 비트 OR(|), 비트 XOR(^) 연산자는 두 피연산자의 비트열에 대해 같은 위치에 있는 비트끼리 연산을 수행한다. 먼저 비트 AND(&) 연산자는 [그림 4-1]과 같이 두 피연산자 해당 비트의 값이 모두 1일 때 연산 결과의 해당 비트가 1이 된다. 비트 OR(|) 연산자는 두 피연산자의 해당 비트 값 중 하나라도 1이면 결과 비트가 1이 된다. 비트 XOR(^) 연산자는 배타적 논리합(exclusive OR)을 의미하며, 두 피연산자의 해당 비트 값이 서로 다르면 결과 비트가 1이 된다. 이와 달리 비트 NOT(~) 연산자는 단항 연산자이며, 피연산자의 각 비트를 0은 1로, 1은 0으로 반전시킨다. 비트 논리 연산자는 앞에서 소개한 논리 연산자와 모양이 비슷하므로 정확히 구분해서 사용해야 한다. 또한 논리 연산자는 피연산자의 값 단위로 연산을 하지만 비트 연산자는 피연산자의 값에 포함된 각 비트 단위로 연산한다는 것에 유의한다.

같은 위치에 있는 비트끼리 비트 AND 연산

$(7)_{10}$: 00000000 00000000 00000000 00000111

$(3)_{10}$: 00000000 00000000 00000000 00000011

7 & 3 : 00000000 00000000 00000000 00000011 $= (3)_{10}$

[그림 4-1] 비트 AND 연산의 예

비트 이동 연산자(shift operator)는 좌측 피연산자의 각 비트를 우측 피연산자가 지정한 만큼 이동시킨다. 비트를 왼쪽으로 이동(<<) 시, 왼쪽으로 밀려난 비트가 제거되고 오른쪽 빈자리에는 0이 채워진다. 비트가 왼쪽으로 1비트 이동할 때마다 2를 곱한 것과 같은 결과의 값이 된다. 즉 왼쪽으로 n비트 이동한 결과는 2^n을 곱한 것과 같다. 그리고 비트를 오른쪽으로 이동(>>) 시, 오른쪽으로 밀려난 비트가 사라지고 왼쪽 빈자리에는 부호 비트(양수: 0, 음수: 1)가 채워진다. 즉 비트가 오른쪽으로 1비트 이동할 때마다 2를 나눈 것과 같은 결과의 값이 된다. 따라서 오른쪽으로 n비트 이동한 결과는 원래의 값을 2^n으로 나눴을 때의 몫이 된다. [그림 4-2]는 비트 이동 연산(shift operator)의 예이다. 15<<2는 15의 비트열을 왼쪽으로 2번 이동시킨 것으로 15 곱하기 2^2, 즉 60이며, 15>>2는 15의 비트열을 오른쪽으로 2번 이동시킨 것으로 15 나누기 2^2, 즉 3의 결과를 확인할 수 있다.

비트 이동 연산은 곱하기, 나누기 연산보다 실행 속도가 빠르기 때문에 대량의 수치 연산이 필요한 게임, 통신 프로그램이나 그래픽 처리 프로그램 등에 많이 활용된다.

[그림 4-2] 비트 이동 연산(shift operator)의 예

4.4.2 형 변환 연산자

C언어는 연산 시 피연산자의 자료형이 서로 다를 경우 자료형을 하나로 통일하는데, 이때 형 변환(type conversion)이 일어난다. 형 변환은 크게 자동 형 변환과 강제 형 변환이 있다. 자동 형 변환은 컴파일러가 자동으로 처리하고, 강제 형 변환은 프로그래머가 형 변환 연산자(cast operator)를 사용하여 처리한다.

■ 자동 형 변환

자동 형 변환은 프로그래머가 따로 지정하지 않아도 컴파일러가 자동으로 처리하는 것으로 자료형이 서로 다른 값의 연산에서 발생한다. 예를 들어 '정수+실수'와 같이 서로 다른 자료형의 두 값을 더하면 우선순위에 따라 자동으로 형 변환이 일어나 두 피연산자의 자료형을 모두 실수형으로 만든 다음 연산을 수행한다. 자동 형 변환은 정밀도가 작은 자료형이 큰 자료형으로 변환된다. 이때 변환의 우선순위는 char<short<int, long<float<double 순이다. 이처럼 작은 범위의 자료형을 큰 범위의 자료형으로 변환하는 것을 형 넓힘(promotion) 변환이라고 한다.

작은 표현 범위에서 큰 표현 범위로의 변환은 자료 손실이 없다. 그래서 프로그램에서 명시하지 않아도 컴파일러가 큰 자료형으로 변환(형 넓힘)하는 기계어를 추가하여 진행한다. 하지만 상수로 식을 표현할 경우 형 넓힘을 소스 코드에서 미리 명시하는 것이 올바른 프로그래밍 습관이다. 즉 '2+3.0'보다 '2.0+3.0'으로 작성하는 것이 좋다.

예

```
int a = 1;
double b = 12.3;
printf(".2lf", a+b); // int형+double형이 double형+double형으로, 즉 int형의 a가 double형으로 자동 형
                     // 넓힘 변환이 되어 연산된다.
```

자동 형 변환이 일어나는 또 다른 경우는 변수에 값을 대입하는 경우이다. 대입 연산자 오른쪽 값이 왼쪽 값의 자료형으로 자동으로 형 변환이 일어난다. 대입 연산은 아래와 같이 형 좁힘(demotion) 변환이 발생할 수 있다. 형 좁힘 변환이 발생하는 경우에는 의도치 않은 형 변환으로 데이터 손실이 발생할 수 있으므로 주의해야 한다.

다음의 예와 같이 표현 범위가 큰 자료형의 값을 표현 범위가 작은 변수에 대입할 경우 자료 손실이 발생할 수 있으므로 컴파일러는 경고 메시지를 표시한다. 즉 데이터 표현 범위가 큰 자료형으로의 형 변환은 데이터 손실이 발생하지 않지만 데이터 표현 범위가 작은 자료형으로의 변환은 데이터 손실이 발생할 수 있다.

예

```
int i;
i = 1.23;             // i는 정수형 변수(4바이트)이고 1.23은 실수형 상수(8바이트)이다. 따라서 1.23을
                      // int형으로 형 좁힘 변환하면서 정수 1이 변수 i에 저장된다.
```

■ 강제 형 변환

강제 형 변환은 컴파일러가 자동으로 변환하는 것이 아니라 프로그래머가 강제로 자료형을 지정하여 변환하는 것을 말한다. 강제 형 변환은 캐스트 연산자(cast operator, ( ))를 사용하여 프로그래머가 의도하는 대로 형 넓힘과 형 좁힘을 직접 지정할 수 있는데, 캐스트 연산자를 사용하는 해당 수식에만 일시적으로 적용되며 이미 선언된 자료형 자체를 바꾸지는 않는다. 캐스트 연산자의 사용 형식은 다음과 같다. 여기서 ( )는 캐스트 연산자이고 ( ) 안의 자료형으로 피연산자를 강제로 형 변환시킨다.

형식 **형 변환 연산자**

```
(자료형) 피연산자          // 피연산자 값을 지정한 자료형 값으로 변환
```

예

```
(int) 3.14                  // 3.14를 3으로 변환
(double) sum                // sum을 double형으로 변환
(int) (sum + i)             // 괄호 안의 식을 먼저 평가한 후, int형으로 변환
avg = (double) sum/3;       // 세 과목의 총점(int sum)에 대한 평균(double avg) 구하기
```

주의

- 형 변환은 변수의 기억 공간 크기를 변경하는 것이 아니라 프로그램에 포함된 값을 일시적으로 다른 형으로 변환하는 것이므로 대입 연산자 =의 왼쪽 변수에는 사용할 수 없다.

```
(double) sales = sum * 9.5;      // 컴파일 에러
```

프로그램 4-8 **형 변환 연산자 이해하기(ch4-8.cpp)**

```
#include <stdio.h>

int main()
{
    char ch = 'A';
    int x = 10, y = 4, sum, div_int;
    double phi=3.14, div;

```

```
9       sum = ch + 2;
10      printf("sum = %d = %c \n", sum, sum);
11
12      sum = phi;
13      printf("sum = %d\n", sum);
14
15      printf("정수 간 x/y = %d \n", x / y);
16      printf("실수 간 x/y = %lf \n", (double) x / (double) y);
17
18      div_int = (double) x / (double) y;
19      printf("잘못된 나눗셈 = %d \n", div_int);
20
21      div = (double) (x / y);
22      printf("잘못된 나눗셈 = %lf\n", div);
23
24      div = (double) x / y;
25      printf("정확한 나눗셈 = %lf \n", div);
26
27      return 0
28 }
```

실행 결과

```
sum = 67 = C
sum = 3
정수 간 x/y = 2
실수 간 x/y = 2.500000
잘못된 나눗셈 = 2
잘못된 나눗셈 = 2.000000
정확한 나눗셈 = 2.500000
```

설명

- 9, 10행: int형이 char형보다 범위가 더 큰 자료형이므로 ch는 자동으로 int형으로 변환된다. 문자 'A'의 ASCII 코드 값은 65이므로 '65+2'의 결과 값 67이 sum에 저장된다. 사실 9행은 ch에 저장된 문자보다 2개 뒤의 문자, 즉 'C'의 ASCII 코드 값을 구하는 대입문이다. 그러므로 10행에서 %c를 사용하여 sum을 출력하면 문자 C가 출력된다.

- 12행: phi가 double형이지만 대입 연산자 왼쪽 변수는 int형이다. 따라서 phi에 저장된 값 3.14는 int형으로 자동 변환되며, 결국 3이 sum에 저장된다. 이와 같이 범위가 큰 자료형에서 범위가 작은 자료형으로 형 변환이 발생하면 오차가 발생할 수 있다. 즉 3.14가 3이 되어 0.14의 오차가 발생한다. 이런 경우 "'double'에서 'int'(으)로 변환하면서 데이터가 손실될 수 있습니다."라는 경고 메시지가 나타나 프로그래머에게 알려 준다. 경고 메시지가 나타나지 않게 하려면 sum=(int) phi처럼 대입 연산자 좌우의 자료형을 통일시키는 것과 같이 강제 형 변환을 사용한다.
- 16행: int형의 x, y에 저장된 값을 강제로 double형으로 변환한 후 나눗셈을 수행하므로 나눗셈 결과는 2.5가 된다.
- 18행: 대입문은 먼저 오른쪽 식을 계산한 후 결과 값을 왼쪽 변수에 저장한다. 그러므로 double형으로 강제 형 변환을 한 '10.0/4.0'의 결과 값은 2.5이지만 왼쪽 변수 div_int가 int형이므로 2.5가 2로 변환된 후 div_int에 저장된다.
- 21행: 캐스트 연산자 뒤에 ( )가 있으므로 먼저 ( ) 안의 식이 계산된다. x, y 둘 다 정수형이므로 x/y의 결과도 정수형이 된다. 그래서 (10/4)의 결과는 2가 되고, 2를 (double)로 형 변환하면 2.0이 된다. 결국 div에는 2.5가 아닌 2.0이 저장된다.
- 24행: '(double) x/y'는 x의 값을 double형으로 변환하므로 /의 두 피연산자의 자료형이 서로 달라진다. 그러므로 두 피연산자를 범위가 큰 자료형인 double형으로 통일한다. 즉 y의 값이 double형으로 변환되면 '10.0/4.0'이 되어 결과 값은 2.5가 된다. 이 2.5가 double형 변수 div에 저장되므로 25행에서 정확한 나눗셈 결과 2.5가 출력된다.

4.4.3 콤마 연산자

콤마 연산자(comma operator)는 수식을 구분하는 연산자로 C언어에서 제공하는 연산자 중 우선순위가 가장 낮다. 콤마(,)를 중심으로 왼쪽과 오른쪽에 수식이 올 수 있는데, 왼쪽부터 수식을 계산해 마지막으로 계산한 오른쪽 수식의 값이 연산 결과가 된다.

형식 콤마 연산자

변수 = (수식$_1$, 수식$_2$, … , 수식$_n$)

예

```
int i, j;
j = (i = 2 + 3, i - 3);     // 괄호 안의 왼쪽 수식의 결과 즉 i = 5가 오른쪽 수식에 사용되어
                            // 5-3이 j 값에 대입된다.
printf("%d", j);            // 출력 값 → 2
```

4.4.4 주소 연산자

앰퍼샌드(&)는 변수 앞에서 단항 연산자로 사용되는 주소 연산자(address operator)이다. 키보드로 변수 값을 입력받을 때 사용하는 scanf 함수에서 변수 앞에 사용한 &가 바로 주소 연산자이다. 주소 연산자를 사용하면 변수에 할당된 기억 공간의 주기억장치 주소를 알 수 있는데, 주기억장치의 주소는 시스템에 따라 다르지만 대부분 1바이트 단위로 순차적으로 지정된다.

예

```
scanf("%d", &a);            // 키보드로 값을 입력받아 그 값을 변수 a에 저장
printf("%u", &a);           // 변수 a의 주소를 10진수로 출력
printf("%p", &a);           // 변수 a의 주소를 16진수로 출력
```

4.4.5 sizeof 연산자

sizeof 연산자는 다른 연산자와 달리 기호가 아닌 단어로 이루어져 있다. sizeof 연산자는 자료가 저장된 공간의 크기가 몇 바이트인지를 구한다. C언어는 컴파일러마다 자료형이 차지하는 기억 공간의 크기가 다르므로 sizeof 연산자의 값은 실행 환경에 따라 달라질 수 있다.

형식 sizeof 연산자

```
sizeof(변수)        // 변수가 차지하는 기억 공간의 크기(바이트 수)
sizeof(상수)        // 상수가 차지하는 기억 공간의 크기(바이트 수)
sizeof(수식)        // 수식의 결과 값이 차지하는 기억 공간의 크기(바이트 수)
sizeof(자료형)      // 자료형의 기억 공간 크기를 구할 때는 괄호가 꼭 필요
```

예

```
int i = 10;
printf("%d\n", sizeof i);          // 결과 4를 출력하며 메모리를 4바이트 차지함을 의미
printf("%d\n", sizeof(short)); // 결과 2를 출력
```

4.5 연산자의 우선순위

수식에 여러 개의 연산자가 포함되어 있을 경우 어떤 연산을 먼저 수행할지 미리 약속해 둔 것이 연산자 우선순위(precedence)이다. C언어에서의 연산자 우선순위는 [표 4-9]와 같다. 가장 높은 우선순위를 1로 표시했다.

연산자 분류에 따른 우선순위는 단항>산술>이동>관계>비트>논리>조건>대입>콤마 순이다. 만약 연산자의 우선순위가 잘 기억나지 않거나 이와 다른 순서로 연산하고 싶은 경우에는 괄호를 이용해 연산의 우선순위를 강제로 지정하는 것이 좋다. C언어에서는 우선순위를 변경하기 위한 괄호도 연산자로 취급한다. 우선순위가 같은 연산자는 결합(associativity) 방향에 따라 처리한다. 연산자의 결합 방향은 우선순위가 같은 경우의 연산 시 진행 방향을 말한다. 대부분의 연산자가 왼쪽에서 오른쪽으로 연산하는 반면, 단항 연산자, 대입 연산자는 오른쪽에서 왼쪽으로 연산한다([표 4-9] 참고).

[표 4-9] 연산자 우선순위

우선순위	분류	연산자	결합 방향
1	단항	( ) [ ] -> .	→
2		++(전위) --(전위) + - sizeof ~ ! * & (자료형)	←
3	산술	* / %	→
4		+ -	→
5	이동	<< >>	→
6	관계	< <= > >=	→
7		== !=	→
8	비트	&	→
9		^	→
10		|	→
11	논리	&&	→
12		||	→
13	조건	?:	→
14	대입	= += -= *= /= %= &= |= ^= <<= >>=	←
15	콤마	,	→

4.6 프로그래밍 실습 2

4.6.1 다양한 연산자의 사용 예

다음 프로그램의 결과를 추정하고, 프로그램을 직접 실행한 결과와 비교해 보자.

분석 및 해결 과정

- 정수+실수의 연산은 실수의 값으로 자료형의 범위가 큰 쪽으로 변환되어 연산되지만 res4가 정수형이므로 자동으로 형 좁힘 된다.

프로그램 4-9 연산자 실습(ch4-9.cpp)

```
#include <stdio.h>

int main()
{
    int x = 5, y = 10, z = 30, res1, res2, res3, res4;
    int f = 123.4;
    double res5;
    char ch = 'A';
    char city[10] = "SEOUL";

    res1 = (x > 10) && (y <= 10);
    res2 = (y > 10) || (z > 10);
    res3 = 5 * (x++ % 2);
    res4 = x * 2 + 2.4;
    res5 = (double) y / 3 + 1;

    printf("x=5, y=10, z=30 일 때\n");
    printf("res1 = %d,  res2 = %d,  res3 = %d,  res4 = %d, res5 = %.2lf\n",
              res1, res2, res3, res4, res5);
    printf(" sizeof(f) = %d, sizeof(ch) = %d sizeof(city) = %d\n", sizeof(f),
             sizeof(ch), sizeof(city));
    return 0;
}
```

결과 추정

4.6.2 주어진 수식의 값 계산하기

다음 수식을 계산하는 프로그램을 작성하라. 이때 정수 x의 값을 입력받아 다음의 실행 결과를 갖도록 수식의 결과 값을 구해 보자.

$$f(x)=x^3-2x^2+\frac{1}{x}$$

실행 결과

```
f(x)=x³-2x²+1/x 에서
x 입력 : 3↵
f(3) = 9.3
```

분석 및 해결 과정

- x는 정수형으로 지정한다.
- x의 3승은 x를 3번 곱하는 것으로 사용한다. 또는 거듭제곱을 구하는 수학함수 pow(x, n) 함수를 사용해도 된다. 그리고 이때 x와 거듭제곱의 n은 실수형이어야 하며 〈math.h〉의 헤더 파일을 포함해야 한다.
- 1/x의 경우 x가 정수형이므로 정수/정수는 정수의 값이 되므로 캐스트 연산자를 활용하거나 1을 실수형으로 표현해 형을 확장하여 사용한다.

프로그램 4-10 주어진 수식의 값 계산하기(ch4-10.cpp)

```
#include <stdio.h>

int main()
{
    int x;
    double fx;
    
    
    
    return 0;
}
```

4.6.3 비트마스크를 이용하여 입력받은 문자의 비트열 구하기

사용자로부터 문자 한 개를 입력받고, 입력받은 문자의 실제 비트열(8비트)을 비트 연산자를 이용해 구하는 프로그램을 작성해 보자.

실행 결과

```
문자 입력: a⏎
0 1 1 0 0 0 0 1
```

분석 및 해결 과정

- 비트마스크는 특정 자료 비트열(8비트) 중 특정 위치의 비트 값이 무엇인지 찾아내기 위해 사용하는 마스크를 말한다. 마스크는 씌우는 것을 의미하므로 특정 비트에 1의 값으로 비트 AND 연산을 하여 특정 비트를 찾아낼 수 있다. 예를 들어 01010011의 값에 00001111의 마스크를 씌우면, 즉 01010011과 00001111의 비트 AND 연산을 하면 00000011의 값을 얻을 수 있다. 따라서 마스크의 값에 1로 지정한 하위 4개의 비트 값을 찾을 수 있다.

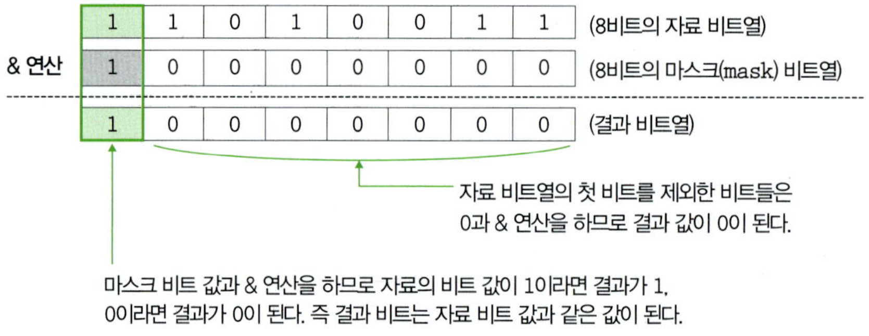

- 마찬가지로 입력된 문자의 1번째 자리 비트열을 구하기 위해서는 00000001의 마스크를 사용한다. 따라서 1의 자리의 비트열을 위한 마스크는 1을, 다음 자리의 비트열을 위한 마스크는 비트 이동 연산자를 이용하여 한 자리씩 이동하여 사용한다.
- 비트마스크와의 연산 결과 비트열의 정수 값이 0이면 0을, 0이 아니면 1을 출력한다.

프로그램 4-11 입력받은 문자의 비트열 구하기(ch4-11.cpp)

```
#include <stdio.h>

int main()
{
    char ch;

    printf("문자 입력: ");
    scanf("%c", &ch);
    // ch의 n번째 비트를 구하기 위해 ch와 각 자리의 비트마스크와 &연산을 하여 1 또는 0을 출력한다.




    return 0;
}
```

C 프로그래밍 기초

Chapter

C PROGRAMMING

5 조건문

5.1 조건문의 개요

프로그램의 각 문장은 원칙적으로는 위에서 아래로 순차적으로 실행된다. 그러나 성적이 70점 이상이면 '합격'을, 70점 미만이면 '불합격'을 출력하는 문제처럼 조건에 따라 실행할 문장이 달라지거나, 학생 1,000명에 대해 다섯 과목의 평균과 순위를 구하는 문제처럼 특정 내용을 반복적으로 실행하기도 한다. 이와 같이 프로그램 실행 순서를 변경해야 하는 경우에는 제어문을 사용해 실행 흐름을 제어할 수 있다. 프로그래밍의 핵심이라 할 수 있는 제어문은 조건문, 반복문, 그리고 분기문과 같은 기타 제어문으로 나눌 수 있다. 이 장에서는 제어문 중에서 조건문을 설명하고 6장에서 반복문과 분기문에 대하여 설명하기로 한다.

C언어에서 제공하는 조건문으로는 주어진 조건의 결과에 따라 명령의 순서를 선택하도록 하는 문장으로 if문과 switch~case문이 있다. if문에는 단순 if문, if~else문 그리고 중첩 if문이 있다.

예를 들어 아래의 [그림 5-1]의 왼쪽 그림과 같이 평균값을 계산하여 평균 점수가 70점 이상이면 '합격'을, 70점 미만이면 '불합격'을 결정할 수 있다. 이때 '평균 점수가 70점 이상인가'는 조건을 표현하는 것으로, 참인 경우와 거짓인 경우에 어떤 선택을 할지 결정하는 조건문이다. 이와 같이 조건문은 어떤 조건이 참 또는 거짓에 해당되는 일을 처리할 때 사용하는 문장을 말한다. 또한 [그림 5-1]의 오른쪽과 같이 조건에 따라 여러 가지 경우 중에서 하나를 선택하는 문제를 조건문을 사용하여 해결할 수 있다.

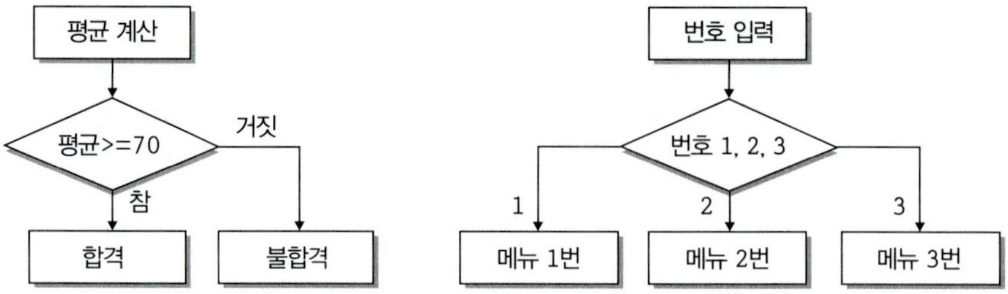

[그림 5-1] 조건에 따른 프로그램의 흐름도

5.2 if문

if문은 주어진 조건의 만족 여부에 따라 실행할 문장이 다를 때 사용한다. if문은 else가 없는 단순 if문과 else를 포함하는 if~else문으로 나뉜다. 그리고 if문 안에 또 다른 if문을 포함하는 중첩된(nested) if문이 있다.

5.2.1 단순 if문

단순 if문은 괄호 안의 주어진 조건을 만족할 경우에만 추가로 처리할 내용이 있을 때 사용한다. 단순 if문의 형식과 흐름도는 [그림 5-2]와 같다. 이때 조건식의 결과가 참이면 if문 다음에 오는 종속 문장만을 실행하고 if문은 종료되며, 거짓이라면 종속 문장은 실행되지 않고 다음 문장을 실행한다.

그리고 조건식이 참일 때 실행할 종속 문장이 두 개 이상일 경우에는 중괄호({ })를 사용해 문장들을 블록(block)으로 묶어 줘야 한다. 이때 블록 내의 문장들은 프로그램이 실행될 때 한 묶음으로 처리된다. 이와 같이 { }로 묶인 문장을 복합문(compound statement)이라고 한다. if문에서 처리할 문장이 하나일 경우에도 가능하면 { }를 써 주는 것이 좋다. { }를 사용하면 프로그램을 이해하기 쉽고, 종속 문장을 추가했을 때 { }를 빠뜨려 에러가 나는 것을 방지할 수 있으며, 종속 문장의 의미가 정확해지기 때문이다.

형식 단순 if문

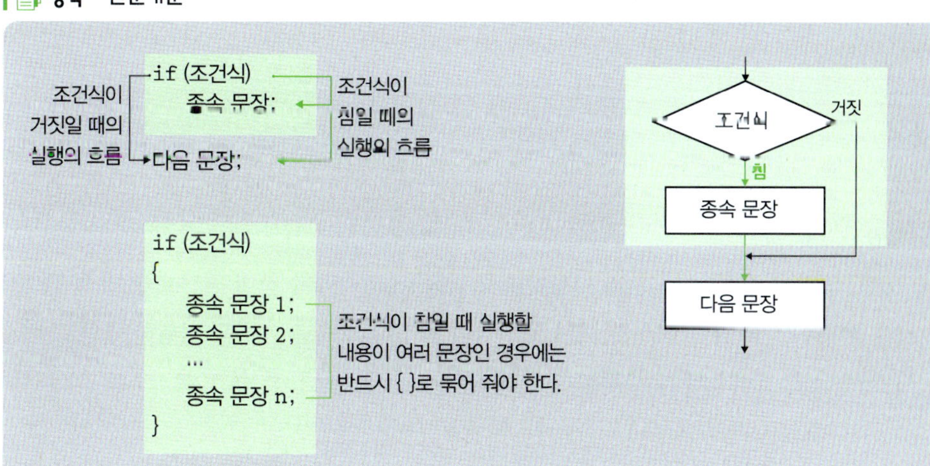

[그림 5-2] 단순 if문의 형식과 실행 흐름도

점수가 90점 이상인 경우에만 '우수!'를 출력하고 그렇지 않으면 점수만 출력하는 경우 [프로그램 5-1]과 같이 단순 if문을 이용하여 작성할 수 있다.

프로그램 5-1 **단순 if문을 이용해 점수 출력하기(ch5-1.cpp)**

```
1  #include <stdio.h>
2
3  int main()
4  {
5      int score;
6
7      printf("점수를 입력하세요: ");
8      scanf("%d", &score);
9
10     if (score >= 90)
11         printf("우수!\n");
12     printf("점수: %d \n", score);
13
14     return 0;
15 }
```

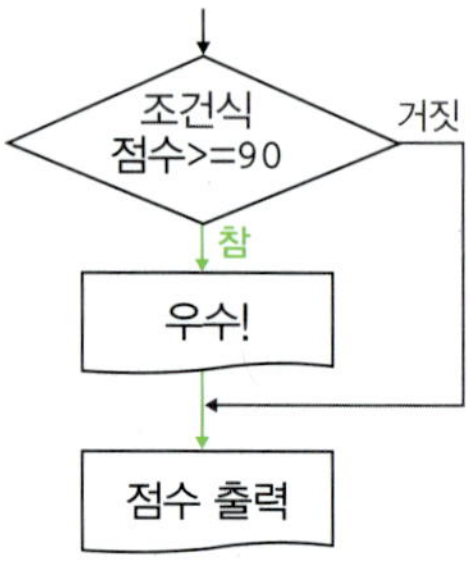

실행 결과

```
점수를 입력하세요: 95↵
우수!
점수: 95
```

```
점수를 입력하세요: 75↵
점수: 75
```

설명

- 10행: 입력된 점수 score가 90 이상이면 조건식 score>=90가 참이 되므로 11행 즉 '우수!'를 출력하고, score가 90 미만이면 조건식이 거짓이 되므로 11행을 실행하지 않고 바로 12행을 실행하여 점수를 출력한다.

if문에서 조건식은 일반적으로 관계 연산자와 논리 연산자를 사용하여 결과가 참 또는 거짓이 나오도록 지정하는 것이 좋다. 그러나 다음 예처럼 if문의 조건식에 수치나 대입문을 사용하면 조건식의 결과가 4장에서 소개한 바와 같이 C언어에서는 0이면 거짓이고 0을 제외한 모든 수치가 참으로 해석되어 원하지 않은 결과를 초래할 수 있다.

```
if (n = 0)
    printf("%d는 0입니다.\n", n);
```

즉 n에 0이 아닌 값이 저장되어 있더라도 이 조건식의 대입문에 의해 n 값은 무조건 0이 된다. 따라서 조건식의 최종 결과는 대입문의 왼쪽 변수 값인 0이 되어 거짓을 의미하므로 다음 문장인 printf문을 출력하지 못한다. 이 경우에 조건식을 관계 연산자를 사용하여 (n == 0)으로 수정한다면 n의 값이 0이면 printf문을 실행한다.

또한 여러 조건을 동시에 만족하거나 여러 조건 중 하나만 만족하면 되는 조건의 조건식을 만들 때는 논리 연산자를 함께 사용해야 한다. 예를 들어 x의 값이 1과 10 사이의 값인지를 확인하기 위해 다음과 같이 일반 수학에서 사용하는 것처럼 조건식을 작성하였다고 가정해 보자.

```
if (1 <= x <= 10)
    printf("1과 10 사이의 수입니다.\n");
```

위의 if문을 실행하면 x 값과 관계없이 언제나 "1과 10 사이의 수입니다."가 출력된다. 그 이유는 첫 번째 연산자가 우선 적용되므로 조건식 (1 <= x <= 10)은 ((1 <= x) <= 10)로 해석되어 (1 <= x)가 먼저 수행되기 때문이다. 즉 논리식 (1 <= x)의 결과는 논리 값 참 또는 거짓이 된다. 결국 x의 값에 따라 (1 <= x)가 참이면 (1 <= 10)가 되고, (1 <= x)가 거짓이면 (0 <= 10)가 되므로 둘 다 참이 된다. 이렇게 전체 논리식의 결과는 항상 참이 되어 출력문을 매번 실행하게 된다. 그러므로 올바른 출력을 위해서는 다음과 같이 논리 연산자 &&를 이용해 조건식을 만들어야 한다.

```
if ((1 <= x) && (x <= 10))
    printf("1과 10 사이의 수입니다.\n");
```

5.2.2 if~else문

주어진 조건을 만족할 때와 만족하지 않을 때 처리할 내용이 다른 경우, 즉 조건의 참과 거짓에 따라 둘 중 하나를 선택해 처리할 경우에 [그림 5-3]과 같은 if~else문을 이용한다.

if문의 조건식이 참이면 종속 문장 1을 실행하고 거짓이면 else로 이동하여 종속 문장 2를 실행한다. 결과적으로 조건식의 결과 값에 따라 종속 문장 1이나 종속 문장 2 중 하나를 반드시 실행한다. 단순 if문과 마찬가지로 종속 문장 1과 종속 문장 2가 여러 문장이라면 중괄호({ })로 묶어서 복합문으로 표현해야 한다.

형식 if~else문

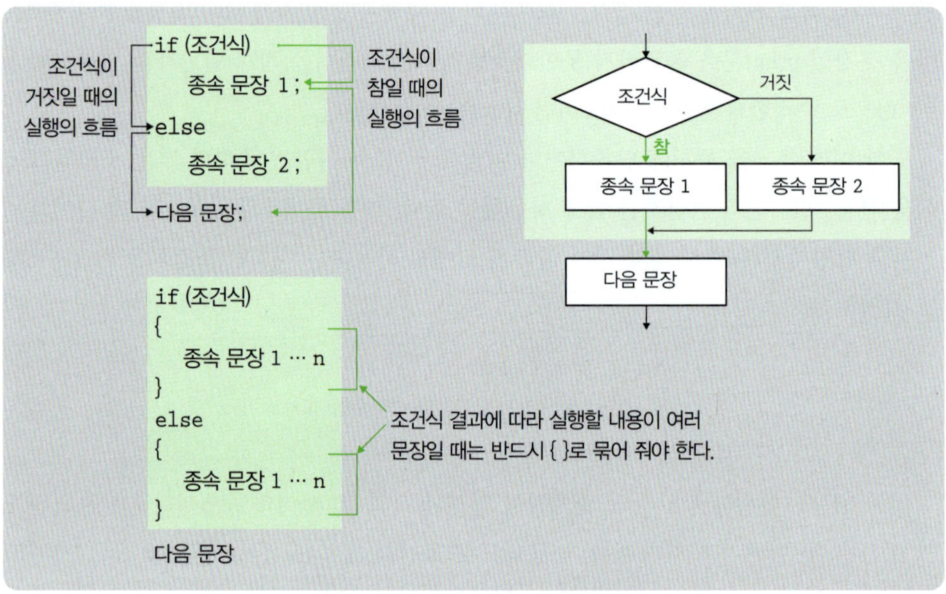

[그림 5-3] if~else문의 형식과 실행 흐름도

[프로그램 5-2]는 키보드로 입력받은 정수가 짝수인지 홀수인지를 출력하는 프로그램을 if~else문을 이용해 작성한 것이다. 이때 0은 짝수에 포함시키기로 한다.

프로그램 5-2 입력받은 정수가 짝수인지 홀수인지 출력하기: if~else문(ch5-2.cpp)

```
#include <stdio.h>

int main()
{
    int num;

```

```
7       printf("정수를 입력하시오: ");
8       scanf("%d", &num);
9
10      printf("입력한 수 %d는(은) ", num);
11
12      if (num % 2 == 0)
13          printf("짝수입니다.\n");
14      else
15          printf("홀수입니다.\n");
16
17      return 0;
18 }
```

실행 결과

```
정수를 입력하시오: 7↵
입력한 수 7는(은) 홀수입니다.
```

설명

- 12행: 짝수는 2의 배수이므로 입력 값 num을 2로 나눈 나머지가 0인지 확인하도록 조건식을 사용한다. 입력 값에 따라 조건식이 참이면 13행을 실행하고 거짓이면 15행을 실행한다. 입력 값이 7이면 조건식의 결과 값이 거짓이므로 15행을 실행한다. 만약 조건식 뒤에 ;을 붙이면, 즉

```
if (num % 2 == 0);
```

  으로 작성하면 컴파일러가 조건식이 참일 때 처리할 문장이 없는 것으로 해석한다. 그리고 조건식이 거짓인 경우 13행에 else가 없어 12행에서 단순 if문만 있는 것으로 판단한다. 그런데 14행에서 갑자기 else가 나타나면 새로운 if 없이 바로 else가 있다고 판단하여 에러를 발생시킨다.

5.2.3 중첩 if문

특정 조건을 만족할 때만 추가로 어떤 일을 할 경우에는 단순 if문을, 두 가지 중 한 가

지를 선택해 처리할 때는 if~else문을 사용한다. 그리고 여러 가지 선택 사항 중 한 가지를 골라 처리하거나 여러 가지 복잡한 조건에 따라 선택적으로 처리할 내용이 있을 때는 if문 안에 또 다른 if문을 사용하여 해결할 수 있다. if문 안에 또 다른 if문을 포함시킨 것을 중첩된(nested) if문이라고 한다.

중첩 if문은 두 가지 유형으로 구분할 수 있는데, if~else문의 if문 안에 또 다른 if문 또는 if~else문을 포함하는 형식 1과, if~ else의 else문 부분에 if~else문을 포함하는 형식 2가 있다.

[그림 5-4]는 if문 안에 또 다른 if문을 포함하는 중첩 if문의 형식과 실행 흐름도이다. 이 경우는 먼저 조건식 1을 검사하여 조건식 1이 참이면 조건식 2의 참, 거짓 여부에 따라 문장 1 또는 2를 수행하고 다음 문장을 실행한다. 그리고 조건식 1이 거짓이면 else문 다음 if문의 조건식 3의 참, 거짓 여부에 따라 문장 3 또는 4를 수행하고 다음 문장으로 이동한다.

형식 1 중첩된 if문

```
if (조건식 1)
{
   if (조건식 2)
      문장 1;
   else
      문장 2;
}
else
{
   if (조건식 3)
      문장 3;
   else
      문장 4;
}
다음 문장;
```

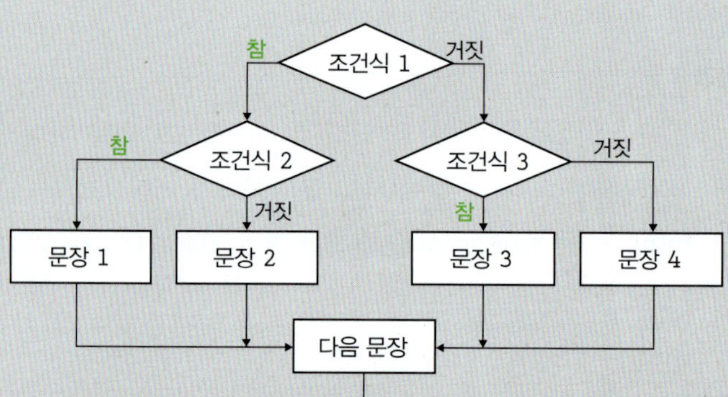

[그림 5-4] 중첩된 if문의 형식 1과 실행 흐름도

[프로그램 5-3]은 입력받은 정수가 양의 짝수인지 음의 짝수인지, 양의 홀수인지 음의 홀수인지를 구분하여 출력하도록 [프로그램 5-2]를 수정한 것이다. 이때 0은 별도로 분류하지 말고 양의 짝수에 포함시키기로 하자.

프로그램 5-3 입력받은 정수가 짝수인지 홀수인지 출력하기: 중첩된 if문(ch5-3.cpp)

```
#include <stdio.h>

int main()
{
    int num;

    printf("정수를 입력하시오: ");
    scanf("%d", &num);

    printf("입력한 수 %d는(은) ", num);

    if (num >= 0) // num이 양수이면
    {
        if (num % 2 == 0)
            printf("양의 짝수입니다.\n");
        else
            printf("양의 홀수입니다.\n");
    }
    else          // num이 음수이면
    {
        if (num % 2 == 0)
            printf("음의 짝수입니다.\n");
        else
            printf("음의 홀수입니다.\n");
    }

    return 0;
}
```

실행 결과

```
정수를 입력하시오: -3↵
입력한 수 -3는(은) 음의 홀수입니다.
```

```
정수를 입력하시오: 4↵
입력한 수 4는(은) 양의 짝수입니다.
```

설명

- 14~17행: 12행의 if문 안에 하나의 if문이 더 포함되어 있다. 이곳은 num이 양수일 때만 실행되므로 14행에서는 짝수 여부만 판단하여 양의 짝수 또는 양의 홀수를 출력한다.
- 21~24행: 12행의 if문 조건식이 거짓일 때, 즉 num이 음수일 때만 실행된다.
- 13, 18, 20, 25행: 14~17행과 21~24행의 if문은 4행으로 구성되어 있지만 실질적으로는 if문 한 개이므로 { }로 묶지 않아도 된다. 여기서는 중첩된 if문의 구조와 범위를 쉽게 볼 수 있도록 { }를 사용하였다.

중첩된 if문 중 많이 사용되는 모양은 [그림 5-5]와 같이 else 뒤에 곧바로 if문이 추가된 형식 2와 같은 형태이다. 이와 같은 형식의 중첩된 if문은 주로 여러 조건 중 한 개만 선택되어 해당 문장을 실행하는 데 사용된다.

if문이 시작되면 먼저 조건식 1을 검사하여 조건식 1이 참이면 문장 1을 실행한 후 else 뒤의 내용은 실행하지 않은 채 다음 문장을 실행한다. 그러나 조건식 1이 거짓이면 else로 이동한다. else 뒤에 if문이 중첩되어 있으므로 조건식 2를 검사하여 참이면 문장 2를 실행한 후 if문을 끝내고 다음 문장을 실행한다. 같은 방식으로 else if 뒤의 조건식을 계속 처리하다가 조건식 (n-1)이 거짓이면 문장 n을 실행한 후 다음 문장을 실행한다. 즉, 마지막 else 뒤의 문장 n은 조건식 1~조건식 (n-1)이 모두 거짓인 경우에 실행된다. 그리고 else 뒤에 바로 if문이 올 때 else와 if 사이에는 반드시 공백이 있어야 한다.

형식 2 중첩된 if문

```
if (조건식 1)
    문장 1;
else if (조건식 2)
    문장 2;
else if (조건식 3)
    문장 3;
......
else if (조건식 n-1)
    문장 n-1;
else
    문장 n;
다음 문장;
```

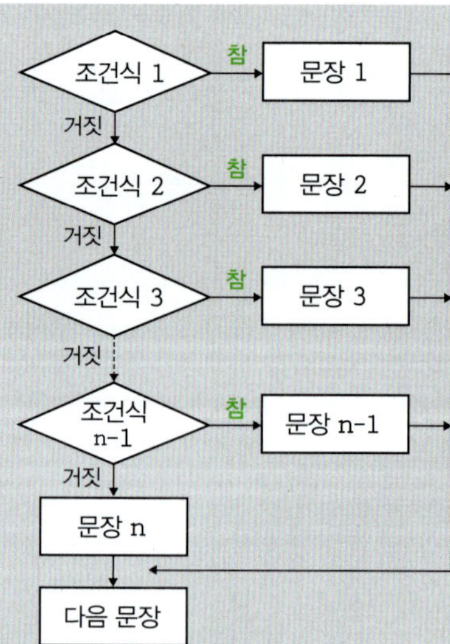

[그림 5-5] 중첩된 if문의 형식 2와 실행 흐름도

[프로그램 5-4]는 입력받은 점수에 따른 학점을 출력한다. 입력한 점수가 90점 이상이면 A, 80점 이상 90점 미만이면 B, 70점 이상 80점 미만이면 C, 60점 이상 70점 미만이면 D, 60점 미만이면 F로 학점을 부여하여 출력한다.

프로그램 5-4 입력받은 점수의 학점 출력하기(ch5-4.cpp)

```
#include <stdio.h>

int main()
{
    int score;          // 점수를 저장할 변수
    char grade;         // 학점에 해당하는 문자 1개를 저장할 변수

    printf("점수를 입력하시오: ");
    scanf("%d", &score);

    if (score >= 90)
        grade = 'A';
    else if (score >= 80)
        grade = 'B';
    else if (score >= 70)
        grade = 'C';
    else if (score >= 60)
        grade = 'D';
    else
        grade = 'F';

    printf("학점: %c\n", grade);

    return 0;
}
```

실행 결과

```
점수를 입력하시오: 78↵
학점: C
```

설명

▸ 11, 13, 15행: 입력 값이 78이므로 11행의 조건을 만족하지 않아 13행으로 이동한다. 13행 조건 또한 만족하지 않으므로 15행으로 이동한다. 15행 조건을 만족하므로 종속 문장인 16행을 실행한 후 다음 문장인 22행을 실행한다.

5.2.4 if와 else의 매칭

중첩 if문의 경우에는 else문이 어떤 if문과 매칭되는지 주의해야 한다. 우선 나타난 if문이 else가 없는 단순 if문인지 구별해야 하고, 단순 if문이 아니라면 else가 어떤 if문과 짝을 이루는지를 정확히 구분해야 한다. else문을 잘못 판단하면 프로그램의 흐름이 원하지 않는 곳으로 이동하여 잘못된 결과를 얻을 수 있기 때문이다. 컴파일러는 else와 짝을 이루는 if를 찾을 때 들여쓰기를 무시하고 상위의 if들 중 가장 가까운 if와 짝이 된다고 해석한다.

다음 프로그램은 중첩된 if문에서 else가 한 개인 데 반해 if문이 두 개이다. 그러면 13행의 else문은 어느 if문과 짝이 될까?

프로그램 5-5 중첩 if문이 잘못 사용된 예(ch5-5.cpp)

```
1  #include <stdio.h>
2
3  int main()
4  {
5      int x;
6
7      printf(“정수를 입력하시오: ”);
8      scanf(“%d”, &x);
9
10     if (x >= 0)
11         if (x % 2 == 0)
12             printf(“양의 짝수입니다.\n”);
13     else
14         printf(“음수입니다.\n”);
15
```

```
16     printf("== The END ==\n");
17     return 0;
18 }
```

실행 결과

```
정수를 입력하시오: 3↵
음수입니다.
== The END ==
```

설명

- 10~14행: x의 입력 값이 3이므로 10행 if문의 조건식이 참이어서 11행의 조건식을 검사한다. 11행의 조건식이 거짓이므로 13행으로 실행 순서가 바뀌고 14행을 실행하여 '음수입니다.'를 출력하여 잘못된 결과를 얻는다. 그런데 프로그래머의 의도는 13행의 else와 10행 if의 들여쓰기 위치를 나란히 하여 10행의 조건식이 거짓일 때 14행을 수행하도록 하였다. 그러나 실제로 x 값으로 3을 입력하면 '음수입니다.'를 출력한다. 이는 컴파일러의 관점에서 해석상의 문제가 발생하여 10행과 11행의 두 if 중 위로 가장 가까운 11행의 if와 짝을 짓게 되기 때문이다. 이와 같이 프로그래머의 의도와 컴파일러의 해석의 차이로 인한 혼란을 방지하려면 중괄호({ })를 사용하여 범위를 명확하게 표시해야 한다.

[프로그램 5-6]은 [프로그램 5-5]에서 if문의 범위에 중괄호({ })를 사용하여 10행의 조건식이 참일 때 수행할 내용이 11~13행의 블록임이 명확하도록 수정하였다. 따라서 12행은 단순 if문으로 해석되고 15행의 else는 10행의 if와 짝을 이루는 것으로 해석한다.

프로그램 5-6 중첩 if문이 올바르게 사용된 예(ch5-6.cpp)

```
1 #include <stdio.h>
2
3 int main()
4 {
```

다음 장 »

```
    int x;

    printf("정수를 입력하시오: ");
    scanf("%d", &x);

    if (x >= 0)
    {
        if (x % 2 == 0)
            printf("양의 짝수입니다.\n");
    }
    else
        printf("음수입니다.\n");

    printf("== The END ==\n");
    return 0;
}
```

실행 결과

```
정수를 입력하시오: 3↵
== The END ==
```

5.3 프로그래밍 실습 1

5.3.1 if~else문을 이용한 간단한 성적 처리 프로그램

학생의 이름(이름 사이에 띄어쓰기 가능), 국어, 영어, 수학 점수, 출결 점수를 키보드로 입력받아 네 개 점수의 평균(소수점 아래 1자리)을 구한 다음, 평균이 70점 이상이고 출결 점수가 80점 이상인 경우에만 '합격', 아니면 '불합격'을 출력하는 프로그램을 작성해 보자. 출력문은 다음의 실행 결과를 참고한다.

실행 결과

```
학생의 이름: 홍 길동↵
국어, 영어, 수학 점수 차례로 입력: 80 75 95↵
출결 점수 입력: 75↵

==============================
네 개 점수의 평균: 81.3
출결 점수: 75
==============================

[홍 길동] 학생 >> 불합격!
```

분석 및 해결 과정

- 문자열 사이에 공백이 들어가도록 학생 이름을 입력받는다(gets 함수).
- 세 과목 및 출결 점수를 입력받은 후 네 개 점수의 평균을 구한다.
- if~else문을 이용해 평균이 70점 이상이고(평균>=70) 출결 점수가 80점 이상(출결>=80)이면 합격, 아니면 불합격으로 출력한다.

프로그램 5-7 평균 및 출결 점수에 따른 합격 여부 출력하기(ch5-7.cpp)

```
#include <stdio.h>

int main()
{
    char name[10];
    int kor, eng, math, attend;
    double avr;

    printf("학생의 이름: "); gets(name);
    printf("국어, 영어, 수학 점수 차례로 입력: ");
    scanf("%d %d %d", &kor, &eng, &math);
    printf("출결 점수 입력: ");scanf("%d", &attend);
```

다음 장 »

```
    return 0;
}
```

5.3.2 중첩 if문을 이용한 간단한 산술 계산기

사용자가 임의로 입력한 수식(예를 들어 3*25, 2+3, 5/4 등)을 계산해 주는 간단한 산술 계산기를 if~else문을 이용해 작성해 보자. 이때 키보드로 int형 피연산자 두 개와 char형 연산자 한 개를 입력받는다. 그리고 연산자의 종류는 5가지(+, -, *, /, %)로 한정하고, 그 외의 연산자는 잘못된 입력으로 간주하여 간단한 안내문을 출력한다.

실행 결과

```
수식을 입력하시오.
연산자의 종류: + - * / %
입력 예: 2 + 3

입력 >> 10 % 3↵

결과 >> 10 % 3 = 1
```

분석 및 해결 과정

- 5가지 연산자에 따라 계산 방법이 달라진다. 5가지 계산 방법 중 하나를 선택해야 하므로 중첩된 if문을 사용한다.
- 5가지 연산자 외의 연산자가 입력되면 '잘못된 입력입니다'를 출력하고 exit 함수를 호출하여 프로그램 실행이 끝나도록 한다. 이 함수를 이용하기 위해 #include <stdlib.h>가 필요하다.

프로그램 5-8 if~else문을 이용한 산술 계산기(ch5-8.cpp)

```
#include <stdio.h>
#include <stdlib.h>          // exit 함수를 위한 헤더 파일

int main()
{
    int x, y, result;        // x, y: 피연산자, result: 결과값을 위한 변수
    char op;                 // op: 연산자를 위한 변수

    printf("수식을 입력하시오.\n");
    printf("연산자의 종류: + - * / %% \n");
    printf("입력 예: 2 + 3\n\n입력 >> ");
    // 입력 시 빈칸으로 구분하여 입력하도록 지정
    ______________________________ ;
    // op에 저장된 연산자에 따라 해당 연산의 적용 결과를 result에 저장하기
    [                                        ]
```

다음 장 »

```
    return 0;
}
```

5.3.3 이차방정식의 근 판별하기

이차방정식 $ax^2+bx+c=0$(단, $a \neq 0$)의 판별식을 구하고 실근, 중근, 허근을 판단하는 프로그램을 작성해 보자.

실행 결과

```
ax^2 + bx + c=0의 근을 판별하는 프로그램입니다.
다음을 입력해 주세요.

a는? -2↵
b는? 3↵
c는? 1↵

이차방정식 -2x^2+3x+1 = 0
판별식 D = 17
두 개의 실근을 갖습니다.
```

```
ax^2 + bx + c=0의 근을 판별하는 프로그램입니다.
다음을 입력해 주세요.

a는? 2↵
b는? 2↵
c는? 5↵

이차방정식 2x^2+2x+5 = 0
판별식 D = -36
허근을 갖습니다.
```

분석 및 해결 과정

- a, b, c 계수의 값을 입력받는다(a는 0이 아닌 값을 입력한다고 가정함).
- 판별식 D = b*b - 4*a*c
- 입력받은 a, b, c 값을 이용하여 이차방정식과 판별식 D 값을 출력한다.
- 판별식 D의 값에 따라 3가지 조건 중 하나에 해당되므로 D>0이면 실근을, D=0이면 중근을, D<0이면 허근을 갖도록 다중 if문을 사용한다.

프로그램 5-9 이차방정식의 근 판별하기(ch5-9.cpp)

다음 장 »

5.4 switch~case문

if문은 조건식이 참 또는 거짓 두 가지 경우 중 하나를 선택해서 실행하며, 여러 조건 중 하나만 선택하는 경우에는 중첩된 if문을 사용한다. 조건식의 결과에 따라 다중 선택하는 구조에는 중첩 if문 외에도 아래 형식의 switch~case문을 사용할 수 있다. 중첩 if문을 사용하는 다중 선택의 경우 조건식의 사용 범위를 넓힐 수 있지만 이는 프로그램을 복잡하게 만들어 이해하기 힘들고 문장 제어를 잘못하는 경우가 발생하기 쉽다. 이런 경우 switch~case문을 사용하면 중첩된 if문보다 단순 명료하게 작성해 조건에 따른 문장 제어를 보다 쉽게 처리할 수 있다.

switch~case문은 조건식 값에 따라 여러 경우 중 한 가지만 선택해 실행할 때 많이 사용되므로 다중 분기문이라고 부른다. switch~case문은 1개 이상의 case문과 default문으로 구성된다. switch문의 조건식은 정수의 값을 갖는 변수와 수식만 가능하며, 수식인 경우 주어진 식의 결과 값에 해당하는 각기 다른 case문으로 분기된다. 그리고 case 다음의 문장을 실행하고 break문에 의하여 switch문을 빠져나가 그 이후의 명령을 계속 수행한다. switch문의 식의 결과가 어떤 case에도 속하지 않으면 default로 분기된다. switch~case문의 형식과 실행의 흐름도는 [그림 5-6]과 같다.

형식 switch~case문

```
switch (식)
{
    case 값1 : 문장 1; break;
    case 값2 : 문장 2; break;
    case 값3 : 문장 3; break;
    ...
    case 값n : 문장 n; break;
    default : 문장 n+1;
}
다음 문장;
```

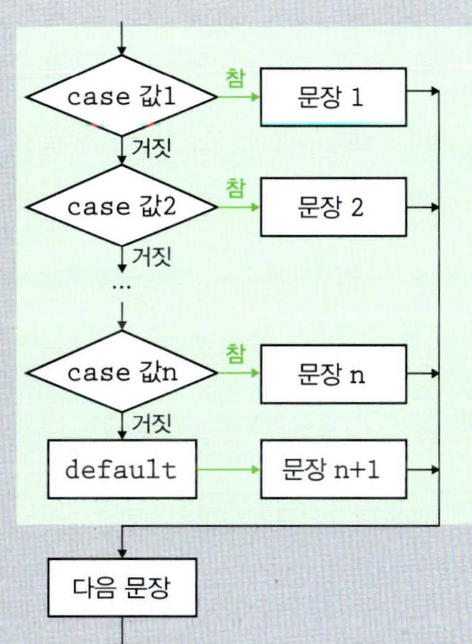

[그림 5-6] switch~case문의 형식과 실행 흐름도

■ 식

조건식의 결과 값이 반드시 정수형이어야 한다. 논리식은 결과가 참일 때는 정수 1, 거짓일 때는 정수 0으로 변환되므로 조건식으로 사용할 수 있다. 그리고 문자는 문자에 해당하는 아스키 코드 값이 정수형이므로 결과 값이 문자인 식도 사용할 수 있다.

■ case 레이블

case문이 갖는 값은 반드시 정수형 상수 한 개만 가능하다. 그렇지 않으면 에러가 발생한다. (2+3)과 같은 식은 올 수 없다. 그러나 A, +와 같은 문자는 가능하다. 또한 1이거나 2이거나 3인 경우를 표현하려고 case 1, 2, 3으로 작성하면 에러가 난다. 각 case문은 일반적으로 break문을 갖는다. 이는 switch문의 실행을 마치라는 의미이다.

■ 실행의 흐름

switch문은 조건식을 먼저 평가해 결과 값과 같은 값에 해당하는 case문을 찾아 그 뒤의 문장을 실행한다. 조건식 결과 값이 '값2'와 같으면 'case 값1' 뒤의 내용은 실행하지 않고 곧바로 'case 값2'를 확인해 결과 값과 동일하면 뒤의 문장을 실행한다. 그리고 break문을 만나면 switch문에서 빠져나온다. break문이 다음 case와의 경계를 명확히 해 주므로 해당 case에서 처리할 문장이 둘 이상이더라도 { }를 사용할 필요가 없다.

■ default 레이블

조건식을 계산한 후 case 뒤의 값과 비교해 일치하는 값을 못 찾으면 default 뒤의 내용을 실행한다. default는 switch문 안의 모든 위치에 사용할 수 있지만 보통 switch문의 맨 마지막에 사용하며, 필요 없으면 생략할 수 있다. 만약 default가 switch문의 case 레이블 구문들 중간에 위치하고 있다면 default문을 수행한 다음 뒤의 case 값과 다시 비교한다.

프로그램 5-10 swicth문을 이용한 메뉴 선택(ch5-10.cpp)

```
#include <stdio.h>
int main()
{
    int answer;
    printf("1. 입금하기  2. 출금하기 3. 송금하기 \n");
    printf("원하는 메뉴를 선택하시오. ");
    scanf("%d", &answer);

    switch (answer)
    {
        case 1 : printf("입금하기 화면으로 이동합니다.\n"); break;
        case 2 : printf("출금하기 화면으로 이동합니다.\n"); break;
```

```
13        case 3 : printf("송금하기 화면으로 이동합니다.\n"); break;
14        default : printf("잘못된 입력입니다.\n");
15    }
16
17    return 0;
18 }
```

실행 결과

```
1. 입금하기 2. 출금하기 3. 송금하기
원하는 메뉴를 선택하시오. 2↵
출금하기 화면으로 이동합니다.
```

```
1. 입금하기 2. 출금하기 3. 송금하기
원하는 메뉴를 선택하시오. 4↵
잘못된 입력입니다.
```

설명

▸ 9행: 입력 값 answer에 2가 입력되면 12행의 case 2 문장으로 분기되어 다음 문장을 실행하고 break문에 의해 switch~case문을 종료한다. 그리고 1, 2, 3 외의 값이 입력되면 default문으로 분기되어 다음 문장을 실행한다.

이제 switch문에서 break를 생략했을 때의 실행 순서를 살펴보자. switch문에서는 조건식의 결과 값과 case를 차례로 확인하되, case 뒤의 값과 결과 값이 일치하지 않으면 곧바로 다음 case로 이동한다. 그러나 결과 값과 일치하는 case를 찾은 후에는 break를 만나지 않는 한 그 뒤의 case에 있는 문장을 계속 실행한다는 것에 주의해야 한다. 그러므로 다음 switch문에서 break를 적절히 사용하지 않으면 원하지 않는 결과를 얻게 된다. 다음의 [프로그램 5-11]을 실행하여 결과를 확인해 보자.

프로그램 5-11 프로그램 5-10에서 break문이 없는 경우(ch5-11.cpp)

```
#include <stdio.h>
int main()
{
```

다음 장 »

```
4      int answer;
5      printf("1. 입금하기  2. 출금하기 3. 송금하기 \n");
6      printf("원하는 메뉴를 선택하시오. ");
7      scanf("%d", &answer);
8
9      switch (answer)
10     {
11         case 1 : printf("입금하기 화면으로 이동합니다.\n");
12         case 2 : printf("출금하기 화면으로 이동합니다.\n");
13         case 3 : printf("송금하기 화면으로 이동합니다.\n");
14         default : printf("잘못된 입력입니다.\n");
15     }
16
17     return 0;
18 }
```

실행 결과

```
1. 입금하기  2. 출금하기  3. 송금하기
원하는 메뉴를 선택하시오. 2↵
출금하기 화면으로 이동합니다.
송금하기 화면으로 이동합니다.
잘못된 입력입니다.
```

설명

- 7~9행: 입력 값 answer에 2가 입력되면 9행의 switch문에 의해 12행이 실행된다. 이때 12행에서 printf 함수 뒤에 break문이 없으므로 그 뒤의 case 값은 무시하고 다음 문장을 계속 실행한다. 결국 switch문을 빠져나오지 못하고 13행과 14행을 모두 실행한 후 switch문을 종료한다.

switch문을 종료하려면 break문이 꼭 필요하지만, [프로그램 5-11]과 같이 break문을 사용하지 않음으로써 둘 이상의 조건식 값에 대해 동일한 처리를 하는 문제를 쉽게 해결할 수도 있다. [프로그램 5-12]는 break를 사용하지 않음으로써 조건식의 여러 결과 값에 따라 동일한 코드를 처리하게 한다. 즉 입력되는 월의 값이 1, 2 또는 3인 경우 동일하게 '1분기입니다'로 출력할 경우 case 1, case 2, case 3은 동일한 처리의 코드를 사용한다. 이 경우 'case 1, 2, 3:'은 잘못된 표현으로, 다음의 프로그램과 같이 별개의 case 레이블을 사용하여 해결한다.

프로그램 5-12 월을 입력받아 분기 출력하기(ch5-12.cpp)

```
1  #include <stdio.h>
2  int main()
3  {
4      int month;
5      printf("월 입력: "); scanf("%d", &month);
6
7      switch(month)
8      {
9          case 1: case 2: case 3: printf(">> 1분기입니다.\n"); break;
10         case 4: case 5: case 6: printf(">> 2분기입니다.\n"); break;
11         case 7: case 8: case 9: printf(">> 3분기입니다.\n"); break;
12         case 10: case 11: case 12: printf(">> 4분기입니다.\n"); break;
13         default: printf(">> 잘못된 월을 입력하였습니다.\n");
14     }
15     return 0;
16 }
```

실행 결과

```
월 입력: 2↵
>> 1분기입니다.
```

```
월 입력: 7↵
>> 3분기입니다.
```

설명

- 5, 7행: 월 입력 값이 2이면 9행의 case 2가 실행된다. case 2 레이블엔 실행할 문장이 없으므로 다음 case 3으로 넘어가서 printf 문장을 실행하고, break문을 만나면 switch 문을 종료한다.

5.5 프로그래밍 실습 2

5.5.1 switch문을 이용한 학점 구하기

중첩 if문을 사용하여 작성했던 [프로그램 5-4] 학점을 구하는 프로그램을 switch문을 이용해 수정해 보자.

실행 결과

```
점수를 입력하시오: 78↵
학점: C
```

```
점수를 입력하시오: 40↵
학점: F
```

분석 및 해결 과정

- 입력받은 점수 score는 0~100 사이의 값이다. '정수/정수'의 결과는 정수이므로 나눗셈의 몫이 된다. 그러므로 조건식으로 (score/10)을 사용하면, score가 0~9일 때 0, 10~19일 때 1, 20~29일 때 2, …, 90~99일 때 9, 100일 때 10이 되어 점수대별로 그룹화할 수 있다.
- 입력받은 점수가 100점인 경우 조건식 (score/10)의 결과가 10이므로 90점대의 점수와는 별도로 case를 지정해 줘야 한다.

```
case 10: grade = 'A'; break;
case 9: grade = 'A'; break;
```

그러나 [프로그램 5-12]와 같이 'case 10:' 뒤에 아무것도 적지 않으면 조건식 값이 10일 때 다음 문장으로 내용을 실행한다. 즉 조건식 결과 값이 10이거나 9일 때 동일하게 처리한다.

- 점수 0~59까지는 (score/10)이 0~5 중 하나이므로 default문으로 처리되게 한다.

프로그램 5-13 입력받은 점수의 학점 출력하기: switch문 이용(ch5-13.cpp)

```
#include <stdio.h>

int main()
{

    int score;
    char grade;

    printf("점수를 입력하시오: ");
    scanf("%d", &score);
    // 입력받은 점수에 따른 학점을 출력하기 위한 문장 선택하기






    printf("학점: %c\n", grade);
    return 0;
}
```

5.5.2 switch문을 이용한 간단한 산술 계산기

중첩 if문을 사용하여 작성했던 [프로그램 5-8] 산술 계산기 프로그램을 switch~case문을 이용해 수정해 보자.

실행 결과

```
수식을 입력하시오.
연산자의 종류: + - * / %
입력 예: 2 + 3

입력 >> 5 / 3↵

결과 >> 5 / 3 = 1
```

프로그램 5-14 switch문을 이용한 산술 계산기(ch5-14.cpp)

```
#include <stdio.h>
#include <stdlib.h>            // exit 함수를 위한 헤더 파일

int main()
{
    int x, y, result;
    char op;

    printf("수식을 입력하시오.\n");
    printf("연산자의 종류: + - * / %% \n");
    printf("입력 예: 2 + 3\n\n입력 >> ");
    scanf("%d %c %d", &x, &op, &y);
```

```
    return 0;
}
```

5.5.3 입력한 알파벳이 대문자인지 확인하기

알파벳 문자 한 개를 입력받아 대문자인지 소문자인지 구분하는 프로그램을 switch~case문을 이용하여 작성해 보자.

실행 결과

```
알파벳 한 개를 입력하세요. A↵
입력한 A는 대문자입니다(ASCII 코드 값 65).
```

```
알파벳 한 개를 입력하세요. c↵
입력한 c는 대문자가 아닙니다(ASCII 코드 값 99).
```

분석 및 해결 과정

- C언어에서 사용하는 알파벳은 'A'부터 'z'까지 ASCII 코드 값을 가지므로 입력된 문자의 크기를 비교할 수 있다.
- 입력받은 문자가 대문자 'A'와 'Z' 사이의 값이라면 참(1)의 값, 아니면 거짓(0)의 값을 갖도록 조건식을 사용한다. 조건식의 결과 값이 0과 1, 즉 정수형이므로 switch~case문을 사용하여 대문자 여부를 출력한다.

프로그램 5-15 입력한 알파벳이 대문자인지 확인하기(ch5-15.cpp)

```
#include <stdio.h>
int main()
{
    // 변수 선언

    // 알파벳 입력

    // 입력받은 문자의 대문자 여부에 따라 출력문 선택

    return 0;
}
```

C 프로그래밍 기초

Chapter

C PROGRAMMING

6 반복문

6.1 반복문의 개요

일반적으로 프로그램은 방대한 양의 데이터로부터 원하는 정보를 얻기 위해 사용되므로 많은 데이터에 대해 동일한 처리를 반복하는 경우가 많다. 예를 들어 학생 1,000명의 성적 처리, 500번의 실험 데이터에 대한 통계 구하기, 직원 100명의 급여 처리처럼 동일한 처리를 여러 번 반복해야 하는 경우가 있다. 이와 같이 동일한 작업을 특정 횟수만큼 반복적으로 수행해야 할 때 사용되는 문장을 반복문이라 하며 이를 루프(loop)라고도 한다. 이는 반복되는 부분의 마지막 문장을 수행한 후 다시 처음 문장으로 되돌아가서 루프를 형성하기 때문이다. 그리고 프로그램에서 어떤 조건이 만족될 때까지 명령(instruction) 또는 명령문(statement)을 반복 실행하는 것을 iteration이라고 한다.

효율적인 컴퓨터 프로그램을 작성하기 위해서는 주어진 문제를 프로그램으로 해결할 수 있는 형태로 변환할 수 있어야 한다. 특히 반복문 형태로 해결할 수 있는지를 살펴보고, 어떤 내용을 반복해야 문제를 해결할 수 있는지를 찾아내는 것이 중요하다. 반복문을 작성할 때는 반복할 문장과 반복 조건 두 가지를 고려해야 한다. 먼저 반복 처리할 내용이 무엇인지 파악하고 어떤 조건에서 반복을 종료해야 하는지부터 분석해야 한다. 이때 반복 조건문은 해당 조건이 참이면 반복문을 수행하고 거짓이면 반복을 중단하도록 하는 문장으로, 반복문 내에 존재해야 한다.

예를 들어 단순히 'C Language'를 10행 출력하고 싶다면 아래의 왼쪽 코드처럼 printf 함수를 10번 수행해야 한다. 하지만 오른쪽 코드처럼 for문을 이용하면 코드 길이를 줄일 수 있으며 반복 횟수를 쉽게 수정할 수 있을 뿐 아니라 반복 내용 수정이 용이하다.

10번
```
printf("C Language \n");
printf("C Language \n");
printf("C Language \n");
        ⋮
```

```
for (i=0; i<10; i++)
    printf("C Language \n");
```

또한 1부터 5까지의 합 sum을 구하고 싶으면 왼쪽 코드처럼 대입문을 이용할 수 있다. 이 문제는 1씩 더하기를 5번 반복하면 되므로 for문을 사용하여 오른쪽 코드와 같이 수정할 수 있다. 그런데 1부터 100까지의 합을 구하고 싶다면 sum에 대입할 값을 구하는 식에서 1부터 100까지 일일이 더하도록 수정해야 한다. 반면 for문을 이용하면 5를 100으로 수정만 하면 된다.

```
sum = 1 + 2 + 3 + 4 + 5;
printf("1~5까지의 합은 %d \n", sum);
```

```
sum = 0;
for (i=1; i<=5; i++)
    sum = sum + i;
printf("1~5까지의 합은 %d \n", sum);
```

이와 같이 프로그래밍에서 주어진 문제를 분석하고 해결할 때 프로그램을 반복 구조로 작성하면 일정 코드를 지정한 횟수만큼 반복 실행하므로 프로그램이 단순하고 명확하며 유지 관리가 쉬워진다. C언어에서 제공하는 반복문으로는 반복 조건의 위치에 따라 for문, while문, do~while문이 있다.

6.2 for문

반복문을 작성할 때는 먼저 어떤 내용을 반복해야 하는지부터 분석해야 한다. for문의 형식과 실행의 흐름도는 [그림 6-1]과 같다.

형식 for문

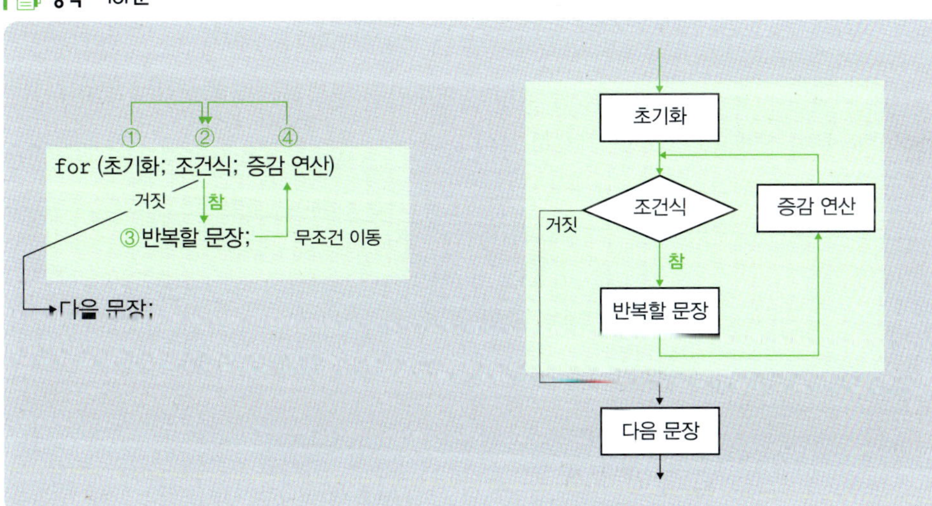

[그림 6-1] for문의 형식과 실행 흐름도

■ for문의 실행 순서

① 초기화 부분을 실행한다.

② 조건식을 평가한다.

③ 조건식이 참이면 반복할 문장을 실행하고, 거짓이면 for문을 벗어난다.

④ 반복할 문장을 실행한 후에는 증감 연산으로 돌아가서 실행한 후 다시 ②를 실행한다.

for문의 첫 행을 헤더라고 하는데, 이 헤더는 세 부분으로 나뉘며 반드시 ;으로 구분해야 한다. 초기화 부분은 반복 루프가 시작될 때 한 번만 실행되는 곳으로, 주로 루프의 반복을 제어하는 제어 변수를 초기화하는 용도로 사용된다. 조건식 부분은 루프의 반복 내용의 실행 여부를 결정한다. 조건식의 결과 값이 참이라면 for문의 본체를 실행하고, 거짓이면 for문을 끝낸다. 마지막 부분의 증감 연산은 주로 제어 변수를 1 증가시키거나 1 감소시키는 데 사용되며 복합 대입 연산자를 사용하여 특정 값만큼 증감 연산을 수행한다. 그리고 for문 본체(body)의 반복할 문장이 두 문장 이상이라면 반드시 { }로 묶어야 한다. 본체의 마지막 문장을 실행하면 언제나 헤더의 증감 연산으로 돌아간다는 것에 주의한다.

```
for (초기화; 조건식; 증감 연산)
{
    반복할 문장 1;
    반복할 문장 2;
      ⋮
}
```

이제 for문이 어떻게 동일한 내용을 원하는 횟수만큼 반복하는지 살펴보자. [표 6-1]은 아래의 for문이 실행되는 과정을 자세히 보여 준다.

for문의 반복 횟수를 조절하는 변수로, 제어 변수라고 한다.

```
for (i=0; i<5; i++)
    printf("1번\n");
```

[표 6-1] for문 실행 과정

i의 값	조건식 i<5	반복할 문장
0	참	printf("1번\n");
1	참	printf("1번\n");
2	참	printf("1번\n");
3	참	printf("1번\n");
4	참	printf("1번\n");
5	거짓	for문을 끝냄

[표 6-1]에서 알 수 있듯이 for문은 헤더에 포함된 변수 i를 활용해 for문 본체의 반복 횟수를 지정한다. for문 본체의 문장은 for문 헤더에 있는 i가 0일 때부터 5보다 작은 동안, 즉 4까지 1씩 증가해 5번 반복된다. 그러므로 100번 반복하고 싶으면 조건문 i<5를 i<100으로 수정한다. 이와 같이 헤더에 포함된 변수 i는 for문의 반복을 제어하는 데 사용된다고 하여 제어 변수라고 한다.

그런데 '1번'을 5행 출력하는 것이 아니라 '1번'에서 '5번'까지 차례대로 출력하려면 어떻게 해야 할까? '1번', '2번', '3번'처럼 '번' 앞의 숫자가 1, 2, 3 순으로 변하기 때문에 이럴 때는 다음과 같이 출력문에서 for문의 제어 변수를 활용하여 '1번'에서 '5번'까지 차례대로 출력할 수 있다. 이때 출력이 1번부터 시작하므로 제어 변수 i도 0부터가 아니라 1부터 시작해 5까지 1씩 증가하도록 하면 더 편리하다.

```
1 for (i=1; i<=5; i++)
2     printf("%d번 \n", i);
```

제어 변수 i를 본체에 활용함으로써 2행의 문장은 동일하지만 출력하는 내용이 달라진다.

실행 결과

i=1일 때 →	1번
i=2일 때 →	2번
i=3일 때 →	3번
i=4일 때 →	4번
i=5일 때 →	5번
i=6일 때 끝	

이제 마지막으로 1에서 5까지의 합을 구하는 for문을 분석해 보자. 합을 구하는 과정을 어떻게 반복문으로 표현할 수 있을까? 컴퓨터 프로그램에서는 1~5의 합을 sum에 저장하는 대입문 sum = 1+2+3+4+5;를 아래 코드의 1~6행과 같이 결과를 저장할 변수를 초기화한 후 변수 값을 계속 변경하는 과정을 반복하는 것으로 해석하면 된다. 그렇지만 2~6행의 대입문은 형태는 같지만 sum에 더하는 값이 1에서 5까지 바뀌므로 for문 본체로 곧바로 표현할 수 없다.

결과를 저장할 변수를 0으로 초기화

```
1 sum = 0;
2 sum += 1;
3 sum += 2;
4 sum += 3;
5 sum += 4;
6 sum += 5;
7
8 printf("결과: %d", sum);
```

행	sum의 값
1	0
2	0 + 1
3	0 + 1 + 2
4	0 + 1 + 2 + 3
5	0 + 1 + 2 + 3 + 4
6	0 + 1 + 2 + 3 + 4 + 5

위 코드는 제어 변수 i 값이 1씩 증가하면서 'sum += i;' 문장을 5번 반복하므로 for문을

다음의 코드와 같이 작성할 수 있다.

```
sum = 0;
for (i=1; i<=5; i++)
     sum += i;

printf("결과: %d", sum);
```

for문의 헤더는 다양한 형태로 사용할 수 있다. 초기화 부분에서 콤마 연산자를 이용해 다음 예제와 같이 여러 문장을 사용할 수 있으며, 증감식도 다양하게 설정하여 여러 문제를 해결할 수 있다.

프로그램 6-1 for문의 다양한 헤더의 예(ch6-1.cpp)

```
#include <stdio.h>

int main()
{
    int i, sum;

    // 1에서 100까지의 합 구하기
    for (sum=0, i=1; i<=100; i++)
        sum += i;
    printf("1에서 100까지의 합은 %d입니다. \n", sum);

    // 1과 100 사이에 있는 5의 배수의 합
    for (sum=0, i=0; i<=100; i+=5)
        sum += i;
    printf("100 이하 5의 배수의 합은 %d입니다. \n", sum);

    // 10 이하의 수를 내림차순으로 출력하기
    printf("10 이하의 수를 내림차순으로 출력하면 \n");
    for (i=10; i>=1; i--)
        printf("%3d", i);
    printf("\n");
    return 0;

}
```

실행 결과

```
1부터 100까지의 합은 5050입니다.
100 이하 5의 배수의 합은 1050입니다.
10 이하의 수를 내림차순으로 출력하면
 10 9 8 7 6 5 4 3 2 1
```

설명

- 8행: for문의 초기식은 한 번만 수행되며 콤마 연산자를 이용하여 여러 문장을 지정할 수 있다.
- 13행: 5의 배수의 합을 구하기 위해 변수 sum을 다시 0으로 초기화하여 사용할 수 있다. 증감식을 i+=5를 사용하여 5씩 증가된 값을 sum에 더한다. 그러나 증감식을 i++의 형태로 사용하여 14행을 sum += 5*i로도 사용 가능하다.

다음 예제는 키보드로 정수 n을 입력받고 정수 1부터 n까지의 합과 곱을 구하는 문제이다. 1부터 n까지의 합 sum은 1부터 100까지의 합을 구하는 위의 예제에서 조건식만 i<=n으로 수정하면 된다. 1부터 n까지의 곱은 대입문 factorial = 1*2*3* … *n;으로 구할 수 있다. 그러므로 이 대입문은 factorial을 초기화한 후 1부터 n까지의 정수를 factorial에 곱하는 것(factorial = factorial*i;)을 반복하면 된다. 여기서 주의할 것은 factorial의 초깃값이다. 'factorial=0;'으로 초기화하면 이후에 factorial에 어떤 수를 곱해도 결과는 0이 된다. 그렇다면 factorial의 초깃값은 얼마여야 할까? 덧셈을 할 때 sum을 0으로 초기화하는 것은 덧셈에 영향을 미치지 않는 수가 0이기 때문이다. sum의 초깃값이 0이므로 for문에서 처음으로 'sum += i;'를 실행할 때 sum에 (0 + 1)이 대입될 수 있는 것이다. 그러므로 특정 변수에 어떤 수를 계속 더해 갈 때는 초깃값이 0이지만, 곱셈에서는 곱셈에 영향을 미치지 않는 값인 1이 되어야 한다. 초깃값은 항상 0이나 1인 것은 아니며 문제에 따라 다양한 값이 될 수 있다.

프로그램 6-2 정수 1~n의 합과 곱 구하기: for문 이용(ch6-2.cpp)

```
#include <stdio.h>

int main()
```

다음 장 »

```
4 {
5     int i, n, sum, factorial;
6
7     printf("1부터 n까지의 합과 곱을 구합니다. 정수 n은? ");
8     scanf("%d", &n);
9
10    // 1에서 n까지의 합을 sum에 구하기
11    sum = 0;
12    for (i=1; i<=n; i++)
13        sum = sum + i;
14
15    // 1에서 n까지의 곱 n!을 factorial에 구하기
16    factorial = 1;
17    for (i=1; i<=n; i++)
18        factorial = factorial * i;
19
20    printf("1부터 %d까지의 합은 %d입니다.\n", n, sum);
21    printf("1부터 %d까지의 곱은 %d입니다.\n", n, factorial);
22
23    return 0;
24 }
```

실행 결과

```
1부터 n까지의 합과 곱을 구합니다. 정수 n은? 10↵
1부터 10까지의 합은 55입니다.
1부터 10까지의 곱은 3628800입니다.
```

설명

- 11행: 누적용 변수 초기화는 가능하면 해당 반복문 직전에 두는 것이 좋다. for문의 sum에 대한 초기화가 제대로 되었는지 확인할 때 편리하기 때문이다. 또한 이 for문을 다른 곳에 가져갈 때 초기화와 for문이 함께 있으면 11~13행을 한 번에 복사할 수 있어 코드 재사용 면에서도 편리하다.
- 16행: factorial은 19행에서 현재 자신의 값과 i를 곱한 값으로 수정된다. 그러므로 0으로 초기화하면 언제나 결과가 0이 된다.

for문의 헤더에 포함된 초기화, 조건식, 증감 연산 모두 생략할 수 있다. 그러나 세 부분을 구분하는 ;은 생략하면 안 된다. 특히 조건식이 생략된 경우에는 무조건 본체를 실행하게 되므로 무한 반복이 되는데 이러한 반복문을 무한 루프라고 한다. 실제로는 무한 루프가 되면 프로그램이 끝나지 않으므로 본체 안에서 for문을 탈출하는 방법이 반드시 포함되어야 한다. 그래서 일반적으로 [프로그램 6-3]의 10~11행과 같이 특정 조건을 만족하면 for문을 벗어나도록 하는 break를 많이 사용한다.

프로그램 6-3 1+3+5+ … +n이 처음으로 1000을 넘는 n 찾기(ch6-3.cpp)

```
1  #include <stdio.h>
2
3  int main()
4  {
5      int i, sum;
6      sum = 0;
7      for (i=1; ; i=i+2)
8      {
9          sum += i;
10         if (sum > 1000)
11             break;
12     }
13     printf("1부터 %d까지의 홀수의 합은 %d\n", i, sum);
14     return 0;
15 }
```

실행 결과

```
1부터 63까지의 홀수의 합은 1024
```

설명

- 7행: for문의 조건식이 생략되어 강제 종료될 때까지 무한 반복한다. 그리고 증감식에서 홀수의 값, 즉 1 다음에 3을 더해야 하므로 i 값을 2씩 증가시킨다.
- 10행: 현재 sum의 값이 1000보다 커지면 반복을 끝내야 하므로 if문의 조건식이 만족되면 break문이 실행되어 for문의 본체를 빠져나온다.

6.3 프로그래밍 실습 1

6.3.1 특정 단의 구구단 출력하기

키보드로 1~9 사이의 숫자를 입력받아 그 숫자에 해당되는 구구단을 역순으로 출력하는 프로그램을 for문을 이용해 작성해 보자.

실행 결과

```
**** 구구단 ****
단을 입력하세요: 5↵
5 * 9 = 45
5 * 8 = 40
5 * 7 = 35
5 * 6 = 30
5 * 5 = 25
5 * 4 = 20
5 * 3 = 15
5 * 2 = 10
5 * 1 = 5
```

분석 및 해결 과정

- 구하려는 단을 입력한다.
- 입력한 수에 1부터 9까지 수를 곱한다. 역순으로 출력하기 위해서는 for문의 제어 변수 i를 9에서 1까지 감소하게 하여 구구단의 각행을 출력한다.

프로그램 6-4 구구단 출력하기: for문 이용(ch6-4.cpp)

6.3.2 키보드로 입력된 값 중에서 최댓값 구하기

키보드로 10개의 양수를 입력받아, 입력된 값 중에서 몇 번째 값이 최댓값인지, 최댓값과 함께 다음의 실행 결과처럼 출력해 보자.

실행 결과

```
1번째 값 입력: 35↵
2번째 값 입력: 41↵
3번째 값 입력: 10↵
4번째 값 입력: 76↵
5번째 값 입력: 89↵
6번째 값 입력: 90↵
7번째 값 입력: 32↵
8번째 값 입력: 56↵
9번째 값 입력: 33↵
10번째 값 입력: 68↵

최댓값: 6번째 값 90↵
```

분석 및 해결 과정

- 최댓값을 저장하기 위한 변수 max는 양수 중에서 최솟값인 0으로 초기화한다.
- 키보드로 양수의 값을 입력받는다.

- 입력된 수와 max를 비교하여 입력된 수가 더 크면 max에 입력된 수를 저장한다.
- 양수를 입력받고 최댓값과 비교하는 동일 작업을 10번 반복해야 하므로 for문을 이용한다. 이때 몇 번째 입력 값이 최댓값인지를 찾기 위해서 제어 변수 i의 값을 인덱스 변수에 저장한다.

프로그램 6-5 입력받은 값 중에서 최댓값 구하기(ch6-5.cpp)

```
#include <stdio.h>

int main()
{
    int i, su, max=0, max_i=0;        // su : 양수 입력 , max_i : 입력된 양수 중에서 몇 번째가
                                      // 최대인지를 저장할 인덱스 변수
    // 다음의 작업을 10번 반복하여 최댓값을 찾는다.
    // 양수를 입력받고 su와 max를 비교하여 su가 더 크면 max에 su를 저장한다.

    printf("\n최댓값: %d번째 값 %d\n", max_i, max);
    return 0;
}
```

6.3.3 수열의 합 구하기

$sum = \frac{1}{2} + \frac{1}{3} + \frac{1}{4} + \cdots + \frac{1}{n}$을 구하는 프로그램을 작성해 보자.

실행 결과

```
임의의 정수 n을 입력하시오: 10↵
1/2 + 1/3 + 1/4 + 1/5 + 1/6 + 1/7 + 1/8 + 1/9 + 1/10 = 1.9
```

분석 및 해결 과정

- 분모가 i라고 할 때 $\frac{1}{i}$이 sum에 계속 더해진다. 그러므로 분모 i가 2부터 n이 될 때까지 $sum = sum + \frac{1}{i}$을 반복하면 최종 결과를 sum에 구할 수 있다.
- 정수/정수의 결과는 정수형이므로 0이 되지 않게 1/i을 더할 때 형 넓힘 변환(캐스팅)을 한다.

프로그램 6-6 수열의 합 구하기(ch6-6.cpp)

```
#include <stdio.h>

int main()
{
    int i, n;
    double sum;

    printf("임의의 정수 n을 입력하시오. : ");
    scanf("%d", &n);
```

다음 장 »

```
    return 0;
}
```

6.3.4 구분구적법을 이용한 정적분 구하기

구간 [a, b]에서 연속인 함수 $f(x) = x^2 - \frac{1}{x}$ (단, $f(x) \geq 0$)에 대해 x=a, x=b, y=f(x)로 둘러싸인 넓이(정적분 $S(x)$)는 다음과 같이 정의된다.

$$S(x) = \int_a^b f(x)dx = \int_a^b \left(x^2 - \frac{1}{x}\right)dx$$

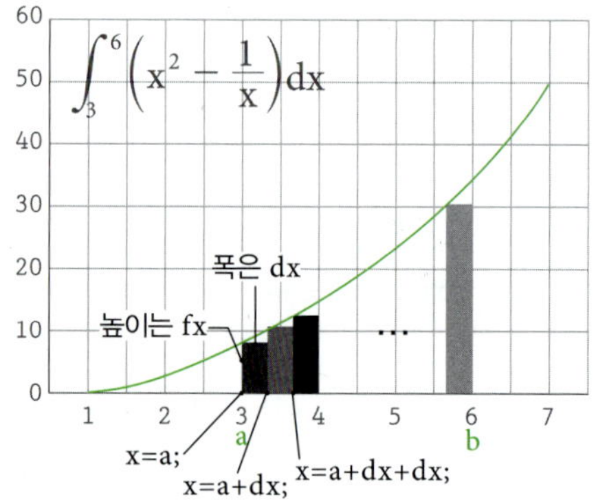

구분구적법을 이용하여 f(x)의 정적분 값을 계산하는 프로그램을 작성해 보자. 이때 구간의 시작과 끝인 a와 b를 키보드로 입력받는다.

실행 결과

```
적분 구간 [a, b] 입력하기
시작 값 a는? 3↵
끝 값 b는? 6↵
적분 구간 [3, 6]의 등분수 n은? 1000↵

f(x) = x²-1/x 의 [3, 6] 구간을 1000등분했을 때 적분 근사치: 62.266
```

```
적분 구간 [a, b] 입력하기
시작 값 a는? 3↵
끝 값 b는? 6↵
적분 구간 [3, 6]의 등분수 n은? 100000↵

f(x) = x²-1/x 의 [3, 6] 구간을 100000등분했을 때 적분 근사치: 62.306
```

분석 및 해결 과정

- 구분구적법이란 도형의 넓이를 구하기 위해 주어진 도형을 충분히 작은 n개의 기본 도형으로 세분하고, 이 기본 도형들의 넓이의 합을 정적분의 근삿값으로 취하는 것이다. 그러므로 적분 값과 근삿값의 오차를 줄이려면 n을 될 수 있는 한 큰 값으로 설정해야 한다.
- 주어진 구간 [a, b]에 대하여 n등분하여 n개의 사각형의 합을 구한다. dx=(b-a)/n으로 정의한다면 각 구간에 해당하는 사각형의 면적은 다음과 같이 구할 수 있다.

```
1번째 사각형의 넓이: f(a)*dx
2번째 사각형의 넓이: f(a+dx)*dx
3번째 사각형의 넓이: f(a+dx+dx)*dx
        ⋮
n번째 사각형의 넓이: f(a+(n-1)dx)*dx
```

- 사각형의 면적(area)=가로(dx)*높이(f(x))이며, 이때 높이는 x=a부터 a+(n-1)dx일 때의 함수 값이다. 따라서 정적분은 이들 사각형들의 합, 즉 integral += area를 n번 반복 실행하여 구할 수 있다.

코딩 순서

1. 적분 구간을 [a, b]로 지정하고 a, b는 입력받도록 한다.
2. 적분 구간의 등분 수는 n으로 지정하고 입력받는다.
3. x축 등분 그기: dx=(b-a)/n
4. 적분 값(integral)을 0으로, x좌표를 시작 값 a로 초기화한다.
5. x좌표를 dx만큼 증가시키면서 사각형의 면적(area)을 구하여 적분 값(integral)에 누적한다.

```
for (i=0; i<n; i++)
{
    해당 x좌표에서의 함수 값 fx 구하기
    area에 사각형 면적 구하기;
```

```
        integral에 area를 누적하기;
        새로운 x좌표 구하기;
    }
```

6. 적분 값(integral)을 출력한다.

프로그램 6-7 정적분 구하기(ch6-7.cpp)

```
#include <stdio.h>

int main()
{
    int i, n;
    double a, b, x, dx, fx, area, integral;

    printf("적분 구간 [a, b] 입력하기 \n");
    printf("시작 값 a는? "); scanf("%lf", &a);
    printf("끝 값 b는? "); scanf("%lf", &b);
    printf("적분 구간 [%.1f, %.1f]의 등분수 n은? ", a, b);
    scanf("%d", &n);

    // dx 정의 및 초깃값 설정

    // 사각형 n개의 면적의 합 구하기 및 출력하기

```

```
    return 0;
}
```

6.4 중첩 반복문

반복문 안에 또 다른 반복문이 포함된 것을 중첩 반복문이라 한다. 다음은 이중으로 중첩된 for문의 형식이다.

형식 중첩된 for문

```
for (초기화; 조건식; 증감 연산)
{
    for (초기화; 조건식; 증감 연산)
    {
        반복할 문장들;
    }
}
```

중첩 for문은 바깥 for문의 조건식이 참인 동안 안쪽 for문이 계속 실행된다. 즉 바깥 for문의 첫 번째 반복에 대해서 안쪽 for문 본체의 마지막 문장을 실행한 후에 안쪽 for문의 헤더의 증감 연산 부분으로 돌아간다. 증감 연산 후 안쪽 for문의 조건식이 거짓이면 안쪽 for문을 끝내고 바깥 for문의 증감식을 수행한다. 그리고 바깥 for문의 조건식이 참이면 다시 두 번째 반복을 실행한다. 이와 같이 중첩 반복문에서는 안쪽에 있는 반복문이 먼저 끝나야 바깥쪽 반복이 종료된다. 그리고 중첩 반복문에서 주의할 점은 각 반복문의 제어 변수가 달라야 한다는 것이다. 바깥쪽 제어 변수를 i로 사용한다면 안쪽 for문의 제어 변수는 일반적으로 연속된 알파벳, 즉 j, k, l … 순으로 사용한다.

다음 예제를 통하여 중첩 for 문의 실행 횟수를 확인해 보자. 실행 결과 창을 보면 알 수 있듯이 바깥 for문의 본체가 한 번 실행되는 동안 안쪽 for문이 완전 실행되므로 안쪽 for문의 본체가 3번 반복 실행된다. 여기서는 바깥 for문이 두 번 실행되는 동안 안쪽 for문은 각각 세 번씩 실행되므로 총 2*3=6번 반복한다.

프로그램 6-8 중첩 for문의 이해(ch6-8.cpp)

```
#include <stdio.h>

int main()
{
    int i, j;
    for (i=0; i<2; i++)
    {
        printf("i=%d일 때: ", i);

        for (j=0; j<3; j++)
            printf("j=%d ", j);

        printf("\n");
    }
    return 0;
}
```

실행 결과

```
i=0일 때: j=0 j=1 j=2
i=1일 때: j=0 j=1 j=2
```

설명

- 5행: 반복할 변수 i, j 선언
- 6행: 바깥 for문 본체의 마지막 문장을 실행한 후 바깥 for문의 헤더의 증감 연산 부분으로 돌아간다. 조건문이 거짓이면 바깥 for문을 끝내므로 실행 순서가 14행으로 바뀐다.
- 10행: 안쪽 for문 본체의 마지막 문장을 실행한 후에 안쪽 for문의 헤더의 증감 연산 부분으로 돌아간다. 조건문이 거짓이면 안쪽 for문을 끝내므로 실행 순서가 12행으로 바뀐다. 그리고 바깥쪽 제어 변수와 다른 제어 변수를 사용해야 한다.

6.4.1 중첩된 for문에서 제어 변수의 활용

중첩된 for문에서 안쪽으로 중첩되는 for문들은 자신보다 밖에 있는 for문의 제어 변수들을 많이 활용한다. 예를 들어 '*****'을 5행 출력하기 위해서는 다음과 같이 for문으로 작성할 수 있다.

```
for (i=1; i<=5; i++)
    printf("*****\n");
```

그런데 printf("*"); 즉 '*'을 하나씩 출력한다면 다음과 같이 '*'을 1개 출력하는 printf 문장을 5번 반복하도록 중첩 for문을 사용하여 다음과 같이 수정할 수 있다.

```
for (i=1; i<=5; i++)
{
    for (j=1; j<=5; j++)
        printf("*");
    printf("\n");   // '*****' 출력 후 행 바꾸기
}
```

실행 결과

```
*****
*****
*****
*****
*****
```

만일 1행에 '*'을 한 개, 2행에 '*'을 두 개, n행에는 '*'을 n개 출력하고 싶으면 어떻게 해야 할까? [프로그램 6-9]와 같이 바깥 for문의 제어 변수를 안쪽 for문에서 활용하면 된다. 바깥 for문의 제어 변수 i의 값이 1, 2, 3 순으로 바뀌므로 i 값을 안쪽 for문에서 출력할 '*'의 개수로 지정하면 n행에 n개의 '*'을 출력할 수 있다.

프로그램 6-9 중첩 for문과 제어 변수를 활용해 n행에 *을 n개 출력하기(ch6-9.cpp)

```
1  #include <stdio.h>
2
3  int main()
4  {
5      int i, j;
6
7      for (i=1; i<=5; i++)
8      {
9          for (j=1; j<=i; j++)
10             printf("*");
11         printf("\n");
12     }
13
14     return 0;
15 }
```

실행 결과

```
*
**
***
****
*****
```

설명

- 9행: 안쪽 for문의 반복 횟수를 5로 고정하지 않고 바깥 for문의 제어 변수 i로 지정함으로써 바깥 for문의 본체가 실행될 때마다 출력하는 '*'의 개수가 한 개씩 늘어난다.

6.5 프로그래밍 실습 2

6.5.1 구구단 출력하기

중첩 for문에서 제어 변수를 활용하여 구구단(2~9단)을 두 가지 방법, 세로 방향 및 가로 방향으로 출력해 보자(다음의 실행 결과를 참고하라). 세로 방향으로 구구단 출력 시 단 사이는 한 행씩 띄워서 출력하도록 한다. 그리고 가로로 출력하는 경우는 각 단의 위쪽에 단을 표시하도록 한다.

실행 결과

```
<<구구단 세로 출력>>

2단**
2×1=2
2×2=4
  ⋮
2×9=18

  ⋮
9단**
9×1=9
9×2=18
  ⋮
9×9=81

================================================================================
<<구구단 가로 출력>>

2단      3단      4단      5단      6단      7단      8단      9단
--------------------------------------------------------------------------------
2×1=2   3×1=3   4×1=4   5×1=5   6×1=6   7×1=7   8×1=8   9×1=9
2×2=4   3×2=6   4×2=8   5×2=10  6×2=12  7×2=14  8×2=16  9×2=18
2×3=6   3×3=9   4×3=12  5×3=15  6×3=18  7×3=21  8×3=24  9×3=27
2×4=8   3×4=12  4×4=16  5×4=20  6×4=24  7×4=28  8×4=32  9×4=36
2×5=10  3×5=15  4×5=20  5×5=25  6×5=30  7×5=35  8×5=40  9×5=45
2×6=12  3×6=18  4×6=16  5×6=30  6×6=36  7×6=42  8×6=48  9×6=54
2×7=14  3×7=21  4×7=28  5×7=35  6×7=42  7×7=49  8×7=56  9×7=63
2×8=16  3×8=24  4×8=32  5×8=40  6×8=48  7×8=56  8×8=64  9×8=72
2×9=18  3×9=27  4×9=36  5×9=45  6×9=54  7×9=63  8×9=72  9×9=81
```

분석 및 해결 과정

- 각 단을 세로로 출력하면 2단, 3단,…, 9단 즉 단의 경우 1씩 증가하고 뒷자리에 곱해지는 수는 1~9까지 각 단마다 반복된다. 따라서 중첩 for문에서 바깥 for문의 제어 변수는 단을 활용하면 되고 안쪽 for문의 제어 변수는 1~9까지 곱해지는 수로 사용한다.
- 각 단을 세로로 출력 시 오른쪽에 공백이 많이 생기며 구구단을 한눈에 볼 수가 없다. 이를 보완하기 위해 구구단을 가로로 출력해 보자. 가로로 출력 시에는 첫째 행 각 단

의 뒷자리가 1로 고정되도록, 즉 2*1=2, 3*1=3, …, 9*1=9가 출력되도록 한다. 따라서 2~9까지의 단이 1씩 증가하므로 이를 안쪽 for문의 제어 변수로 사용한다. 그리고 다음 행부터 9행까지 각 단의 뒷자리가 1씩 증가하므로 세로로 변하는 1~9까지의 뒷자리는 바깥 for문의 제어 변수로 활용한다.

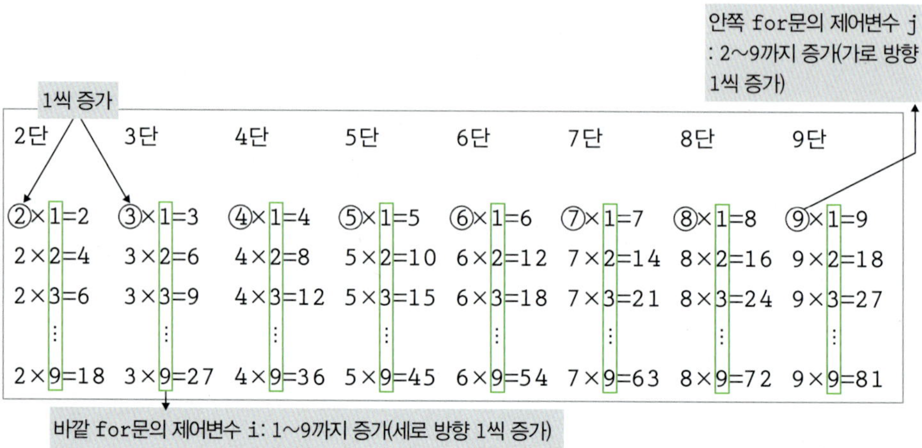

프로그램 6-10 구구단 출력하기(ch6-10.cpp)

```
#include <stdio.h>    // printf, scanf
int main()
{
    int i, j;

    printf("<<구구단 세로 출력>>\n\n");
```

```
    printf("\n=========================================================\n\n");
    printf("<<구구단 가로 출력>>\n\n");
    // 2~9단 헤더 출력

    printf("\n---------------------------------------------------------\n");
    // 구구단 출력

    return 0;
}
```

6.5.2 2부터 n까지의 소수 출력하기

임의의 정수를 입력받아 2부터 n까지의 소수를 모두 출력하는 프로그램을 작성해 보자. 이때 한 줄에 5개씩만 출력되도록 한다.

실행 결과

```
2부터 n까지의 소수를 구합니다.
최대 몇까지의 소수를 출력할까요? 50↵

  2   3   5   7  11
 13  17  19  23  29
 31  37  41  43  47

총 15개입니다.
```

분석 및 해결 과정

- 소수란 1과 자기 자신만으로 나누어 떨어지는 수이다. 따라서 임의의 정수가 소수임을 알려면 2부터 n-1까지의 모든 정수에 대하여 나누어 떨어지지 않음을 보이면 된다. 예를 들어서 7은 2부터 6까지의 모든 정수에 대하여 나누어 떨어지는 경우가 없으므로 소수이다.
- 소수 여부를 확인하는 데 사용할 변수 n을 설정한다.
- n=2부터 입력 값 이하의 모든 값에 대해 소수인지 확인한다(바깥 for문).

  for (n=2 ; n<=입력한 정수 ; n++)

  {n이 소수인지 확인하기}
- 다음을 반복하면서, n이 소수인지 확인한다(안쪽 for문).
  - n이 2부터 n-1까지의 수로 나누어 떨어지는지 조사하기
  - n이 2부터 n-1까지의 수로 나누어 떨어지면 for문을 그만두기(소수가 아님)
- 안쪽 for문에서 i가 2부터 n-1까지 반복되는 동안 n이 모든 i에 대해서 나누어 떨어지지 않으면 소수이므로, 즉 안쪽 for문의 마지막 i 값과 n이 같으면 소수이므로 n(소수)을 출력한다.

프로그램 6-11 소수 출력하기(ch6-11.cpp)

```
#include <stdio.h>
int main()
{
    int n, i, max, count=0;
    printf("2부터 n까시의 소수를 구합니다.");
    printf("최대 몇까지의 소수를 출력할까요? "); scanf("%d", &max);
    printf("\n");

    // n=2부터 입력 값 이하의 모든 값에 대해 소수인지 확인
    for(______________________________)
    {
        // n이 2부터 n-1 이하의 모든 값으로 나누어 떨어지는지 조사하기
        // n이 i로 나누어 떨어지면 소수가 아님
        [                              ]

        // n이 i의 모든 값으로 나누어 떨어지지 않으면, 즉 n의 값과 for문이 종료되었을 때의 i가 같으면
        // 소수임
        if (n==i)
        {   // 소수의 개수를 카운트하여 다섯 개씩 출력한다.
            [                              ]
        }
    }
    printf("\n총 %d개 입니나.\n", count);
    return 0;
}
```

6.5.3 주사위의 경우의 수 구하기

주사위를 두 개 던졌을 때 합이 7이 되는 경우를 출력해 보자.

실행 결과

```
=================
주사위1    주사위2
=================
   1          6
   2          5
   3          4
   4          3
   5          2
   6          1
=================
    총 6가지
```

분석 및 해결 과정

- 주사위를 던졌을 때 나올 수 있는 값은 1~6 중 하나이다. 첫 번째 주사위가 1이 나왔을 때 두 번째 주사위 값도 1~6 중 하나가 나온다. 그러므로 다음 그림과 같이 두 주사위에 대해 모든 경우를 조사하려면 첫 번째 주사위 값을 바깥 for문의 제어 변수로 사용하고 두 번째 주사위 값을 안쪽 for문의 제어 변수로 사용해 중첩 for문으로 작성한다.
- 두 주사위의 합이 7이 될 때만 경우의 수를 1 증가시키고 첫 번째 주사위와 두 번째 주사위의 현재 내용을 출력한다.

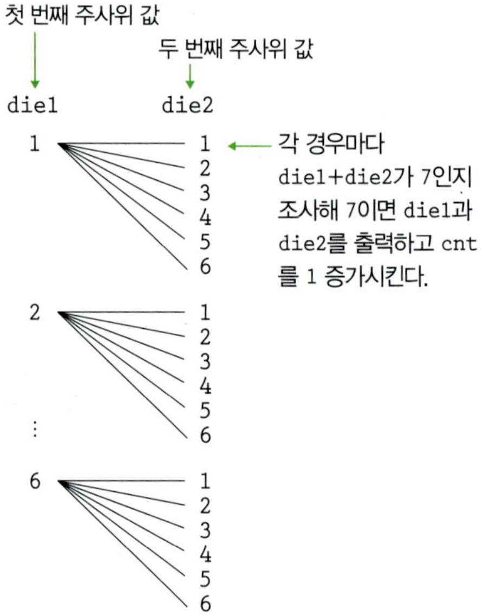

프로그램 6-12 두 주사위의 합이 7이 되는 경우의 수 구하기(ch6-12.cpp)

```
#include <stdio.h>

int main()
{
    int die1, die2;
    int cnt;

    cnt = 0;

    printf("    ====================\n");
    printf("    주사위1    주사위2  \n");
    printf("    ====================\n");




    printf("    ====================\n");
    printf("\t총 %d가지\n", cnt);

    return 0;
}
```

6.6 while문

특정 작업을 반복하기는 하지만 반복 횟수가 얼마나 되어야 하는지 정확히 모르는 경우가 있다. 예를 들면 반복 횟수는 정확히 모르지만 양수를 입력할 때까지 계속 입력받기, 합이 1000을 넘지 않는 한 계속 더하기, 게임을 계속하고 싶어 하는 한 다시 게임하기와 같은 문제이다. 이와 같이 특정 조건을 만족하는 한 계속 반복하는 문제는 while문을 사용하는 것이 좋다.

다음은 while문의 형식과 실행의 흐름을 나타낸다.

형식 while문

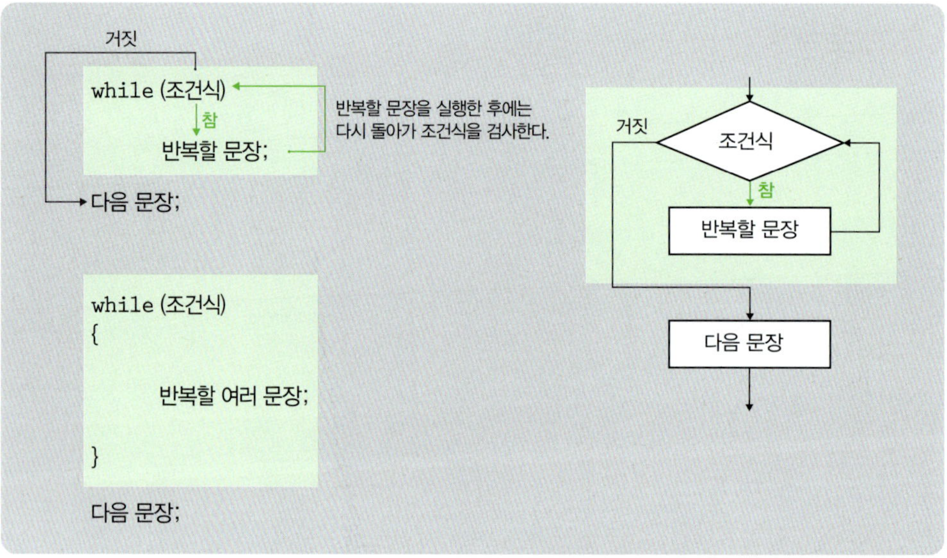

[그림 6-2] while문의 형식과 실행 흐름도

while문을 실행할 때는 반복을 실행하기 전에 먼저 조건식을 검사한다. 조건식이 참이면 다음에 나오는 반복 문장을 실행하고 거짓이면 while문을 끝낸다. while문 본체의 마지막 문장을 실행한 후에는 다시 조건식이 있는 곳으로 돌아와 조건식을 검사한다. 즉 조건식이 참인 동안은 본체의 문장을 반복 실행한다. 그리고 while문을 시작할 때 처음부터 조건식의 값이 거짓일 경우에는 본체가 한 번도 실행되지 않을 수 있다.

프로그램 6-13 1~n의 합이 처음으로 100을 넘게 되는 n 구하기(ch6-13.cpp)

```
1  #include <stdio.h>
2
3  int main()
4  {
5      int i, sum;
6      sum = 0, i = 0;
7      while (sum <= 100)
8      {
9          i++;
10         sum = sum + i;
11     }
12     printf("1~%d까지의 합: %d \n", i, sum);
13     return 0;
14 }
```

실행 결과

```
1~14까지의 합: 105
```

설명

- 7행: sum <= 100의 조건식이 참이면 블록 안의 문장이 실행되며 10행을 실행한 후에 다시 7행으로 돌아와 조건을 검사한다. 조건식이 거짓이 될 때까지 계속해서 반복 수행한다. 이와 같이 몇 번을 반복해야 할지 명확하지 않을 때는 while문을 사용하는 것이 더 편리하다

6.6.1 while문과 for문의 비교

사실 반복 문제는 모두 for문으로 작성할 수 있다. for문은 헤더인 for(i=0 ; i<10 ; i++)에 i가 0부터 1씩 증가하며 i가 10보다 작은 동안 10번 반복하는 것을 정확히 표현할 수 있다. 따라서 주어진 문제의 반복 횟수가 명확할 때는 for문을 이용하면 편리하다. 반면 while문은 반복 횟수는 모르지만 정해진 조건을 만족할 때까지 반복하는 경우 편리하다.

그러므로 문제에 따라 for문과 while문을 선택해서 사용하면 된다.

다음은 1~10의 합을 구하는 for문과 while문을 비교한 것이다. for문의 헤더는 초기화, 조건식, 증감 연산을 포함하지만, while문의 헤더는 조건식만 포함한다. 그러므로 일반적으로 while문 이전에 제어 변수의 초기화(3행), while문의 본체가 끝나기 전에 제어 변수의 증감 연산(7행) 부분을 별도로 작성해야 한다.

```
1  int i, sum;
2  sum = 0;
3  i = 1;
4  while (i <= 10)
5  {
6      sum = sum + i;
7      i++;
8  }
```

```
int i, sum;
sum = 0;
for (i=1 ; i<=10; i++)
    sum = sum + i;
```

6.6.2 while문과 무한 루프

for문에서 조건식을 생략하면 무한 루프를 만들 수 있었다. while문에서 무한 루프를 만들려면 조건식을 항상 참이 되게 한다. 0이 아닌 값은 모두 참이지만 보통 조건식으로 (1)을 사용한다. 무한 루프를 위해서는 for문이나 while문 중에서 어떤 것을 써도 되지만 for문보다는 while문을 더 많이 사용한다. 다음은 while문에서의 무한 루프 형식이다.

형식 while문의 무한루프

```
while (1)
{
        반복할 문장;
}
```

[프로그램 6-14]는 키보드로 자연수 n을 입력받아 n!을 계산하는 프로그램으로, 무한 루프를 이용한 것이다. n 값으로 -1이 입력될 때까지 반복 실행하다가 -1이 입력되면 무한 루프를 탈출하고 프로그램을 종료한다. 무한 루프 형태로 반복문을 표현한 경우에는 반복을 끝내고 while문을 탈출할 수 있도록 11~15행처럼 break를 이용하는 경우가 많다.

프로그램 6-14 1~n의 곱 구하기: 무한 루프 이용(ch6-14.cpp)

```
#include <stdio.h>
int main()
{
    int n, i, factorial;
    while(1)                        // 무한 루프
    {
        factorial = 1;
        printf("자연수 n 입력(종료하려면-1): n=");
        scanf("%d", &n);

        if(n == -1)                 // n이 -1이면 THE END 출력 후 무한 루프 탈출
        {
            printf("--- THE END ---\n");
            break;
        }
        for(i=1 ; i<=n ; i++)       // 팩토리얼 계산
            factorial *= i;
        printf("n=%d일 때 %d!=%d\n", n, n, factorial);          // 출력문
        printf("\n");
    }
    return 0;
}
```

실행 결과

```
자연수 n 입력(종료하려면-1): n=4↵
n=4일 때 4!=24

자연수 n 입력(종료하려면-1): n=5↵
n=5일 때 5!=120

자연수 n 입력(종료하려면-1): n=6↵
n=6일 때 6!=720

자연수 n 입력(종료하려면-1): n=-1↵
--- THE END ---
```

설명

- 11행: 5행 while문의 조건식이 항상 참(1)이므로 무한 루프가 된다. 그러므로 무한 루프를 탈출하기 위해 탈출 조건을 명시해야 한다. n의 입력으로 -1이 들어오면 break문이 실행되어 루프를 빠져나와 루프 다음의 20행을 실행한 후 프로그램이 종료된다.

6.7 do~while문

for문이나 while문은 조건식이 거짓인 경우 반복문을 한 번도 실행하지 않기도 한다. 그러나 do~while문은 반복할 내용을 적어도 한 번은 실행하고 반복 조건을 검사한다. 메뉴 방식의 응용 프로그램에서는 일단 한 번 실행한 후에 다시 반복해서 실행할지 그만둘지를 결정해야 하는 경우가 많다. 이러한 응용 프로그램은 사용자에게 일단 한 번은 메뉴를 표시한다는 특징이 있다. 이처럼 반복 내용을 반드시 한 번은 실행한 후 계속할지 그만둘지를 결정하는 경우에는 while문보다 do~while문을 이용하는 것이 훨씬 편리하다. do~while문은 while문과 유사하지만 조건식의 검사 부분이 마지막에 있다는 점이 다르다. [그림 6-3]은 do~while문의 형식과 실행의 흐름을 보여 준다.

형식 do~while문

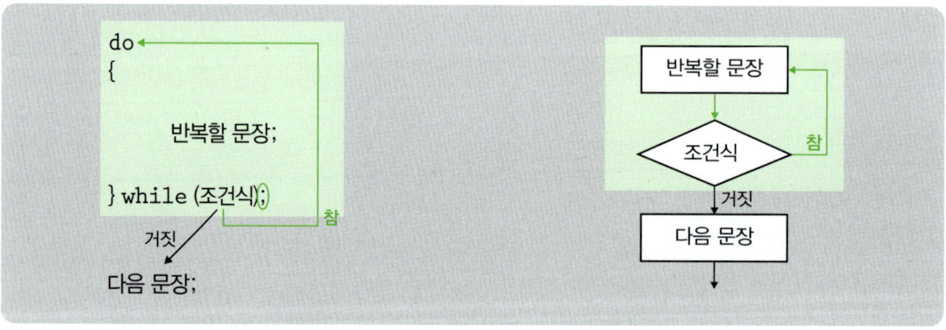

[그림 6-3] do~while문의 형식과 실행의 흐름도

do~while문의 실행 순서를 살펴보면 먼저 do문 뒤에 조건식이 없으므로 무조건 { } 안의 본체를 실행한다. 본체를 실행한 후에는 while 뒤의 조건식을 검사해 참이면 다시 본체를 실행하고 거짓이면 do~while문을 끝낸다. for문이나 while문과 달리 반복할 문장이 하나뿐이더라도 반드시 { }로 묶어야 한다. 그리고 본체가 끝난 후 } 뒤에 'while(조건식)'을 붙

여서 쓰며 마지막에는 ;을 꼭 붙여야 한다.

[프로그램 6-15]는 정수 1~n의 합과 곱을 구하는 프로그램을 do~while문으로 작성한 것이다.

프로그램 6-15 정수 1~n의 합과 곱 구하기: do~while문 이용(ch6-15.cpp)

```
#include <stdio.h>

int main()
{
    int i, n, sum = 0, mult = 1;

    printf("정수 n: "); scanf("%d", &n);

    i = 1;
    do
    {
        sum += i;
        mult *= i;
        i++;
    } while (i <= n);

    printf("1부터 %d까지의 합은 %d입니다.\n", n, sum);
    printf("1부터 %d까지의 곱은 %d입니다.\n", n, mult);

    return 0;
}
```

실행 결과

```
정수 n: 10↵
1부터 10까지의 합은 55입니다.
1부터 10까지의 곱은 3628800입니다.
```

6.8 기타 제어문

C언어는 앞에서 설명한 조건문과 반복문 외에도 프로그램의 흐름과 처리 순서를 변경할 수 있는 다양한 제어문을 제공한다.

6.8.1 break문

break문은 switch문을 실행하다가 블록을 빠져나오는 경우나, for문, while문, do~while문과 같은 반복문을 실행하는 중간에 완전히 탈출할 때 사용되는 유용한 제어문이다.

프로그램에서 break문을 만나면 가장 가까이 연결된 루프를 빠져나가게 되며 루프 다음에 나오는 문장이 계속 수행된다. 주의할 점은 break문은 반복문과 switch문에만 해당하므로 if문을 탈출하는 데는 사용할 수 없다. 또한 break문의 개수는 제한이 없으나 너무 많이 사용하면 코드가 복잡해지므로 특수한 경우가 아니면 사용을 자제하는 것이 좋다. 중첩된 루프인 경우 안쪽 루프에서 break문을 사용하면 break문이 속한 안쪽 루프만 빠져나온다. 다음 프로그램 [6-16]은 중첩된 for문의 해당 루프를 빠져나오기 위해 break문을 여러 번 사용한 예이다.

프로그램 6-16 break문의 루프 탈출(ch6-16.cpp)

```
#include <stdio.h>

int main()
{
    int i, j, k;

    for(i=1; i<=10; i++)
    {
        for (j=1;  j<=10 ; j++)
        {
            for (k=1; k<=j ; k++)
            {
                printf("%d ", k);
                if (j+k == 6)
```

```
15                  break;
16          }                       // for (k)의 끝
17
18          printf("\n");
19          if (j==3)
20              break;
21      }                           // for (j)의 끝
22      if (i==3)
23          break;
24  }                               // for (i)의 끝
25  return 0;
26 }
```

실행 결과

```
1
1 2
1 2 3
1
1 2
1 2 3
1
1 2
1 2 3
```

설명

- 15, 20행: j+k가 3이면 제어 변수 k에 대한 for문을 빠져나오며, j=3이면 1, 1 2, 1 2 3의 세 개의 행이 출력되면 20행의 break문이 실행되어 제어 변수 j에 대한 for문을 빠져나온다.
- 22, 23행: 가장 바깥 for 루프는 1, 1 2, 1 2 3의 출력 횟수를 세어한다. 22행의 조건문에서 i=3이면 1, 1 2, 1 2 3을 세 번 출력한 후 break문이 실행되어 바깥 for 루프를 탈출하여 프로그램이 종료된다.

특히 break문은 while문과 같이 조건식이 항상 참이어서 반복문을 빠져나올 수 없는 무한 루프에서 매우 유용하다. [프로그램 6-17]은 사용자가 양수를 입력할 때까지 계속 값을 입력받도록 무한 루프 형태로 표현한 것이다. 양수가 입력되면 반복을 끝내고 무한 루

프를 탈출할 수 있도록 break문을 사용하여 프로그램을 종료한다.

프로그램 6-17 양수를 입력할 때까지 계속 값을 입력받기(ch6-17.cpp)

```
1  #include <stdio.h>
2
3  int main()
4  {
5      int i, n;
6      while (1)
7      {
8          printf("양수를 입력하세요. ");
9          scanf("%d", &n);
10         if (n > 0)
11             break;
12     }
13     return 0;
14 }
```

실행 결과

```
양수를 입력하세요. -2↵
양수를 입력하세요. -5↵
양수를 입력하세요. -1↵
양수를 입력하세요. 2↵
```

설명

- 6행: while(1) 즉 while문의 조건식이 항상 참이 되므로 while 다음의 블록으로 설정된 문장이 무한 반복된다.
- 10행: 입력 값 n이 양수이면 반복문을 종료하고 무한 루프의 while문을 탈출한다.

6.8.2 continue문

반복문에서 사용되는 또 다른 제어문으로 continue문이 있다. break문은 반복문의 실행을 완전히 끝내는 데 반해 continue문은 단순히 continue문 다음 내용을 실행하지 않고 다음 반복으로 진행하기 위해 루프의 시작이나 끝부분으로 이동한다. for문은 무조건 헤더의 증감 연산 부분으로 이동하고, while문은 헤더의 조건식으로 이동하며, do~while문은 맨 끝의 while 뒤의 조건식으로 이동한다.

[프로그램 6-18]은 1~100까지 3의 배수의 합을 구하기 위해 continue문을 이용한 프로그램이다.

프로그램 6-18 1~100까지 3의 배수의 합 구하기: continue문 이용(ch6-18.cpp)

```
1 #include <stdio.h>
2 int main()
3 {
4     int i, sum = 0;
5     i = 0;
6     while (i <= 100)
7     {
8         i++;
9         if (i % 3 != 0)
10            continue;
11        sum += i;
12    }
13
14    printf("1에서 100까지 3의 배수의 합은 %d입니다.\n", sum);
15    return 0;
16 }
```

실행 결과

```
1에서 100까지 3의 배수의 합은 1683입니다.
```

설명

- 9, 10행: i 값이 3의 배수가 아닌 경우 continue문을 만나면 while문 내의 종속 문장을 더 이상 실행하지 않고 6행으로 이동해 조건식을 다시 검사한다.

6.8.3 goto문

goto문은 프로그램 실행 중 레이블(label)이 붙은 위치로 제어를 무조건 이동시킬 때 사용한다. goto문을 사용하려면 이동할 문장을 가리키는 레이블(label)이 필요하며 레이블을 정의할 때는 레이블을 구별하기 위한 이름과 콜론(:)이 필요하다.

형식 goto문

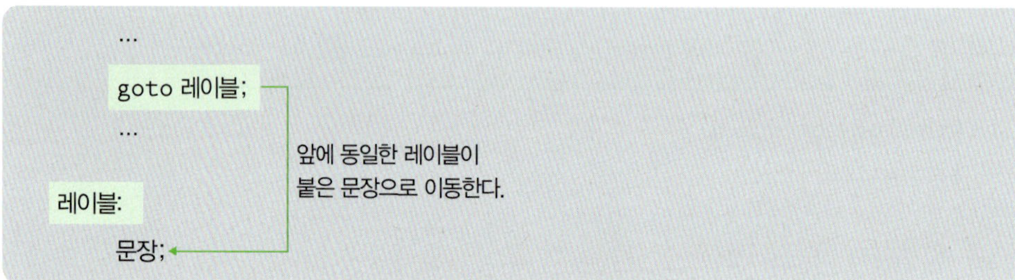

[그림 6-4] goto문의 형식

일반적으로 goto문을 사용한 프로그램은 복잡하고 이해하기 어려우므로 가능한 한 goto문을 사용하지 말아야 한다. 하지만 [프로그램 6-19]와 같은 중첩된 반복 루프에서 문제가 발생하였을 경우 중첩된 루프를 단번에 빠져나올 때는 상당히 유용하다. 앞에서 소개한 break문은 루프 하나만 빠져나올 수 있다.

프로그램 6-19 키보드를 누를 때까지 * 출력하기(ch6-19.cpp)

```
#include <stdio.h>
#include <conio.h>          // kbhit() 함수를 위한 헤더 파일
#include <stdlib.h>         // exit 함수를 위한 헤더 파일

int main()
{
    int m, n;

    for (m=1; m<1000; m++)
    {
        for (n=1; n<=10; n++)
        {
```

다음 장 »

```
13            if (kbhit())
14                goto end;
15            printf("*");
16        }
17        printf("\n");
18    }
19    printf("\n프로그램을 종료합니다!\n");
20    exit(0);
21
22 end:
23    printf("\n키보드를 눌렀습니다!\n");
24    getch();
25    return 0;
26 }
```

실행 결과

```
**********
**********
**********
**********
**********
**********
**********
***
키보드를 눌렀습니다!
```

설명

- 13행: 키보드가 눌리면 레이블 이름 end가 있는 21행으로 이동한다. kbhit( )는 키보드의 키가 눌렸는지를 판단하는 함수로, 〈conio.h〉 헤더 파일을 필요로 한다. 함수 원형은 int kbhit(void)이며, 키가 눌린 경우에는 1, 눌리지 않은 경우에는 0을 반환한다.
- 19행: break, return, exit 모두 루프를 탈출할 때 사용되는데, break문은 반복문이나 switch문, return문은 함수, exit는 프로그램 단위로 제어한다고 생각하면 이해하기 쉽다. 이 중 exit( ) 함수는 프로그램에 값을 반환하고 종료하는 함수로, 〈stdlib.h〉 헤더 파일이 필요하다. 보통 exit(0), exit(1)의 두 가지 형태로 쓰는데 프로그램 실행이 정상적으로 종료되면 0을, 비정상적으로 종료되면 0이 아닌 정수로 표시한다.

6.9 프로그래밍 실습 3

6.9.1 while문을 이용해 입력된 정수를 거꾸로 출력하기

키보드로 양수를 입력받아 거꾸로 출력하는 프로그램을 작성해 보자.

실행 결과

```
거꾸로 출력할 양수를 입력하세요: 3456789↵
9876543
```

분석 및 해결 과정

- 양수 n 입력
- n을 한 자리씩 거꾸로 출력하려면 1의 자리부터 출력해야 한다. 1의 자리 값은 입력된 n을 10으로 나눈 나머지로 구할 수 있다. 또한 다음 자리의 값을 구하기 위해 n을 10으로 나눈 몫으로 수정한다. last_digit = n % 10, n = n / 10
- 다음 자리의 값을 차례로 추출하기 위해 수정된 n이 0이 될 때까지 위의 과정을 반복한다. 이 때 반복문은 while문을 사용한다. → while(n!=0)
- 정수 n이 0이면 위의 2, 3번 반복문을 수행하지 않으므로 별도의 조건문을 사용하여 0을 출력한다.

프로그램 6-20 입력된 양수를 거꾸로 출력하기: while문 이용(ch6-20.cpp)

```
#include <stdio.h>
int main()
{
    int last_digit;          // 숫자의 마지막 자리 값
    int n;                   // 양의 정수 입력
    printf("거꾸로 출력할 양수를 입력하세요: ");
    scanf("%d", &n);
    // n이 0이면 반복문을 수행하지 않고 n을 그대로 출력한다.
```

```
    // n이 0이 아니면 n을 10으로 나눈 나머지를 하나씩 출력하는 작업을 반복한다.
    // n이 0이 될 때까지 n을 10으로 나눈 몫으로 수정한다.

    return 0;
}
```

6.9.2 입력받은 알파벳 소문자를 대문자로 바꾸기

알파벳 소문자를 입력받아 대문자로 바꾸는 프로그램을 작성해 보자. 입력된 문자가 소문자가 아니면 다시 문자를 입력받고 [Esc] 키(키 값은 16진수 0x1b)가 눌리면 프로그램을 종료하도록 한다.

실행 결과

```
알파벳 소문자를 입력하시오: a↵
변환된 대문자는 A입니다.

알파벳 소문자를 입력하시오: b↵
변환된 대문자는 B입니다.
```

다음 장 »

```
알파벳 소문자를 입력하시오: f↵
변환된 대문자는 F입니다.

알파벳 소문자를 입력하시오: g↵
변환된 대문자는 G입니다.

알파벳 소문자를 입력하시오: Esc
```

분석 및 해결 과정

- 일단 문자를 한 번은 입력받은 후 입력된 문자가 [Esc] 키인지를 보고 반복 여부를 판단하므로 do~while문이 적합하다.
- [Esc] 키의 ASCII 코드 값 0x1b보다는 매크로 상수 ESC를 사용하는 것이 작성하기도 해석하기도 쉽다. → #define ESC 0x1b
- 입력된 문자가 알파벳 소문자인지 확인하려면 관계 연산자를 사용한다. b는 a보다 코드 값이 1 더 크다. 그러므로 'a'<'b'는 참이 된다. 결국 알파벳 소문자는 a보다 크거나 같고 z보다 작거나 같다.
- 대문자도 소문자처럼 대문자 C가 대문자 A보다 코드 값이 2 더 크다. 그러므로 코드 값을 모르더라도 다음 대입문을 통해 소문자를 해당 대문자로 변경할 수 있다.
  대문자 = 'A' + (소문자 - 'a');
- 키보드로 문자를 입력하면 즉시 입력되도록 getche 함수를 사용한다. getche 함수와 유사한 함수로 getch 함수가 있는데, 키보드로 입력받은 문자를 모니터에 출력해 주지는 않는다(getchar 함수: 버퍼링 개념을 사용).

프로그램 6-21 알파벳 소문자를 입력받아 대문자로 출력하기(ch6-21.cpp)

```
#include <stdio.h>
#include <conio.h>          // getche 함수를 위한 헤더 파일
#define ESC 0x1b            // [Esc] 키의 ASCII 코드 값을 매크로 상수로 정의

int main()
{
    char ch, capital;
    
```

```
    return 0;
}
```

6.9.3 do~while문을 이용해 메뉴 프로그램 작성하기

사용자가 그만하기를 원할 때까지 도형(원, 삼각형, 사각형)의 넓이를 반복해서 구할 수 있는 메뉴 방식의 프로그램을 작성해 보자.

실행 결과

```
===== 도형의 면적 구하기 =====
=====      1. 원         =====
=====      2. 삼각형     =====
=====      3. 사각형     =====
=====      4. 그만두기   =====

도형 선택: 2↵
```

```
2. 삼각형의 면적을 구합니다.
-----------------------------
밑변 입력: 3↵
높이 입력: 4↵
삼각형의 면적 = 6.00

>> 결과를 확인했으면 아무 키나 누르세요.

===== 도형의 면적 구하기 =====
=====     1. 원          =====
=====     2. 삼각형      =====
=====     3. 사각형      =====
=====     4. 그만두기    =====

도형 선택: 4↵

프로그램을 끝냅니다.
```

분석 및 해결 과정

- 정확한 반복 횟수를 알 수 없으므로 for문보다 while문이나 do~while문을 이용하는 것이 좋다. 일단 한번은 메뉴를 표시하고 사용자가 선택한 메뉴에 따라 원, 삼각형, 사각형의 넓이를 구하거나 그만두기를 선택해야 하므로 do~while문으로 작성한다.

```
do
{
    '1. 원, 2. 삼각형, 3. 사각형, 4. 그만두기' 메뉴 표시 후 번호 입력받기
    사용자가 선택한 메뉴 번호에 따라 다른 일을 처리하도록 switch문으로 작성
} while (사용자의 선택이 4가 아니라면 계속하기);
```

- 선택한 메뉴 번호가 1, 2, 3일 때 각 도형의 면적을 구하는 데 필요한 변수를 입력받아 면적을 구한다. 4가 입력되었을 때는 exit(0)를 사용하여 프로그램을 끝내고 4 이외의 값을 선택하면 다시 반복한다.
- 1, 2, 3을 선택한 경우 해당 도형의 면적을 구하고 getch 함수 호출로 입력을 대기한다. 그리고 임의의 문자가 입력되면 현재 화면의 내용을 지우고 다시 메뉴 화면이 반복되도록 한다.
- getch( ) 함수는 키보드로 문자 하나를 입력받는데, 그 문자를 모니터에 출력해 주지는 않는다. 입력받은 문자를 굳이 프로그램에서 사용할 필요가 없을 때, 즉 다음의 경우처럼 프로그램을 잠시 중지시켜야 할 때 많이 사용한다. 그리고 system(cls)는 현재 화면의 내용을 지울 때 사용하는 함수이다.

프로그램 6-22 그만두기를 원할 때까지 여러 메뉴 중 하나를 선택해 실행하기(ch6-22.cpp)

```
#include <stdio.h>
#include <conio.h>      // getch 함수를 위한 헤더 파일
#include <stdlib.h>     // system("cls") 함수를 위한 헤더 파일

int main()
{
    int choice;     // 사용자가 선택한 메뉴 번호, 반지름 저장 변수
    double a, b;

    ____________     // 반복하기
    {
        printf("===== 도형의 면직 구하기 =====\n");
        printf("=====     1. 원          =====\n");
        printf("=====     2. 삼각형      =====\n");
        printf("=====     3. 사각형      =====\n");
        printf("=====     4. 그만두기    =====\n\n");

        printf("도형 선택: ");
        scanf("%d", &choice);

        ____________________     // 1,2,3,4 중 하나만 선택해 실행하게 한다.
        {
            // 1번을 선택한 경우 원의 면적을 구함
```

다음 장 »

```
            // 2번을 선택한 경우 삼각형의 면적을 구함
            [                                    ]

            // 3번을 선택한 경우 사각형의 면적을 구함
            [                                    ]

            // 4번을 선택한 경우 프로그램 끝내기
            [                                    ]
        }
        printf("\n>> 결과를 확인했으면 아무 키나 누르세요.");
        getch( );
        system("cls");                        // 현재 화면의 내용 지우기
    } ______________________________________ // 반복 조건 검사

    return 0;
}
```

Memo

C 프로그래밍 기초

Chapter

C PROGRAMMING

7 배열

7.1 배열의 개념

컴퓨터는 대량의 데이터를 처리해서 정보를 구해 주는 장치이므로 대량의 데이터를 프로그램에서 쉽게 다룰 수 있는 자료 구조가 필요하다. 지금까지 사용한 변수는 정수, 실수, 문자 데이터 한 개만 저장할 수 있다. 천 명의 성적을 처리하는 프로그램이라면 천 명의 점수를 천 개의 변수에 저장해서 처리해야 하는 걸까? 이것은 가능한 일이지만 매우 번거롭고 프로그램 길이가 데이터 개수에 비례하여 길어지게 된다.

대량의 데이터를 처리하는 코드를 단순하고 편하게 작성할 수 있게 해 주는 것이 바로 이 장에서 소개할 배열이다. [그림 7-1(a)]와 같이 선생님이 특정 학생들의 사물함에 우편물을 넣어야 하는 상황을 가정해 보자. 해당 학생의 사물함이 흩어져 있는 경우라면 우편물을 사물함에 넣는 과정은 다섯 개의 대입문으로 어떤 사물함에 우편물을 넣어야 할지 정확히 표현해야 한다. 이는 [그림 7-1(c)]와 같이 서로 다른 변수 다섯 개에 대입문으로 데이터를 저장하는 것과 같다.

하지만 우편물을 넣어야 할 대상이 특정 조원들이며 이들의 사물함만 따로 한곳에 모여 있다면 선생님이 해야 할 일은 [그림 7-1(b)]와 같이 '영희 조 사물함에 우편물을 넣는다.'로 간단히 표현할 수 있다. 이는 [그림 7-1(d)]와 같이 배열을 이용하면 [그림 7-1(c)]를 반복문으로 간단히 작성할 수 있는 것과 같다.

하나 사물함 = 우편물;
두리 사물함 = 우편물;
서희 사물함 = 우편물;
철희 사물함 = 우편물;
영희 사물함 = 우편물;

(a) 각각의 사물함(변수)에 우편물 대입하기

영희 조 사물함 5개 = 우편물;

(b) 같이 모여 있는 사물함(배열)에 우편물 대입하기

```
box1 = 1;
box2 = 1;
box3 = 1;
box4 = 1;
box5 = 1;
```

(c) 변수 5개에 1을 저장하기

```
for (i=0; i<5; i++)
    box[i] = 1;
```

(d) 배열에 1을 5개 저장하기

[그림 7-1] 일반 변수와 배열의 비교

이처럼 배열의 편리성은 많은 사람들의 이름을 일일이 부르려면 사람 수만큼 불러야 하지만 특정 단체에 속한 사람들이라면 단체 이름으로 한꺼번에 많은 사람을 부를 수 있는 것과 유사하다. 이 장부터는 거의 모든 프로그램에서 배열을 사용하는 것을 볼 수 있을 것이다. 그만큼 배열은 프로그래밍에서 필수적인 자료 구조이다.

이 장에서는 배열 원소를 구분하기 위해 첨자를 하나만 사용하는 1차원 배열을 소개하고 다음 장에서는 2차원 배열을 소개한다.

7.2 1차원 배열의 선언과 배열 원소 참조

배열(array)은 [그림 7-2]와 같이 자료형이 같은 많은 데이터를 하나의 이름(배열명)으로 저장하는 연속적인 기억 공간이다. 연속된 기억 공간을 사용함으로써 배열을 구성하는 원소 수와 상관없이 코드를 작성할 수 있으므로 대량의 데이터를 처리하는 데 필수적이라 할 수 있다.

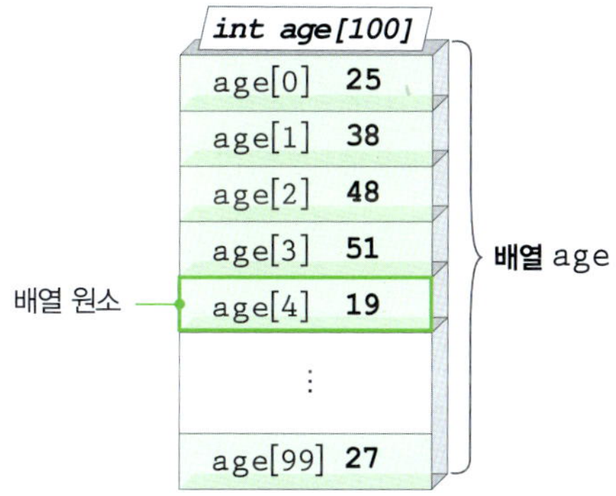

[그림 7-2] 나이 100개를 저장하는 배열의 예

형식 **배열 선언**

자료형 배열명[배열 원소 수]

- **자료형**: 배열에 저장할 데이터의 종류
  배열명: 배열의 이름
  배열 원소 수: 배열에 저장할 데이터의 최대 개수로, 배열의 크기를 결정한다. 배열 원소 수는 상수여야 하므로 변수는 사용할 수 없다.
- int age[100] → int형 자료 100개를 저장할 수 있는 연속된 기억 공간을 age 배열에 할당한다.
- double avg[500] → double형 자료 500개를 저장할 수 있는 연속된 기억 공간을 avg 배열에 할당한다.

지금까지 변수를 선언하면서 초기화할 때 int sum = 0;으로 작성한 것과 같이 배열도 선언을 하면서 배열 원소의 값을 단체로 초기화할 수 있다.

형식 **배열 선언과 동시에 초기화하기**

자료형 배열명[배열 원소 수] = {값1, 값2, …, 값n}

- { } 안의 값 순서대로 배열에 차례대로 저장된다.
- 배열 원소 수 > 값 개수 → 남는 원소에는 0이 저장된다.
  배열 원소 수 < 값 개수 → 오류가 발생한다.

자료형 배열명[ ] = {값1, 값2, …, 값n}

- 배열을 선언할 때 [ ] 안에 배열 원소 수를 적지 않으면 오류이지만 바로 뒤 { } 안에 초깃값을 적었다면 초깃값 개수를 배열 원소 수로 간주한다.

int sum[100] = {0};으로 선언하면 첫 원소에만 0이 저장되고 나머지는 값이 부족하므로 자동으로 0이 저장되어 결과적으로 모든 원소가 0으로 초기화된다.

배열을 선언하면서 바로 초깃값을 저장할 때는 { }를 이용하여 여러 값을 한꺼번에 저장할 수 있다. 하지만 배열을 선언한 후에는 배열명만 사용하여 배열의 모든 원소에 값을 한꺼번에 저장하거나 저장된 값을 출력하는 것이 불가능하다. 즉, 배열을 구성하는 원소(element) 단위로 값을 저장하거나 출력해야만 한다.

형식 **배열 원소 참조**

배열명[첨자]

- C언어에서 첨자는 0부터 시작하므로 0~배열 원소 수-1까지 사용할 수 있다.
- int age[10];으로 선언 → age[0]~age[9]까지 10개의 원소가 있다.
  선언문 int age[10];에서의 10은 배열에 포함할 원소 개수이므로 첨자가 아님에 주의한다.
- 예) age[0] = 30, scanf("%d", &age[0]), age[1]++

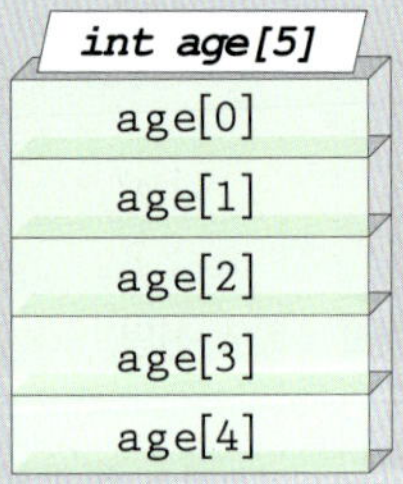

배열 첨자가 0부터 시작하는 이유는 C언어에서 첨자가 가지는 특별한 의미 때문이다. 이는 포인터라는 개념까지 이어지는 내용이어서 자세한 것은 생략한다. 간단히 설명하자면 첨자가 의미하는 것은 [그림 7-3(a)]와 같다. 기준이 되는 책상으로부터 몇 개 뒤에 있

는지로 특정 책상의 위치를 표현한다면 그림에서 4번째 책상은 기준이 되는 책상으로부터 세 개 뒤의 책상이라 할 수 있다.

배열명은 C언어에서 아주 특별한 의미가 있다. 바로 배열의 시작 주소로서 배열의 시작 위치를 가리킨다. 이 또한 포인터와 관련된 의미이다. C언어에서는 배열 원소가 배열 시작 위치(배열명)로부터 얼마나 떨어져 있는지를 배열명[첨자]로 표현하는 것이다. 배열의 시작 위치는 첫 번째 원소가 있는 위치와 같으며, [그림 7-3(a)]의 첫 책상과 같은 기준 역할을 한다. 첨자는 이 기준 위치(배열 시작 위치)로부터 몇 개 뒤의 원소인지를 표현한다. 그러므로 첫 번째 원소는 배열 시작 위치로부터 0개 뒤, 두 번째 원소는 배열 시작 위치로부터 1개 뒤, …, 다섯 번째 원소는 배열 시작 위치로부터 4개 뒤의 원소이므로 age[0]~age[4]로 각 원소를 표현한다. 그래서 C언어에서는 단순히 처음 원소를 0번째 원소, 다음은 1번째 원소로 표현하고 해석하여 사용한다.

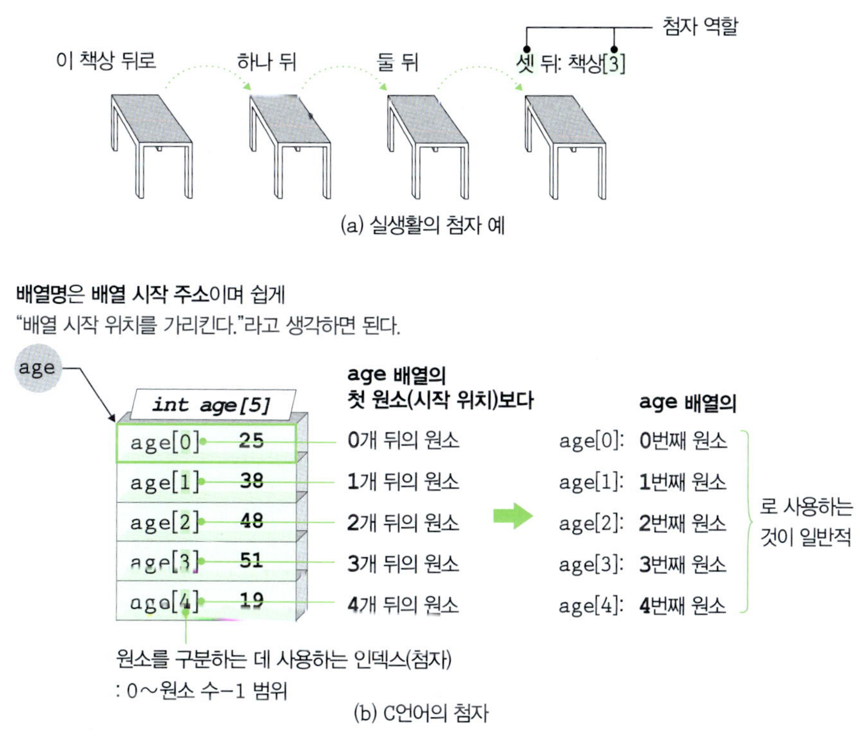

[그림 7-3] 배열에서 첨자의 의미

이러한 C언어의 첨자 원리 때문에 [그림 7-4]와 같이 코드를 정확히 사용하지 않으면 오류는 발생하지 않지만 엉뚱한 값이 출력된다. 또는 age[5]=30;과 같이 대입문을 잘못 사용했을 때 이 age[5] 기억 공간이 다른 변수의 기억 공간으로 사용되고 있었다면 뜻하지 않게 변수 값이 바뀌므로 프로그램 결과 또한 제대로 나올 수 없다. 그러므로 배열 첨자에 익숙해지지 않은 동안은 실행 결과가 이상할 때 첨자가 제대로 사용되었는지를 먼저 확인해 보자.

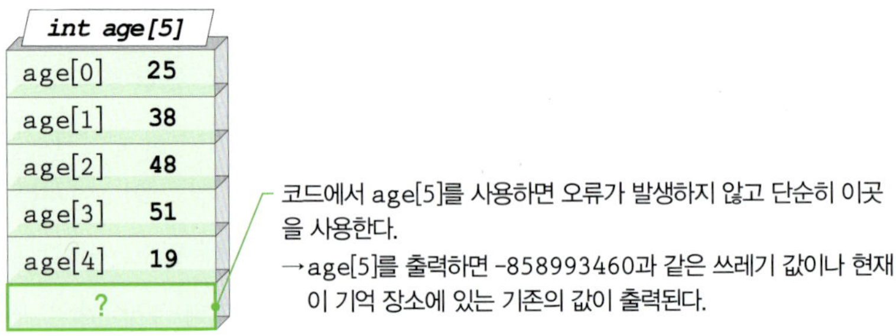

[그림 7-4] 배열 원소를 사용할 때 첨자 범위를 초과할 경우(결과를 예측할 수 없음)

7.3 배열 처리에 편리한 반복문

int age[5] = {20, 30, 42, 19, 52};와 같이 배열을 선언하면서 초기화하는 경우에는 배열 단위로 데이터를 한꺼번에 저장할 수 있다. 하지만 일단 선언을 한 후에는 배열에 나이를 입력하거나 저장하려면 [그림 7-5]와 같이 원소 단위로 한 개씩 처리해야 한다. 그렇다면 배열 원소 수가 100개라면 대입문이나 입력문을 100개 사용해야 할까? 배열의 장점은 배열 원소 수와 상관없이 반복문을 이용해 편리하게 코드화할 수 있다는 것이다.

반복문을 사용하지 않고 배열 원소 각각을 입력받는 코드를 잘 살펴보면, scanf( )를 배열 원소 수만큼 반복하며 배열 원소를 구분하기 위한 첨자 부분만 다르고 나머지 코드는 똑같다는 것을 알 수 있다. 그러므로 변하는 첨자 부분을 for문의 제어 변수를 활용하여 [그림 7-5(b)]와 같이 작성할 수 있다.

```
int rank[5];
      ⋮
rank[0] = 1;
rank[1] = 1;
rank[2] = 1;
rank[3] = 1;
rank[4] = 1;
```

for문으로 변환 →

```
for (i=0; i<5; i++)
    rank[i] = 1;
```

(a) rank 배열의 모든 원소에 1을 대입하기

```
int age[5];
      ⋮
scanf("%d", &age[0]);
scanf("%d", &age[1]);
scanf("%d", &age[2]);
scanf("%d", &age[3]);
scanf("%d", &age[4]);
```

for문으로 변환 →

```
for (i=0; i<5; i++)
    scanf("%d", &age[i]);
```

(b) age 배열의 모든 원소를 입력받기

```
sum = age[0]+age[1]
      +age[2]+age[3]+age[4];
```

for문으로 변환 →

```
sum = 0;
for (i=0; i<5; i++)
    sum = sum + age[i];
```

(c) age 배열의 합계를 sum에 구하기

[그림 7-5] 반복문을 이용하여 배열의 모든 원소를 처리하는 예

[그림 7-5]에서 배열의 원소 수가 5가 아니라 100이라면 for문의 헤더에서 반복 조건식만 'i<100'으로, 즉 for (i=0; i<100; i++)로 변경하면 된다. 이와 같이 대량의 자료를 처리할 때 배열을 이용하면 배열 원소 수와 상관없이 반복문 형태로 코드를 표현할 수 있으므로 프로그램 길이가 늘어나지 않아 편리하다. 원소 5개의 값을 입력받기 위해

```
for (i=1; i<=5; i++)
    scanf("%d", &age[i-1]);
```

와 같이 작성해도 된다. 하지만 for문 본체를 실행할 때마다 i-1을 계산해야 하므로 바람직하지 않다. 같은 문제를 해결하기 위해

```
for (i=0; i<=4; i++)
    scanf("%d", &age[i]);
```

로 작성해도 된다. 하지만 배열 원소 수가 5인데 반복 조건식을 i<=4로 사용함으로써 4가 배열 '원소 수-1'을 계산한 값인지 아니면 다른 의미에서 4까지만 반복하는 것인지 직관적으로 판단하기 어렵다. 그러므로 배열 첨자가 0부터 시작하는 특징과 배열 원소 수를 그대로 활용하여

```
for (i=0; i<5; i++)
    scanf("%d", &age[i]);
```

로 헤더를 작성하는 것이 바람직하다.

7.3.1 답안지 채점하기(매크로 상수 사용하기)

시험 문제가 10개이며 각 문제마다 선택지가 4개 있을 때 시험 답안지를 채점하여 정답 개수가 몇 개인지 출력하는 프로그램을 작성해 보자.

조건

- 배열의 원소 수는 매크로 상수 SIZE를 정의하여 사용한다.
- 정답은 10개가 있으므로 answer 배열에 저장하되 선언과 동시에 1, 3, 4, 2, 3, 1, 4, 2, 3, 2로 초기화하며, 시험자의 답안지 내용은 reply 배열에 입력한다.
- 정답 개수는 correct에 구한다.
- 정답과 답안지의 내용을 확인할 수 있도록 두 배열의 원소를 수직으로 나란히 나타나게 출력한다.

```
정답  : 1 3 4 2 3 1 4 2 3 2
답안지: 1 3 3 2 2 1 4 2 3 2
```

분석 및 해결 과정

- 실행 결과 분석

```
        1번? 1
        2번? 3
        3번? 3
        4번? 2
        5번? 2
        6번? 1  ── ① reply 배열 입력(for문)
        7번? 4
        8번? 2
        9번? 3
       10번? 2
       ── ② correct 구하기(for문)
③ 출력 ── 정답  : 1 3 4 2 3 1 4 2 3 2 ── ④ answer 배열 출력(for문)
⑤ 출력 ── 답안지: 1 3 3 2 2 1 4 2 3 2 ── ⑥ reply 배열 출력(for문)

       결과  : 10문항 중 8개 맞힘 ── ⑦ 결과(correct) 출력
```

- ① 시험자의 답안지 내용을 reply 배열에 입력한다.
- ② 맞힌 개수를 correct에 구한다.

채점은 배열 원소 순서대로 첨자가 같은 원소끼리 비교하여 두 값이 같으면 correct 변수를 1 증가하여 처리한다.

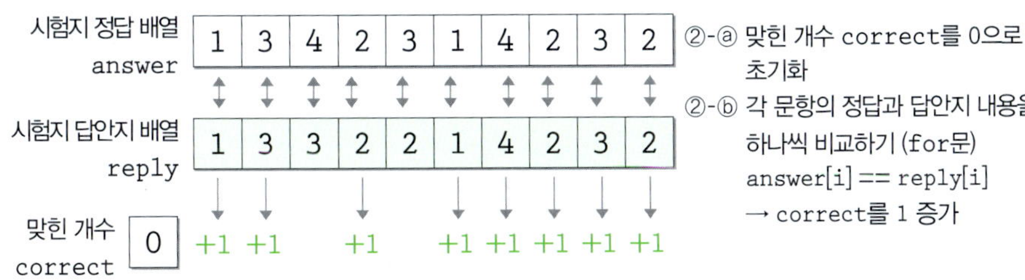

- ③~⑦ 먼저 ③을 출력한 후, for문을 사용하여 ④ 10개의 정답을 출력한다. 같은 방법으로 ⑤~⑥의 답안지 내용을 출력한 다음, correct를 출력한다.

프로그램 7-1 10문항 시험 답안지 채점하기(ch7-1.cpp)

```
#include <stdio.h>
#define SIZE 10                  // 매크로 상수 정의, SIZE를 10으로 정의

int main()
{
    int answer[SIZE] = {1, 3, 4, 2, 3, 1, 4, 2, 3, 2 };     // 정답 배열
    int reply[SIZE], i, correct;

    for (i=0; i<SIZE; i++)   // ① 답안지 배열 입력
    {
        printf("%2d번? ", i+1);
        scanf("%d", &reply[i]);
    }
    printf("\n");

    correct = 0;                 // ② 일단 맞힌 개수를 0으로 초기화
    for (i=0; i<SIZE; i++)   // 각 문항마다 정답과 응답 비교
        if (answer[i] == reply[i])
            correct++;               // 맞힌 수를 1 증가

```

다음 장 »

```
21     printf(“정답 :”);                        // ③
22     for (i=0; i<SIZE; i++)                   // ④ 정답 배열 출력
23        printf(“%3d”, answer[i]);
24     printf(“\n”);
25
26     printf(“답안지:”);                       // ⑤
27     for (i=0; i<SIZE; i++)                   // ⑥ 답안지 배열 출력
28        printf(“%3d”, reply[i]);
29     printf(“\n\n”);
30
31     printf(“결과 :%3d문항 중 %d개 맞힘”, SIZE, correct); // ⑦
32
33     return 0;
34 }
```

설명

▸ 2행: #define SIZE 10

매크로 상수 정의는 10장에서 자세히 나오지만 배열을 사용하여 코딩할 때 항상 사용하므로 여기서 먼저 간단히 설명한다. #define은 전처리기(preprocessor)에 내리는 지시(directive)로, 공백 뒤의 식별자 SIZE를 공백 뒤의 내용으로 정의하라는 지시이다. 전처리기라는 이름은 컴파일러가 소스 파일을 번역하기 전에 먼저 특정 처리를 하기 때문에 붙은 이름이다. 전처리기에 내리는 지시는 C 명령과 구분하기 위해 #으로 시작하며 끝에 ;이 붙지 않는다.

프로그램 개발 도구에서 소스 파일 컴파일을 요청하면 자동으로 전처리기가 먼저 #으로 시작하는 전처리기 지시를 처리한다. 소스 파일을 읽어 가면서 SIZE를 만나면 정의한 내용으로 대체한다. 즉 SIZE 자리를 10으로 바꾼다. 이렇게 전처리기가 지시 내용을 모두 처리하면 컴파일러가 소스 파일을 기계어로 번역한다.

전처리기가 처리를 한 후 컴파일러가 번역하는 소스 파일은 1행과 2행이 없고 6, 7, 9, 17, 22, 27, 31행의 SIZE 자리에 10을 사용한 코드이다. 그렇다면 처음부터 이렇게 작성하지 않고 2행에서 매크로 상수 정의를 추가하고 10 대신 SIZE를 사용하는 이유는 무엇일까?

이는 10장에서 자세히 배우기로 하고 여기서는 한 가지만 설명한다. 배열의 원소 수가

10에서 20으로 바뀐다면 프로그램을 어떻게 수정해야 할까? 6, 7행에서는 answer[20], reply[20]으로, 9, 17, 22, 27행에서는 i<10을 i<20으로, 31행에서는 10을 20으로 일곱 곳을 모두 20으로 수정해야 한다.

하지만 지금 소스 코드처럼 매크로 상수를 정의하여 사용했다면 2행의 #define SIZE 10만 #define SIZE 20으로 한 곳만 수정하면 된다. 그러므로 앞으로 배열을 사용할 때는 배열 원소 수를 매크로 상수로 정의하여 사용하기를 권장한다.

매크로 상수는 일반 변수와 구분하기 위해 대문자를 사용하는 것이 관습이며, SIZE 대신 줄여서 N개란 의미로 N도 많이 사용한다.

▸ 11행: printf("%2d번? ", i+1)

i가 0부터 시작하지만 결과 화면에서는 1번부터 출력해야 하므로 i+1번을 출력해야 한다.

7.4 프로그래밍 실습 1

7.4.1 배열의 평균, 평균 이상 원소 개수 구하기와 다양한 출력

배열의 모든 원소에 대해 입력, 출력, 계산 등의 처리를 하려면 무조건 반복문이 필요하다. 이러한 배열 처리와 반복문의 필요성을 익히려면 배열 내용을 다양하게 출력해 보는 것도 좋은 방법이다. 설문 조사 대상자 5명의 나이를 배열에 저장한 후 평균 나이, 평균 나이 이상인 사람의 수를 구하여 출력해 보자.

조건

- age 배열은 선언과 동시에 44, 21, 51, 52, 45로 초기화한다.
- 배열의 원소 개수는 매크로 상수 N을 사용한다.
- **TIP** 배열의 모든 원소에 대해 처리할 때는 반복문이 필요하므로 처음 for문을 작성한 후에는 for (i=0; i<N; i++) 헤더를 복사해서 사용하는 것이 편리하다.
- **TIP** for문 하나에서 여러 가지를 처리하려고 애쓰다 보면 알고리즘이 오히려 틀릴 수 있으므로 출력하는 for문, 입력하는 for문, 합을 구하는 for문, 특정 개수를 구하는 for문과 같이 단순하게 처리해야 할 내용 순서대로 하나씩 for문으로 작성하는 것이 편하다. 이렇게 하여 작성한 for문은 모듈화(부품화)가 되므로 다른 프로그램에서 필요

할 때 필요한 for문만 복사해서 재사용(활용)할 수 있다.

분석 및 해결 과정

• 실행 결과 분석

```
[배열 출력 1]
44
21
51  ── ① 배열 출력: for문
52
45

[배열 출력 2]
44, 21, 51, 52, 45  ── ② 배열 출력: for문

배열 합계: 213  ── ③ 배열의 합 구하기: for문

배열 평균: 42.6  ── ④ 배열의 평균 구하기: 합계/원소 수

평균 이상: 4명  ── ⑤ 평균 이상 원소 수 구하기: for문

[배열 원소를 새로 입력하기]
1번의 나이는? 35
2번의 나이는? 28
3번의 나이는? 49  ── ⑥ age 배열 원소를 새로 입력하기: for문
4번의 나이는? 52
5번의 나이는? 23

[배열 입력 결과]
35, 28, 49, 52, 23  ── ⑦ 새로 입력한 배열의 출력: for문

30세 미만: 2명  ── ⑧ 배열 원소가 30 미만인 개수 구하기: for문
```

• ① age 배열의 원소 5개를 for문을 이용하여 출력한다.

• ② age 배열의 원소 한 개를 출력한 후 ,를 출력하는 과정을 5번 반복한다. 이렇게 for문을 끝내면 마지막 45 뒤에도 ,가 출력된다. 이 ,는 for문을 끝낸 후 printf 함수에서 '\b'를 사용하여 해결한다. '\b'를 출력하여 다음 출력 위치 즉 커서 위치를 지울 , 앞까지 이동한 후, 공백 ' '을 출력하여 지울 수 있다.

'\b'의 개수는 자신의 코드가 마지막으로 출력한 나이 '45,' 다음에 몇 개의 공백을 출력하느냐에 따라 달라진다. '45,' 뒤에 공백이 한 개 있다면 "\b\b"로 '\b'를 두 개 출력해야 커서를 , 이전으로 옮길 수 있으며, 그다음에 공백을 출력하여 이미 출력된 ,를 지울 수 있다. 즉 printf("\b\b ");을 사용해야 한다.

C언어에서 '\b' 탈출 문자는 일반 문서 편집기와 달리 커서만 왼쪽 한 칸으로 옮기므로 기존 글자(여기서는 ,)를 지우지 않는다. 반드시 공백을 출력하여 기존의 글자를 지워야 한다. '\n'은 커서를 다음 줄 시작 위치로 옮기는 것이므로 현재 커서 뒤의 글자가 지워지지 않는다는 것에 주의한다.

- ③~④ 배열 원소 5개를 모두 합한 후 이를 5로 나누면 평균을 구할 수 있다. 즉 ③으로 합을 구한 다음 한 번만 나눗셈을 하면 된다. 평균을 구하는 식을 ③의 for문 안에 두어 필요 없이 5번 반복하지 않도록 한다.
- ⑤ 배열 원소 중 평균 이상 개수를 구하려면 먼저 평균부터 구해야 한다. 즉 ③~⑤는 절대로 하나의 for문으로 해결할 수 없다. ③→④→⑤ 순서대로만 가능하다.
- ⑥ 배열 내용은 새로 입력하든 대입문을 이용하든 언제라도 다른 값으로 변경할 수 있다. age 배열 내용을 다른 값으로 입력받기 위해서는 원소 수만큼 반복해야 하므로 역시 for문이 필요하다.

프로그램 7-2 배열의 다양한 출력 및 평균, 평균 이상의 수 구하기(ch7-2.cpp)

```
#include <stdio.h>
[                    ]            // 매크로 상수 N을 배열 원소 수 5로 정의

int main()
{
    int age[N] = {44, 21, 51, 52, 45};   // 정수 N개를 저장할 배열 선언 및 초기화
    int i, cnt, sum;
    double avg;

    printf("[배열 출력 1] \n");
    [                                          ① for문 ]
```

다음 장 »

```
printf("\n[배열 출력 2] \n");
```

② for문

// 배열 총합

③ for문

// 배열 평균을 구하여 출력하기

④ 배열의 평균: 합계/원소 수

// 평균 이상 수 구하기

⑤ for문

```
printf("\n평균 이상 : %d명\n", cnt);
```

```
    // 배열 내용을 새로 입력받기
    ⑥ age 배열 원소를 새로 입력하기: for문

    printf("\n[배열 입력 결과] \n");
    ⑦ for문

    // 변경된 배열에서 30세 미만자의 수 구하기
    ⑧ for문

    printf("\n30세 미만 : %d명\n", cnt);

    return 0;
}
```

7.5 배열의 최고치 구하기

시험 성적 중 가장 좋은/나쁜 점수, 판매 실적 중 가장 좋은/나쁜 실적, 어느 집 중 가장 높은/낮은 온도와 같이 여러 값 중 가장 큰 값이나 작은 값을 구하는 경우가 많다. 분기별 판매 실적 중 가장 좋은 실적을 구하는 프로그램을 작성해 보자.

조건

- 1~4분기까지의 판매 실적은 s 배열을 선언할 때 123, 145, 120, 152로 초기화한다.
- 책에서는 지면 공간 절약과 설명의 편리를 위해 배열 원소가 10개 내외인 예를 사용하지만 실제 프로그램에서는 원소 수가 백 개, 천 개, 수십만 개와 같이 대량인 데이터를 다루는 경우가 대부분이다. 그러므로 값이 4개 있는 s 배열이라는 생각에 printf("%d %d %d %d", s[0], s[1], s[2], s[3]);과 같이 출력한다거나 sum = s[0]+s[1]+s[2]+s[3];과 같이 모든 원소를 나열하여 코딩하지 않도록 한다. 배열 전체에 대해 처리할 때는 항상 반복문을 사용하는 습관을 갖도록 한다.

분석 및 해결 과정

- 실행 결과 분석

① 출력　② s 배열 출력(for문)

```
분기별 판매 실적 : 123  145  120 152

최고 실적 : 152
```

③ max에 최고 실적 구하기(for문)

④ max 출력

- ①~② s 배열에 저장된 판매 실적을 for문으로 출력한다.
- ③ [그림 7-6]과 같은 과정으로 max에 최고 실적을 구한다.

(1) 최고치는 분명 배 열 원소 중 한 개이므로 임의의 값으로 초기화한다. 코드를 단순화하고, 불필요한 비교를 하지 않도록 max를 0번째 원소 s[0]로 초기화한다.

(2) 이렇게 가정한 최고치가 진짜 최고치인지를 확인하기 위해 배열의 나머지 원소 s[1]~s[3]과 현재 max를 비교하여 배열 원소가 max보다 더 크다면 max를 이 원소로 변경한다. 이렇게 지금까지의 최고치 max와 배열 원소를 비교하는 과정을 반복하면 최종 max에는 배열 원소 중 가장 큰 값이 저장된다. 현재까지의 max와 배열 원소를 비교하는 것이지, 이웃하는 두 원소 즉 s[i]와 s[i+1]을 비교하는 것이 아님에 주의한다.

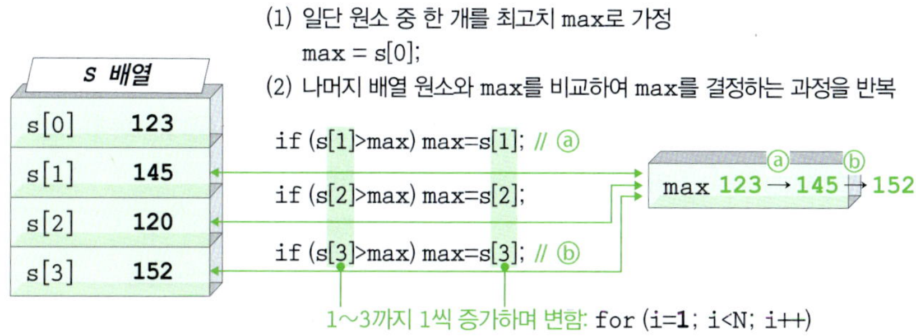

[그림 7-6] max에 배열의 최고치를 구하는 과정

프로그램 7-3 분기별 실적 중 최고 실적 구하기(ch7-3.cpp)

```
#include <stdio.h>
#define N 4            // 배열 원소 수 매크로 상수

int main()
{
    int s[N] = {123, 145, 120, 152}; // 분기별 실적 배열의 선언 및 초기화
    int i, max;

    // 배열 내용 출력 ①~②
    printf("분기별 판매 실적 :");
    for (i=0; i<N; i++)
        printf("%4d", s[i]);

    // 최고 판매 수 구하기 ③
    max = s[0];              // ③-(1)
    for (i=1; i<N; i++)      // ③-(2)
    {
        if (max < s[i])
            max = s[i];
    }

    // 최고 실적 출력 ④
    printf("\n최고 실적 : %d \n", max);

    return 0;
}
```

7.6 순위 구하기

많은 데이터 중에서 특정 값이 상위 몇 위인지를 알아보는 경우가 많다. 10명의 판매 실적을 바탕으로 특정 실적의 순위를 구하는 프로그램을 작성해 보자.

조건

- 10명의 판매 실적은 int형 배열 s를 선언하면서 초기화한다.

38	55	59	67	57	43	57	49	66	62

← s 배열 내용

- 일단 사용자에게 번호와 판매 수를 보여 준 후 순위를 알고 싶은 번호를 no에 입력받는다. 사용자가 번호와 해당 판매 수를 쉽게 연관 짓도록 1번~10번, 38개~62개의 숫자를 출력할 때 %4d를 사용하여 세로로 맞춤을 한다.

분석 및 해결 과정

- 실행 결과 분석

```
10명의 판매 실적 ─ ① 출력

  1번   2번   3번   4번   5번   6번   7번   8번   9번  10번  ─ ② 출력(for문)
--------------------------------------------------------  ─ ③ 출력
  38개  55개  59개  67개  57개  43개  57개  49개  66개  62개  ─ ④ s 배열 출력(for문)
                    ─ ⑤ 출력
몇 번의 순위? 5     ─ ⑥ no에 입력, ⑦ target에 순위를 구할 값 저장
                    ─ ⑧ rank에 target의 순위 구하기(for문)

5번 57개의 순위 : 5위 ─ ⑨ no와 target 출력 후 rank 출력
```

- ①~④ 배열 내용을 출력한다.
- ⑤~⑥ 순위를 구하고 싶은 사람의 번호를 no 변수에 입력받는다.
- ⑦ 배열 첨자는 0부터 시작하지만 사람의 번호는 1부터 시작하므로 해당 번호의 실적은 s[no-1]에 있으며, 순위 프로그램의 가독성을 위해 순위를 구할 값을 별도의 변수 target에 저장한다.

```
target = s[no-1];
```

- ⑧ [그림 7-7]과 같은 과정으로 target의 순위를 rank에 구한다.

성적 순위를 구할 때 나보다 높은 점수가 3개라면 나의 순위는 (3+1)위이다. 즉 target

의 순위는 target보다 큰 값의 개수를 구한 후 1을 더한 값으로 구할 수 있다. target보다 큰 값의 개수를 구한 후 target에 1을 더해서 순위를 구해도 된다. 하지만 순위 rank의 초기치를 1로 두고(1) target보다 큰 값이 있을 때마다 rank를 1씩 증가시킨다면(2) 최종 값 그대로가 순위가 된다.

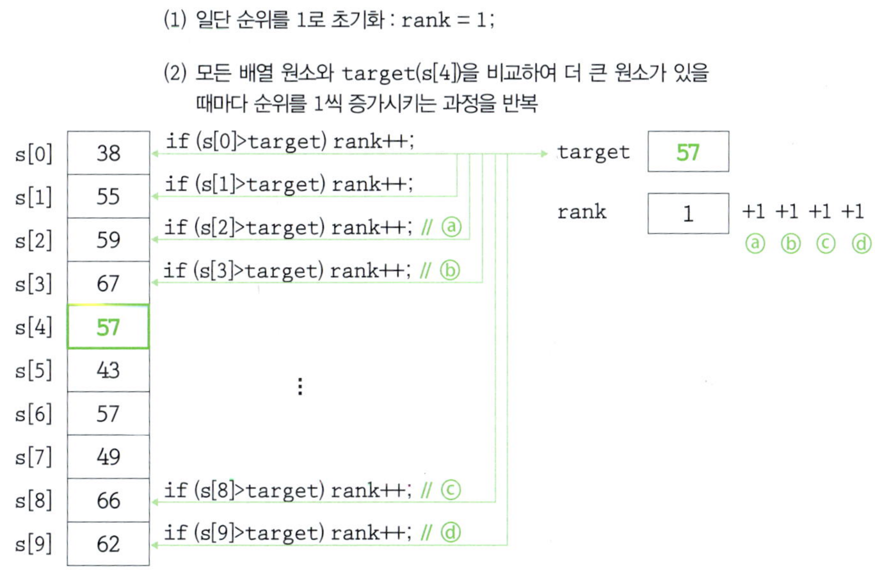

[그림 7-7] target의 순위를 rank에 구하는 과정

순위를 구할 때 정렬을 생각하는 경우가 많다. 그런데 정렬을 한 경우 동점이 있다면 순위는 단순히 1, 2, 3이 아니라 동점자까지 고려한 값이어야 한다. 단순히 값 한 개의 순위를 구한다면 굳이 정렬을 하지 않고도 지금 소개한 방법으로 동점 처리까지 바르게 할 수 있다.

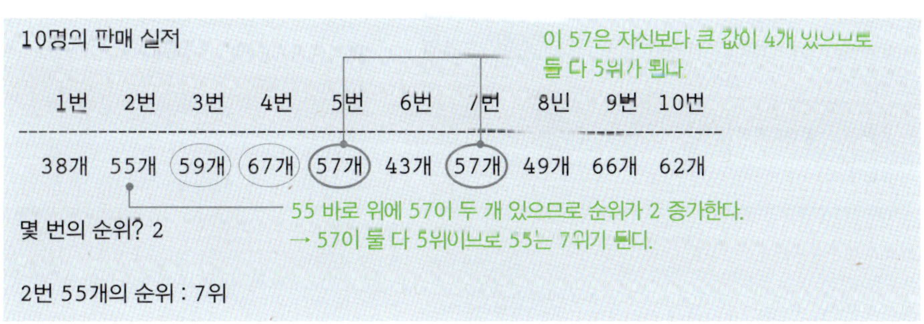

• ⑨ 순위를 구할 번호 no, 값 target, 순위 rank를 출력한다.

프로그램 7-4 10명의 실적 중 한 개의 순위 구하기(ch7-4.cpp)

```
#include <stdio.h>
#define N 10                                    // 매크로 상수 정의

int main()
{
    int s[N] = {38, 55, 59, 67, 57, 43, 57, 49, 66, 62}, target, rank, no, u;

    printf("%d명의 판매 실적\n\n", N);   // ①
    for (no=1; no<=N; no++)                    // ②
        printf("%4d번 ", no);
    printf("\n");
    printf(" ------------------------------------------------------------\n"); // ③
    for (no=0; no<N; no++)                     // ④ 배열 출력
        printf("%4d개 ", s[no]);
    printf("\n\n");

    printf("몇 번의 순위? ");       // ⑤
    scanf("%d", &no);               // ⑥

    target = s[no-1];               // ⑦ 첨자는 0부터이므로 '번호-1'이 실제 배열 원소의 첨자

    rank = 1;                       // ⑧ 일단 순위를 1로 가정
    for (u=0; u<N; u++)             // 모든 원소와 순위를 구할 값을 비교
        if (s[u] > target)
            rank++;                 // 순위를 1 증가

    printf("\n%d번 %d개의 순위 : %d위 \n", no, target, rank); // ⑨ 결과 출력

    return 0;
}
```

7.7 프로그래밍 실습 2

7.7.1 배열의 최저치와 최저치의 정보 출력하기

배열의 최고치를 구하는 프로그램을 7.5절에서 작성해 보았다. 실제 프로그램에서는 최고치뿐만 아니라 '누가', '어느 팀이', '몇 월이'와 같이 최고치에 해당하는 정보를 함께 찾는 경우도 많다. 이번 실습에서는 분기별 판매 실적을 입력받아 최저 판매 실적을 구하고 이 최저 판매 실적이 배열의 어떤 원소이며 몇 분기인지 출력해 보자.

분석 및 해결 과정

• 실행 결과 분석

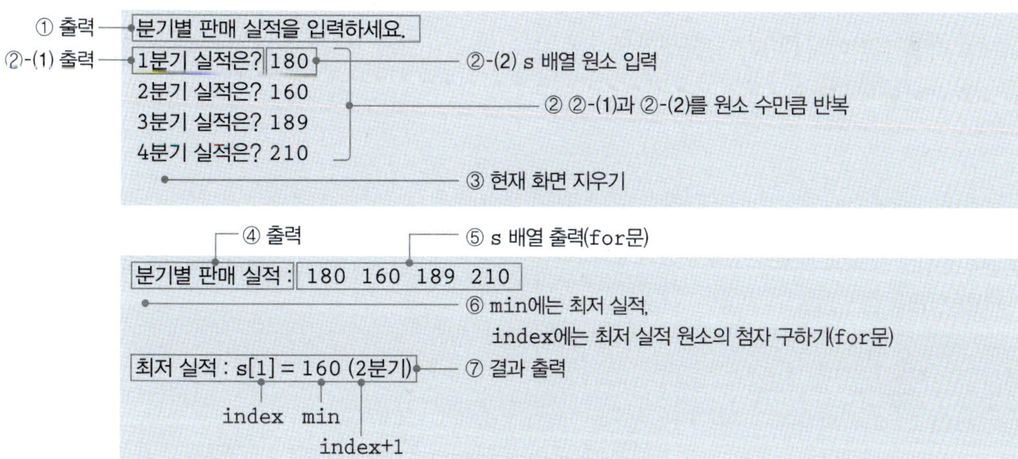

• ①~② s 배열에 1~4분기 판매 실적을 입력한다.

• ③ 화면을 지우려면 system("cls");을 사용한다. 이 함수는 clear screen을 위한 "cls" 명령을 실행하는 것으로, #include <stdlib.h>를 사용해야 한다. system("cls");를 사용하면 현재까지의 화면 내용을 깨끗이 지우고 커서를 화면 맨 왼쪽 상단에 두므로 새 화면에서 결과를 출력할 수 있다.

• ④~⑤ 입력한 s 배열 내용을 출력한다.

• ⑥ 배열의 최고치를 구하는 알고리즘과 동일한 방법으로 최저 실적을 min에 구한다. 배열의 최저 실적을 찾으면서 이 값이 어떤 원소의 것 즉 배열 원소 첨자를 찾는 방법은 무엇일까? min에 값을 대입할 때마다 index 변수에 해당 값의 첨자를 저장하면 된

다. 즉 min에 s[0]을 대입한다면 index=0;을, 다음에 min에 s[1]을 대입한다면 index 또한 index=1;로 수정한다.

프로그램을 실행하여 2분기 최저 실적을 제대로 구했다면, 다음과 같이 1분기 실적이 최저 실적이도록 배열을 입력했을 때도 결과가 제대로 나오는지 확인한다. 결과가 제대로 나오지 않는다면 index 변수의 초기치를 검토해 본다.

```
분기별 판매 실적을 입력하세요.
1분기 실적은? 165
2분기 실적은? 170
3분기 실적은? 175
4분기 실적은? 180
```

```
분기별 판매 실적 : 165 170 175 180

최저 실적 : s[0] = 165 (1분기)
```

- ⑦ 최저 실적이 s[1]이라면 실생활에서는 2분기의 값이므로 index+1을 출력해야 2분기를 출력할 수 있다.

프로그램 7-5 최저 실적과 해당 정보 출력하기(ch7-5.cpp)

```
#include <stdio.h>
                                        // system 함수를 위한 헤더 파일 포함

                                        // 매크로 상수 N 정의

int main()
{
    int s[N], index, i, min;            // 분기 실적 배열과 최저치 원소의 첨자 변수 선언

    // 배열 자료 입력
    printf("분기별 판매 실적을 입력하세요. \n");
                                        ② for문
```

```
    // 현재 결과 화면을 깨끗이 지우고 커서를 화면 맨 왼쪽 상단에 두기
```

③ 화면 지우기

```
    // 입력한 배열 내용 출력
```

④~⑤ for문

```
    printf("\n\n\n");

    // 최저 판매 수는 min에, 배열 원소 첨자는 index에 구하기
```

⑥ for문

```
    // 최저 실적 정보 출력
```

⑦ 결과 출력

```
    return 0;
}
```

7.7.2 배열의 최저치 프로그램 수정하기

배열의 최저치와 최저치의 배열 원소 첨자를 구하는 프로그램을 앞에서 실습하였다. 이 실습에서 최저치는 min 변수에, 첨자는 index에 구하였다. 이번에는 min 변수를 사용하지 않고 index 변수만으로 7.7.1절의 실습과 같은 결과가 나오도록 ⑥~⑦ 부분을 수정해 보자.

분석 및 해결 과정

- 실행 결과 분석

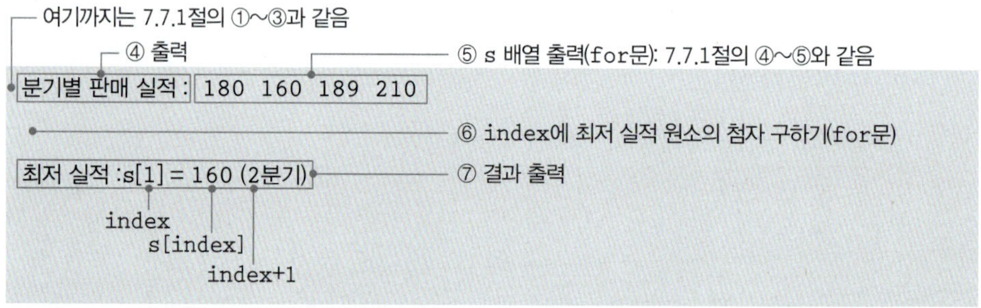

- ⑥ 배열의 최저치는 배열 원소 중 하나이며, 반복문의 헤더를 단순하게 작성하도록 0번째 원소를 min이라고 가정하면서, 이때의 첨자 0을 index 변수에 저장하였다. 하지만 다음과 같이 index 정보만으로도 최저치를 구할 수 있다.
  (1) index에 현재 최저치의 배열 원소 첨자가 저장되어 있다면 최저치는 s[index]이다.
  (2) 배열의 다른 원소와 비교하여 현재 최저치(s[index])보다 배열 원소 s[i]가 더 작다면 s[i]가 최저치가 되도록 index를 i로 변경한다.
- ⑦ index 정보를 이용하여 최저 실적 정보를 출력한다.

프로그램 7-6 7.7.1절의 프로그램을 index만 사용하도록 수정하기(ch7-6.cpp)

```
// 최저 판매 수에 해당하는 배열 원소 첨자를 index에 구하기
                                                    ⑥ for문
```

// 최저 실적 출력

⑦ 결과 출력

7.7.3 배열의 순위 구하기

7.6절에서는 배열의 특정 원소에 대한 순위를 구하였다. 이번에는 1·2분기 실적으로 상반기 실적을 구한 후 각 상반기 실적마다 순위를 구하는 프로그램을 작성해 보자.

조건

- 1분기와 2분기 실적은 다음과 같이 s1과 s2 배열에 저장하고, 상반기 실적은 sum 배열에 구한다.

```
int s1[N]={38, 55, 59, 67, 57, 43, 57, 49, 66, 62};     // 1분기 실적
int s2[N]={48, 62, 58, 60, 63, 60, 52, 53, 58, 52};     // 2분기 실적
int sum[N];                                               // 상반기 실적
```

분석 및 해결 과정

- 실행 결과 분석

```
상반기 판매 실적
----------------
  판매     순위
----------------
```

① sum 배열에 1, 2분기 실적(s1, s2 배열)의 합 구하기(for문)
② rank 배열에 sum 배열의 각 원소의 순위 구하기(이중 for문)
③ 출력

다음 장 »

```
  86개 10위
 117개  4위
 117개  4위
 127개  1위
 120개  3위
 103개  8위
 109개  7위
 102개  9위
 124개  2위
 114개  6위
---------------
```

④ sum 배열과 rank 배열 내용 출력하기(for문)

⑤ 출력

- ① 같은 사람의 1분기와 2분기 실적을 합해서 상반기 실적을 구한다. s1과 s2 배열에서 첨자가 같은 원소끼리 더해서 역시 첨자가 같은 sum 배열 원소에 저장한다.
  즉 sum[i] = s1[i] + s2[i]를 원소 수만큼 반복한다.
- ② rank 배열에 sum 배열의 순위를 구한다. 7.6절의 프로그램에서 나의 순위는 나보다 큰 값의 개수+1로 구하는 것을 알았다. sum 배열의 각 원소마다 sum 배열의 나머지 원소와 비교하여 자신보다 큰 값을 찾는 과정을 반복해야 한다. 즉 값 한 개의 순위를 구하는 for문을 원소 개수만큼 반복해야 하므로 이중 for문으로 작성해야 한다.
  순위는 ①에서 모든 상반기 합을 sum 배열에 구한 후에 처리한다. N개의 상반기 합이 있어야만 순위를 구할 때 모든 상반기 합과 비교할 수 있기 때문이다.

```
// sum[0]의 순위 구하기
rank[0] = 1;                      // 일단 순위를 1로 가정
for (u=0; u<N; u++)               // 모든 원소와 순위를 구할 값을 비교
{
    if (sum[u] > sum[0])          // 너(sum[u])가 순위를 구할 나(sum[0])보다 크다면
        rank[0]++;                // 순위를 1 증가
}
```

이 코드를 첨자 0~N-1까지 반복해야 sum[0]~sum[N-1]의 순위 rank[0]~rank[N-1]을 구할 수 있다. → 이중 for문으로 작성

프로그램 7-7 상반기 실적을 구하고 순위 결정하기(ch7-7.cpp)

```
#include <stdio.h>
                                                        // 매크로 상수 N 정의

int main()
{
    int s1[N] = {38, 55, 59, 67, 57, 43, 57, 49, 66, 62};          // 1분기 실적
    int s2[N] = {48, 62, 58, 60, 63, 60, 52, 53, 58, 52}, i, u;    // 2분기 실적
                                                   상반기 실적과 순위 배열 선언

    // 상반기 실적 구하기
                                                   ① sum 배열 구하기(for문)

    // sum 배열의 순위를 rank 배열에 구하기
                                                   ② 중첩 for문

    // ③ 제목 출력
    printf("상반기 판매 실적\n");
    printf("----------------\n");
    printf("  판매    순위  \n");
    printf("----------------\n");
```

다음 장 »

```
    // 상반기 실적 순위 출력
    ┌─────────────────────────────────────────┐
    │                               ④ for문   │
    │                                         │
    │ printf("----------------\n"); // ⑤     │
    └─────────────────────────────────────────┘

    return 0;
}
```

7.7.4 배열의 표준 편차 구하기

표준 편차는 데이터 집합의 값이 평균에 어느 정도로 모여 있는지를 나타내는 값이다. 예를 들어 두 반의 평균 점수가 같더라도 표준 편차가 작은 반이 학생들의 성적이 고르다고 할 수 있다. 그러므로 여러 데이터 집합에 대해 분석할 때 평균과 표준 편차를 함께 구하는 경우가 많다. 앞서 실습한 7.7.3절의 프로그램에서 사용한 1분기 판매 실적 10개에 대해 평균과 표준 편차를 구해 보자. 그다음에는 1분기 판매 실적 배열 내용을 실습 프로그램의 2분기 판매 실적으로 변경한 후 표준 편차를 구해서 비교해 보자.

조건

- 1분기 실적 38, 55, 59, 67, 57, 43, 57, 49, 66, 62를 s 배열에 초기화한다.
- (1) 1분기 실적(s 배열)으로 프로그램을 실행하여 다음과 같은 결과를 구한 후 (2) 과정을 수행한다.

```
데이터   : 38, 55, 59, 67, 57, 43, 57, 49, 66, 62   ─ s 배열(1분기 실적)

평   균  : 55.3   ─ s 배열(1분기)의 평균

표준편차 :  9.0   ─ s 배열(1분기 실적)의 표준 편차
```

• (2) 2분기 실적(s 배열 변경)으로 프로그램을 실행하여 (1)의 표준 편차와 비교해 본다.

```
데이터   : 48, 62, 58, 60, 63, 60, 52, 53, 58, 52   ← s 배열(2분기 실적)

평  균   : 56.6   ← s 배열(2분기)의 평균

표준편차:  4.8   ← s 배열(2분기 실적)의 표준 편차
                   1분기 실적보다 표준 편차가 작다. 1분기 실적은 평균이 55.3인데
                   최저 38, 최고 67과 같이 평균과 차이가 큰 값이 있었다.
```

분석 및 해결 과정

• 실행 결과 분석

```
데이터   : 38, 55, 59, 67, 57, 43, 57, 49, 66, 62   ← ① s 배열 내용 출력하기(for문)

평  균   : 55.3   ← ② s 배열의 평균 구하기(for문)
                     ③ 평균 출력하기

표준편차:  9.0   ← ④ ②에서 구한 평균을 이용하여 표준 편차 구하기(for문)
                   ⑤ 표준 편차 출력하기
```

• ① s 배열을 출력하되 값 뒤에 ,를 표시한다. 마지막의 '62, '의 ,를 지우기 위해 '\b'로 출력 위치를 왼쪽으로 옮긴 후 공백을 출력하여 출력된 ','를 지운다.

• ②~③ s 배열의 평균을 구한 후 출력한다. 평균을 먼저 구해 둬야 ⑤에서 표준 편차를 구할 때 이용할 수 있다.

• ④~⑤ 표준 편차를 구한 후 출력한다.
표준 편차를 구하는 공식은 다음과 같다.

$$\sqrt{\frac{1}{n}\sum_{i=1}^{n}(x_i - m)^2}$$, n: 데이터 개수, x_i: i번째 값, m: 평균

· $\sqrt{x}$ 구하기: **sqrt(x)** 함수 호출을 사용하면 sqrt(x) 자리가 $\sqrt{x}$ 값으로 바뀐다. $2\sqrt{x}$를 구하고 싶다면 2*sqrt(x) 수식을 사용한다. 이 함수를 사용하려면 **#include <math.h>**가 필요하다. C언어에서는 sqrt 함수의 인수가 정수여도 되지만 C++언어에서는 인수가 반드시 실수여야 한다. 그러므로 소스 파일의 확장자가 .cpp라면 형 변환 연산자를 사용하여 sqrt((double) x)와 같이 잠시 실수형으로 변환해야 한다.

· x^2 구하기: **pow(x, 2)** 함수 호출을 사용하면 pow(x, 2) 자리가 x^2 값으로 바뀐다. pow 함수는 거듭제곱 값을 구하는 함수로 pow(x, n)은 x^n을 구한다. 이 함수

역시 **#include 〈math.h〉**가 필요하며, 소스 파일의 확장자가 .cpp일 때는 x가 실수형이어야 한다.

프로그램 7-8 표준 편차 구하기(ch7-8.cpp)

```
                                  // printf 함수의 헤더 파일 삽입 전처리기 지시

                                  // pow, sqrt 함수의 헤더 파일 삽입 전처리기 지시

#define N 10

int main()
{
    int s[N] = {38, 55, 59, 67, 57, 43, 57, 49, 66, 62};
    /* 먼저 1분기 실적을 처리한다. 두 번째 실행에서는 위의 1분기 실적 선언문에 //를 넣어 주석문으로 처리하고
       아래 문장의 //를 제거하여 실행한다. */
    // int s[N] = {48, 62, 58, 60, 63, 60, 52, 53, 58, 52};     // 2분기 실적

    int i;
    double sum, avg, std_D;  /* 배열의 합을 sum에 구한 후 이 sum을 (s[i]-avg)의 제곱의 합을
                                구하는 데 재사용하도록 double형으로 선언한다. */

    // 배열 원소 출력하기
    printf("데이터  :");

                                                         ② for문
```

```
    // s 배열의 평균을 avg에 구하기
    ┌───────────────────────────────────────┐
    │                              ③ for문 │
    │                                       │
    └───────────────────────────────────────┘
    printf("평  균  :%5.1lf\n", avg);     // ④ 평균 출력하기

    // 표준 편차 구하기
    ┌───────────────────────────────────────┐
    │                              ⑤ for문 │
    │                                       │
    └───────────────────────────────────────┘
    printf("표준편차:%5.1lf\n", std_D); // ⑥ 표준 편차 출력하기

    return 0;
}
```

7.8 정렬하기

컴퓨터에서 가장 많이 처리하는 작업 중 하나가 도서명을 가나다순으로 정렬하기, 도서를 최근 출판 연도순으로 정렬하기, 수능 성적을 정렬하기, 주소록의 이름을 가나다순으로 정렬하기 등과 같이 자료를 정렬(sort)하는 것이다. [그림 7-8(a)]와 같이 데이터를 값

이 점점 커지도록 오름차순으로 정렬할 수도 있고 [그림 7-8(b)]와 같이 값이 점점 작아지도록 내림차순으로 정렬할 수도 있다.

10, 11, 14, 17, 19, 22, 29, 32 김길동, 박길동, 최길동, 홍길동	32, 29, 22, 19, 17, 14, 11, 10 홍길동, 최길동, 박길동, 김길동
(a) 오름차순으로 정렬한 예	(b) 내림차순으로 정렬한 예

[그림 7-8] 정렬 순서

단순한 정렬 알고리즘은 이해하기는 쉽지만, 정렬 대상 데이터 수가 n이라면 실행 시간이 n^2에 비례하므로 배열 원소 수가 증가할수록 실행 시간이 급격히 증가한다. 그래서 실행 시간을 줄일 수 있는 많은 정렬 알고리즘이 개발되어 있다. 하지만 성능이 좋은 알고리즘일수록 그 과정이 복잡하여 프로그램을 처음 접하는 사람이라면 알고리즘 자체를 이해하기가 쉽지 않다.

가장 기초적인 정렬 알고리즘으로 버블 정렬과 교환 정렬이 있는데, 여기서는 버블 정렬을 소개한다. 두 알고리즘은 성능이 같지만 버블 정렬이 제어 변수를 활용하여 실행 속도를 개선하는 과정을 이해하기 쉽고, 프로그래밍에서 사용하는 주요 기법 중 하나인 플래그(flag) 변수 사용법도 소개할 수 있어서 버블 정렬을 선택하였다.

7.8.1 버블(bubble) 정렬: 모든 이웃끼리 정렬하기

출판 연도 5개를 최근 출판 순서대로(내림차순) 출력하는 버블 정렬 프로그램을 작성해 보자.

실행 결과

```
출판 연도 배열 :  2012  2015  2013  2016  2017   ← ① y 배열의 원래 내용 출력
                                                 ← ② y 배열을 내림차순으로 정렬
최근 출판 순서 :  2017  2016  2015  2013  2012   ← ③ y 배열의 정렬 결과 출력
```

- ① 출판 연도 5개를 y 배열에 저장한 후 출력한다. y 배열은 다음과 같이 선언과 동시에 초기화한다.

  `int y[SIZE] = {2012, 2015, 2013, 2016, 2017};`
- ② y 배열을 버블 정렬 방법을 이용하여 내림차순으로 정렬한다. 버블 정렬의 알고리즘은 별도로 소개한다.
- ③ y 배열을 정렬한 결과를 출력한다.

버블(bubble) 정렬 알고리즘: 무조건 모든 이웃끼리 정렬하기

가장 단순한 버블 정렬은 이웃하는 두 원소의 정렬을 계속 반복하여 모든 원소가 정렬되게 하는 방법이다.

```
for (                              ) // (2) (원소 수-1)번 반복
{
    for (                          ) // (1) 배열의 모든 이웃끼리 반복
    {
        이웃 두 원소를 정렬
    }
}
```

(1) 안쪽 for문

[그림 7-9]와 같이 이웃하는 두 원소를 비교하여 작은 값이 오른쪽 원소가 되도록 정렬을 하면, 맨 마지막에는 배열에서 가장 작은 값이 위치하게 된다.

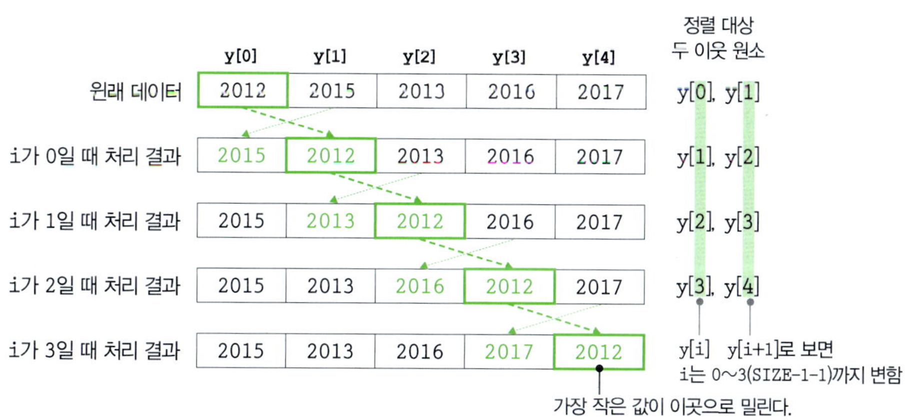

[그림 7-9] 가장 작은 원소를 맨 뒤로 보내기(버블 정렬: 내림차순 정렬)

(1)의 과정([그림 7-9])을 코드로 표현하면 다음과 같다.

```
1  // 이웃 원소끼리 정렬하는 과정을 반복
2  for (i=0; i<SIZE-1; i++)
3  {
4      if (y[i] < y[i+1])
5      {
6          temp = y[i];
7          y[i] = y[i+1];
8          y[i+1] = temp;
9      }
10 }
```

- i<SIZE-1: i는 3까지만 반복해야 4행의 i+1이 4가 되어 마지막 원소까지만 비교할 수 있다. 만일 i가 4일 때도 반복하면 if (y[4] < y[5])가 되므로 잘못된 결과를 얻을 수 있다.
- (y[i] < y[i+1]): 왼쪽 원소가 오른쪽 원소보다 작다면 왼쪽에 큰 값이 오도록 정렬해야 한다.
- 6~8행: y[i]와 y[i+1]의 값을 서로 교환하려면 세 문장이 필요하다.

y[0]과 y[1]의 값을 서로 교환하려면 6~8행까지 세 문장이 필요하다. [그림 7-10]과 같이 단순히 두 값을 교환하도록 작성하면 y[0]과 y[1] 둘 다 y[1] 값이 된다. 그 이유는 프로그램 코드가 순차적으로 실행되기 때문이다.

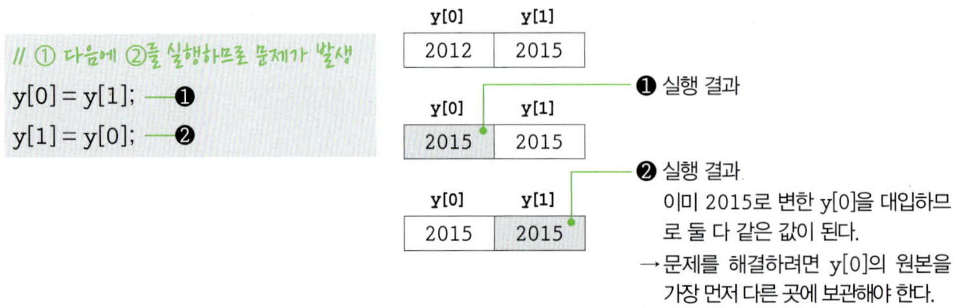

[그림 7-10] 두 원소 값을 교환하지 않는 잘못된 코드의 예

이를 해결하는 방법은 다음과 같이 y[0]을 y[1]로 변경하기 전에 y[0] 값을 temp와 같은 임시 보관 장소에 보관하는 것이다.

```
temp = y[0];   →  y[0]의 원본을 temp에 보관
y[0] = y[1];   →  y[0]을 y[1] 값으로 바꿈
y[1] = temp;   →  y[1]을 temp( y[0]의 원본) 값으로 바꿈
```

(2) 바깥 **for**문

위의 (1) 과정을 한 번 실행하면 가장 작은 값 2012가 배열 끝에 위치하지만 나머지 왼쪽의 값들은 정렬이 완료되지 않았을 수 있다. [그림 7-11]과 같이 (1) 과정을 반복할 때마다 그다음으로 작은 값이 배열 오른쪽에 정확히 위치하게 되므로 (1) 과정을 (원소 수-1)번 반복하면 모든 정렬이 끝난다.

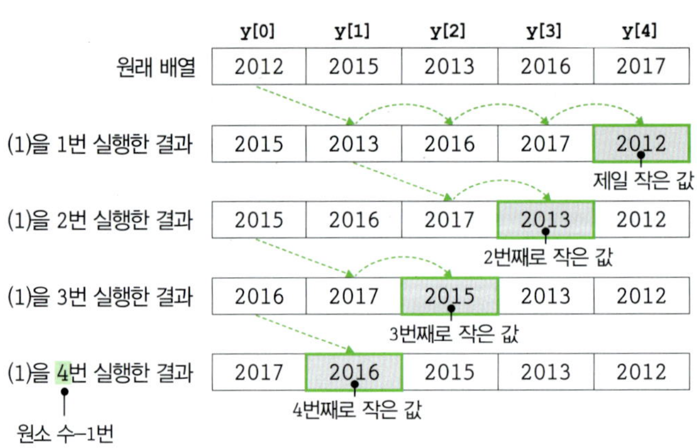

[그림 7-11] 가장 작은 값을 하나씩 뒤로 보내서 정렬하기(버블 정렬)

프로그램 7-9 버블 정렬(초안): 무조건 모든 이웃끼리 정렬하여 출판 연도를 내림차순으로 정렬하기 (ch7-9.cpp)

```c
#include <stdio.h>
#define SIZE 5

int main()
{
    int y[SIZE] = {2012, 2015, 2013, 2016, 2017}, i, repeat, temp;

    printf("출판 연도 배열 :");  // 배열 원래 내용 출력
    for (i=0; i<SIZE; i++)
        printf("%6d ", y[i]);
    printf("\n\n");

    // 버블 정렬
    for (repeat=1; repeat<SIZE; repeat++)        // (원소 수-1)번 반복
    {
        for (i=0; i<SIZE-1; i++)
        {
            if (y[i] < y[i+1])
            {
                temp = y[i];
                y[i]  = y[i+1];
                y[i+1] = temp;
            }
        } // 안쪽 for
    } // 바깥 for

    printf("최근 출판 순서 :");  // 배열 정렬 결과 출력
    for (i=0; i<SIZE; i++)
        printf("%6d ", y[i]);
    printf("\n");

    return 0;
}
```

7.8.2 버블 정렬: 불필요한 이웃 간 비교 제거하기

[프로그램 7-9]는 16~24행의 모든 이웃 원소끼리 정렬하는 과정을 (원소 수-1)번 반복한다. 하지만 이 for문에는 비교하지 않아도 되는 두 이웃을 비교하는 과정이 포함되어 있다. [그림 7-12]와 같이 [프로그램 7-9]에서 repeat가 1일 때 16~24행을 실행하면 맨 끝에는 제일 작은 값이 있게 된다. 그런데 repeat가 2일 때도 무조건 이웃하는 두 원소를 비교하므로 18행에서 y[3]과 y[4]를 비교한다. 현재 y[4]에는 제일 작은 값이 있으므로 이 비교에 의해 두 원소의 순서가 변경되는 경우는 절대로 발생하지 않는다. 즉 이미 정렬이 완료된 원소와는 비교할 필요가 없다. 그러므로 repeat가 증가할수록 뒷부분에 정렬이 완료된 원소가 증가하므로 불필요한 비교 횟수도 증가한다. 이 비교 횟수는 전체 비교 횟수의 절반에 조금 못 미치므로 이러한 불필요한 비교를 제거한다면 프로그램의 실행 시간을 줄일 수 있다.

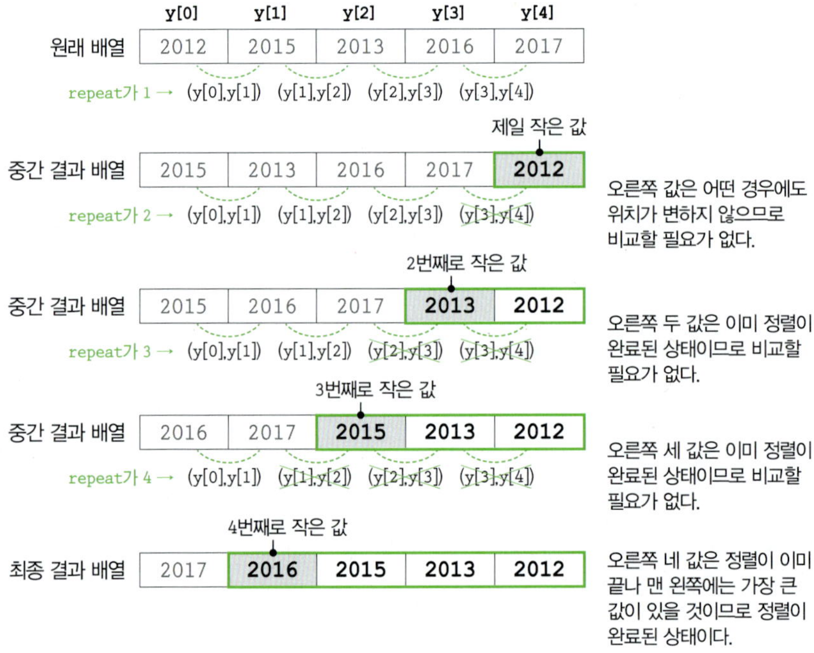

[그림 7-12] [프로그램 7-9]에서 18행의 비교가 필요 없는 부분

그렇다면 이미 정렬된 뒷부분의 이웃 비교를 제거하려면 어떻게 해야 할까? [그림 7-13]과 같이 실제로 비교해야 하는 원소 쌍을 적어 보면 바깥 for문의 제어 변수를 안쪽 for문의 i<SIZE-1 부분에 활용하여 해결할 수 있음을 알 수 있다.

```
                 i    i+1
repeat가 1 → (y[0],y[1]), (y[1],y[2]), (y[2],y[3]), (y[3],y[4])
repeat가 2 → (y[0],y[1]), (y[1],y[2]), (y[2],y[3])
repeat가 3 → (y[0],y[1]), (y[1],y[2])
repeat가 4 → (y[0],y[1])

repeat가 1 → i가 0 ~ 3 까지 if (y[i]<y[i+1])을 반복 실행
repeat가 2 → i가 0 ~ 2 까지        "
repeat가 3 → i가 0 ~ 1 까지        "
repeat가 4 → i가 0 ~ 0 까지        "
                     └─SIZE(5) – repeat 이전까지
```

```
    for (repeat=1; repeat<SIZE; repeat++)
    {                                     SIZE - repeat로 수정
        for (i=0; i<SIZE-1 ; i++)
        {
            if (y[i] < y[i+1])
            {
                    ⋮
        }
    }
}
```

[그림 7-13] repeat와 마지막 비교 첨자 i와의 관계

프로그램 7-10 버블 정렬: 이미 정렬된 뒷부분의 비교를 제거하기(ch7-10.cpp)

```
#include <stdio.h>
#define SIZE 5

int main()
{
    int y[SIZE] = {2012, 2015, 2013, 2016, 2017}, i, repeat, temp;

    printf("출판 연도 배열 :"); // 배열 원래 내용 출력
    for (i=0; i<SIZE; i++)
        printf("%6d ", y[i]);
    printf("\n\n");

```

다음 장 »

```
    // 버블 정렬
    for (repeat=1; repeat<SIZE; repeat++)          // (원소 수-1)번 반복
    {
        for (i=0; i<SIZE-repeat; i++)              // 이웃하는 두 원소끼리 정렬
        {
            if (y[i] < y[i+1])
            {
                temp = y[i];
                y[i]  = y[i+1];
                y[i+1] = temp;
            }
        }
    }

    printf("최근 출판 순서 :");
    for (i=0; i<SIZE; i++)                         // 정렬 결과 출력
        printf("%6d ", y[i]);
    printf("\n");

    return 0;
}
```

7.9 빈도수 구하기

가장 선호하는 색, 후보자, 연예인, 또는 가장 많이 발생하는 고장 유형과 같이 많은 데이터 중에서 빈도수가 가장 높은 것을 찾는 경우가 많다. 40명에게 4명의 연예인 중 누구를 가장 좋아하는지 설문 조사를 한 후 각 연예인의 득표수를 출력해 보자.

조건

- 설문 조사 대상자 수 40은 매크로 상수 PERSON으로, 연예인 수 4는 STAR로 정의한다.
- 연예인 1번은 아이요, 2번은 나태희, 3번은 유원빈, 4번은 장동근에 해당한다.
- 설문 조사 결과는 survey 배열에 저장한다.

```
int survey[PERSON] = {2, 3, 2, 4, 3, 2, 2, 4, 2, 3, 4, 2, 3, 3, 2, 3, 2, 1, 1, 2,
                      1, 4, 2, 3, 1, 3, 4, 2, 1, 3, 4, 4, 1, 2, 3, 1, 3, 2, 2, 4};
```

• 연예인 득표수는 cnt 배열에 구한다.

• cnt 배열의 각 원소는 득표수를 누적해야 하므로 0으로 초기화한다.

int cnt[STAR] = {0}; // 초깃값이 부족하면 0으로 초기화됨 →

cnt[0]	cnt[1]	cnt[2]	cnt[3]
0	0	0	0

• 번호에 해당하는 연예인 이름은 switch문을 이용하여 printf("아이요");와 같이 직접 출력한다.

분석 및 해결 과정

• 실행 결과 분석

```
                         ① cnt 배열에 각 연예인의 득표수 구하기
 연예인   득표수
=================        ② 출력
 1번 아이요    7표
 2번 나태희   14표
 3번 유원빈   11표       ③ 번호, 이름, 득표수 출력(for, switch문)
 4번 장동근    8표
=================        ④ 출력
```

• ① 각 연예인의 득표수를 cnt 배열에 구한다.

  · cnt 배열의 각 원소는 득표수를 누적해야 하므로 0으로 초기화한다.

  · 해당 연예인의 득표수 누적

  설문 조사 응답이 1이라면 득표수 cnt[0]을 1 증가시키고, 응답이 2라면 득표수 cnt[1]을 1 증가시켜야 한다. 이는 다음과 같이 if문으로 작성할 수 있다.

```
if (응답 == 1)
    cnt[0]++;
else if (응답 == 2)
    cnt[1]++;
else if (응답 == 3)
    cnt[2]++;
else if (응답 == 4)
    cnt[3]++;
```

  응답은 reply 배열에 저장되어 있으며, 임의의 응답 reply[i]가 1/2/3/4라면 cnt[0]/

cnt[1]/cnt[2]/cnt[3]을 1 증가시켜야 한다. 응답 번호와 증가할 cnt 배열 원소의 첨자 사이에는 다음 그림과 같이 '응답 번호-1 → 첨자' 관계가 성립한다.

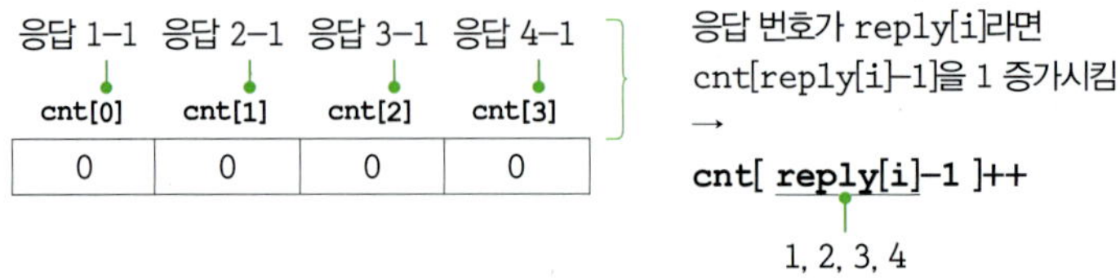

이 사실을 찾아내면 if문을 사용할 필요 없이 cnt[reply[i]-1]++을 i가 0일 때부터 (응답자 수-1)까지 반복하여 cnt 배열에 각 연예인의 득표수를 구할 수 있다.

- ②~④ 득표 결과 ③은 for문으로 작성하며, for문 안에서 연예인 이름을 출력하는 것은 switch문을 사용한다.

프로그램 7-11 인기 설문 조사 득표수 구하기(ch7-11.cpp)

```
#include <stdio.h>
#define PERSON 40            // 설문 조사 대상자 수
#define STAR 4               // 연예인 수

int main()
{
    int reply[PERSON] = {2, 3, 2, 4, 3, 2, 2, 4, 2, 3, 4, 2, 3, 3, 2, 3, 2, 1, 1, 2,
                         1, 4, 2, 3, 1, 3, 4, 2, 1, 3, 4, 4, 1, 2, 3, 1, 3, 2, 2, 4};
    int cnt[STAR] = {0}, i;

    for (i=0; i<PERSON; i++)
        cnt[reply[i]-1]++;   // 응답한 번호(reply[i])에 해당하는 cnt 원소를 1 증가

    printf("  연예인  득표수  \n");
    printf("=================== \n");
    for (i=0; i<STAR; i++)
    {
        printf(" %d번 ", i+1);
        switch (i+1)         // 연예인 번호에 해당하는 이름 출력
        {
            case 1 : printf("아이유"); break;
```

```
            case 2 : printf("나태희"); break;
            case 3 : printf("유원빈"); break;
            case 4 : printf("장동근");
        }
        printf(" %2d표 \n", cnt[i]);
    }
    printf("=================== \n");

    return 0;
}
```

7.10 프로그래밍 실습 3

7.10.1 플래그 변수를 사용하여 정렬 완료 확인하기

배열 정렬 작업은 배열의 데이터 구성에 따라 빨리 끝날 수도 있다. 예를 들어 {5, 4, 3, 1, 2}로 구성된 배열은 모든 이웃 원소 간 정렬을 한 번만 실행하면 {5, 4, 3, 2, 1}로 정렬이 완료된다. 하지만 앞에서 작성한 버블 정렬에서는 배열 원소가 5개라면 모든 이웃 원소를 정렬하는 안쪽 for문을 무조건 4(원소 수−1)번 반복한다. 그런데 정렬 과정 중 이미 배열 정렬이 완료된 상태라면 더 이상 정렬을 시도하지 않게 하려면 어떻게 해야 할까? 이것은 프로그램에서 상태의 변화를 알려 주는 데 사용하는 플래그(flag) 변수를 추가로 사용하여 해결할 수 있다.

사람은 눈으로 정렬된 데이터를 보고 정렬 완료를 알 수 있지만 프로그램에서는 정렬이 완료된 상태임을 어떻게 알 수 있을까? 내림차순 정렬이라면 모든 원소가 바로 앞의 값보다 작거나 같다면 정렬이 완료된 상태이다. 이렇게 확인하려면 버블 정렬에서 안쪽 for문을 마친 후 모든 원소에 대해 앞의 값보다 작거나 같은지를 for문을 사용해 확인하는 과정을 추가해야 한다. 하지만 버블 정렬의 특성을 이용하면 이보다 간단하게 정렬 완료 여부를 판단할 수 있다.

다음 분석에서 자세히 설명하는 플래그 변수를 사용하여 int age[SIZE] = {30, 29, 25, 30, 20};으로 선언한 배열을 내림차순으로 정렬하는 프로그램을 작성해 보자.

조건

- age 배열은 선언과 동시에 30, 29, 25, 30, 20으로 초기화한다.

분석 및 해결 과정

- 실행 결과 분석

```
나이 배열 : 30  29  25  30  20  ──① 원래의 배열 출력
                                  ──② 배열을 내림차순으로 정렬: swap 변수를 사용
나이 순서 : 30  30  29  25  20  ──③ 정렬 결과 출력
```

- ① age 배열 내용을 출력한다.
- ② 플래그 변수 swap을 사용하여 정렬이 완료었다면 더 이상 정렬 작업을 하지 않도록 한다.

  버블 정렬은 정렬 과정 동안 항상 이웃하는 두 원소의 값을 비교하여 정렬이 되게 한다. 이웃하는 두 원소가 한 번이라도 교환된 적이 있다면 이전 배열이 정렬되지 않았기 때문이며, 이번의 교환으로 정렬이 완료되었는지 확신할 수 없다. 하지만 이웃하는 두 원소가 한 번도 교환된 적이 없다면 이미 정렬이 완료된 상태임을 확신할 수 있다. 즉 정렬이 완료되자마자 완료된 상태인지 확인하기는 어렵지만, 일단 정렬이 완료된 상태에서 한 번 더 안쪽 for문을 실행해 이웃 원소 간에 교환이 한 번도 발생하지 않았다면 정렬이 완료된 상태임을 확신할 수 있다. 이렇게 정렬이 완료된 상태임을 알게 되면 바로 for문을 끝내게 함으로써 더 이상 정렬을 시도하지 않게 할 수 있다.

  이 방법을 코딩하기 위해 플래그 변수 swap을 다음과 같이 사용한다. swap 변수는 이웃하는 두 원소 간에 교환이 발생했다면 1(논리 값 참에 해당), 교환이 발생한 적이 한 번도 없다면 0(논리 값 거짓에 해당)이 되게 하여 프로그램에서 이웃하는 두 원소 간 교환 작업의 유무를 표시하는 데 사용한다.

  - 이웃하는 두 원소 간의 정렬을 새로 시도하는 안쪽 for문 실행 직전에 swap=0으로 초기화하여 아직 두 원소 간의 교환이 발생한 적이 없는 상태를 나타내도록 한다.
  - 그다음 안쪽 for문에서 실제로 두 원소를 정렬하기 위해 교환이 일어날 때마다 swap=1로 플래그 변수의 내용을 바꾸어 상태 변화를 기록한다.
  - 안쪽 for문을 마친 후에는 swap의 값을 확인하여 안쪽 for문으로 들어가기 전의 상태(0) 그대로인지 아니면 교환이 발생하여 변화된 상태(1)인지를 확인한다. swap의 값이 변하지 않고 0이라면 교환이 한 번도 발생하지 않았고 배열이 정렬되어 있는 상태임을 의미하므로, 더 이상 정렬 과정을 진행하지 않고 break를 통해 바깥 for문

을 끝낸다. 하지만 swap의 값이 1로 변했다면 정렬 완료를 아직 확신할 수 없으므로 바깥 for문을 계속 반복한다.

- ③ 정렬 결과를 출력한다.

프로그램 7-12 플래그 변수를 사용하여 정렬 완료 여부 확인하기(ch7-12.cpp)

```
#include <stdio.h>
#define SIZE 5

int main()
{
    int age[SIZE]={30, 29, 25, 30, 20}, i, repeat, temp;
    int swap;                      // 이웃하는 두 원소의 교환 발생 여부를 1과 0으로 저장
    printf("나이 배열 :");
    for (i=0; i<SIZE; i++)
        printf("%3d ", age[i]);
    printf("\n\n");
    // 플래그 변수를 사용한 버블 정렬(내림차순)
    for (repeat=                                  )
    {



    }  // 바깥 for
    printf("나이 순서 :");
    for (i=0; i<SIZE; i++)         // 정렬 결과 출력
        printf("%3d ", age[i]);
    printf("\n");

    return 0;
}
```

7.10.2 정렬 알고리즘에 따른 실행 시간 비교하기

age 배열을 내림차순으로 정렬하는 다음 프로그램을 이용하여 지금까지 작성한 정렬 알고리즘의 성능 차이를 직접 확인해 보자.

(1) 배열 원소 개수를 십만 개로 변경하도록 밑줄 친 2행을 #define SIZE 100000으로 수정한 후 프로그램 실행 시간을 직접 시계를 보며 측정해 보자.
실행 시간은? __________초(대략 수 십초)

(2) 정렬된 배열 뒷부분은 비교하지 않도록 (1)의 프로그램에서 밑줄 친 11행을 for (i=0; i<SIZE-repeat; i++)로 수정한 후 실행 시간을 측정해 보자.
실행 시간은? __________초

(3) 배열이 완전히 정렬되었다면 더 이상 정렬 작업을 하지 않도록 플래그 변수 swap을 사용하여 (2)의 프로그램을 수정한 후 실행 시간을 측정해 보자.
실행 시간은? __________초

프로그램 7-13 나이를 내림차순으로 정렬하는 프로그램으로 성능 비교하기(ch7-13.cpp)

```
1  #include <stdio.h>
2  #define SIZE 5
3
4  int main()
5  {
6      int age[SIZE] = {30, 29, 25, 30, 20}, i, repeat, temp;
7
8      // 버블 정렬(내림차순)
9      for (repeat=1; repeat<SIZE; repeat++)          // (원소 수-1)번 반복
10     {
11         for (i=0; i<SIZE-1; i++)                   // 이웃하는 두 원소끼리 정렬
12         {
13             if (age[i] < age[i+1])
14             {
```

```
15              temp = age[i];
16              age[i] = age[i+1];
17              age[i+1] = temp;
18          }
19      }
20  }
21
22  printf("정렬 결과 :");
23  for (i=0; i<SIZE; i++)                              // 정렬 결과 출력
24      printf("%3d ", age[i]);
25  printf("\n\n");
26
27  return 0;
28 }
```

7.10.3 정렬 알고리즘의 중간 과정 출력하기

프로그램을 작성하고 실행했을 때 결과가 틀리게 나온다면 디버깅을 해야 한다. 이때 프로그램을 실행하는 동안 특정 변수의 값이 어떻게 변해 가는지를 출력하는 추가 코드를 포함시키는 것도 간단한 디버깅 방법 중의 하나이다. 다음 프로그램은 7.10.2절에서 수정한 프로그램 (2)의 일부로 나이를 오름차순으로 정렬한다. 프로그램이 실행되면서 age 배열이 정렬되는 과정을 다음 실행 결과 화면과 같이 출력해 보자. 프로그램 어디에 어떤 코드를 추가해야 하는지 8행과 같이 화살표로 표시하고 필요한 코드를 적어 보자.

분석 및 해결 과정

배열의 중간 정렬 결과(안쪽 for문 실행한 후)

```
정렬하기 전 배열 내용 : 30  29  25  30  20
repeat=1일 때 정렬 후 : 29  25  30  20  30 : 4번 비교
repeat=2일 때 정렬 후 : 25  29  20  30  30 : 3번 비교
repeat=3일 때 정렬 후 : 25  20  29  30  30 : 2번 비교
repeat=4일 때 정렬 후 : 20  25  29  30  30 : 1번 비교

총 : 10번 비교
```

compare 변수 (안쪽 for문의 if (age[i] > age[i+1]) 비교 횟수)

total 변수 (총 비교 횟수)

프로그램 7-14 나이를 오름차순으로 정렬하는 중간 과정 출력하기(ch7-14.cpp)

```
#include <stdio.h>
#define SIZE 5

int main()
{
    int age[SIZE] = {30, 29, 25, 30, 20}, i, repeat, temp;
    int compare, total;    // 안쪽 for문의 두 원소 비교 횟수, 프로그램 전체 비교 횟수
    printf("정렬하기 전 배열 내용 :");
    for (i=0; i<SIZE; i++)
        printf("%3d ", age[i]);
    printf("\n");
    // 버블 정렬(오름차순)
    for (repeat=1; repeat<SIZE; repeat++)
    {
        for (i=0; i<SIZE-repeat; i++)
        {
            if (age[i] > age[i+1])
            {
                temp = age[i];
                age[i] = age[i+1];
                age[i+1] = temp;
            }
        } // 안쪽 for
    } // 바깥 for

    return 0;
}
```

Memo

C 프로그래밍 기초

Chapter

C PROGRAMMING

8 2차원 배열

8.1 다차원 배열

7장에서 소개한 1차원 배열은 자료를 첫 번째, 두 번째와 같이 단순히 일렬로 나열할 수 있을 때 주로 사용하는 자료 구조이다. 그래서 배열의 특정 원소를 지정하려면 배열의 몇 번째 원소인지를 나타내는 첨자를 한 개 사용하였다. 하지만 [그림 8-1] (a)와 (b)처럼 2차원적으로 나열하는 데이터라면 2차원 배열에 저장할 수 있다.

A	1	2	3	4	5	6	7	8	9	10
B	1	2	3	4	5	6	7	8	9	10
C	1	2	3	4	5	6	7	8	9	10
D	1	2	3	4	5	6	7	8	9	10
E	1	2	3	4	5	6	7	8	9	10

D행 4열 좌석

(a) 영화관 좌석 또는 해당 좌석에 예약한 고객 정보
(5행 10열의 2차원 배치) → int seat[5][10]

	1분기	2분기	3분기	4분기
2013년	125	127	110	137
2014년	114	121	125	135
2015년	130	123	135	147
2016년	127	121	127	134
2017년	130	138	142	146

(b) 최근 5년간 각 분기별 실적
(5행 4열의 2차원 구조) → int sale[5][4]

[그림 8-1] 2차원 구조 데이터의 예

2차원 배열은 1차원 배열들을 여러 개 모아 둔 것 즉 1차원 배열로 구성된 배열이라 할 수 있다. 그러므로 배열 원소 한 개를 지정하려면 몇 번째 1차원 배열의 몇 번째 원소와 같이 두 가지 첨자 정보가 있어야만 한다.

2차원 배열을 여러 개 모으면 [그림 8-2]와 같이 여러 면으로 구성된 3차원 배열이 되며, 배열 원소 하나를 지정하려면 면, 행, 열 순서의 첨자 3개가 필요하다. 특정 차원의 배

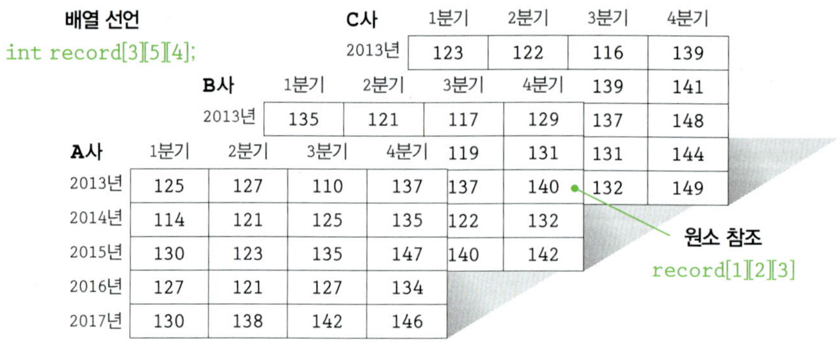

[그림 8-2] 3차원 구조 데이터의 예(3사의 최근 5년간 각 분기별 실적: 3면 5행 4열 구조)

열을 여러 개 모으면 차원이 하나씩 올라가며 이런 배열을 다차원 배열이라고 한다.

다차원 배열이라 해도 실제 컴퓨터 주기억장치에서는 물리적으로 1차원의 연속된 기억 장소에 맞게 매핑되어 저장된다. 하지만 프로그래머는 물리적 저장 형태와 상관없이 논리적으로 [그림 8-1]과 [그림 8-2]와 같은 구조의 2차원과 3차원 기억 장소에 저장된다고 생각하고 프로그램을 작성하면 된다. 배열의 차원이 높아질수록 반복문을 사용할 때 배열 첨자를 다루기가 힘들어지므로 2차원 배열까지가 많이 사용된다. 그래서 이 책에서는 2차원 배열까지만 소개한다.

8.2 2차원 배열의 선언과 원소 참조

배열은 차원과 상관없이 모든 원소의 자료형이 같아야 하며 선언은 다음과 같이 배열의 크기를 행수와 열수로 지정한다.

형식 2차원 배열 선언

자료형 배열명[행수][열수]

- **자료형** : 배열에 저장할 데이터의 종류
  배열명 : 배열의 이름
  행수 : 2차원 배열의 행수(상수)
  열수 : 2차원 배열의 열수(상수)
- int age[10][200] → int형 자료 10×200개를 저장할 수 있는 연속된 기억 공간이 age 배열에 할당된다.
- double avg[10][200] → double형 자료 10×200개를 저장할 수 있는 연속된 기억 공간이 avg 배열에 할당된다.

2차원 배열은 선언을 하면서 초기화하는 방법이 1차원 배열보다 다양하다.

형식 배열 선언과 동시에 초기화하기

자료형 배열명[행수][열수]= { {값1, 값2, …, 값n}, {값1, 값2, …, 값n}, …, {값1, 값2, …, 값n} }

- { } 안의 { } 순서대로 각 행에 값이 저장된다.
  int a[2][3] = { {1, 2, 3}, {4, 5, 6} }; → 0행에 1, 2, 3이 1행에 4, 5, 6이 저장된다.
- 선언할 때 초깃값이 있다면 행수를 생략할 수 있다. 하지만 열수는 생략할 수 없다.
  int a[ ][3] = { {1, 2, 3}, {4, 5, 6} }; → { } 안에 { }가 두 개 있으므로 행수를 2로 간주한다.
  int b[ ][2] = { 1, 2, 3, 4, 5, 6 }; → 열수가 2이므로 { } 안에 { }가 없어도 처음 2개를 0행에, 다음 2개를 1행에, 다음 2개를 2행에 저장한다. 그러므로 행수를 3으로 간주한다.
- 초깃값이 부족하면 0을 저장한다.

1차원 배열은 원소가 몇 번째 위치하는지를 나타내는 첨자 한 개로 배열 원소를 구분할 수 있었다. 하지만 2차원 배열은 행과 열 위치를 나타내는 첨자 두 개를 사용해야 배열 원소를 구분할 수 있다.

형식 **2차원 배열 원소 참조**

배열명[행 첨자][열 첨자]

- 첨자는 0부터 시작하므로 행 첨자는 0~(행수-1)까지, 열 첨자는 0~(열수-1)까지 사용할 수 있다.

```
int sale[3][4];
```

	0열	1열	2열	3열
0행 →	sale[0][0] 130	sale[0][1] 123	sale[0][2] 135	sale[0][3] 147
1행 →	sale[1][0] 127	sale[1][1] 121	sale[1][2] 127	sale[1][3] 134
2행 →	sale[2][0] 130	sale[2][1] 138	sale[2][2] 142	sale[2][3] 146

- 예 sum = sale[0][0]+sale[0][1], scanf("%d", &sale[2][3])

8.3 2차원 배열 처리와 중첩 반복문

8.2절에서 사용한 sale 배열에 저장된 최근 3년간 분기별 실적을 [그림 8-3]과 같이 연도별로, 즉 행 단위로 출력해 보자.

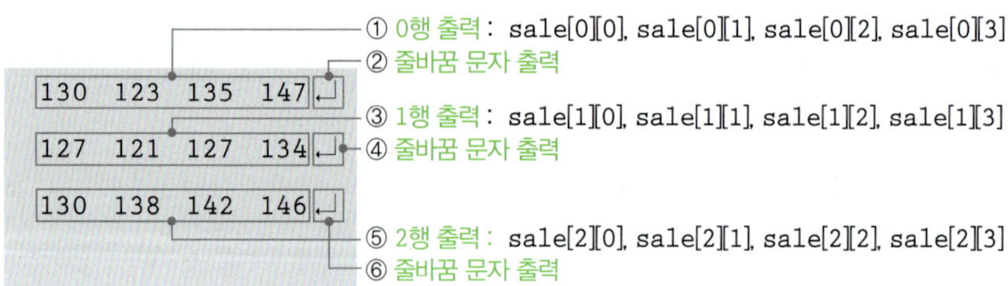

[그림 8-3] 2차원 배열을 행 단위로 출력하기

일단 반복문을 사용하지 않고 코딩한다면 ①~②는 다음과 같은 코드로 작성할 수 있다.

```
printf("%5d ", sale[0][0]);
printf("%5d ", sale[0][1]);
printf("%5d ", sale[0][2]);
printf("%5d ", sale[0][3]);
printf("\n"); // 줄 바꾸기
```

위의 코드에서 printf 함수 호출문 네 개는 sale 배열의 열 첨자만 0~3(열수−1)으로 다를 뿐 나머지 코드는 같다. 그러므로 for문의 제어 변수를 열 첨자에 활용하여 다음과 같이 반복문으로 코딩할 수 있다.

```
for (col=0; col<4; col++)
{
    printf("%5d ", sale[0][col]);
}
printf("\n"); // 줄 바꾸기
```

③~④는 위의 코드에서 행 첨자를 0에서 1로 바꾸고, ⑤~⑥은 행 첨자를 0에서 2로 바꾸면 되므로 ①~⑥ 전체는 다음과 같이 세 개의 for문으로 코딩할 수 있다.

```
for (col=0; col<4; col++) // ①
{
    printf("%5d ", sale[0][col]);
}
printf("\n"); // ② 줄 바꾸기

for (col=0; col<4; col++) // ③
{
    printf("%5d ", sale[1][col]);
}
printf("\n"); // ④

for (col=0; col<4; col++) // ⑤
{
    printf("%5d ", sale[2][col]);
}
printf("\n"); // ⑥
```

이 부분의 행 첨자만 다르다.
이 전체 코드는 행 첨자 row를 0~2(행수−1)까지 바꾸어 가며 세 번 반복하는 반복문으로 표현할 수 있다.

결국 ①~⑥은 다음과 같이 이중 for문으로 코딩할 수 있다. 1차원 배열을 처리할 때 반복문이 필요했으며, 2차원 배열은 1차원 배열을 모은 배열이므로, 2차원 배열을 처리할 때는 일반적으로 이중 반복문이 필요하다.

```
for (row=0; row<3; row++) // 3은 행수
{
    for (col=0; col<4; col++) // 4는 열수
    {
        printf("%5d ", sale[row][col]);
    }
    printf("\n");

}
```

1차원 배열을 처리할 때 반복문의 조건식을 'i<원소 수'로 작성한 것과 마찬가지로 2차원 배열을 처리할 때도 'row<3'과 'col<4'와 같이 행수와 열수를 그대로 활용하는 조건식이 바람직하다.

8.3.1 2차원 배열을 열 단위로 출력하기

2차원 배열은 어떤 정보를 원하느냐에 따라 행 단위 또는 열 단위로 처리하게 된다. 앞에서는 최근 3년간 분기별 실적을 저장한 sale 배열 내용을 행 단위로 출력하는 코드를 살펴보았다. 이제 sale 배열의 행 단위로 합을 구하고 열 단위로 출력하는 프로그램을 작성해 보자.

조건

- 행수와 열수는 매크로 상수 M과 N으로 정의하여 사용한다.
- sale 배열은 그림과 같이 되도록 선언과 동시에 초기화하고, 연도별 총 실적을 year 배열에 구한다.

	0열 1분기	1열 2분기	2열 3분기	3열 4분기		
0행 → 2015년	sale[0][0] 130	sale[0][1] 123	sale[0][2] 135	sale[0][3] 147	year[0]	535
1행 → 2016년	sale[1][0] 127	sale[1][1] 121	sale[1][2] 127	sale[1][3] 134	year[1]	509
2행 → 2017년	sale[2][0] 130	sale[2][1] 138	sale[2][2] 142	sale[2][3] 146	year[2]	556

- 연노별 총 실적은 최근 연도순으로 출력한다. 즉 year 배열 내용을 거꾸로 출력한다.

분석 및 해결 과정

- 실행 결과 분석

```
2015년  2016년  2017년↵  ┐
-------------------------↵ ┘── ① 출력
  130      127      130 ↵ ── ② 0열 sale[0][0], sale[1][0], sale[2][0] 출력 후 줄바꿈
  123      121      138 ↵ ── ③ 1열 sale[0][1], sale[1][1], sale[2][1] 출력 후 줄바꿈
  135      127      142 ↵ ── ④ 2열 sale[0][2], sale[1][2], sale[2][2] 출력 후 줄바꿈
  147      134      146 ↵ ── ⑤ 3열 sale[0][3], sale[1][3], sale[2][3] 출력 후 줄바꿈
-------------------------↵ ── ⑥ 출력
↵                          ── ⑦ year[i]에 sale 배열의 i행 합을 구하기
  최근   3년간   실적   ↵ ┐
-------------------------↵ ┘── ⑧ 출력
  2017년 :     556    ↵ ┐
  2016년 :     509    ↵ ├── ⑨ year 배열 출력
  2015년 :     535    ↵ ┘
-------------------------↵ ── ⑩ 출력
```

- ① 단순히 printf( )로 출력하거나 for문으로 2015년~2017년을 출력 후 줄을 바꾼다.
- ②~⑤ sale 배열에서 같은 열에 있는 값들을 옆으로 나란히 출력한 후 줄을 바꾸는 작업을 열수만큼 반복하기 위해 이중 반복문을 작성한다.

  ②와 같이 같은 열에 있는 원소들을 출력하려면 그림과 같이 열 첨자는 같고 행 첨자만 0~행수-1까지 변경하며 출력해야 한다.

	0열	1열	2열	3열
0행 →	sale[0][0] 130	sale[0][1] 123	sale[0][2] 135	sale[0][3] 147
1행 →	sale[1][0] 127	sale[1][1] 121	sale[1][2] 127	sale[1][3] 134
2행 →	sale[2][0] 130	sale[2][1] 138	sale[2][2] 142	sale[2][3] 146

0열의 원소는 열 첨자는 0으로 고정, 행 첨자는 0~2(행수-1)까지 바뀐다.

  ②~⑤까지 출력하려면 같은 열에 있는 세 원소를 출력하는 for문을 열수만큼 반복해야 하므로 중첩 for문을 사용한다.

- ⑥~⑦ 구분을 위한 '-' 선을 출력한 다음, ⑨에서 출력할 year 배열을 구한다.

  year은 정수 3개만 저장하므로 1차원 배열로 선언한다. 2015년도 총 실적을 year[0]에

구한다면 year[0]=sale[0][0]+sale[0][1]+sale[0][2]+sale[0][3]이므로 for문으로 구할 수 있고, 2015~2017년도마다 합을 구해야 하므로 또 for문으로 반복하도록 이중 for문으로 작성한다.

- ⑧~⑩ year 배열은 2015, 2016, 2017년도 순서로 총 실적이 저장되어 있는데 출력은 최근 연도순으로 반대로 출력해야 한다. for 헤더 부분의 제어 변수가 2(원소 수-1)~0까지 감소하도록 출력할 연도와 제어 변수의 관계를 잘 고려하여 출력문을 작성한다.

프로그램 8-1 2차원 배열을 열 단위로 출력하기(ch8-1.cpp)

```
#include <stdio.h>
#define M 3        // sale 배열의 행 개수, year 배열의 원소 개수
#define N 4        // sale 배열의 열 개수

int main()
{
    int sale[M][N] = { {130, 123, 135, 147}, {127, 121, 127, 134},
                       {130, 138, 142, 146} };
    int year[M], row, col;

    printf("2015년  2016년  2017년\n");       // sale 배열을 열 단위로 출력하기
    printf("------------------------------\n");
    for (col=0; col<N; col++)
    {
        for (row=0; row<M; row++)
            printf("%5d   ", sale[row][col]);
        printf("\n");
    }
    printf("------------------------------\n\n");

    for (row=0; row<M; row++)       // 연도별 총 실적을 year 배열에 구하기
    {
        year[row] = 0;
        for (col=0; col<N; col++)
            year[row] += sale[row][col];
    }
```

다음 장 »

```
27
28    printf("   최근   3년간   실적    \n");        // 연도별 총 실적을 최근 연도 순서로 출력하기
29    printf("-----------------------------\n");
30    for (row=M-1; row>=0; row--)
31        printf(" %5d년 : %5d \n", 2015+row, year[row]);
32    printf("-----------------------------\n");
33
34    return 0;
35 }
```

설명

- 13~18행: 바깥 for문의 제어 변수 col이 고정된 상태에서 안쪽 for문의 제어 변수 row가 0~행수-1만큼 자주 바뀐다. 즉 열이 고정된 상태에서 행을 바꾸어 가며 원소를 출력하게 된다. 13과 15행의 위치를 바꾸면 행 단위 출력이 된다.
- 21~32행: year 배열을 사용하지 않는다면 sum 변수를 재활용하여 다음과 같이 작성할 수 있다.

```
printf("   최근   3년간   실적    \n");      // 연도별 총 실적을 최근 연도 순서로 출력하기
printf("-----------------------------\n");
for (row=M-1; row>=0; row--)
{
    sum =0;                                  // 새 연도 총 실적을 0으로 초기화
    for (col=0; col<N; col++)
        sum += sale[row][col];

    printf(" %5d년 : %5d \n", 2015+row, sum);
}
printf("-----------------------------\n");
```

8.4 프로그래밍 실습

8.4.1 직원의 분기별 판매 실적 구하기

직원 4명의 분기별 판매 실적으로부터 분기별 총 실적을 구해 보자.

조건

- 직원 4명의 분기별 판매 실적을 다음과 같이 2차원 배열 s에 초기화하고 분기별 합은 sum 배열에 구한다.

s 배열

	1분기	2분기	3분기	4분기
직원 1	39	42	52	57
직원 2	49	52	51	62
직원 3	52	57	60	59
직원 4	52	62	67	72

sum 배열

1분기	2분기	3분기	4분기
192	213	230	250

분석 및 해결 과정

- 실행 결과 분석

```
직원의 분기별 실적
----------------------------------------
          1분기  2분기  3분기  4분기
----------------------------------------
직원 1 :   39     42     52     57
직원 2 :   49     52     51     62
직원 3 :   52     57     60     59
직원 4 :   52     62     67     72
----------------------------------------
총계       192    213    230    250
```

① 출력 (1~4분기는 for문으로 출력)

②-ⓐ 직원 1 :' 출력, s 배열의 0행 출력(for문), 줄바꿈

② for문으로 각 직원마다 ②-ⓐ 과정을 반복

③ sum 배열에 분기별 합계(이중 for문)를 구한 후

④ sum 배열 출력(for문)

- ① 1분기~4분기 출력 부분은 for문으로 작성한다.
- ② 크게는 s 배열의 네 행을 출력하는 for문으로 작성한다. 이 for문 안에서 반복하는 내용은 ②-ⓐ '직원 1 :' 출력, 0행의 네 원소 출력 for문, 줄 바꾸기 순서로 작업이 이뤄진다. 행 첨자는 e를, 열 첨자는 q를 사용한다.
- ③ 분기별 총계는 열 단위로 합계를 구하는 이중 for문으로 작성한다.

s 배열

	1분기	2분기	3분기	4분기
직원 1	39	42	52	57
직원 2	49	52	51	62
직원 3	52	57	60	59
직원 4	52	62	67	72

s[0][0] + s[1][0] + s[2][0] + s[3][0] : 열 첨자가 고정된 상태에서 행 첨자만 0~3까지 변함

→ sum[0] = 0으로 초기화한 다음 for문에서 e를 0에서 3까지 바꾸어 가며 s[e][0]를 sum[0]에 누적한다.

sum 배열

	1분기	2분기	3분기	4분기
총계	192	213	230	250

• ④ 총계 출력 후 for문으로 sum 배열을 출력한다.

프로그램 8-2 직원의 분기별 판매 실적 구하기(ch8-2.cpp)

```
#include <stdio.h>
                                   // 행, 열 개수를 매크로 상수 M, N으로 정의

int main()
{
    // s 배열을 선언과 동시에 초기화하기

    int sum[N];                    // 분기별 총계 배열
    int c, q;                      // 행, 열 첨자

    printf(" 직원의 분기별 실적                    \n");
    printf("---------------------------------------\n");
    printf("        ");
                                                  ① for문

                                                  다음 장 »
```

```
    printf("------------------------------------------------------\n");

    // 직원의 분기별 실적 출력(행 단위 출력)
```

② 이중 for문

```
    printf("------------------------------------------------------\n");

    // 분기별 총 실적(sum 배열) 구하기
```

③ 이중 for문

```
    // 분기별 총 실적(sum 배열) 출력하기
    printf(" 총계     ");
```

④ for문

```
    return 0;
}
```

8.4.2 직원의 분기별 판매 실적을 입력받아 초과 달성치 구하기

8.4.1절에서 작성한 프로그램은 판매 실적을 s 배열에 직접 초기화하였다. 이번에는 s 배열의 판매 실적을 그림과 같이 직원 단위로 즉 한 행씩 직접 입력하는 프로그램으로 변경해 보자. 그리고 지정한 판매 실적 목표치(target)가 50일 때 달성 실적과 어느 정도 차이가 나는지도 출력해 보자. 목표치와의 차이는 실적-목표치로 구하여 more 배열에 저장한다.

분석 및 해결 과정

• 실행 결과 분석

```
직원 1----------
1분기 실적은? 39↵
2분기 실적은? 42↵
3분기 실적은? 52↵
4분기 실적은? 57↵

직원 2----------
1분기 실적은? 49↵
2분기 실적은? 52↵
3분기 실적은? 51↵
4분기 실적은? 62↵

직원 3----------
1분기 실적은? 52↵
2분기 실적은? 57↵
3분기 실적은? 60↵
4분기 실적은? 59↵

직원 4----------
1분기 실적은? 52↵
2분기 실적은? 62↵
3분기 실적은? 67↵
4분기 실적은? 72↵
```

- ①-ⓐ 숫자 1은 바깥 for문의 제어 변수 활용
- ①-ⓑ for문으로 직원의 실적 행 입력
  1~4분기의 숫자는 안쪽 for문의 제어 변수 활용
- ① 이중 for문으로 s 배열의 네 행 입력

```
 직원의 분기별 실적
-----------------------------------------
             1분기  2분기  3분기  4분기
-----------------------------------------
  직원 1 :    39     42     52     57
  직원 2 :    49     52     51     62
  직원 3 :    52     57     60     59
  직원 4 :    52     62     67     72
-----------------------------------------
  총계       192    213    230    250
```

- 8.4.1에서 작성한 코드 그대로
- ② more 배열에 실적-목표치 값을 구하기(이중 for문)

```
 목표치(50) 달성 분석
--------------------------------------          ③ 목표치와 제목 출력(for문)
          1분기  2분기  3분기  4분기
--------------------------------------
 직원 1 :   -11    -8     2     7
 직원 2 :    -1     2     1    12             ④ more 배열 출력(이중 for문)
 직원 3 :     2     7    10     9
 직원 4 :     2    12    17    22
--------------------------------------          ⑤ 출력
```

- ① 이중 for문을 이용하여 행 단위로 입력을 한다. 즉 행 첨자가 고정된 상태에서 열 첨자를 변경한다.
- ② s 배열의 각 실적마다 목표치(target: 50)와의 차이를 구한다.

```
more[0][0] = s[0][0] - target;
more[0][1] = s[0][1] - target;
           ⋮
```

와 같이 한 직원의 정보라면 more 배열의 원소와 s 배열의 원소는 2차원 배열에서 행과 열의 위치가 같으므로 more[e][q] = s[e][q] – target;을 모든 원소에 대해 반복하여 구한다.
- ③ 8.4.1절의 ①에 해당하는 출력 코드를 복사한 후 '목표치(50) 달성 분석'을 출력하도록 수정한다.
- ④~⑤ 8.4.1절의 ②에 해당하는 출력 코드를 복사하여 배열 이름만 more로 바꾼다. 그리고 '-' 선을 출력한다.

프로그램 8-3 직원의 분기별 초과 달성치 구하기(ch8-3.cpp)

```
#include <stdio.h>
#define M 4      // 직원 수
#define N 4      // 분기 수

int main()
{
    /* 8.4.1절의 프로그램에서 s 배열을 선언하면서 초기화하는 부분은 주석문으로 변경하고 배열을 입력하는
       코드(①)를 추가한다. 이렇게 기존 초기화 코드를 유지하면 프로그램을 완성하기 전까지는 코드를 수정하거나
       테스트할 때 이 초기화 주석을 해제하고 ①의 입력 부분을 주석문으로 변경함으로써 매번 배열을 입력하지
       않고 편하게 프로그래밍 또는 디버깅할 수 있다. */
    int s[M][N]   // ={ {39, 42, 52, 57}, {49, 52, 51, 62}, {52, 57, 60, 59}, {52, 62, 67, 72} };
```

```
int more[M][N], sum[N];          // 목표치와의 차이 배열, 분기별 총계 배열
int e, q, target;                // 행, 열 첨자, 목표치
```

// s 배열 입력하기

① 이중 for문

8.4.1절의 ①~④ 코드 부분 그대로

// more 배열 구하기

```
target = 50;
```

② 이중 for문

// 목표치와 제목 출력

```
printf("\n\n\n 목표치 ________________", __________);
printf("----------------------------------------\n");
printf("          ");
```

③ for문

```
printf("----------------------------------------\n");
```

다음 장 »

```
    // more 배열 출력
    ┌──────────────────────────────────────────────┐
    │                                  ④ 이중 for문 │
    │                                              │
    └──────────────────────────────────────────────┘
    printf("──────────────────────────────────\n");    // ⑤

    return 0;
}
```

Memo

C 프로그래밍 기초

Chapter

C PROGRAMMING

9 문자열

9.1 char형 1차원 배열을 이용한 문자열 처리

문자 한 개를 ' '로 묶으면 문자 상수이고, 문자들을 " "로 묶으면 문자열 상수임을 2장에서 소개하였다. 1바이트 크기의 문자 상수는 [그림 9-1(a)]의 char grade = 'A';와 같이 char형 변수에 저장하여 사용할 수 있었다. 그런데 "Korea", "Seoul", "대한민국", "홍길동"과 같은 문자열은 어디에 저장해야 할까? 8장에서 같은 종류의 여러 자료를 한꺼번에 저장하는 곳이 배열임을 배웠다. 문자열은 char형의 문자를 여러 개 모은 것이므로 [그림 9-1(b)]와 같이 char형 1차원 배열을 이용하여 저장할 수 있다.

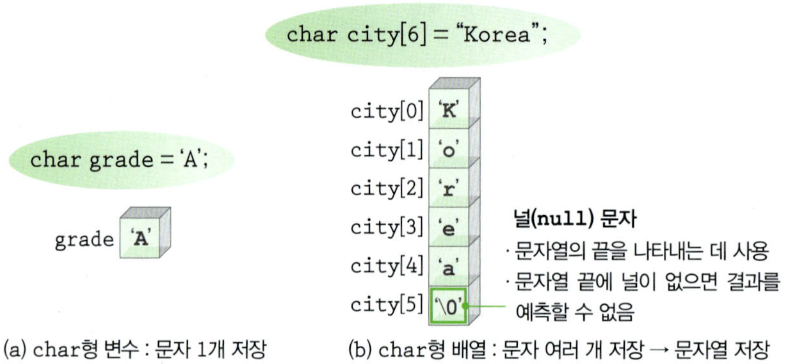

[그림 9-1] 문자와 문자열 저장

[그림 9-1(b)]에서 문자열의 끝을 나타내는 데 사용하는 널 문자는 문자열 처리에 있어서 매우 중요한 문자이다. 미리 언급을 한다면 문자열을 출력할 때는 널 문자를 만나기 전까지의 문자를 계속해서 출력한다. 그러므로 배열에 문자열의 끝을 알려주는 널 문자가 저장되어 있지 않다면 배열 범위를 벗어나 최초로 널 문자를 만날 때까지 계속해서 출력하므로 이상한 문자가 출력되기도 한다. 그리고 'a'는 1바이트를 차지하는 문자 상수이지만 "a"는 끝에 널을 포함한 2바이트를 차지하는 문자열 상수임을 구분해야 한다.

9.1.1 char형 1차원 배열의 선언

문자열을 한 개 저장하기 위해 배열을 선언하고 초기화하는 형식은 다음과 같다.

형식 char형 1차원 배열 선언

char 배열명[원소 수]

- **원소 수** : (배열에 저장할 최대 문자 수 + 1(널 문자용)) 이상
  배열명 : 배열에 저장한 문자열의 시작 주소, 논리적으로 문자열을 의미
- 예 char id[7] → 7개 문자를 저장할 배열 공간을 id에 할당한다. 널 문자를 포함해야 하므로 최대 6개 문자를 저장하는 데 사용할 수 있다.

널(null) 문자는 ASCII 코드 값이 0인 문자로 '\0'로 표현하며, 문자열의 끝을 나타내는 데 사용한다. 문자열을 처리할 때는 마지막 문자 다음에 이 널 문자가 반드시 포함되도록 해야 한다. 그렇지 않으면 문자열 출력 등의 처리 결과가 이상해질 수 있다. 그러므로 문자열을 저장할 배열을 선언할 때는 최소한 저장할 문자 수보다 1 더 크게 원소 수를 지정해야 한다.

char형 1차원 배열을 선언하면서 배열에 문자열을 초기화하는 방법은 다음과 같다.

형식 char형 배열 선언 시 초기화하기

char id[7] = {'s', 'a', 'r', 'a', 'm'};

- 배열 원소가 char형이므로 { } 안에 초기화할 문자 상수를 순서대로 적는다. 마지막 문자 상수를 저장하고 배열의 남는 공간에는 널 문자가 저장된다.

char name[7] = "saram";

- { } 안에 문자 상수를 일일이 명시하는 대신 문자열 상수 형태로 적을 수 있다.

문자열 상수를 직접 대입하여 초기화하는 것은 배열을 선언하면서 초기화할 때만 가능하다. 그러므로 이미 배열을 선언한 후 id="saram"; 대입문을 사용하는 것은 오류이다.

9.1.2 문자열 입력과 출력

char형 1차원 배열명 또한 배열의 시작 주소(포인터)이므로 [그림 9-2]와 같이 배열이 시작하는 위치를 가리킨다고 생각하면 된다. 그러므로 char형 1차원 배열의 이름은 논리적으로 문자열이라고 생각하면 된다. 배열명 id는 문자열이고 id[2]는 배열의 2번째 원소인 문자임을 정확히 구분해야 한다.

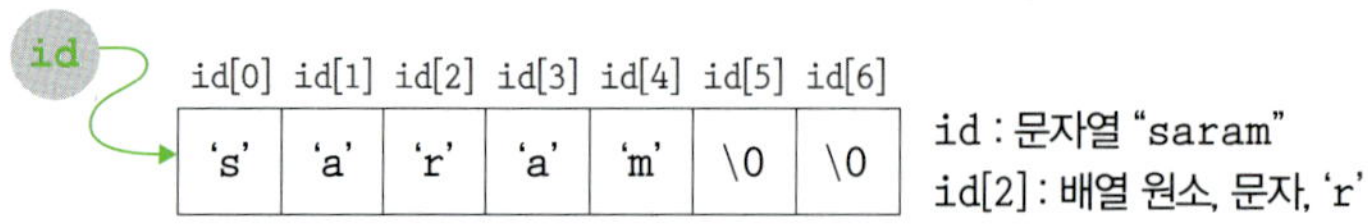

[그림 9-2] char형 1차원 배열의 문자열과 배열 원소 문자

id 배열에 저장된 문자열을 출력하려면 다음의 코드로 작성할 수 있다.

```
for (i=0; i<7; i++)
    printf("%c", id[i]);
```

이렇게 배열에 저장된 원소들을 한 개씩 출력하지 않고 문자열 단위로 한 번에 출력하려면 다음 형식과 같이 배열명만 사용하면 된다.

형식 **char형 1차원 배열의 문자열 출력**

printf("%s", 배열명);

- **배열명** : 출력할 문자열이 저장된 char형 1차원 배열의 이름
- 예 char id[7] = "saram";
  printf("아이디: %s", id); → 아이디: saram이 화면에 표시된다.

C언어에서 char형 1차원 배열에 저장된 문자열을 출력할 때 배열명만 적는 원리는 다음과 같다. 배열명이 가리키는 곳 즉 배열 시작 위치부터 널 문자를 만날 때까지 출력한다. 그러므로 [그림 9-3]과 같이 문자열 끝을 나타내는 널 문자가 city 배열에 저장되어 있지 않다면 city 배열 뒤의 내용에 따라 엉뚱한 문자가 출력되기도 한다.

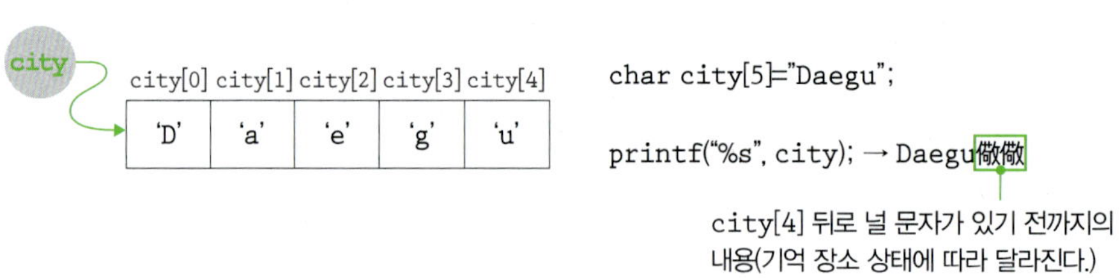

[그림 9-3] 문자열 출력 원리와 주의점

char형 배열에 문자열을 입력할 때는 문자열을 저장할 시작 주소가 필요하며 유의할 것이 몇 가지 있다.

형식 char형 1차원 배열의 문자열 입력

```
scanf("%s", 배열명);
```

- **배열명** : 문자열을 입력할 char형 1차원 배열의 이름(시작 주소)

scanf 함수에서는 입력한 자료를 저장할 기억 장소 주소를 사용해야 하는데 배열명 자체가 배열 시작 주소이므로 지금까지의 scanf 함수 호출과 다르게 배열명 앞에 &를 붙이지 않는다. 지금까지 &를 사용해 왔기 때문에 헷갈리는 것을 고려하여 &를 붙여도 오류로 처리하지 않는 프로그램 개발 도구도 있다. 이에 반해 무조건 &를 붙여야 하는 개발 도구도 있다. 그러므로 사용하는 프로그램 개발 도구에 맞추어 & 사용 여부를 결정한다.

scanf는 공백 문자를 데이터 구분자로 사용하므로 문자열을 입력할 때 〈Enter〉 키, 〈Tab〉 키, 〈Space〉 막대를 누르면 그 전까지의 내용만 문자열에 저장한다. 그러므로 [그림 9-4(a)]의 코드를 실행할 때 [그림 9-4(c)]와 같이 입력하면 빈칸을 입력하기 전의 "my"만 pw에 저장된다. 그러므로 문자열 중간에 빈칸을 포함하여 입력하고 싶다면 9.4.1절에서 소개하는 문자열 전용 입력 함수 gets를 사용해야 한다.

(a) 문자열 입력 코드

```
char pw[7];
printf("암호:");
scanf("%s", pw);
```

(b) 코드 실행 예 1

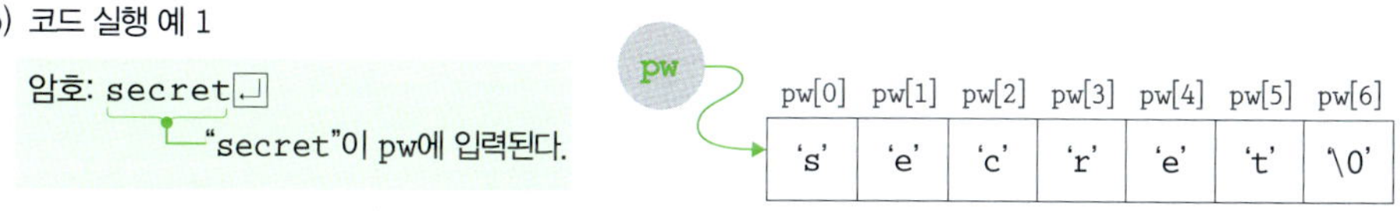

(c) 코드 실행 예 2

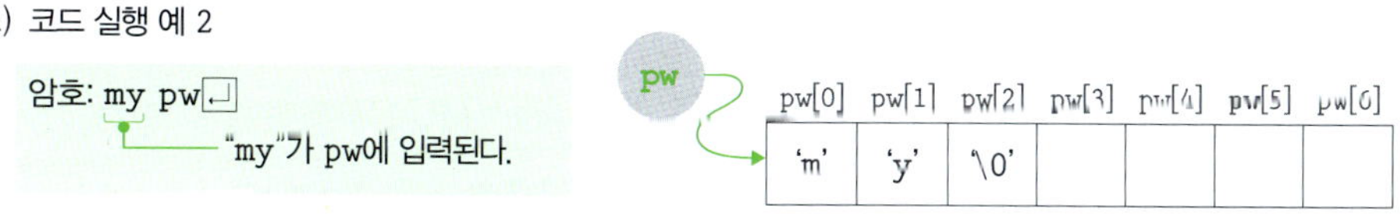

[그림 9-4] 문자열 입력 원리와 주의점

9.1.3 주민등록번호를 이용하여 출생 연도와 성별 표시하기

주민등록번호를 배열에 저장한 후 출생 연도 끝 두 자리와 성별을 표시하는 프로그램을 작성해 보자.

조건

- 주민등록번호 010907-3234567는 char형 배열 id를 선언하면서 바로 저장한다.

  서류에 표시하는 것처럼 주민등록번호에 '-'을 포함하여 저장한다면 당연히 char형 배열에 저장해야 한다. 하지만 '-'을 빼더라도 주민등록번호를 int형 변수에 저장할 수는 없다. 4바이트로 표현하는 int형 변수는 최대 10자리 숫자까지만 저장할 수 있기 때문이다. 또한 C언어는 0으로 시작하는 숫자를 8진수로 인식하므로 숫자 앞에 0을 포함한 채로 int형 변수에 저장할 수 없다.

  그리고 주민등록번호는 그림과 같이 앞의 두 숫자는 출생 연도의 끝 두 자리, '-' 뒤의 첫 숫자는 성별과 같이 특정 위치의 숫자가 특별한 의미를 지니고 있으므로 숫자 값 한 개로 처리하는 것보다는 char형 배열에 저장하는 것이 특정 위치의 정보를 찾기가 쉽다.

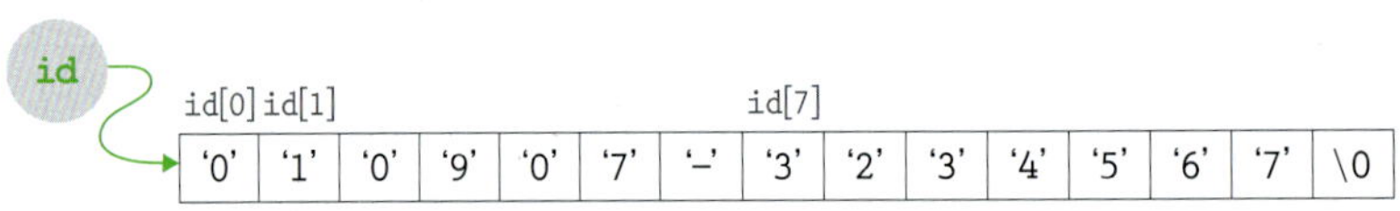

- 1900년대와 2000년대 출생 연도를 구분하지 않고 출생 연도의 끝 두 자리를 출력한다.
- 1900년대 출생자는 id[7]이 '1'이면 남자, '2'면 여자이고, 2000년대 출생자는 '3'이면 남자, '4'면 여자이다.

분석 및 해결 과정

- 실행 결과 분석

```
주민등록번호가 "010907-3234567"인 사람은 •— ① 주민등록번호 전체 출력
01년생 •———— ② 주민등록번호의 앞 두 자리 출력
남자입니다. •— ③ 주민등록번호의 8번째 자리 내용에 따라 "남자" 또는 "여자" 출력
```

- ① char형 1차원 배열에 저장한 문자열은 배열명만 사용하여 출력할 수 있다.
- ② 주민등록번호 앞 두 자리 id[0]과 id[1]을 출력하여 01을 출력한다.
- ③ 주민등록번호 여덟 번째 자리는 id[7]이며 이 값이 '1'이거나 '3'이면 남자, '2'거나 '4'면 여자를 출력하도록 if문을 사용한다.

프로그램 9-1 주민등록번호를 이용하여 출생 연도 두 자리와 성별 출력하기(ch9-1.cpp)

```
1  #include <stdio.h>
2
3  int main()
4  {
5      char id[15]="010907-3234567";
6
7      printf("주민등록번호가 \"%s\"인 사람은 \n", id);
8
9      printf("%c%c년생 \n", id[0], id[1]);
10
11     if (id[7]=='1' || id[7]=='3')
12         printf("남자입니다. \n");
13     else if (id[7]=='2' || id[7]=='4')
14         printf("여자입니다. \n");
15
16     return 0;
17 }
```

설명

- 7행: printf 함수 호출 시 첫 인수를 " " 안에 적는데 이 안에서 주민등록번호 앞뒤로 " "를 붙여야 하므로 탈출 문자 \"를 사용해야 한다. 만일 printf("주민등록번호가 "%s"인 사람은 \n", id);로 작성하면 "주민등록번호가 "까지를 첫 인수로 번역하므로 오류가 발생한다.
- 11, 13행: if (id[7]==1 || id[7]==3)으로 작성하면 바른 결과를 얻을 수 없다. char형 배열의 원소는 char형이므로 '1', '3'과 비교를 해야 한다. 1은 정수 상수, '1'은 문자 상수임에 유의한다.
- 13행: 외국인에게 부여하는 주민등록번호라면 id[7]이 '5', '6', '7', '8' 중 하나이다. 그러므로 else 뒤에 if문을 다시 사용하여 '2'거나 '4'인 경우에만 여자로 처리한다.

9.2 char형 2차원 배열을 이용한 여러 문자열 처리

9.2.1 char형 2차원 배열 선언과 문자열 및 문자의 참조

char형 1차원 배열을 이용하면 문자열을 한 개 저장할 수 있다. 그러므로 [그림 9-5]와 같이 char형 2차원 배열을 이용하면 학생 5명의 문자열(학번)을 저장할 수 있다.

배열 선언 및 초기화

```
char s[5][8] = {"e416062", "n315007", "e217103", "n113015", "e516082"};
```

- 열 개수 → 문자열에 포함할 문자 최대 개수 + 1(널 문자용)
- 행 개수 → 문자열 개수

	0열	1열	2열	3열	4열	5열	6열	7열
0행	'e'	'4'	'1'	'6'	'0'	'6'	'2'	'\0'
1행	'n'	'3'	'1'	'5'	'0'	'0'	'7'	'\0'
2행	'e'	'2'	'1'	'7'	'1'	'0'	'3'	'\0'
3행	'n'	'1'	'1'	'3'	'0'	'1'	'5'	'\0'
4행	'e'	'5'	'1'	'6'	'0'	'8'	'2'	'\0'

[그림 9-5] 문자열 여러 개를 저장하는 char형 2차원 배열의 선언과 초기화

형식 char형 2차원 배열 선언

char 배열명[행수][열수];

- **행수** : 저장할 문자열 수
  열수 : 각 문자열에 저장할 문자 수(문자열의 최대 문자 수 + 1(널 문자용)) 이상

char 배열명[행수][열수] = {"문자열1", "문자열2", …, "문자열n"};

- 배열의 각 행을 { }에 적은 순서대로 문자열로 초기화함

char형 1차원 배열의 경우 배열명은 문자열을, 배열명[첨자]는 문자를 의미했다. 이와 유사하게 2차원 배열은 [그림 9-6(a)]와 같은 특징을 가지고 있다. 2차원 배열이므로 첨자를 두 개 사용한 s[1][3]은 배열의 원소 한 개를 특정해 주므로 1행 3열의 '5'란 문자가 된다. 하지만 열 첨자를 생략하면 [그림 9-6(b)]와 같이 같은 행에 있는 문자열을 의미하므로 s[1]은 "n315007"이 됨을 유의한다.

(a) 각각의 의미

배열명 s : 배열의 시작 주소(배열 시작 위치를 가리킴)
배열명[행 첨자] : 해당 행의 시작 주소(행 시작 위치를 가리킴) → 문자열을 의미
배열명[행 첨자][열 첨자] : 배열 원소(기억 장소) → 문자

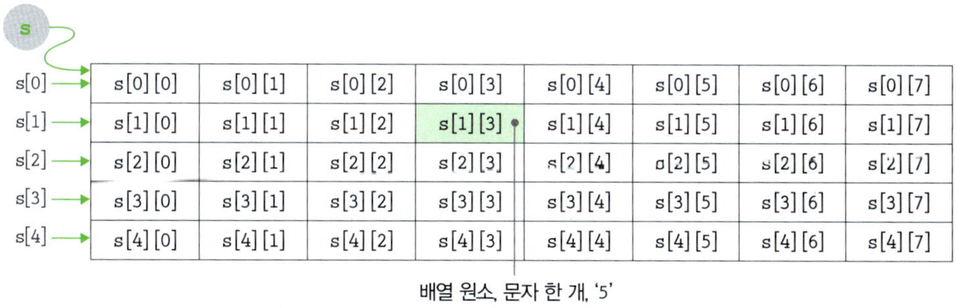

(b) 배열명[행첨자]는 문자열을 의미

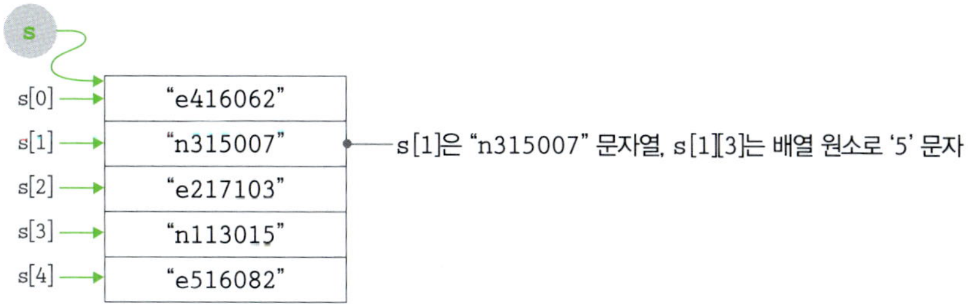

[그림 9-6] char형 2차원 배열의 배열명, 배열명[행 첨자], 배열명[행 첨자][열 첨자]의 의미

char형 2차원 배열에 저장된 특정 문자열을 출력하려면 다음 형식과 같이 배열명[행 첨자]만 사용하면 된다.

형식 **char형 2차원 배열의 문자열 출력**

printf("%s", 배열명[행 첨자]);

- **배열명[행 첨자]** : 출력할 문자열이 저장된 char형 2차원 배열의 특정 행 (시작 주소)
- 예 printf("두 번째 학번: %s", s[1]); → 두 번째 학번: n315007이 화면에 표시된다.

char형 1차원 배열에 저장된 문자열을 입력할 때 배열의 시작 주소를 사용하기 위해 배열명만 적는 원리와 같이 2차원 배열에서는 문자열을 입력한 행의 시작 주소를 사용한다.

형식 **char형 2차원 배열의 문자열 입력**

scanf("%s", 배열명[행 첨자]);

- **배열명[행 첨자]** : 문자열을 입력할 char형 2차원 배열의 특정 행 시작 주소

지금까지 배운 내용을 간단히 정리하면 char형 배열은 차원을 하나씩 내리면 문자열이 된다. 즉 char형 1차원 배열이라면 배열명을 단순 변수로 취급하여 문자열을 저장하는 데, char형 2차원 배열이라면 배열명[행 첨자]만 사용하여 문자열을 저장하는 데 사용한다고 생각할 수 있다.

9.2.2 학생 5명의 학번과 입학 연도 출력하기

[그림 9-6]의 학번 5개를 char형 2차원 배열 s에 입력한 후 각 학생의 학번과 입학 연도를 출력하는 프로그램을 작성해 보자.

조건

- 학번은 모두 7자이며, 첫째 글자는 소속 대학을, 둘째 글자는 소속 학과를, 셋째와 넷째 글자는 2000년대 입학 연도 끝 두 자리를 의미한다.

분석 및 해결 과정

- 실행 결과 분석

```
==    학번 입력    ==           ── ① 출력
1째 학번은? e416062  ┐
2째 학번은? n315007  │
3째 학번은? e217103  ├── ② 학번을 s 배열에 입력(for문)
4째 학번은? n113015  │
5째 학번은? e516082  ┘

=======================  ┐
 입학 연도    학번        ├── ③ 출력
-----------------------  ┘
  2016년도  e416062  ┐
  2015년도  n315007  │
  2017년도  e217103  ├── ④ s 배열의 학번 출력(for문)
  2013년도  n113015  │
  2016년도  e516082  ┘
=======================     ── ⑤ 출력
```

- ①~② 먼저 ① 출력 후 for문으로 5개의 학번 문자열을 s[0], s[1], s[2], s[3], s[4] 번지의 기억 장소에 입력받는다.

• ③~⑤ 다음 그림과 같이 ④에서 출력할 학번은 각 행에, 입학 연도 정보는 학번의 2열과 3열에 있다. 그러므로 첫째 학번에 대해 printf(" 20%c%c년도 %s \n", s[0][2], s[0][3], s[0]);을 실행하면 ' 2016년도 e416062 '를 출력할 수 있다.

s[0] →	s[0][0]	s[0][1]	s[0][2]	s[0][3]	s[0][4]	s[0][5]	s[0][6]	s[0][7]
s[1] →	s[1][0]	s[1][1]	s[1][2]	s[1][3]	s[1][4]	s[1][5]	s[1][6]	s[1][7]
s[2] →	s[2][0]	s[2][1]	s[2][2]	s[2][3]	s[2][4]	s[2][5]	s[2][6]	s[2][7]
s[3] →	s[3][0]	s[3][1]	s[3][2]	s[3][3]	s[3][4]	s[3][5]	s[3][6]	s[3][7]
s[4] →	s[4][0]	s[4][1]	s[4][2]	s[4][3]	s[4][4]	s[4][5]	s[4][6]	s[4][7]

입학 연도 끝 두 자리

프로그램 9-2 5명의 학번을 입력받아 입학 연도와 학번을 출력하기(ch9-2.cpp)

```
#include <stdio.h>
#define N 5

int main()
{
    char s[N][8]; // = {"e416062", "n315007", "e217103", "n113015", "e516082"};
    int i;

    printf("==   학번  입력   ==\n");
    for (i=0; i<N; i++)                // N개의 학번 문자열 입력
    {
        printf("%d째 학번은? ", i+1);
        scanf("%s", s[i]);
    }
    printf("\n");
    printf("====================\n");
    printf(" 입학 연도    학번    \n");
    printf("--------------------\n");
    for (i=0; i<N; i++)        // N개의 학번 문자열 출력과 이 안에 포함된 두 문자 출력
        printf("  20%c%c년도 %s \n", s[i][2], s[i][3], s[i]);
    printf("====================\n");

    return 0;
}
```

설명

- 13행: 문자열 단위로 입력하므로 문자열을 저장할 행의 시작 주소가 필요하다. 열 첨자를 생략한 s[0]은 0행의 시작 주소이다.
- 20행: s[i]는 i행을 가리키므로 i번째 문자열을 의미하고, s[i][2]는 i행의 2열의 원소인 문자를 의미한다.

9.3 프로그래밍 실습 1

9.3.1 나이 계산하기

주민등록번호 120604-3414542를 '-' 없이 id 배열에 초기화한 후 나이를 출력하는 프로그램을 작성해 보자. 현재 주민등록번호는 뒷부분이 3으로 시작하므로 2000년대 출생자이다. 하지만 1과 2로 시작하는 1900년대 출생자도 처리할 수 있는 일반화된 프로그램이 되도록 코드를 작성하자. 이렇게 작성한 코드는 다음 프로그래밍 실습에 활용할 수 있다.

조건

- 주민등록번호는 '-' 없이 char형 1차원 배열 id에 저장한다.
- 올해 연도는 this_year 변수에 2017로 대입한다.
- 우리나라 나이는 (올해 연도 - 출생 연도 + 1)로 계산한다.
- 주민등록번호 일곱 번째 자리가 1이거나 2라면 1900년대 출생자이고, 3이거나 4라면 2000년대 출생자이다. 주민등록번호의 첫째와 둘째 자리는 출생 연도 끝 두 자리만으로 구성되므로 일곱 번째 자리가 1이거나 2일 때와 3이거나 4일 때 나이를 계산하는 식이 달라져야 한다. id[6]에 맞는 case 내용을 처리하도록 switch문을 이용한다.

분석 및 해결 과정

- 실행 결과 분석

```
6세
```

① 올해 연도 2017을 this_year에 저장한다.
② 나이를 age에 구한다.
③ age에 구한 나이를 출력한다.

- ① this_year 변수에 2017을 대입한다.
- ② id[0]은 문자인 '1', id[1]도 문자인 '2'이다. 문자의 ASCII 코드 특성을 이용하여 문자를 숫자로 변경하여 나이를 계산하여 age에 저장한다.

  현재 주민등록번호는 id[6]이 '3'이므로 2000년대 출생자이며, id[0]과 id[1]을 이용하여 어떻게든 2012를 구했다면, 이 사람의 나이는 'this_year - 2012 + 1'로 계산하여 6을 구할 수 있다. 그렇다면 '1'과 '2'를 이용해 2012를 구하려면?

  ⓐ 문자 '1'을 숫자 1로 바꾸는 방법으로 '1'-'0'이 있다. ASCII 코드는 알파벳 순서대로, 숫자 순서대로 코드 값을 1씩 증가하며 부여하였다. 그러므로 코드 값은 모르더라도 '1'은 '0'보다 코드 값이 1 많으며, '2'는 '0'보다 2 많다는 것을 쉽게 알 수 있으며 이런 특성을 이용하여 '1'-'0'을 하면 '1'에 해당하는 숫자 1을 구할 수 있다.

  ⓑ 주민등록번호 첫째 자리는 출생 연도의 십 단위에 해당한다. 그러므로 (('1'-'0') * 10) + ('2'-'0') 수식을 이용하면 12를 얻는다.

  ⓒ ⓐ에 2000을 더하면 2012를 얻는다.

  id[6] 자리가 '1'이거나 '2'인 번호라면 ⓒ에서 1900을 더하면 된다.
- ③ age 결과를 출력한다.

프로그램 9-3 주민등록번호를 이용하여 나이 계산하기(ch9-3.cpp)

```
#include <stdio.h>

int main()
{
    char ________________________________;   // id 배열의 선언 및 초기화
    int i, age, this_year;

    this_year = 2017;              // ①

    switch (__________)            // ② 주민등록번호의 일곱 번째 자리 값에 따라 나이 계산법이 다름
    {
```

다음 장 »

```
    }
    printf("%d세\n", age);        // ③

    return 0;
}
```

9.3.2 여러 명의 이름과 주민등록번호를 이용하여 나이, 성별 출력하기

9.3.1절에서 작성한 프로그램을 확장하여 5명의 이름과 주민등록번호 5개를 각각 name과 id 배열에 저장한 후 이름, 주민등록번호, 나이, 성별을 출력하는 프로그램을 작성해 보자.

조건

- 5명의 이름과 주민등록번호는 char형 2차원 배열 name과 id를 선언하면서 바로 배열에 초기화한다.
- 올해 나이를 구하도록 올해 연도를 this_year에 직접 입력하도록 한다.

분석 및 해결 과정

- 실행 결과 분석

```
올해 연도는? 2017↵                               ① 올해 연도 입력

 이름     주민등록번호       나이 성별            ② 출력
--------------------------------------
유명인  010604-3214542  17살 (남)                ③ 출력 (for문)
나미인  030730-4564795  15살 (여)
이재수  770912-1674215  41살 (남)
최유식  810305-1625846  37살 (남)
한심해  850109-2789542  33살 (여)
--------------------------------------           ④ 출력
```

③-ⓐ name 배열의 0행에 저장된 문자열 출력
③-ⓑ id 배열의 0행에 저장된 문자열을 출력하되 중간에 '-'을 출력
③-ⓒ age에 나이를 구한 후 출력
③-ⓓ id 배열의 0행 6열에 있는 문자를 이용해 성별 출력

· ① 나이를 계산하려면 올해 연도가 필요하므로 입력받는다.
· ② 제목 및 선을 출력한다.
· ③ 9.3.1절의 ②에서 작성한 switch문을 for문으로 반복하여 해결한다.
  ⓐ name 배열과 id 배열에서 같은 행의 이름과 주민등록번호는 같은 사람의 정보이다. 그러므로 name[0]과 id[0]은 유명인의 이름과 주민등록번호 문자열이 된다.
  ⓑ id 배열의 각 행에는 '–'이 없는 주민등록번호가 저장되어 있다. 그러므로 문자열 단위로 출력하면 '–'을 출력할 수 없다. '–'을 출력하려면 주민등록번호마다 각 행의 0~5열의 원소를 출력하고(for문), '–'을 출력하고, 6~12열의 나머지 원소를 출력하는(for문) 방법과, for문 안에서 0~12열의 문자를 차례로 출력하되 6열의 원소를 출력한 다음에만 '–'을 추가로 출력하는 방법이 있다.
  ⓒ 9.3.1절의 ②에서 작성한 코드이다.
  ⓓ id[0][6]이 '1', '2', '3', '4'냐에 따라 "남" 또는 "여"를 출력한다. id[0][6]은 자주 이용하므로 char형 gender 변수에 저장하여 사용하는 것도 코드 가독성에 도움이 된다.
· ④ 선을 출력한다.

프로그램 9-4 여러 명의 이름과 주민등록번호로 나이, 성별 출력하기(ch9–4.cpp)

```
#include <stdio.h>
#define N 5

int main()
{
    char name_______________________________________;

    char id[N][14] = { "0106043214542", "0307304564795", "7709121674215",
                       "8103051625846", "8501092789542" };
    int i, col, age, this_year;              // 행, 열 첨자, 나이, 올해 연도

    printf("올해 연도는? ");                  // ① 나이를 계산하기 위해 올해 연도 입력
    scanf("%d", &this_year);
    printf("\n");

    printf(" 이름     주민등록번호    나이 성별\n");   // ② 출력
    printf("-----------------------------------\n");
```
다음 장 »

```
    for (i=0; i<N; i++)                          // ③ N명의 정보 출력
    {


    } // for 끝
    printf("-----------------------------------\n");     // ④ 출력

    return 0;
}
```

9.4 문자열 처리 함수

9.4.1 문자열 전용 입출력 함수

문자열만 입/출력하는 함수로 gets/puts가 있다. 문자열만 입출력하므로 변환 명세 %s가 필요하지 않으며 인수로 문자열을 입출력할 시작 주소를 사용한다.

형식 문자열 전용 출력 함수 puts

```
puts(s);
```

- s 시작 위치부터 널 문자를 만날 때까지 출력한 후 줄을 바꾼다.
- **s** : 문자열 시작 주소 또는 " "로 묶은 문자열 상수
  ① char형 1차원 배열이라면 배열명
  ② char형 2차원 배열이라면 배열명[행 첨자]

앞에서 scanf를 이용하여 "%s"로 문자열을 입력하면 중간에 공백이 들어간 문자열을 입력할 수 없다는 것을 소개하였다. 그러므로 scanf로는 공백이 포함된 주소, 도서명, 문장 등을 입력할 수 없다. 이를 해결해 주는 것이 gets이다.

형식 문자열 전용 입력 함수 gets

```
gets(s);
```

- 키보드에서 〈Enter〉 키를 누르기 전까지의 문자를 지정한 문자열 시작 주소부터 차례로 저장한다.
  → scanf와 다르게 공백을 포함한 문자열을 입력할 수 있다.
- **s** : 문자열을 저장할 시작 주소
  ① char형 1차원 배열 → 배열명
  ② char형 2차원 배열 → 배열명[행 첨자]

puts와 gets를 사용한 간단한 코드 예는 다음과 같다.

```
char book[20];

printf("도서명은? ");
gets(book);
printf("입력한 도서명: ");
puts(book);
printf("입니다.\n");
```

실행 결과

```
도서명은? C 프로그래밍 기초↵
입력한 도서명: C 프로그래밍 기초↵
입니다.
```

9.4.2 문자열 비교·복사 함수

숫자 간의 크기를 비교할 때는 if (sum > 100)과 같이 비교(관계) 연산자를 사용할 수 있다. 하지만 문자열의 크기를 비교할 때는 다음과 같이 비교 연산자를 사용할 수 없다.

```
if ("ace" < "top")   → (X)
if ("김" < "박")      → (X)
```

이 역시 포인터와 관련된 내용으로 위의 ( ) 조건은 문자열의 크기를 비교하는 것이 아니라 문자열이 저장된 기억 장소 주소의 크기를 비교하기 때문이다. 그렇다면 문자열의 크기는 어떻게 비교할까?

숫자가 아닌 문자열의 크기는 어떤 의미일까? 학생의 이름을 가나다순으로, 도서명을 abc순으로, 학교 이름을 가나다순으로 정렬을 하려면 문자열의 크기 비교가 필요하다. 문자열의 크기는 문자열에 포함된 문자 수와 상관없으며, 사전적 순서에 근거하여 결정된다. 즉 사전에서 두 문자열을 찾을 때 앞쪽에 나타나면 크기가 작은 것에 해당한다. 그러므로 다음과 같은 관계가 성립한다.

```
"가" < "강바닥" < "강타" < "사람" < "컴퓨터"
"C" < "Java"
"apple" < "art" < "c" < "c++"
"112" < "13" < "7"
"1" < "A" < "a"
```

많은 학생들의 정보 중 특정 학생의 정보를 찾을 때는 해당 학생 이름과 같은 것이 있는지 조사해야 하며, 학생 이름을 가나다순으로 정렬하려면 어떤 학생 이름이 더 작은 문자열인지 알 수 있어야 한다. `if (이름 문자열1 == 이름 문자열2)` 또는 `if (이름 문자열1 > 이름 문자열2)`로 크기를 비교할 수 없다면 어떻게 알 수 있을까? 다음의 C언어 라이브러리 함수 strcmp(string compare)를 사용하여 해결한다.

형식 문자열 비교 함수 strcmp

strcmp(s1, s2);

s1이 s2보다 작은지, 같은지, 큰지를 음수, 0, 양수로 알려줌

- **s1, s2** : 크기를 비교할 문자열 상수 또는 문자열 시작 주소
  (char형 1차원 배열이라면 배열명, char형 2차원 배열이라면 배열명[행 첨자])
- 함수 결과 값 : s1 문자열이 '더 작다/같다/크다'란 의미 순서대로 '음수/0/양수' 중 하나

s1 문자열 < s2 문자열 → 음수(-1) : s1 문자열이 사전에서 먼저 나타남
s1 문자열 == s2 문자열 → 0 : 같은 문자열
s1 문자열 > s2 문자열 → 양수(1) : s1 문자열이 사전에서 뒤에 나타남

- #include ⟨string.h⟩가 필요

시스템에 따라 strcmp 결과 값은 -1이나 1 외의 음수나 양수일 수 있다. strcmp 함수 결과 값이 헷갈린다면 다음과 같이 0을 기준으로 조건식을 표현하면 명확해진다(문자열을 바로 비교하지 않고 strcmp 함수의 인수로 사용하고 원래의 관계 연산자를 사용하여 오른쪽 0과 비교한다).

s1, s2는 char형 1차원 배열일 때 두 문자열의 크기를 비교하기

틀린 표현	바른 표현
if (s1 < s2)	if (strcmp(s1, s2) < 0)
if (s1 == s2)	if (strcmp(s1, s2) == 0)
if (s1 > s2)	if (strcmp(s1, s2) > 0)

char형 1차원 배열 s1에 저장된 문자열을 다른 문자열로 변경하고 싶을 때 s1="other"과 같이 표현하는 것은 오류이다. 사실 배열명은 정확하게는 배열의 시작 주소인 상수이므로 데이터를 대입할 수 없다. 문자열 단위로 대입을 하고 싶다면 다음의 strcpy(string copy) 라이브러리 함수를 사용해야 한다.

형식 문자열 복사 함수 strcpy

strcpy(s1, s2);

s1 ← s2 즉 s2 문자열을 s1에 대입(복사)

- **s1** : 문자열을 저장할 시작 주소
  (char형 1차원 배열이라면 배열명, char형 2차원 배열이라면 배열명[행 첨자])
- **s2** : 대입할 문자열 상수 또는 대입할 문자열이 저장된 시작 주소
- #include ⟨string.h⟩가 필요

문자열과 관련된 다른 라이브러리 함수로 strlen과 strcat이 있다.

형식 문자열 길이 함수 strlen, 문자열 연결 함수 strcat

strlen(s);

s 문자열에 저장된 문자 수로 널 문자는 제외한다. s 시작 위치부터 처음으로 널 문자를 만나기 전까지 센다.

- **s** : 문자열 상수 또는 문자열이 저장된 시작 주소
  (char형 1차원 배열이라면 배열명, char형 2차원 배열이라면 배열명[행 첨자])

strcat(s1, s2);

s1 문자열 뒤에 s2 문자열을 연결한다. 즉 s1의 널 문자 위치부터 s2 문자열을 대입한다.
→두 문자열을 연결했을 때 s1의 배열 크기를 초과하면 문제가 발생할 수 있다.

- **s1** : 문자열 시작 주소
- **s2** : 문자열 상수 또는 문자열이 저장된 시작 주소
- 두 함수 모두 #include <string.h>가 필요

strlen과 strcat를 사용한 간단한 코드 예는 다음과 같다. 한글 한 자는 길이를 2로 간주하므로 s1의 처음 길이는 6이지만 strcat로 "님"을 연결한 후에는 길이가 8이 된다.

```
char s1[20] = "홍길동", s2[10] = "님";

printf("고객:%s(%d) \n", s1, strlen(s1));
strcat(s1, s2);
printf("고객:%s(%d) \n", s1, strlen(s1));
```

실행 결과

```
고객:홍길동(6)
고객:홍길동님(8)
```

9.4.3 정보 찾기 프로그램

5명의 이름과 전화번호 정보가 있을 때 이름으로 전화번호를 알아내는 프로그램을 작성해 보자. 5명의 이름과 전화번호는 각각 char형 2차원 배열에 초기화하고 전화번호를 알고 싶은 사람의 이름은 입력받는다.

조건

- 입력한 이름과 같은 것이 이름 배열에 있는지 찾는 과정은 while문을 이용한다.
- 입력한 이름이 있는 이름 배열의 행 첨자는 index 변수에 구한다.

분석 및 해결 과정

- 실행 결과 분석

```
전화번호를 알고 싶은 사람은? 한심해↵
한심해 연락처: 010-5252-1004
```

① 출력
② who에 입력
③ who와 같은 이름이 있는 name 배열의 행 첨자 index 구하기
④ 출력(name 배열의 index행에서 찾았다면 hp[index]를 출력)

```
전화번호를 알고 싶은 사람은? 유미인↵

해당 이름이 없습니다.  ──── ④ 출력(name 배열에서 이름을 못 찾았을 때)
```

- ①~② 전화번호를 알고 싶은 사람의 이름을 입력받는다.

  이름은 문자열 한 개이므로 char형 1차원 배열 who에 입력한다. 이름이 한글 4자인 사람을 고려하여 who 배열의 원소 수는 13으로 지정하여 char who[13];으로 선언한다. 한글 한 자는 최소 2바이트를 필요로 하지만 비주얼 스튜디오에서는 한글 한 자에 3바이트를 배정해야 편집기에서 오류 표시가 나타나지 않으므로 한글 4자*3+1(널 문자)로 지정한다.

- ③ 입력한 이름과 같은 이름이 name 배열의 어느 행에 있는지 행 첨자를 index에 구한다(while 반복문).

  다음 그림과 같이 "이재수" 이름은 name[2]에 이 사람의 전화번호는 hp[2]에 저장되어 있다. 즉 찾는 이름이 name[index]에 있다면 이 사람의 전화번호는 hp[index]에 있다.

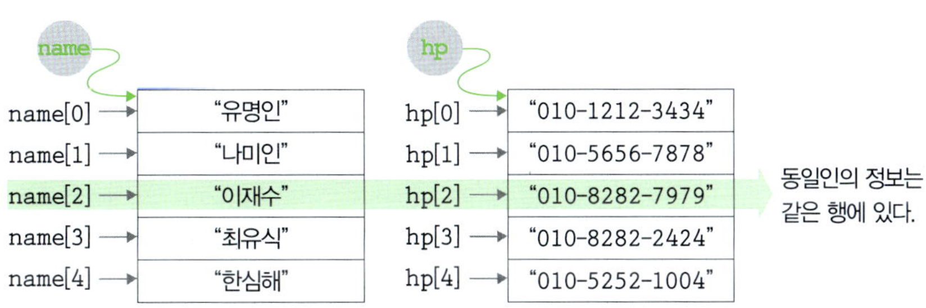

  index 변수를 0으로 초기화한 후, strcmp 함수를 이용하여 입력한 이름과 name 배열의 index행의 이름이 같은지 조사하는 과정을, index를 증가시켜 가며 반복해야 한다. while문의 반복 조건은 다음과 같이 name 배열의 index행 문자열이 다를 뿐만 아니라 name 배열의 마지막 문자열까지 조사했다면 더 이상 반복하지 않게 해야 한다.

```
while (strcmp(name[index], 입력한 이름) != 0 && index < N)
{ … }
```

- ④ who에 입력된 이름이 name 배열에 있다면 전화번호를 출력한다. 하지만 name 배열에 없는 이름이라면 해당 이름이 없다는 것을 출력한다.

  name 배열에 who 이름이 있는지 없는지는 index 변수를 조사해서 확인할 수 있다. ③의 while문을 벗어나는 경우는 두 가지가 있다. (1) index가 N보다 작을 때 strcmp 함수 결과가 0으로 같은 이름을 찾아서 즉 strcmp(name[index], 입력한 이름) != 0이 거짓이 되어 벗어나는 경우와, (2) index가 N이 될 때까지 같은 이름을 찾지 못해 index < N 조건이 거짓이 되어 벗어나는 경우이다. (1)과 (2)는 index를 조사하여 구분할 수 있다. 즉 index < N 또는 index != N 조건의 참과 거짓으로 구분할 수 있다.

프로그램 9-5 이름으로 전화번호 찾기(ch9-5.cpp)

```
#include <stdio.h>
#include <string.h>
#define N 5

int main()
{
    char name[N][13] = {"유명인", "나미인", "이재수", "최유식", "한심해"};
    char hp[N][14] = {"010-1212-3434", "010-5656-7878", "010-8282-7979",
                      "010-8282-2424", "010-5252-1004"};
    char who[13];
    int index;

    printf("전화번호를 알고 싶은 사람은? ");
    scanf("%s", who);          // 전화번호를 알고 싶은 사람의 이름 입력
    printf("\n");

    index = 0;
    while (strcmp(name[index], who)!=0 && index<N) // 이름이 다르고 마지막 이름이 아니면
        index++;

    if (index<N)               // 같은 이름을 찾아서 while을 벗어난 경우
        printf("%s의 연락처: %s \n", name[index], hp[index]);
    else                       // 같은 이름을 찾지 못하고 while을 벗어난 경우
        printf("해당 이름이 없습니다. \n");

    return 0;
}
```

설명

▸ 18행: 프로그램 실행 시 입력한 문자열은 char형 1차원 배열에 저장되어 있으므로 who가 문자열이며, name은 2차원 배열이므로 name[0]~name[4]까지 5개의 문자열이 존재한다. strcmp(name[index], who)는 두 문자열이 같으면 그 결과가 0이며, 같은 문자열을 찾지 못했다면 계속 찾아야 하므로 while (strcmp(name[index], who) != 0) 조건을 사용한다. 이 조건만 사용한 경우 두 번째 실행 결과 화면과 같이 name 배열에 없는 이름을 입력했다면 strcmp 함수 결과가 0이 되는 경우가 없으므로 index를 계속 1씩 증가시키며 반복하게 된다. 그러므로 name 배열의 마지막 행과 비교를 했다면 더 이상 반복을 하지 않도록 while (strcmp(name[index], who)!=0 && index〈N)을 사용해야 한다.

▸ 17~24행: while문을 사용하지 않고 for문으로 작성한다면 다음과 같이 작성할 수 있다.

```
for (i=0; i<N; i++)
{
    if (strcmp(name[i], who) == 0)
    {
        printf("%s의 연락처: %s \n", name[i], hp[i]);
        break;
    }
}

if (i==N)  // 같은 이름을 찾지 못해서 for문을 벗어난 경우
    printf("해당 이름이 없습니다. \n");
```

9.5 프로그래밍 실습 2

9.5.1 도서 정보를 도서명 순서대로 정렬하기

책 5권의 도서명과 출판 연도가 각각 book과 year 배열에 저장되어 있을 때 도서명을 가나다순으로 정렬하고 이 정렬 순서에 맞게 출판 연도도 정렬하여 출력하는 프로그램을 작성해 보자.

분석 및 해결 과정

[실행 결과 분석]

```
《 정렬 전 》
                                        ┐
  도서명                   출판 연도     ├─ ① 출력
==============================          ┘
  C 기초                   2016         ┐
  JAVA 기초                2017         │
  앱 개발                  2014         ├─ ② book과 year 배열의 문자열 출력(for문)
  프로그래밍 언어 C        2015         │
  알고리즘                 2017         ┘
==============================          ── ③ 출력
  ●──────────────────────────────────── ④ book 배열을 오름차순으로 정렬(중첩 for문)
《 도서명순 》
                                        ┐
  도서명                   출판 연도     ├─ ⑤ 출력
==============================          ┘
  C 기초                   2016         ┐
  JAVA 기초                2017         │
  알고리즘                 2017         ├─ ⑥ book과 year 배열의 문자열 출력(for문)
  앱 개발                  2014         │
  프로그래밍 언어 C        2015         ┘
==============================          ── ⑦ 출력
```

- ①~③ 같은 책의 도서명과 출판 연도는 각각 배열의 같은 행에 있으므로 ②와 같이 출력하기 위해 book[i](2차원 배열의 행 문자열)를 출력할 때 year[i](1차원 배열의 원소)도 출력한다.
- ④ 정렬은 버블 정렬 알고리즘을 사용하여 처리한다.
  이웃하는 두 도서명을 정렬할 때 다음의 왼쪽 코드로 작성할 수 없으므로 오른쪽과 같이 함수를 사용하여 해결해야 한다. 두 문자열의 위치를 바꾸려면 book[i] 문자열을 보관할 곳이 필요하다. 보관할 문자열은 한 개이므로 temp_book은 char형 1차원 배열이면 된다.

```
if (book[i] > book[i+1])
{
    temp_book = book[i];
    book[i] = book[i+1];
    book[i+1] = temp_book;
}
```

→

```
if (strcmp(________, ________) > 0)
{
    strcpy(________, ________);
    strcpy(________, ________;
    strcpy(________, ________);
}
```

두 도서명의 순서를 바꾸었다면 해당 출판 연도도 순서를 바꾸어야 행 순서대로 같은 도서의 정보를 유지할 수 있다. 그러므로 if문의 조건이 참이 되어 book[i]와 book[i+1]의 순서를 바꾼다면 year[i]와 year[i+1]의 순서도 같이 바꾸어야 한다. year[i]는 int형 배열의 원소이므로 이 값을 다른 곳에 보관할 때는 정수형 변수를 사용해야 한다.

- ⑤~⑦ 앞에서 작성한 ①~③ 코드를 복사하여 '《 도서명순 》'으로 출력하도록 수정한다.

프로그램 9-6 도서 정보를 도서명 순서대로 정렬하여 표시하기(ch9-6.cpp)

```
#include <stdio.h>
#include <string.h>
#define N 5

int main()
{
    // book과 year 배열을 선언하면서 초기화하기
    [                                        ]

    ____________________          // 도서명 한 개를 보관할 배열 선언

    ____________________          // 출판 연도 한 개를 보관할 변수 선언
    int repeat, i;

    printf("《 정렬 전 》\n\n");       // ①
    printf("    도서명                    출판 연도\n");
    printf("=====================================\n");
    [                                        ] // ②

    printf("=====================================\n"); // ③
```

다음 장 »

```
    // 버블 정렬 시작 ④
    for (repeat=1; repeat<N; repeat++)
    {






    }

    printf("\n\n");
    printf("《 도서명순 》\n\n");                    // ⑤
    printf("  도서명                     출판 연도\n");
    printf("=======================================\n");
                                                    // ⑥: ②와 동일



    printf("=======================================\n");    // ⑦

    return 0;
}
```

Memo

C 프로그래밍 기초

Chapter

C PROGRAMMING

10 함수

10.1 함수의 의미

크고 복잡한 내용을 프로그램으로 작성할 때는 전체 내용을 기능별로 작은 단위로 나누어서 따로 작성한 다음에 이 단위 프로그램을 하나의 큰 프로그램으로 통합하는 방식을 사용하는 것이 좋은 프로그램을 만드는 방법이다. 여기서 기능별로 특정한 작업을 처리하도록 작성한 프로그램을 함수라고 하며, 특별히 C언어에서는 함수의 집합으로 하나 이상의 여러 함수로 구성되며, 함수 단위로 프로그램을 작성한다.

지금까지 작성한 프로그램도 다시 한번 살펴보면 메인 함수(main( )), 출력 함수(printf( )), 입력 함수(scanf( )) 함수라고 한 것을 기억할 것이다. 여기서 보면 함수가 하나의 독립된 프로그램일 수도 있고 프로그램에 안에 포함되는 일부의 기능이지만 단독적인 역할을 수행하는 것을 알 수 있다.

프로그램을 작성해 보면 매번 되풀이되는 작업이라든가 자주 사용되는 기능들이 발생한다. 이런 경우 프로그램에서는 반복적인 작업을 매번 프로그램하기에는 비효율적일 수밖에 없다. 이때 이 반복적인 부분은 함수로 만든 후 필요할 때 호출하여 사용할 수 있다.

실생활에서 어떤 일을 해야 할 때 모든 일을 혼자서 처리할 수도 있지만 [그림 10-1]과 같이 사무 장비 같은 것이 있어 필요한 일들의 일부분을 대신 처리해 주면 훨씬 편리하게 일을 완수할 수 있다. 이 장에서 소개할 함수가 이와 같이 필요한 일을 대신해 주는 역할을 담당하는 것이라 할 수 있다.

[그림 10-1] 실생활에서의 함수 예

10.2 함수의 종류 및 실행 순서

C 프로그램에서 함수(function)는 하나의 독립된 프로그램일 수도 있고, 평균, 최댓값,

표준 편차와 같은 특정 값을 구하거나 파일 생성, 사용자 안내문 표시, 배열 내용 변경, 결과 출력과 같이 특정한 일을 수행하는 코드 블록이기도 하다. 각 함수들의 종류와 함수들이 실행되는 과정에 대해 알아보도록 하자.

10.2.1 함수 종류

C 프로그램은 다양한 함수들의 모임으로 이루어지며, 함수들에 따라 그 역할이 다양하다.

함수의 종류로는 크게 main 함수, 라이브러리 함수, 사용자 정의 함수로 구분할 수 있으며. 여기에서는 각 함수의 개념에 대해서 간단히 알아보고 각 단원에서 자세하게 다루도록 한다.

main 함수는 C언어에서 가장 핵심이 되는 함수로서 이름 그대로 메인 함수라고 하며 프로그램에서 반드시 있어야 하는 함수이다. 프로그램의 시작이자 중심으로 지금까지 작성한 프로그램을 보면 알 수 있을 것이다.

프로그램이 실행될 때 운영체제로부터 제일 먼저 호출되어 처리되는 함수이고, 두 개 이상 존재할 수 없으며 다만 main 함수에서 다른 함수의 호출이 있는 경우에는 해당 함수를 처리하고 다시 main 함수로 되돌아와서 함수의 나머지 부분을 처리하고 종료된다. main 함수의 종료는 프로그램의 종료를 의미하며 최종 독립된 프로그램이 된다.

라이브러리 함수는 이미 개발도구에 구현되어 있는 프로그램으로서 프로그래머는 필요할 때 호출하여 바로 사용할 수 있다(10.3절에서 소개함). 사용자 정의 함수는 프로그래머가 직접 프로그램을 작성하여 개발하는 함수이다(10.6절에서 소개함).

10.2.2 함수의 실행 순서

함수의 실행 순서는 함수 호출 → 함수 수행 → 함수 종료가 되면서 함수를 호출한 곳으로 다시 돌아온다. 함수를 호출하는 과정에서 인수 전달이 필요하기도 하고 함수가 종료되면서 반환 값이 전달되기도 한다. 예를 들어 [그림 10-1]에서 복사를 하려면 서류 원본과 복사 수량(인수 전달)이 필요한데 원본과 수량을 알려주지 않으면 제대로 된 복사물(반환 값)을 얻을 수 없다. 마찬가지로 [그림 10-2]와 같이 함수를 호출할 때는 함수가 일을 처리하는 데 필요한 최소의 정보인 인수(argument)를 전달해야 하는데 이를 '인수 전달'이라고 한다. 반대로 호출된 함수는 자신이 구한 값을 자신을 호출한 곳에 제공해야 하는데 이를 '반환 값을 전달한다'고 한다.

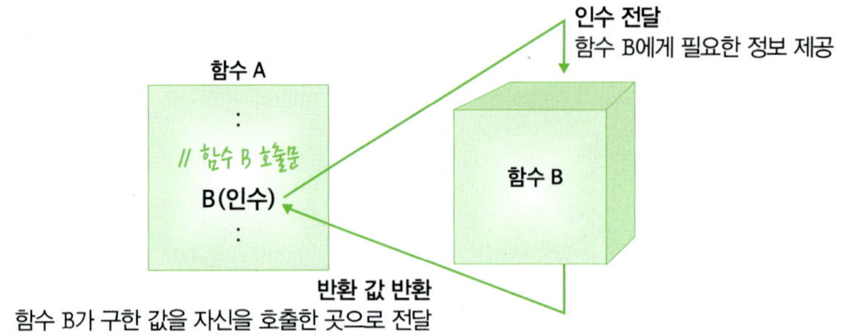

[그림 10-2] 함수의 인수 전달과 반환 값 반환

함수는 서로 독립된 별개의 프로그램으로 볼 수 있다. 함수끼리 서로의 내용은 전혀 모르지만 함수를 호출하면 원하는 값을 얻을 수 있기 때문에 함수를 블랙박스라고도 한다. 블랙박스처럼 서로 독립적인 함수가 제 역할을 하려면 인수 전달과 반환 값 전달이 필요하다.

[그림 10−3]은 프로그램에서 함수를 호출했을 때 처리되는 과정을 간단히 살펴보기 위해 pow 함수를 이용해 2^{10}(2의 10승)을 구하는 프로그램을 간략히 표현한 것이다. 프로그램의 특정 함수에서 다른 함수를 호출하면 실행 순서가 변경되어 호출된 함수가 실행된다. 호출된 함수의 실행이 끝나면 그 함수를 호출한 곳으로 다시 실행 순서가 변경되어 진행된다.

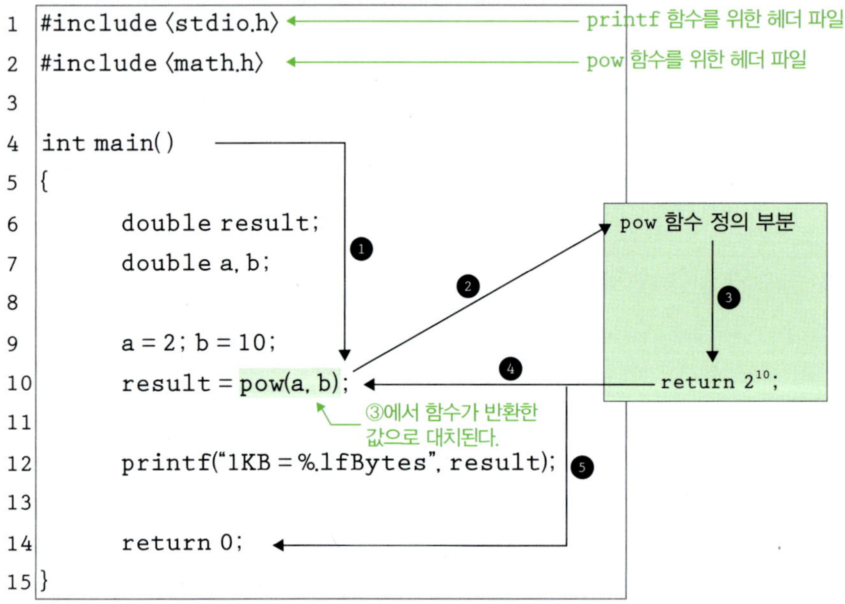

[그림 10-3] 함수 호출과 실행 순서

실행 결과

```
1KB = 1024Bytes
```

[그림 10-3]의 프로그램이 실행되는 자세한 순서는 다음과 같다.

① 프로그램을 실행하면 가장 먼저 main 함수가 실행되고, 함수 안의 문장이 위에서 아래로 차례대로 실행된다.

② 10행에 있는 대입문을 실행할 때 대입 연산자 '='의 오른쪽 식부터 계산되는데 이 식에 pow 함수의 호출문이 있다. pow 함수를 호출하면 실행 순서는 pow 함수로 바뀌며 이때 2와 10이 pow 함수로 전달된다.

③ pow 함수는 자신에게 전달된 정보를 이용하여 2^{10}을 구한다.

④ pow 함수의 return문에 따라 함수의 실행이 끝나면 이 함수를 호출한 곳으로 실행 순서가 변경된다. 이때 함수가 구한 반환 값 2^{10}이 10행의 함수 호출 pow(2, 10) 자리로 전달되어 반환 값 2^{10}으로 대치되고 이 값은 대입문에 의해 result 변수에 저장된다.

⑤ 계속해서 main 함수가 실행되고 14행의 return문에 따라 main 함수가 끝나면 프로그램의 실행도 끝난다. 즉 main 함수는 자신이 직접 2^{10}을 구하지 않고 pow 함수가 대신 구해 준 값을 이용하여 프로그램을 완성한다.

10.3 라이브러리 함수

C언어에서는 제곱근, 로그 값, 삼각 함수, 문자열 비교, 입출력과 같이 특정 값을 구하거나 특정 기능을 수행하는 함수를 제공하는데 이런 함수를 라이브러리 함수(library function) 혹은 표준 함수라고 한다.

라이브러리 함수는 미리 정의되어 있으므로 직접 정의할 필요 없이 함수 호출(function call)을 통해 바로 이용할 수 있다. 주의할 것은 라이브러리 함수를 사용하려면 해당 함수의 원형선언 등을 포함하고 있는 헤더 파일을 프로그램에 포함하도록 include 지시자(10.4절 전처리기에서 소개함)를 명시해야 한다는 것이다. 지금까지 사용한 printf와 scanf가 대표적인 라이브러리 함수이다. 이를 이용하기 위해 #include 〈stdio.h〉를 사용한 것을 상기해 보길 바란다.

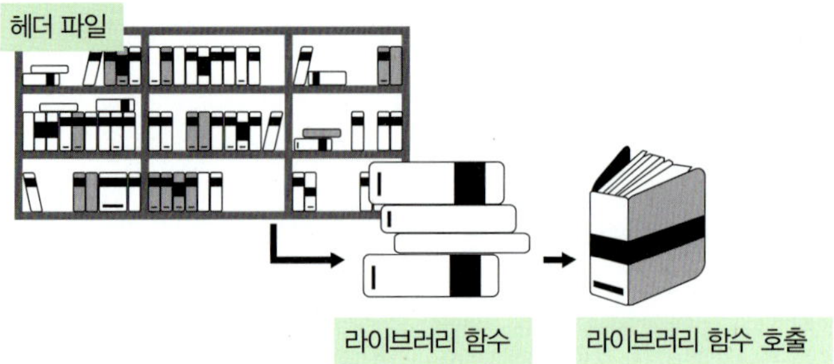

[그림 10-4] 헤더 파일과 라이브러리 함수

10.3.1 라이브러리 함수의 호출

함수를 호출할 때는 함수명과 이 함수가 실행될 때 필요한 정보인 인수를 정확히 명시해야 한다.

형식 라이브러리 함수의 호출

함수명(인수 목록)

- 인수 목록: 인수1, 인수2, …, 인수n
- 인수는 상수, 변수, 식 등으로 표현할 수 있으며, 최종적으로 인수의 값이 전달된다.
- 함수마다 인수의 순서, 자료형, 개수가 정해져 있다.

라이브러리 함수가 호출될 때 반드시 필요한 헤더 파일은 다음과 같은 종류들이 있다.

• 수학과 관련된 함수: #include 〈math.h〉가 필요

함수 호출 예	수학 식	의미
pow(x, n)	x^n	거듭제곱
sqrt(3 * x + a)	$\sqrt{3x+a}$	거듭제곱근
log(x)	$\ln(x)$	자연 로그
log10(abs(2 * x))	$\log_{10}(\lvert 2x \rvert)$	상용 로그
abs(-3)	$\lvert -3 \rvert$	정수 인수의 절대치
fabs(-7.5)	$\lvert -7.5 \rvert$	실수 인수의 절대치
exp(x)	e^x	지수 함수
ceil(x);	$\lceil x \rceil$	x와 같거나 x보다 큰 정수 중 가장 작은 정수
floor(x)	$\lfloor x \rfloor$	x와 같거나 x보다 작은 정수 중 가장 큰 정수
sin(2 * 3.141592);	$\sin(360^\circ)$	사인 값
cos(3.141592);	$\cos(180^\circ)$	코사인 값
tan(3.141592 / 4);	$\tan(45^\circ)$	탄젠트 값

• 문자 한 개와 관련된 함수: #include <ctype.h>가 필요

함수 호출 예	함수 의미
isdigit(ch)	ch에 저장된 문자가 숫자 문자면 논리 값 참을, 그렇지 않으면 거짓을 반환
isalpha(ch)	ch에 저장된 문자가 영문자면 참을, 그렇지 않으면 거짓을 반환
islower(ch)	ch에 저장된 문자가 영문 소문자면 참을, 그렇지 않으면 거짓을 반환
isupper(ch)	ch에 저장된 문자가 영문 대문자면 참을, 그렇지 않으면 거짓을 반환

• 문자열과 관련된 함수: #include <string.h>가 필요

함수 호출 예	함수 의미
strlen(str)	str에 저장된 문자열의 길이를 반환
strcmp(str1, str2)	str1과 str2에 저장된 문자열이 같으면 0을, str1이 더 작으면 -1을, str1이 더 크면 1을 반환
strcpy(str1, str2)	str2의 문자열을 str1의 문자열로 복사

• 그 외 범용 함수: #include <stdlib.h>가 필요

함수 호출 예	함수 의미
rand( )	정수 0~32767 중에서 한 개의 난수를 반환
srand(time(NULL))	현재 시간(time(NULL))을 난수 생성기의 씨드로 설정
exit(0)	프로그램을 종료(인수는 0과 1을 사용하며 exit(0)는 프로그램의 정상적인 종료를, exit(1)은 프로그램의 비정상적인 종료를 의미)
system("cls")	문자열 인수에 해당하는 시스템 명령을 실행한다. 예는 화면을 지우는 시스템 명령을 실행

주의

• 사용할 함수에 필요한 전처리기 지시자를 정확하게 명시해야 한다.

• sin, cos, tan, asin, acos, atan와 같은 삼각 함수의 인수는 각도가 아닌 라디안을 단위로 사용해야 한다. 180°는 라디안으로 π에 해당하는데 π 값은 3.14가 아닌 3.141592 정도로 지정해야 정확한 함수 값을 얻을 수 있다.

• 위에서 소개한 함수 외에도 다양한 라이브러리 함수가 있다. 그러므로 함수를 직접 정의하기 전에 원하는 기능의 라이브러리 함수가 있는지 먼저 확인하는 것이 효율적으로 프로그램을 개발하는 방법이다.

10.3.2 사인 삼각 함수 값 구하기

0°부터 180°까지 30° 단위마다 사인 함수의 값을 출력해 보자.

분석 및 해결 과정

- 사인 삼각 함수의 값은 C 라이브러리 함수 sin을 호출해 구한다.
- sin 함수를 이용하려면 #include <math.h>가 필요하다.
- sin 함수의 인수는 단위가 각도가 아닌 라디안이므로 각도 변수 degree를 라디안 변수 radian으로 변환한 후 sin(radian)으로 호출한다.
- 180°는 라디안으로 π에 해당하므로 각도를 라디안 단위로 변환하는 식은 (π*각도)/180 이다.

프로그램 10-1 sin 함수 호출 0°부터 180°까지 30° 단위마다 사인 함수 값 출력하기(ch10-1.cpp)

```
#include <stdio.h>          // printf 함수를 위한 헤더 파일
#include <math.h>           // sin 함수를 위한 헤더 파일
#define PI 3.141592         // 매크로 상수 지정하기

int main()
{
    int degree;             // 각도 값을 저장할 변수
    double radian;          // degree의 라디안 값을 저장할 변수

    for (degree=0; degree<=180; degree+=30)
    {
        radian = (PI * degree) / 180;     // 각도를 라디안 단위로 변환
        printf("sin(%d°) = %.5lf \n", degree, sin(radian));
    }

    return 0;
}
```

sin 함수 호출

실행 결과

```
sin(0°) = 0.00000
sin(30°) = 0.50000
sin(60°) = 0.86603
sin(90°) = 1.00000
sin(120°) = 0.86603
sin(150°) = 0.50000
sin(180°) = 0.00000
```

설명

- 3행: π는 식별자로 사용할 수 없으므로 이해하기 쉽도록 PI라는 매크로 상수명을 사용한다. PI를 흔히 알고 있는 3.14로 정의하면 %.5lf로 출력했을 때 sin(180°)의 값이 0.00000이 아닌 0.00159로 출력된다. 그러므로 정확한 삼각 함수 값을 구하고자 할수록 π(3.1415926535…)를 소수점 이하 자리가 많게 정의해야 한다. 매크로 상수에 대한 부분은 다음 절(10.4 전처리기)에서 설명하도록 한다.
- 12행: 각도인 degree를 라디안 단위로 변경하기 위해 180°:PI=degree°:radian 식을 이용한다.
- 13행: 사인 삼각 함수 값을 구하려고 라이브러리 함수 sin을 호출하며, 이때 12행에서 구한 radian을 인수로 사용한다. '°'는 한글 자판에서 〈ㄱ〉 키를 누른 후 〈한자〉 키를 눌렀을 때 화면 하단 오른쪽에 나타나는 특수 문자 목록에서 찾아 넣은 특수 문자이다.

10.3.3 난수 구하기

프로그램을 실행할 때마다 특정 변수 값이 어떤 범위 안에서 임의의 값이 되어야 하는 경우가 있다. 컴퓨터와 사람이 가위바위보 게임을 하는 프로그램을 가정해 보자. 사람이 무엇을 낼지는 사람에게 가위, 바위, 보 중 한 개를 입력하게 하면 되지만 컴퓨터가 이 셋 중 무엇을 낼지는 어떻게 결정할까? 주사위를 두 개 던져서 나오는 값의 합을 맞추는 게임도 마찬가지이다. 주사위의 값은 1~6 중 한 개인데 게임 때마다 두 주사위의 값을 어떻게 다르게 지정할까? 초등학생의 덧셈과 뺄셈 연습 프로그램도 학생이 계산할 때마다 덧셈이나 뺄셈하는 두 수가 달라져야 한다. 이 두 값을 어떻게 지정할까? 이에 대한 해답은 난수 생성기를 이용하는 것이다.

■ **난수 생성 함수: rand**

무작위로 선택된 임의의 값을 한 개 반환하는 함수를 난수 생성기(random number generator)라고 하는데 C언어는 rand라는 이름의 난수 생성기를 제공한다. rand 함수는 0~32767 범위 안에 있는 임의의 정수 한 개를 반환하며 함수의 원형과 호출은 다음과 같다.

- rand 함수의 원형: `int rand(void)` — 매개변수가 없다.
- rand 함수의 호출: `rand()` — 인수가 없다
  결과 값은 0~32767 범위 안의 임의의 값이다.
  #include 〈stdlib.h〉가 필요하다.

rand 함수를 사용하려면 〈stdlib.h〉 헤더 파일이 필요하다. rand 함수가 반환하는 값 중에서 최댓값 32767은 외우기 쉽도록 RAND_MAX라는 정수 상수로 정의되어 있다.

[프로그램 10-2]는 rand 함수를 5번 호출하여 난수를 5개 출력하는 프로그램이다.

프로그램 10-2 난수를 5개 구해 출력하기(ch10-2.cpp)

```c
#include <stdio.h>
#include <stdlib.h>          // rand 함수를 위한 헤더 파일

int main()
{
    int i, random;

    for (i=1; i<=5; i++)
    {
        random = rand();     // 난수를 얻어 random 변수에 저장
        printf("%d번째 난수: %5d \n", i, random);
    }

    return 0;
}
```

실행 결과

```
1번째 난수:    41
2번째 난수: 18467
3번째 난수:  6334
4번째 난수: 26500
5번째 난수: 19169
```

함수 호출은 rand( )로 동일하지만 반환되는 값은 0~32767 중 한 개로 계속 달라진다.

■ 씨드 설정 함수: srand

난수 생성기는 난수를 구해 주지만 난수 생성기에 설정된 씨드(seed) 값에 따라 생성되는 난수의 순서가 정해져 있다. 즉 화분에 봉숭아 씨앗을 뿌리느냐 채송화 씨앗을 뿌리느냐에 따라 자라나는 화초가 달라지는 것처럼 난수 생성기에 설정된 씨드가 무엇이냐에 따라 생성되는 난수의 값과 순서가 달라진다는 것이다. [그림 10-5]와 같이 [프로그램 10-2]를 세 번 실행하면 세 번 모두 생성된 난수 5개의 순서가 동일함을 확인할 수 있다.

첫 번째 실행 결과	두 번째 실행 결과	세 번째 실행 결과
1번째 난수: 41	1번째 난수: 41	1번째 난수: 41
2번째 난수: 18467	2번째 난수: 18467	2번째 난수: 18467
3번째 난수: 6334	3번째 난수: 6334	3번째 난수: 6334
4번째 난수: 26500	4번째 난수: 26500	4번째 난수: 26500
5번째 난수: 19169	5번째 난수: 19169	5번째 난수: 19169

[그림 10-5] 프로그램을 실행할 때마다 동일한 순서의 난수가 생성되는 예

결과가 [그림 10-5]와 같은 이유는 rand 함수의 씨드를 프로그램에서 직접 지정하지 않으면 기본 씨드 값으로 설정되기 때문이다. 다시 말해 씨드가 같으면 생성되는 난수의 순서가 동일하다. 가위바위보 게임을 할 때 컴퓨터가 내는 것이 언제나 가위라면 이 게임을 몇 번 해 본 사용자는 언제나 이기게 될 것이다. 게임 프로그램을 실행할 때마다 다른 난수를 얻으려면 rand 함수를 처음 사용하기 전에 프로그램에서 직접 씨드를 설정하면 된다. 씨드를 설정하려면 srand(씨드);로 srand 함수를 호출한다.

[그림 10-6]은 [프로그램 10-2]의 7행에 씨드 설정 함수를 추가하여 실행한 결과이다.

srand(1);을 추가한 결과

```
1번째 난수:    41
2번째 난수: 18467
3번째 난수:  6334
4번째 난수: 26500
5번째 난수: 19169
```

srand(2);를 추가한 결과

```
1번째 난수:    45
2번째 난수: 29216
3번째 난수: 24198
4번째 난수: 17795
5번째 난수: 29484
```

srand(3);을 추가한 결과

```
1번째 난수:    48
2번째 난수:  7196
3번째 난수:  9294
4번째 난수:  9091
5번째 난수:  7031
```

[그림 10-6] [프로그램 10-2]의 7행에 씨드 설정 함수를 추가하여 실행한 결과

그러나 여기서도 여전히 문제는 남아 있다. 씨드를 다르게 설정함으로써 생성하는 난수의 순서는 달라지지만 개발된 프로그램을 사용하는 사용자가 직접 프로그램의 srand 함수의 인수인 씨드를 변경한 후 프로그램을 실행할 수는 없는 일이다. srand 함수의 인수를 프로그램을 실행할 때마다 2나 3 또는 7과 같이 다르게 할 수 있는 방법이 필요하다. 그래서 time(NULL) 함수 호출을 활용한다.

rand 함수의 씨드를 ( ) 안의 인수 값으로 설정한다.

```
srand(time(NULL));
```

함수 호출문 time(NULL)을 실행할 때의 컴퓨터의 시간이 반환된다.
time 함수는 #include <time.h>가 필요하다.

컴퓨터의 시간은 계속 흐르고 있으므로 프로그램이 실행되어 time 함수가 호출될 때마다 time(NULL)에는 다른 값이 반환된다. 이 시간을 씨드로 설정하므로 프로그램 코드는 srand(time(NULL));로 동일하지만 실행할 때마다 다른 씨드를 설정할 수 있다. [프로그램 10-3]은 현재 시간을 씨드로 설정하도록 [프로그램 10-2]를 수정한 것이며, 결과 창은 [프로그램 10-3]을 세 번 실행한 결과이다.

프로그램 10-3 현재 시간을 rand 함수의 씨드로 설정 실행 때마다 다른 난수 구하기(ch10-3.cpp)

```
#include <stdio.h>
#include <stdlib.h>      // rand, srand 함수를 위한 헤더 파일
#include <time.h>        // time 함수를 위한 헤더 파일

int main()
{
```

```c
    int i, random;

    // time 함수를 실행할 때 컴퓨터의 현재 시간을 rand 함수의 씨드로 설정하기
    srand(time(NULL));

    for (i=1; i<=5; i++)
    {
        random = rand();       // 난수를 얻어 random 변수에 저장
        printf("%d번째 난수: %5d \n", i, random);
    }

    return 0;
}
```

프로그램을 실행할 때마다 time 함수의 반환 값이 달라지므로 서로 다른 순서의 난수 5개를 얻는다.

[실행 결과]

```
1번째 난수:  9387
2번째 난수: 32141
3번째 난수:  8987
4번째 난수:  3718
5번째 난수: 12787
```

[실행 결과]

```
1번째 난수:  9485
2번째 난수: 26913
3번째 난수: 20624
4번째 난수:  4721
5번째 난수: 27312
```

[실행 결과]

```
1번째 난수:  9534
2번째 난수: 24299
3번째 난수: 26442
4번째 난수:  5223
5번째 난수: 18191
```

■ 스케일링

주사위를 던져서 나오는 값을 맞추는 게임을 생각해 보자. 주사위 값은 1~6 중 하나일 것이다. 주사위 값을 변수 die에 저장한다면 die는 어떻게 구할까? 난수 생성기를 이용해 1~6 중 하나가 되게 하면 될 것이다. 그런데 난수 생성기 rand 함수는 0~RAND_MAX 중 난수 하나를 반환하므로 1~6 중 한 개 값이 되도록 조정해야 한다. 난수의 범위를 원하는 값의 범위로 조정하는 것을 스케일링(scaling)이라 하는데 스케일링에 많이 사용되는 방법 중 하나가 나머지 연산자 %를 이용하는 것이다.

die의 값이 1~6 중 하나가 되도록 스케일링한다면 die는 다음과 같이 구할 수 있다.

```c
die = rand() % 6 + 1;
```

rand() % 6 → 0~5 중의 정수

→ 1~6 중의 정수

die의 범위를 1~6으로 스케일링하는 방법은 다음과 같은 과정에서 얻어진다.

① 나머지 연산자를 활용해 스케일링하기 쉽도록 일단 1~6 범위를 0에서 시작하도록 수정한다. 1~6 범위에서 1을 빼면 0~5 범위가 된다. 0~5 범위는 rand( ) % 6으로 쉽게 스케일링할 수 있다.

② 실제로 원하는 범위는 1~6이며 이것은 ①에서 구한 0~5 범위에 1를 더하면 되므로 die = rand( ) % 6 + 1로 얻을 수 있다.

1~6 대신 보다 일반화시킨 min~max 범위가 되도록 스케일링한다면 다음과 같다.

```
die = (rand() % 6) + 1;
```

(max - min + 1) ← 6, 1 → min

[표 10-1]은 임의의 정수 범위로 스케일링하는 다양한 예를 보여 준다. 실수형 자료에는 나머지 연산자를 사용할 수 없으므로 다른 방법을 이용한다.

[표 10-1] 다양한 스케일링 예

얻으려는 난수 범위	스케일링 식
0~9 중의 정수	rand( ) % 10
1~3 중의 정수	rand( ) % 3 + 1
5~10 중의 정수	rand( ) % 6 + 5
min~max 중의 정수	rand( ) % (max - min + 1) + min
0~5 중의 실수	(rand( ) * 5.0) / RAND_MAX 5를 곱하면 (rand( )*5)가 정수가 되고 결국 정수/정수가 되어 소수점 아래 값이 사라지므로 주의한다.
begin~end 중의 실수	(rand( ) * (end - begin)) / RAND_MAX + begin begin과 end 중 하나는 반드시 실수형이어야 한다.

10.3.4 컴퓨터가 숨긴 수 맞히기

1~5 사이에서 생성하는 난수를 컴퓨터가 숨긴 수로 가정하고 숨긴 수 맞히기 게임을 하는 프로그램을 작성해 보자.

조건

- 1~5 사이의 난수 생성하기
- 전체 게임 횟수와 맞힌 회수 출력하기
- 게임의 진행 여부를 물어서 "아니요" 할 때까지 계속 진행하기(실행 결과를 참조)

분석 및 해결 과정

- 난수 생성 함수를 위해 헤더 파일 지정하기
- 프로그램을 실행할 때마다 씨드를 다른 값으로 설정하기 위해 씨드를 현재 시간으로 설정
- 1~5 사이 난수를 생성하기 위해 스케일링하기
- "아니요" 하기 전까지 계속 게임이 진행되도록 반복문 사용하기
- 전체 게임 횟수와 맞힌 횟수 계산하기

실행 결과

```
컴퓨터가 숨긴 수(1~5)는 얼마일까요?3          → 사용자가 입력하는 숫자
틀렸습니다. 1입니다.                          → 못 맞힌 경우 숨긴 수 알려 주기
계속할까요?(1. 예, 2. 아니요)?1               → 1이면 계속 진행

컴퓨터가 숨긴 수(1~5)는 얼마일까요? 3
틀렸습니다. 2입니다.
계속할까요?(1. 예, 2. 아니요)? 1
                                              → 맞힌 경우
컴퓨터가 숨긴 수(1~5)는 얼마일까요? 3
맞혔습니다. 계속할까요?(1. 예, 2. 아니요)?2   → 2이면 게임 종료

총 3번 게임 중 1번을 맞혔습니다.               → 게임 결과 출력
```

프로그램 10-4 컴퓨터가 숨기고 있는 수(1~5) 맞히기 게임 반복하기(ch10-4.cpp)

```
// 헤더 파일 작성하기



int main()
{
    int user, computer, ans, total=0, count=0;

    
```

다음 장 »

```
    do
    {

    } while(ans != 2);

    printf("\n총 %d번 게임 중 %d번을 맞혔습니다.\n", total, count);

    return 0;
}
```

10.4 전처리기

우리는 앞 단원에서 라이브러리 함수를 호출할 때 반드시 필요한 헤더 파일을 지정해야 한다는 것을 알았다. 이때 헤더 파일을 지정하면서 #include 단어를 사용한 것을 떠올려 보자.

이것이 바로 이번 단원에서 배우게 되는 전처리기와 전처리기 지시자이다.

전처리기(preprocessor)는 원시 프로그램을 목적 프로그램으로 컴파일하기 전에 수행되는 프로그램으로, 프로그래머가 작성한 소스 파일이 컴파일될 수 있도록 준비하는 역할을 한다. 전처리기가 파일 포함이나 문자열 치환과 같은 문법 외적인 작업을 먼저 수행하는 것을 전처리(preprocessing)한다고 한다. 전처리기는 일반적으로 컴파일러에 포함되어 있고 자동으로 실행되므로 사용자가 별도로 신경을 쓰지 않아도 된다.

[그림 10-7]은 소스 파일에서 실행 파일을 생성하는 과정을 보여 준다.

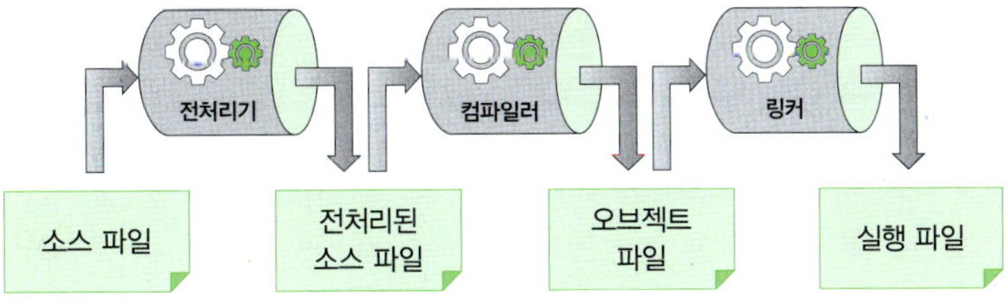

[그림 10-7] 실행 파일의 생성 과정

프로그램 소스 파일은 전처리 과정을 거친 후 수정된 소스 파일을 생성한다. 이 수정된 소스 파일이 C 컴파일러의 입력으로 사용되고 컴파일 과정을 거치면서 오브젝트 파일이 된다. 전처리 과정을 거친 소스 파일은 컴파일이 끝난 다음에 삭제되기 때문에 사용자에게는 보이지 않는다.

전처리기는 다른 파일을 포함하거나 소스 파일의 특정 문자열을 다른 문자열로 대치할 때, 조건에 따라서 코드 일부를 컴파일하거나 하지 않도록 할 때 사용한다. 전처리 문장은 일반 C 문장과 달리 전처리 지시자 '#'으로 시작되므로 쉽게 구별할 수 있다. 헤더 파일을 포함하기 위해 지금까지 우리가 사용한 #include가 바로 전처리기 지시자이다. 그리고 전처리 문장은 컴파일러가 아닌 전처리기에 의해 처리되므로 명령어의 끝에 세미콜론(;)을 붙이지 않으며 한 행에 지시자 하나만 쓸 수 있다. 본 절에서는 가장 대표적인 지시자 2종류를 알아보도록 한다.

10.4.1 #include 지시자

#include은 파일을 포함하는 지시자로 헤더 파일을 참조하기 위해 이미 사용한 바 있다. 프로그램에서 함수를 사용할 때는 프로그램 안에 해당 함수에 대한 원형(prototype)과 정의가 반드시 포함(include)되어 있어야 한다. 프로그래머가 사용한 라이브러리 함수인 printf( )나 scanf( )가 프로그램 안에 정의되어 있지 않더라도 사용할 수 있었던 이유는 해당 함수의 원형이 선언되어 있는 〈stdio.h〉 헤더 파일을 포함시켰기 때문이다. 프로그램을 작성할 때마다 필요한 함수를 매번 정의하는 것은 번거로우므로 함수 정의나 함수 원형이 포함된 파일을 헤더 파일로 만들어 두고 #include를 이용해 불러들이는 게 좋다. #include 지시자로 원시 프로그램의 앞부분에 포함된 파일은 프로그램 전체에 효력이 있다. 파일을 포함할 때는 파일 이름을 어느 폴더에서 찾느냐에 따라 〈 〉나 " "로 묶어 줄 수 있다.

형식 #include

```
#include <라이브러리 헤더 파일>
#include "사용자 정의 헤더 파일"
#include "사용자 정의 파일"
```

예

```
#include <stdio.h>   ┐ 라이브러리 헤더 파일
#include <stdlib.h>  ┘
#include "C:\user\userlib.h" ← 사용자 정의 헤더 파일
#include "test.cpp" ← 사용자 정의 파일
```

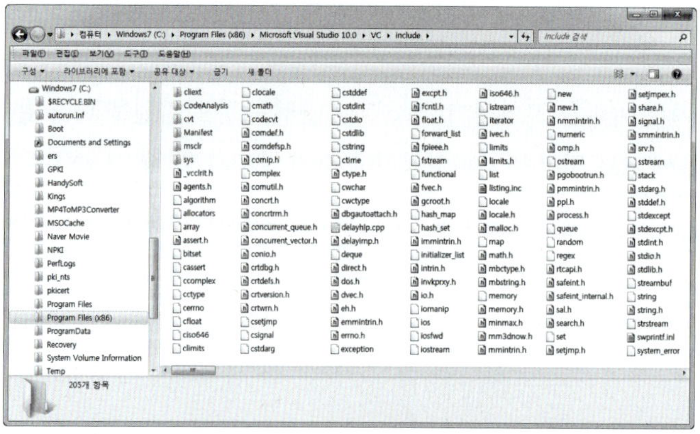

[그림 10-8] C 컴파일러가 제공하는 include 폴더에 있는 헤더 파일

[그림 10-8]의 C 컴파일러가 제공하는 표준 라이브러리의 헤더 파일이 모여 있는 폴더 (C:\Program Files\Microsoft Visual Studio 10.0\VC\include)에서 파일을 찾으려면 〈 〉를 사용한다. 즉 stdio.h, stdlib.h, string.h 등 표준 C 라이브러리 헤더 파일을 포함할 때는 〈 〉를 사용한다.

프로그래머가 직접 작성한 파일을 현재 작업하고 있는 프로젝트의 폴더에서 찾으려면 " "를 사용한다. 만약 소스 파일이 있는 폴더에서 파일을 찾지 못하면 C 컴파일러의 include 폴더를 검색하고 그래도 찾을 수 없으면 컴파일 에러를 생성한다. 이때 " " 안에는 포함할 파일의 절대 경로나 상대 경로를 지정할 수 있다.

라이브러리 헤더 파일도 " "를 이용해 포함할 수 있다. 하지만 소스 파일에 라이브러리 헤더 파일과 이름이 같은 파일이 있으면 그것을 우선적으로 포함한다.

[표 10-2]는 C 컴파일러가 포함하고 있는 대표적인 표준 라이브러리 함수들 중 일부이다.

[표 10-2] 표준 라이브러리 함수와 헤더 파일

헤더 파일	기능	함수
stdio.h	표준 입출력 함수	scanf( ), printf( ), gets( ), puts( ), …
stdlib.h	기본 라이브러리 함수	rand( ), exit( ), atoi( ), …
string.h	문자열 처리 함수	strcpy( ), strlen( ), strcmp( ), …
conio.h	콘솔 입출력 함수	getch( ), putch( ), …
math.h	수학 관련 함수	abs( ), sin( ), sqr( ), …
time.h	시간 관련 함수	time( ), localtime( ), asctime( ), …
ctype.h	문자 분류 함수	isalpha( ), islower( ), isspace( ), …
memory.h	메모리 관련 함수	memcpy( ), memset( ), memmove( ), …

확장자 .h를 사용하는 헤더 파일은 다른 소스 파일에 정의된 함수나 전역 변수를 사용하는데 필요한 정보를 가지고 있다. 확장자가 .c나 .cpp인 소스 파일은 C 컴파일러나 C++ 컴파일러에 의해 컴파일되고, 확장자가 .h인 헤더 파일은 전처리기 지시자인 #include에 의해 소스 파일 안에 포함된다. 즉 #include문은 지정한 파일의 내용을 이 문장이 있는 위치에 복사해 넣어 준다. 따라서 전처리기가 먼저 헤더 파일의 내용을 소스 파일로 복사해 온 다음, C 컴파일러가 소스 파일을 컴파일하므로 헤더 파일의 내용이 포함된 형태로 소스 파일이 컴파일되는 것이다.

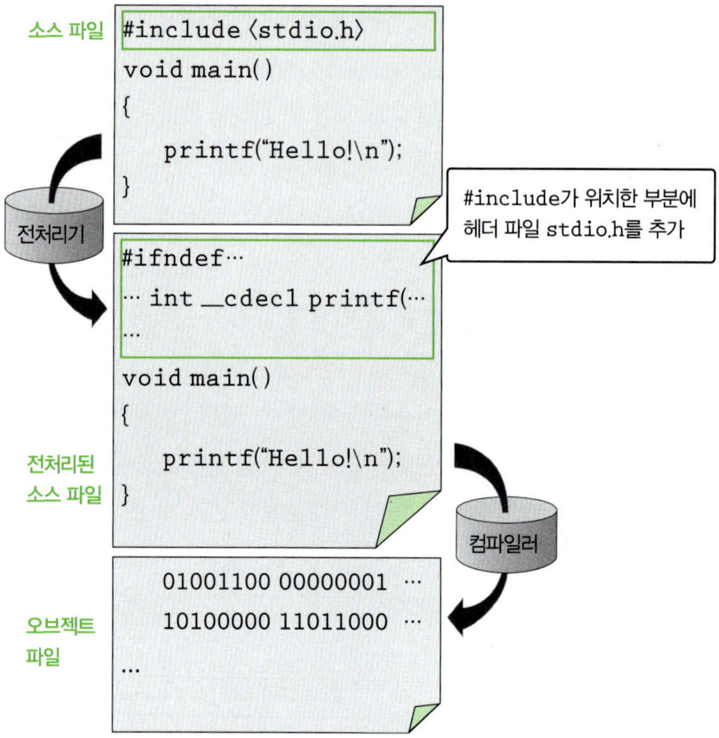

[그림 10-9] #include 지시자에 의한 전처리 과정

10.4.2 #define 지시자

#define 지시자는 특정 기호 상수(symbolic constant)를 정의한 치환 문자열로 대체하는 역할을 한다. 프로그램에서 상수를 직접 사용하면 의미를 이해하기 어려울 뿐 아니라 변경할 때도 해당 상수를 일일이 찾아 변경해야 한다. 이런 경우 상수를 직접 사용하지 않고 #define 지시자로 이름을 정의하면 프로그램의 유지보수가 쉬워진다. #define으로 시작되는 전처리 문장을 매크로(macro)라고 부른다. 매크로는 인수를 가지지 않고 단순히 치환만 하는 매크로 상수와 함수처럼 인수를 가지는 매크로 함수로 나뉜다.

■ 매크로 상수

매크로 상수를 정의하는 기본 형식은 다음과 같다.

형식 **매크로 상수**

```
#define 매크로명 치환할 값
```

예

```
#define MAX 100
#define NUM MAX-1
```

#define문은 #define 다음에 오는 첫 단어를 매크로명으로 인식하고 그 뒤의 공백부터 치환할 값으로 받아들인다. 따라서 매크로명에는 공백이 들어가지 않아야 한다. 매크로명은 일반 변수와 구별하기 위해 대문자를 사용하는 것이 관례지만 제한이 있는 것은 아니다. 또 하나 주의할 점은 #define 지시자가 한 행에 걸쳐서 정의되어야 한다는 것이다. 그리고 이는 모든 전처리 지시자에 해당되는 사항이다.

매크로 상수를 정의하면 전처리기는 소스 파일에서 주석으로 사용된 곳을 제외한 모든 매크로명을 찾아 정의한 값으로 대치한다. 매크로 상수는 정수형 상수, 실수형 상수, 문자열 상수 모두 정의할 수 있으며 함수 이름이나 데이터형 이름도 가능하다.

다음은 매크로 상수로 정의하고 프로그램 작성 시 적용된 예를 보여 준다.

```
#define PI 3.1415                     실수형 상수를 매크로 상수로 정의
area = PI * r * r;                    area = 3.1415 * r * r;로 대치

#define MSG "잘못된 입력입니다."        문자열 상수를 매크로 상수로 정의
if (i<0) printf(MSG);                 if (i<0) printf("잘못된 입력입니다.");로 대치

#define PRT printf                    함수 이름을 매크로 상수로 정의
PRT("Hello!");                        printf("Hello!");로 대치

#define UNINT unsigned int            데이터형 이름을 매크로 상수로 정의
UNINT i;                              unsigned int i;로 대치
```

매크로 상수를 사용하면 어떤 점이 좋을까? 프로그램 가독성이 높아져 이해하기 좋고 프로그램 수정이 쉬워진다. 다음과 같이 MAX 값이 100에서 1000으로 변경되면 #define문의 MAX 값만 변경해 주면 된다.

```
#define MAX 100
for (i = 1; i < MAX; i++)
    avr = sum / MAX;
```

➡

```
#define MAX 1000
for (i = 1; i < MAX; i++)
    avr = sum / MAX;
```

하지만 매크로를 사용하지 않으면 프로그램에서 숫자가 사용된 위치를 모두 찾아 일일이 변경해 줘야 한다.

```
for (i = 1; i < 100; i++)
    avr = sum / 100;
```

➡

```
for (i = 1; i < 1000; i++)
    avr = sum / 1000;
```

■ 매크로 함수

매크로 함수는 매크로 상수처럼 문자열을 치환하는 기능을 하지만 함수처럼 인자를 갖는다는 차이점이 있다. 매크로 함수를 사용하면 컴파일 시 속도가 빨라진다. 컴파일을 할 때 함수를 호출하는 게 아니라 호출한 곳에 코드가 박히기 때문이다. 마찬가지로 매크로 함수에서도 전처리기가 매크로 함수가 사용된 곳을 찾아 ( ) 안에 있는 문자열을 매크로 함수의 인자에 매핑하여 문자열 치환을 수행한다.

형식 매크로 함수

#define 매크로 함수명(인자1, 인자2, …) 치환할 내용

매크로 함수는 함수처럼 보이지만 실제 함수가 아니다. 컴파일 시에 인자의 데이터형 검사를 하지 않으며 컴파일 전단계인 전처리 단계에서 매크로 함수가 사용되는 곳마다 정해진 코드만 생성해 준다.

이때 주의할 점은 문자열 치환 과정에서 연산자 우선순위 문제로 잘못된 결과가 발생할 수도 있으므로 매크로 함수 정의에서 인자를 사용할 때는 반드시 ( )로 묶어 줘야 한다.

#define문은 반드시 한 행으로만 작성해야 하며 여러 행으로 된 매크로 함수를 정의하려면 각 라인의 맨 끝에 \를 써 준다.

매크로 함수는 실제 함수 호출이 일어나지 않으므로 함수 호출의 오버헤드를 줄일 수 있어 프로그램 실행 속도가 빨라지는 장점이 있다. 하지만 사용하는 곳마다 코드를 대치해 주므로 매크로 함수를 여러 번 호출하면 많은 코드 복사가 이루어진다. 일반 함수 호출시 함수 코드를 한 번만 컴파일해 두고 같은 주소의 코드를 필요할 때마다 반복 호출하는 것과 비교하면 프로그램 크기가 커지는 단점이 있다. 따라서 크기가 작은 함수를 매크로로 정의하는 것이 편리하고, 에러 발생률이 낮아 디버깅 부담을 줄일 수 있다.

[프로그램 10-5]는 매크로 함수를 정의해 반지름을 입력받아 원의 둘레와 넓이를 구하는 프로그램이다.

프로그램 10-5 매크로 함수 정의하기(ch10-5.cpp)

```
1  #include <stdio.h>
2  #define PI 3.141592        ◀── 매크로 상수
3  #define CIRCUM(r) (2 * PI * (r))     ◀── 매크로 함수
4  #define AREA(r) (PI * (r) * (r))
5
6  int main()
7  {
8      int r;
9
10     printf("원의 반지름 r(cm)의 값은? ");
11     scanf("%d", &r);
12     printf("원의 둘레는 %.2f(cm)이고\n", CIRCUM(r));
13     printf("원의 넓이는 %.2f(cm²)입니다.\n", AREA(r));
14
15     return 0;
16 }
```

실행 결과

```
원의 반지름 r(cm)의 값은? 5↵
원의 둘레는 31.42(cm)이고
원의 넓이는 78.54(cm²)입니다.
```

설명

- 12행: 2행과 3행의 #define문에 의해 CIRCUM(r)는 (2 * 3.141592 * r)로 치환된다.
- 13행: 2행과 4행의 #define문에 의해 AREA(r)는 (3.141592 * r * r)로 치환된다.

10.5 프로그래밍 실습 1

10.5.1 사용자의 답을 근거로 컴퓨터가 숨긴 수 맞히기 게임

앞서 작성한 [프로그램 10-4] 컴퓨터가 숨긴 수 맞히기 게임을 확장하여 이번에는 컴퓨터가 숨기고 있는 정수 하나를 사용자가 답한 것을 근거로 시작 값과 마지막 값을 변경하면서 맞힐 때까지 반복하는 게임 프로그램을 작성해 보자.

실행 결과 화면과 같이 사용자가 추측한 답이 틀리면 사용자의 답을 근거로 컴퓨터가 숨긴 값의 범위를 축소해 보여 주고, 맞으면 몇 번 만에 맞혔는지 출력한다.

힌트

- 원하는 난수의 범위가 1~100이라면 (rand( ) % 100 + 1)로 스케일링하면 되지만, 컴퓨터가 숨기는 값을 보다 일반화된 begin~end 범위로 스케일링하기 위해 변수를 사용한 식으로 표현
- 난수 함수를 사용하기 위해 헤더 파일 〈stdlib.h〉, 〈time.h〉를 반드시 포함하도록 한다.
- 프로그램을 코딩하는 동안 컴퓨터가 숨긴 수를 미리 알고 있는 것이 편하므로 원래의 스케일링 식을 주석문으로 가린 후 computer = 30;과 같이 직접 특정 값으로 지정한 후 작성하고 결과가 제대로 나온다는 것을 확인하면 스케일링 식을 명령문으로 사용하는 것이 편하다.

분석

- 컴퓨터가 숨기는 값 computer

  1~100 중 임의의 값이 되도록 다음과 같이 난수 생성기를 이용하여 스케일링한다.

```
computer = rand( ) % 100 + 1;
/* computer가 숨기는 값을 begin ~ end 범위 중 하나가 되게 한다면 다음과 같이 구한다.
   computer = rand( ) % (end - begin + 1) + begin */
```

- 이 게임은 사용자에게 컴퓨터가 숨긴 수가 포함된 범위를 알려 주고 사용자가 추측하는 답 user를 입력받은 후 정답이면 게임을 끝낸다. 하지만 정답이 아니면 새로운 범위를 알려 주고 추측하는 답을 입력받는 과정을 반복한다. 반드시 한 번은 답을 맞히는 과정을 실행하며, 정확한 반복 횟수는 알 수 없지만 사용자가 답을 맞힐 때까지 반복하므로 다음과 같이 do~while문을 이용해 작성한다.

```
do
{
    - 'begin ~ end 사이의 값입니다.'를 표시한 후 사용자가 추측하는 값을 user에 입력받기
    - 게임 시도 회수 count를 1 증가시키기
    - 컴퓨터가 숨긴 값 computer와 사용자가 입력한 값 user를 비교해 그 결과에 따라 begin이나
      end 값 변경하기
} while (user != computer);      // 사용자가 입력한 답이 틀리면 다시 시도하기
```

- 프로그램은 사용자가 추측 값을 입력하기 전에 참고할 수 있도록 숨긴 값의 범위를 알려 준다. 사용자가 입력한 값이 정답이면 게임을 끝내지만, 정답이 아니면 새로운 범위를 알려 주고 답을 입력받는다. 새로운 범위를 만드는 규칙은 다음 결과 화면 분석으로 쉽게 알 수 있다.

  (user == computer): do~while문을 끝내기
  (user > computer) : end를 user-1로 수정
  (user < computer) : begin을 user+1로 수정

실행 결과

```
begin end                         user
 1~100 중의 값입니다. 얼마일까요? 50↵
 1~ 49 중의 값입니다. 얼마일까요? 20↵
21~ 49 중의 값입니다. 얼마일까요? 32↵
=============================================
컴퓨터가 숨긴 32를 3번 만에 맞혔습니다.
     computer  count
```

프로그램 10-6 컴퓨터가 숨긴 1~100 중의 정수를 맞히는 게임(ch10_10.cpp)

```
// 라이브러리 함수를 위한 헤더 파일 지정하기


int main()
{
    int begin = 1, end = 100;    // 컴퓨터가 숨길 값의 범위
    int count = 0;               // 답 맞히기 시도 횟수
```

다음 장 »

```
    int computer, user;          // 컴퓨터가 숨긴 값, 사용자가 추측한 값

    // 현재 시간을 rand 함수의 씨드로 설정하기


    // 난수 함수를 사용하여 컴퓨터가 숨기는 값 생성하기


    printf("\n>> 컴퓨터가 숨긴 수를 맞히는 게임입니다. \n");
    printf("\n==================================================\n");

    // 사용자로부터 값을 입력받아 컴퓨터가 숨긴 수 찾기
    do{

    } while(user != computer);          // 사용자가 추측한 값이 틀리면 다시 반복

    printf("==================================================\n");
    printf ("\n 컴퓨터가 숨긴 %d를 %d번 만에 맞혔습니다.", computer, count);

    return 0;
}
```

10.6 사용자 정의 함수

지금까지의 프로그램은 간단한 문제를 코딩한 것이므로 하나의 main 함수만 정의하여 완성할 수 있었다. 그러나 개발 기간이 수십 일 또는 몇 달이 넘는 크고 복잡한 문제가 주어졌을 때는 이야기가 달라진다. 동일한 기능의 코드가 중복되어 프로그램 길이가 길어지거나, 디버깅과 수정을 하는 데 있어서 불편해질 뿐만 아니라 여러 사람이 같이 개발하는 것 자체가 불가능해진다. 그러므로 크고 복잡한 문제가 주어졌을 때는, 해결하기 쉬운 여러 개의 작은 문제로 나누어 단순화된 문제를 함수로 작성하는 하향식 프로그래밍(top-down programming) 방법을 쓰는 것이 좋다. 하향식 프로그래밍 방법은 크고 복잡한 문제에만 적용할 수 있는 것이 아니라 작은 문제에도 프로그램의 길이 단축, 프로그램의 가독성(readability), 프로그램의 수정 및 확장, 코드의 재활용을 위해서 적용할 수 있다. 라이브러리 함수를 사용한 것을 생각하여 보라.

함수의 개념을 쉽게 이해하기 위해 실생활에서 흔히 보게 되는 예로서 저녁 식탁을 차리는 것을 함수와 비교하여 보자. 식탁에는 밥, 국, 김치, 반찬 등으로 차려진다.

[그림 10-10] 직접 저녁 식탁 차리기

여기서 상을 차리는 과정을 생각하여 보자.

① 밥은 쌀을 씻어 전기밥솥(라이브러리 함수)에 담고 스위치를 누른 후 일정 시간이 지나면 밥이 완성된다.

② 국은 직접 만들어서 바로 먹을 수 있도록 한다. 그래서 필요한 재료를 준비하고 요리를 한다.

③ 김치는 미리 담가 둔 것(사용자 정의 함수)에서 가져온다.

④ 반찬은 만들어 둔 반찬을 사용한다. 경우에 따라서는 재료를 구입하여 직접 만들기도 한다.

이와 같은 일련의 과정이 지나면 식탁에 저녁상이 차려진다.

위의 과정을 살펴보면 모든 과정을 직접 재료를 구입하고 요리해 먹을 수도 있지만, 밥을 하는 경우에는 밥솥에 쌀을 씻어 적정한 물과 함께 담아서 스위치만 누르면 전기밥솥이 알아서 밥을 만들어 준다. 김치는 미리 담아둔 것을 사용한다.

이렇게 식사를 준비하는 것이 힘들면 배달 식당이나 중국 음식점에서 배달시켜 먹을 수도 있다. [그림 10-10]과 같이 내가(main 함수) 재료를 직접 구입해 반찬을 만들고 밥을 하고 식탁을 차리면 가족들이 맛있게 먹지만 시간과 노력이 많이 든다. 그러나 [그림 10-11]과 같이 중국성(함수)에 전화를 걸어(함수 호출), 집 주소와 주문할 음식을 얘기하면(인수 전달), 음식점에서 짜장면(반환 값)을 배달해 줄 것이고(반환 값을 전달하기), 나는 배달된 음식을 받아서 먹기만 하면 된다(반환 값을 이용하기).

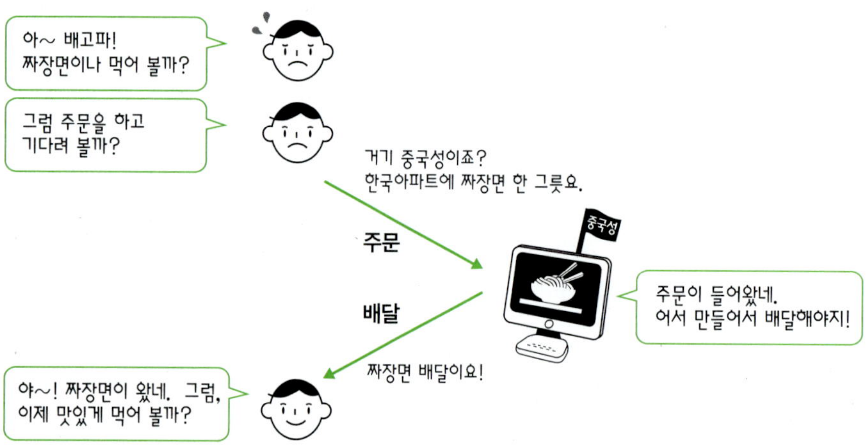

[그림 10-11] 중국집에서 주문해서 먹기

이와 같이 프로그램에서도 특정 기능을 수행하여 값을 구해 주는 함수가 미리 정의되어 있으면 필요할 때마다 이 함수를 호출하여 함수가 반환하는 값을 받아 사용하기만 하면 되므로 프로그래밍도 편리해진다. 그러나 프로그래머가 원하는 기능을 수행하는 라이브러리 함수가 없을 때에는 직접 필요한 함수를 정의한 후 필요할 때마다 호출해서 사용할 수 있다. 이런 함수를 사용자 정의 함수(user-defined function)라고 한다.

필요한 값을 구해 주는 라이브러리 함수가 없으면 main 함수처럼 프로그래머가 직접 사용자 정의 함수를 만들어서 사용해야 한다. 사용자 정의 함수도 호출은 라이브러리 함수와 같으며 정의하는 방법은 지금까지 만든 main 함수와 같다. 따라서 서로 연관 지어 생각하면 도움이 많이 될 것이다.

10.6.1 사용자 정의 함수가 있는 프로그램 구조

사용자 정의 함수가 존재하는 프로그램의 두 가지 형태를 살펴보자.

① 함수 선언인 함수 원형, 메인 프로그램 그리고 함수의 정의가 나오는 프로그램 구조

```
// 함수 원형 선언
int compute_sum(int n);
```

```
// 프로그램 시작인 main( ) 함수
int main()
{
        int result;
        //함수 호출
        result=compute_sum(100);

}
```

```
// 함수 정의 (사용자 정의 함수)
int compute_sum(int n)
{
        int i, sum=0;

        return sum;
}
```

함수 원형은 함수 호출 이전에 컴파일러에게 이러한 함수의 사용을 알리는 방법으로 함수 원형이 함수 호출 이전에 위치한다.
이는 프로그램에서 변수를 사용하기 위하여 제일 먼저 변수를 선언하는 것과 같은 의미이다.

위의 구조는 함수의 호출이 있기 전에 반드시 함수 원형이 나와야 한다. 이 함수 원형은 함수 호출이 있는 소스 파일과 같은 파일에 있을 수도 있고 아니면 라이브러리 함수

같은 경우에는 헤더 파일에 있을 수 있다. 그래서 함수 원형이 헤더 파일에 있을 경우 함수의 호출이 있기 전에 헤더 파일을 제일 먼저 작성하는 것이다.

② 앞의 구조와는 다르게 함수 원형이 없고 함수의 호출이 있기 전에 함수의 정의가 나타나고 메인 프로그램이 나오는 구조

```
// 함수 정의 (사용자 정의 함수)
int compute_sum(int n)
{
        int I, sum=0;


        return sum;
}
```

함수 정의 부분이 함수 호출 전에 나오면 함수 원형 선언을 포함한다.

```
// 프로그램 시작인 main( ) 함수
int main( )
{
        int result;
        //함수 호출
        result=compute_sum(100);


}
```

위의 구조는 함수의 원형이 없고 함수의 호출이 있기 전에 함수의 정의가 먼저 나타나고 메인 프로그램이 나오는 구조이다. 이 구조에서는 함수 정의가 함수 원형을 포함하고 있다.

10.6.2 사용자 정의 함수의 호출과 정의

인수 전달에 대한 자세한 내용은 10.7절에서 소개하고 여기서는 사용자 정의 함수를 만들어 이용하는 방법에 초점을 맞추어 소개한다.

형식 사용자 정의 함수의 호출

```
함수명(인수 목록)            // 반환 값이 없는 경우
변수 = 함수명(인수 목록)      // 반환 값이 있는 경우
```

- 인수 목록: 인수$_1$, 인수$_2$, …, 인수$_n$과 같이 인수가 여러 개인 경우 콤마(,)로 구분하면서 작성한다.
- 반환 값이 있는 경우 '변수 = 반환 값'같이 대입문으로 작성한다.

형식 사용자 정의 함수의 정의

```
반환 값의 자료형 함수명(매개변수 선언 목록)   ← 함수의 헤더(header)
{
    함수에서 사용할 변수 선언부
                                          ← 함수의 본체(body)
    함수에서 처리할 명령 코드부

    return 반환 값;
}
```

- 매개변수 선언 목록: 자료형 매개변수$_1$, 자료형 매개변수$_2$, …, 자료형 매개변수$_n$
- 함수 호출이 실행되면 인수 목록 순서대로 인수의 값이 함수의 매개변수에 전달되어 저장된다. 즉, '매개변수 = 인수' 같은 대입문 효과가 발생한다.
- 호출된 함수의 본체를 실행하다가 return문을 만나면 함수를 호출한 곳으로 반환 값이 전달된다. 즉 '함수 호출문 = 반환 값' 같은 대입문 효과가 발생한다. 반환 값이 없으면 작성하지 않는다.

함수 정의 시 주의 사항

- 함수 정의 위치: 함수의 본체 안에서 다른 함수를 정의할 수 없으므로 함수의 정의가 끝난 후 다른 함수를 정의해야 한다.
- 함수 정의 헤더에서 매개변수로 선언한 변수를 함수 안에서 다시 변수로 선언해서는 안 된다.
- 함수 안에서 함수와 같은 이름의 변수를 선언하면 안 된다.
- 반환 값의 자료형이 명시되어 있는데 반환하는 값이 없으면 에러이다.
- 함수 본체 어디서든 함수를 종료하려면 return문을 사용할 수 있다. 즉 return문은 함

수를 끝내기 전에 반드시 한번은 실행되어야 하지만 딱 한 번만 사용할 수 있는 것이 아니라 필요하면 어디서든 여러 번 사용할 수 있다.

- 매개변수(parameter) 목록은 왜 선언문일까? C언어에서는 변수를 사용하기 전에 선언부터 해야 한다는 사실을 잘 알고 있을 것이다. 함수 호출에 명시된 인수가 변수인 경우 이 변수는 이미 main 함수에서 변수로 선언한 것이므로 변수명만 적는다. 그러나 함수를 정의할 때는 전달되는 인수들을 저장할 매개변수 역시 변수며, 변수는 사용 전에 선언해야 하므로 함수 정의 헤더에서 선언하는 것이다.
- 인수와 매개변수는 차례대로 1:1 대응된다. 그리고 서로 자료형과 개수가 일치해야 하며 매개변수는 반드시 하나씩 따로 선언해야 한다. 자료형이 일치하지 않는 경우, int형 인수를 double형 매개변수로 전달할 때처럼 묵시적으로 형 변환이 되는 것은 에러가 발생하지 않으나 그렇지 않은 것은 에러가 발생한다.

```
int larger(int first, int second) { 함수의 본체 }
```

→ 둘 다 int형이어도 따로 선언해야 한다.
(int first, second)는 에러이다.

- 인수와 매개변수명이 동일해도 될까? 동일하다면 두 변수는 동일한 변수를 의미하는 걸까? 우리 집 아이 이름이 영호이고 옆집 아이 이름도 영호일 때 영호라는 이름은 같지만 두 사람은 다르다. 즉, 함수는 서로 독립적이므로 변수명이 같아도 서로 다른 변수이다. 그러므로 어떤 함수에서 sum이라는 변수명을 사용해도 다른 함수에서 sum 변수명을 사용할 수 있다. 그렇지 않으면 함수를 정의할 때마다 다른 함수에서 사용하지 않은 변수명을 찾아 사용해야 하므로 무척 번거로워진다.

이와 같은 변수의 적용 범위에 대해서는 다음 장인 11장 변수의 참조 및 지속기간에서 자세하게 배우도록 하자.

10.6.3 인수와 매개변수에 대한 이해

이번 절에서 소개하는 내용은 인수와 매개변수의 개념을 잡기 위한 부분이다. 함수에서 제일 혼동스러운 부분이 인수와 매개변수 관계인데 찬찬히 개념을 잡아 보도록 한다.

10장 이전의 main 함수만 정의한 C 프로그램에서는 main 함수에서 선언한 변수만으로 결과를 얻었다. 그러나 main이 아닌 다른 사용자 정의 함수나 라이브러리 함수의 경우, 함수가 임무를 완수하려면 외부로부터 특별한 정보를 제공받아야 하는 경우가 많다. 함수는 서로 독립적인 개체로 특정 함수에서 선언한 변수(지역 변수라고 하며 11.1절에서 자세히 소개한다)를 다른 함수에서 마음대로 참조하여 출력하거나 값을 변경할 수 없음을 꼭 명심해야 한다. 그러므로 호출되는 함수에서 마음대로 결정할 수 없는 정보, 다르게 말해 호출되는 함수에 꼭 지정하고 싶은 값은 그 함수를 호출할 때 제공해야 한다.

예를 들어 보자. 중국집에서 짜상면을 만들지 짬뽕을 만들지는 주방장이 아니라 음식을 주문하는 손님이 정한다. 즉 음식점은 손님이 전화를 해 무엇을 먹고 싶은지 주문 사항을 말하면 이 정보를 바탕으로 음식을 만들어 배달을 한다. [그림 10-11]에서 손님이 전화를 걸어 메뉴를 주문하는 과정이 인수 전달에 해당한다.

실제 프로그램을 통해 인수의 개념을 잡아 보자. [프로그램 10-7]은 1에서 임의의 정수 n까지의 합을 구하는 함수 compute_sum을 만들고 main 함수에서 compute_sum을 호출하여 결과를 출력하는 프로그램이다.

프로그램 10-7 1~n의 합을 구하는 함수 compute_sum을 정의하고 이용하기(ch10-7.cpp)

```
#include <stdio.h>

// compute_sum 함수의 정의
int compute_sum(int n)
{
    int i, sum = 0;

    for (i=1; i<=n; i++)
        sum += i;

    return sum;
}

// main 함수의 정의
int main()
{
    int end;
```

n은 얼마일까? 이 함수의 본체 어디에도 n 값을 지정하는 부분이 없다. 함수 자체에서 결정할 수 없는 또는 결정하지 않은 정보는 이 함수를 호출하는 측에서 제공하며, 이러한 변수를 매개변수로 선언한다.

다음 장 »

```
18
19     printf("1~100까지의 합: %d \n\n", compute_sum(100));
20
21     printf("1에서 몇까지의 합을 구할까요? ");
22     scanf("%d", &end);
23     printf("\n1~%d까지의 합: %d \n", end, compute_sum(end));
24
25     return 0;
26 }
```

100이 n의 값으로 전달된다. 즉, n=100과 같은 효과

end의 값이 n의 값으로 전달된다. 즉, n=end와 같은 효과

실행 결과

```
1~100까지의 합: 5050
1에서 몇까지의 합을 구할까요? 1000↵
1~1000까지의 합: 500500
```

19행 compute_sum(100)의 값

23행 compute_sum(end)의 값

compute_sum 함수를 분석해 보자. compute_sum 함수는 8행 이전에 n 값이 결정되지 않는 한 1~n의 합 sum을 구하지 못한다. 그렇다면 이 n을 함수에서 직접 대입문이나 입력을 통해 결정하는 것이 바람직할까? 아니면 이 함수를 이용해 합을 구하고 싶은 main 함수에서 compute_sum을 호출할 때 n에 해당하는 값을 전달해 주는 것이 바람직할까? 정답은 후자이다.

함수는 가능한 한 범용 함수(general-purpose function)가 되도록 정의해야 한다. 그런데 다음과 같이 compute_sum의 8행에서 직접 상수 10을 명시하면 이 함수는 언제나 1~10의 합만 구하므로 1에서 임의의 정수까지의 합은 구하지 못한다.

```
int compute_sum( ? )
{
    int i, sum = 0;

    for (i=1; i<=10; i++)
        sum += i;

    return sum;
}
```

언제나 1~10의 합만 구한다.

이를 해결하려고 다음과 같이 compute_sum 함수에서 직접 n을 입력받는 방법을 고려해 보자.

```
int compute_sum( ? )
{
    int i, sum = 0;

    printf("1에서 몇까지의 합을 구할까요? ");
    scanf("%d", &n);

    for (i=1; i<=n; i++)
        sum += i;

    return sum;
}
```

n 입력받기

이렇게 하면 입력된 값에 대한 합을 정확하게 구할 수는 있다. 하지만 main 함수의 21행과 22행에서 이미 1에서 얼마까지의 합을 구할지 end를 입력받은 상태에서 compute_sum 함수를 호출했는데 함수 측에서 다시 n의 값을 입력하기를 요구하면 사용자 입장에서는 번거로워진다. 게다가 end가 프로그램 사용자로부터 입력받는 값이 아니고 프로그래머가 프로그램을 위해 사용하는 변수라면 main에서든 compute_sum에서든 사용자가 입력하게 할 수 없다.

사실 함수 입장에서는 자신을 호출하는 함수가 1~10의 합을 원하는지, 1~100의 합을 원하는지 모른다. 그러므로 n 값은 함수에서 결정하는 것이 아니라 compute_sum을 호출하는 main 쪽에서 제공하고 compute_sum 함수는 이렇게 제공된 n 값을 이용해 1~n의 합을 구하여 반환하는 것이 바람직하다.

앞으로 함수를 설계할 때는 [그림 10-12]와 같이 무엇을 전달받아서(인수 전달), 무엇을 실행하여(본체 코드), 무엇을(반환 값) 반환할지를 먼저 생각한 후 코딩하도록 한다.

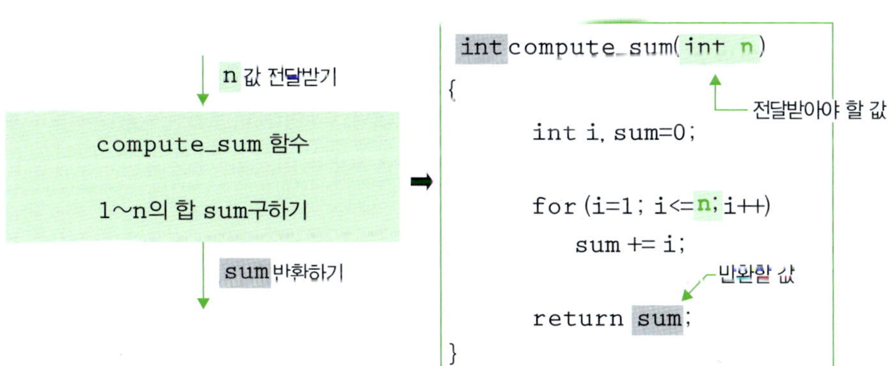

[그림 10-12] 1~n의 합을 구하는 함수

[프로그램 10-7]에서 소개한 1~n의 합을 구하는 함수를 이해했으면 이제는 임의의 정수 n1에서 임의의 정수 n2까지의 합을 구하는 함수 sum_of_range를 작성해 보자.

sum_of_range 함수는 [그림 10-13]과 같이 두 정수 n1과 n2를 스스로 결정할 수 없으므로 인수로부터 전달받아야 한다. 그러므로 이 함수를 호출할 때는 sum_of_range(1, 10), sum_of_range(100, 1000)과 같이 두 인수를 전달해야 한다.

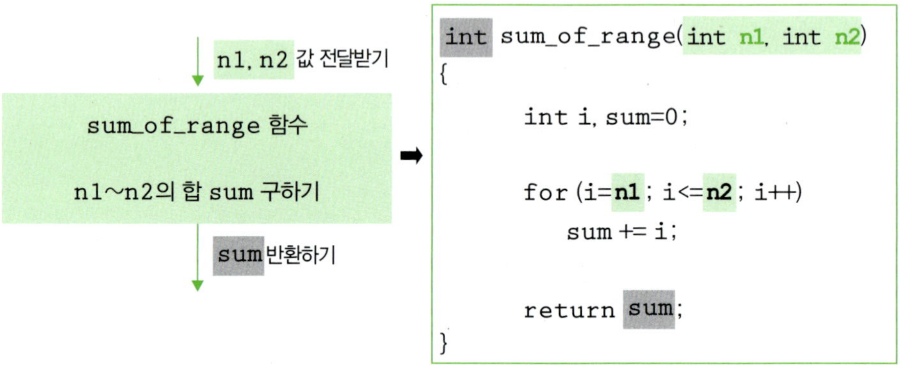

[그림 10-13] n1~n2의 합을 구하는 함수

함수 간에 전달하는 정보는 인수(argument), 인자(argument), 매개변수(parameter) 또는 파라미터라고 명명된다. 함수를 호출할 때 전달하는 정보인지, 전달된 정보를 저장하는 데 사용하는 것인지를 정확히 구분하기 위해 '형식(formal)'과 '실(actual)'이라는 단어를 앞에 붙이기도 한다.

[프로그램 10-7] main 함수의 19행, 23행과 같이 함수를 호출할 때 명시하는 정보는 실제로 처리할 값을 의미하므로 '실인수' 또는 '실매개변수'라고 하며, 4행과 같이 함수 정의 헤더에서 명시한 정보는 함수가 호출되어야만 값이 결정되므로 '형식인수' 또는 '형식매개변수'라고 한다. 그리고 호출할 때 전달하는 값임을 강조할 때는 실인수라고 사용한다. 실인수와 가인수, 실매개변수와 형식매개변수가 짝으로 많이 사용되지만 이 장에서는 함수를 호출할 때 전달하는 정보는 인수로, 호출된 함수 측에서는 전달된 인수의 값을 저장하는 변수임을 강조하기 위해 매개변수를 주로 사용한다. 그러므로 인수는 실인수를, 매개변수는 형식매개변수를 줄여서 간단히 사용하는 것뿐이지 이것이 가장 좋은 명명법이란 의미는 아니다.

10.6.4 함수의 원형 선언

함수는 서로 독립된 개체로 함수 안에 다른 함수를 정의할 수 없으므로 [프로그램 10–7]과 같이 한 함수의 정의가 끝난 후 다른 함수를 정의해야 하며 함수를 이용하려면 이 함수를 이용하기 전에 [프로그램 10–7]의 4~12행과 같이 먼저 정의되어 있어야 한다. 즉, 기본적으로 함수의 정의는 함수 호출 전에 위치해야 컴파일러가 에러를 발생시키지 않는다.

그러나 일반적으로 프로그램 가독성(readability)을 위해 가장 중요한 main 함수를 프로그램 맨 앞에 정의하고 그 외 사용자 정의 함수는 main 함수 뒤에 정의한다. 이렇게 main 함수를 앞에 두면 [프로그램 10–7]은 [프로그램 10–8]과 같아진다. [프로그램 10–8]과 같이 작성한 프로그램을 컴파일하면 컴파일러는 프로그램을 위에서 아래로 지금까지 자신이 번역한 내용만을 기반으로 번역하므로 12행에서 find_larger 함수 호출을 만났을 때 아직 정의된 적이 없는 자신이 모르는 함수를 호출하는 것으로 간주하여 컴파일 에러를 발생한다. 이를 해결하는 방법이 함수의 원형 선언(prototype declaration)이다.

프로그램 10-8 find_larger 함수 정의(ch10–8. cpp)

```
1  #include <stdio.h>
2
3  // main 함수의 정의
4  int main( )
5  {
6      int n1, n2, max;
7
8      printf("첫째 정수? "); scanf("%d", &n1);
9      printf("둘째 정수? "); scanf("%d", &n2);
10
11     // find_larger 함수를 호출 후 반환된 값을 max에 저장
12     max = find_larger(n1, n2);
13
14     printf("%d, %d 중 큰 값은 %d \n", n1, n2, max);
15
16     return 0;
17 }
```

컴파일러가 위에서부터 차례로 번역하다가 12행에서 find_larger 함수 호출을 만난다. 컴파일러는 지금까지 번역 정보를 이용해 번역하는데 find_larger라는 함수 정의를 번역한 적이 없으므로 에러를 발생한다.

함수 호출

다음 장 »

```
// find_larger 함수의 정의
int find_larger(int first, int second)
{
    : 함수의 본체
}
```

[프로그램 10-8]의 find_larger 함수처럼 함수 호출문 뒤에 함수를 정의하려면 원형 선언이 필요하다. 컴파일러에게 함수 호출문을 번역할 때 해당 함수의 헤더 부분이 이러이러하니 일단 이 원형만 보고 함수 호출을 제대로 번역하라고 주문하는 방법이 바로 함수의 원형 선언이다. 함수의 원형 선언문은 적어도 맨 처음 나타나는 함수 호출문보다 앞에 있어야 하므로 대부분 프로그램 상단 main 함수 정의 전에 둔다.

함수의 원형에는 함수의 매개변수가 몇 개이며 각각의 자료형이 무엇인지 그리고 함수가 반환하는 값의 자료형이 무엇인지를 명시해야 하는데 이것은 함수를 정의할 때 나타나는 첫 줄, 즉 함수의 헤더에 있는 정보에 해당한다. 그러므로 함수의 원형 선언은 어렵게 생각할 필요 없이 함수의 헤더 부분과 똑같이 작성하되 선언문이므로 뒤에 ;을 붙여 주면 된다.

형식 함수의 원형 선언

반환 값의 자료형 함수명(매개변수의 자료형 목록);

- 매개변수의 자료형 목록은 다음과 같이 선언문 형태 또는 자료형만 명시하는 것 두 가지 모두 가능하다.
  ① (자료형$_1$ 매개변수$_1$, 자료형$_2$ 매개변수$_2$, …, 자료형$_n$ 매개변수$_n$)
  ② (자료형$_1$, 자료형$_2$, …, 자료형$_n$)

[프로그램 10-9]는 함수 원형을 미리 선언하여 완성한 프로그램이다.

프로그램 10-9 함수의 원형 선언 예(ch10-9.cpp)

```
#include <stdio.h>

// find_larger 함수의 원형 선언
```

```
4  int find_larger(int first, int second);
5
6  // main 함수의 정의
7  int main()
8  {
9      int n1, n2, max;
10
11     printf("첫째 정수? "); scanf("%d", &n1);
12     printf("둘째 정수? "); scanf("%d", &n2);
13
14     // find_larger 함수 호출 후 반환된 값을 max에 저장
15     max = find_larger(n1, n2);
16     printf("%d, %d 중 큰 값은 %d \n", n1, n2, max);
17
18     return 0;
19 }
20
21 // find_larger 함수의 정의
22 int find_larger(int first, int second)
23 {
24     if (first > second)
25         return first;
26     else
27         return second;
28 }
```

실행 결과

```
첫째 정수? 4↵
둘째 정수? 7↵
4, 7 중 큰 값은 7
```

설명

- 4행: int find_larger(int a, int b);와 같이 매개변수명을 다르게 명시해도 괜찮다. 그러나 함수 정의 부분의 헤더를 복사한 후 ;을 붙이는 것이 가장 편하다. int find_larger(int, int);도 가능

- 15행: find_larger 함수의 정의가 뒤에 있으므로 4행의 원형 선언이 꼭 필요
- 25, 27행: 함수 실행을 끝내고 이 함수를 호출한 문장으로 반환 값을 전달한다.

10.7 함수의 인수 전달 방법

이제 혼란스러운 인수와 매개변수에 대한 개념이 이해가 되면 이번에는 인수 전달 방법에 대해 알아보도록 한다. 함수 간에 인수를 전달하는 방법에는 값에 의한 호출(call–by–value)과 주소에 의한 호출(call–by–address) 두 가지가 있다. 주소에 의한 호출은 포인터 개념을 알아야 하는데 이는 '12장 포인터'에서 자세히 소개하기로 하고 이 절에서는 값에 의한 호출을 자세히 살펴본 후 주소에 의한 호출의 필요성을 간단히 소개한다.

10.7.1 값에 의한 호출과 인수 전달 과정

함수를 호출하면 함수를 호출할 때 명시한 인수의 값이 전달되어 호출된 함수의 매개변수에 저장된다. 인수의 값을 함수로 전달하기 때문에 값에 의한 호출(call–by–value)이라고 한다. 값에 의한 호출 방식을 사용할 때 함수 호출과 함수 정의 헤더 부분의 형식은 다음과 같다.

형식 값에 의한 호출 방식을 사용할 때의 함수의 호출과 정의

· 함수 호출

```
함수명(인수_1, 인수_2, …, 인수_n)
```

· 함수 정의

인수 값이 전달되어 매개변수에 저장된다.
즉 '매개변수 = 인수'와 같은 효과가 발생한다.

```
반환 값의 형    함수명(자료형 매개변수_1, 자료형 매개변수_2, …, 자료형 매개변수_n)
{
    : 함수 본체
}
```

예

• 함수 호출

```
pass(absence)
larger(a+100, a+10)
multiply(sum, 7)
```

• 함수 정의

```
int pass(int n){ … }
int larger(int a, int b){ … }
int multiply(double n, int times){ … }
```

주의

• 인수는 값이 전달되므로 상수, 변수, 식이 될 수 있지만 매개변수는 값을 저장해야 하므로 변수만 가능하다.

[프로그램 10-10]은 인수 전달 과정을 간략히 설명하기 위해 만든 보기용 프로그램으로, 학생의 결석 시간을 근거로 출석 통과 여부를 출력한다. main 함수는 주어진 결석 시간(absence)을 pass 함수로 전달해 반환된 값이 1이면 "통과"를, 0이면 "과락"을 출력한다. pass 함수는 [그림 10-14]와 같이 설계되었다.

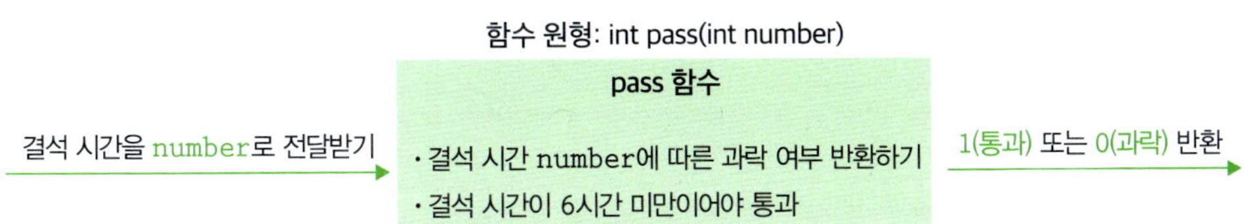

[그림 10-14] 결석 시간에 따른 출석 통과 여부를 반환하는 pass 함수의 개요

프로그램 10-10 결석 시간에 근거하여 출석 통과 여부 출력하기(ch10-10.cpp)

```
#include <stdio.h>

// 함수의 원형 선언
int pass(int number);

// main 함수의 정의
int main( )
{
    int absence = 5;
```

다음 장 »

```c

    if (pass(absence))
        printf("통과 \n");
    else
        printf("과락 \n");

    return 0;
}

// pass 함수의 정의
int pass(int number)
{
    int limit = 6;

    if (number < limit)
        return 1;
    else
        return 0;
}
```

❶ pass 함수 호출

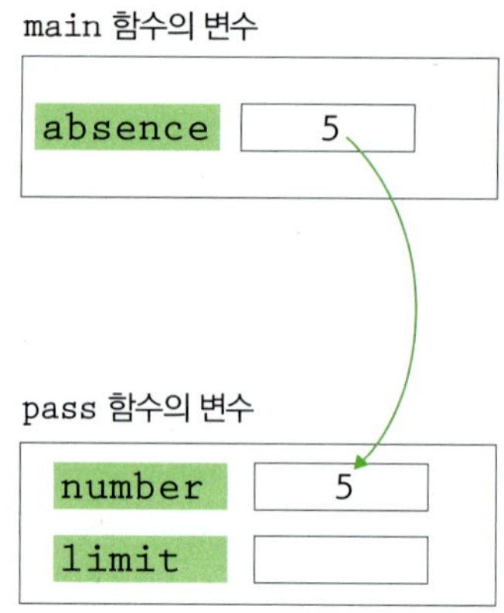

❷ 인수 absence에 저장된 값 5가 함수로 전달되어 함수의 매개변수 number에 저장된다.

실행 결과

```
통과
```

프로그래밍 언어를 처음 접하는 사용자 중에는 작성한 함수의 변수가 모두 보인다 하여, 다른 함수의 변수를 마음대로 사용할 수 있다고 착각하고 pass 함수를 다음과 같이 작성하기도 한다.

```c
int pass()
{
    int limit = 6;

    if (absence < limit)
        return 1;
    else
        return 0;
}
```

pass 함수에 absence 변수를 선언한 적이 없으므로 'undeclared identifier'라는 에러 메시지가 나타난다.

이 코드를 컴파일하면 컴파일러는 absence가 main에서 선언된 변수인데 여기서 함부로 참조한다는 사실에 근거한 에러를 발생시키는 것이 아니라 단순히 pass 함수 안에서 선언하지도 않은 변수를 사용한다는 사실에 근거하여 'undeclared identifier'라는 에러 메시지를 표시한다.

pass 함수에서 main 함수의 absence 변수를 참조할 수 없는 것처럼 main 함수에서도 pass 함수의 limit 변수를 참조할 수 없다. 친구가 마음대로 내 지갑의 돈을 꺼내갈 수 없는 것처럼 다른 함수에서 선언한 변수를 절대로 사용할 수 없다. 그러므로 함수 간에는 인수 전달이나 return문을 통한 반환 값 전달을 통해 정보를 주고받는 것이다.

10.7.2 반환 값이 없는 void 함수

void는 C언어의 예약어로 함수를 정의할 때 특정 자리에 명시할 내용이 없음을 나타내는 데 사용된다. 함수가 반환할 값이 없을 때는 함수의 반환 값 형을 명시하는 자리에 반드시 void를 명시해야 한다. 그러나 함수를 정의할 때 매개변수가 없으면 매개변수 목록에 void를 직접 명시해도 되고 그냥 비워 둬도 된다.

일반적으로 함수는 특정 값을 한 개 반환하는 데 사용하지만 반환 값이 없는 함수도 있다. 예를 들어 [그림 10-15]와 같이 실생활에서 누군가에게 심부름을 시켰을 때 심부름을 하는 사람이 반드시 물건을 사 와서 전달해야 하는 경우도 있지만 지시한 대로 일만 하고 빈손으로 돌아와도 되는 경우도 있는 것과 같다. [그림 10-16]과 같이 특별한 일만 실행하고 반환하는 값이 없는 함수를 void 함수라고 한다.

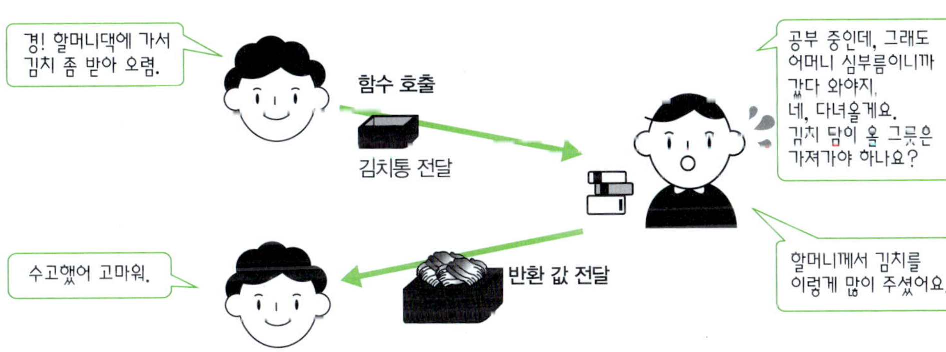

[그림 10-15] 반환할 값이 있는 함수

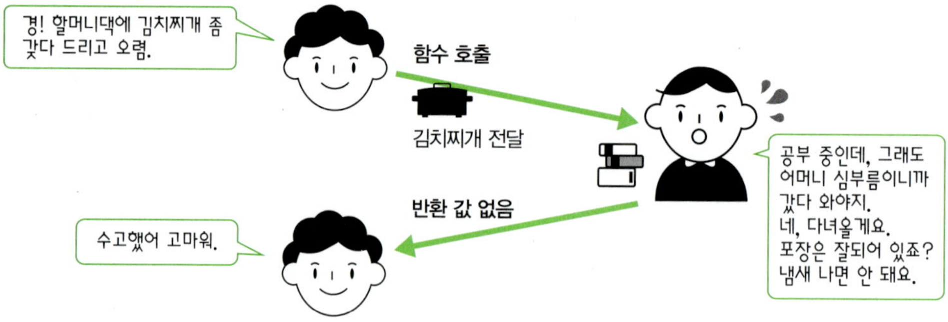

[그림 10-16] 반환할 값이 없는 void 함수

지금까지 정의한 main 함수는 0이라는 반환 값이 있었으므로 함수의 헤더가 다음 예와 같이 int main( )이었다.

그러나 main 함수가 반환하는 값이 없으면 다음과 같이 반환형 자리에 void 형을 명시해야 한다.

```
void main( )
{
    int i, sum=0;

    for (i=1; i<=10; i++)
        sum += i;
    printf("1~10까지의 합:%d", sum);

    return;
}
```

main( ) 함수에서는 반환 값을 생략할 수 있어서 함수자료형 자리에 void로 작성하기도 한다.

return;을 만나면 함수의 실행을 끝내고 함수를 호출한 곳으로 돌아간다. 맨 마지막 문장이 return;이라면 생략할 수 있다.

C 프로그램을 실행하면 main 함수가 호출되어 실행이 시작되고 main 함수가 끝나면 C 프로그램의 실행도 끝난다. 사용자 정의 함수는 자신을 호출한 곳으로 반환 값을 반환하지만 main 함수는 어디로 반환 값을 반환할까? 이는 컴퓨터 시스템과 관련되어 있으며 과정이 복잡하지만 간단히 말하면 윈도우 같은 운영체제가 실행할 프로그램의 main 함수를 호출하므로 반환 값은 운영체제에 전달된다. 이때 운영체제는 반환 값을 통해 프로그램이 정상 종료했는지 아니면 동적 할당 에러나 파일 열기 에러 등과 같은 문제가 있어 비정상 종료했는지를 확인할 수 있다. 지금까지 return 0;으로 반환 값을 0으로 사용한 것은 정상 종료를 의미하는 반환 값이 0이고 이 외의 값은 비정상적인 종료를 의미하기 때문이다.

이 책에서는 main이 반환 값이 int형인 함수로 정의하였지만 경우에 따라서는 함수 개념을 잘 모르는 초보 프로그래머를 위해 void 함수로 정의하는 책도 많다. 두 가지 다 올바른 방법이지만 표준으로 정해져 있는 것은 int 함수로 정의하는 것이다.

10.7.3 주소에 의한 호출과 필요성

주소에 의한 호출 방식의 인수 전달은 12장의 포인터 개념과 밀접하세 관련 있다. 그러나 인수를 전달할 때 주소에 의한 호출 방식이 필요한 이유를 정확히 이해하는 것이 중요하므로 이 절에서는 서로 독립적인 함수 간에 주소를 이용해 다른 함수의 변수를 간접적으로 참조할 수 있다는 개념을 잡도록 한다. 주소와 관련된 포인터에 대한 자세한 내용은 12장에서 배우도록 한다.

값에 의한 호출 방식이 함수 간의 독립성을 보장해 주므로 많이 사용하지만 다음과 같은 문제점이 있어 주소에 의한 호출 방식도 필요하다.

[프로그램 10-11]은 두 수를 입력받아 작은 값, 큰 값 순으로 정렬하기 위해 값을 교환하는 함수 sort를 이용해 main의 두 변수 point1과 point2를 정렬한다. 실행 결과에서 알 수 있듯이 sort 함수에서는 두 변수가 작은 순으로 출력되었으나 main 함수로 돌아와 point1과 point2를 출력하면 교환되지 않은 호출 이전의 값이 그대로 출력된다.

이는 값에 의한 호출 방식으로 인해 sort 함수가 main 함수의 point1과 point2 변수를 직접 참조하여 변경할 수 없기 때문이다. 이럴 때 sort 함수에서 main 함수의 point1과 point2 변수를 간접적으로라도 변경할 수 있게 해 주는 것이 주소에 의한 호출 인수 전달 방식이다.

프로그램 10-11 값에 의한 호출로는 해결할 수 없는 문제의 예(ch10-11.cpp)

```
#include <stdio.h>

void sort(int first, int second); // 함수의 원형 선언

                                  // main 함수의 정의
int main()
{
    int point1, point2;
```

다음 장 »

```c

    printf("포인트 점수를 입력하세요 : ");
    scanf("%d %d", &point1, &point2);

    printf("함수 호출 전 포인트 점수 %d, %d \n", point1, point2);

    sort(point1, point2);

    printf("함수 호출 후 포인트 점수 %d, %d \n", point1, point2);

    return 0;
}

// 두 매개변수를 교환하는 함수
void sort(int first, int second)
{
    int temp;

    if (first > second)        // 두 값을 교환
    {
        temp = first;
        first = second;
        second = temp;
    }

    printf("\n( sort 함수의 정렬 결과 first: %d, second: %d ) \n\n",
                first, second);
}
```

sort(point1, point2); ← point1과 point2를 정렬하기 위해 sort 함수 호출

point1, point2 ← point1과 point2는 제대로 정렬되었을까?

실행 결과

```
포인트 점수를 입력하세요 : 5000 4000↵
함수 호출 전 포인트 점수 5000, 4000

( sort 함수의 정렬 결과 first: 4000, second: 5000 )

함수 호출 후 포인트 점수 5000, 4000
```

함수 호출 전 포인트 점수 5000, 4000 ← sort 함수 호출 전 main 함수에서 출력한 결과

(sort 함수의 정렬 결과 first: 4000, second: 5000) ← sort 함수에서 출력한 결과

함수 호출 후 포인트 점수 5000, 4000 ← main 함수로 돌아온 후 출력한 결과로, sort 함수 호출 전의 값 그대로 출력된다.

설명

▸ 34행: 15행의 sort 함수 호출 후 36행까지 실행한 결과는 [그림 10-17]과 같다.

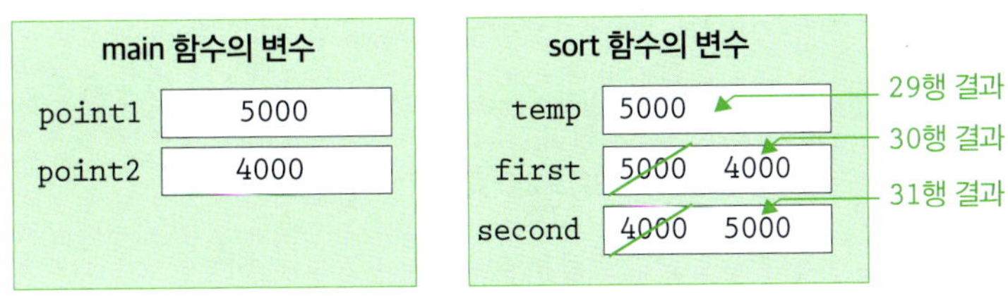

[그림 10-17] 36행까지 실행했을 때 각 함수의 변수

[그림 10-17]을 보면 알 수 있듯이 point1과 first는 서로 다른 기억 장소를 사용하므로 sort 함수에서 아무리 first 값을 변경해도 main 함수의 point1은 전혀 변경되지 않는다. 즉 sort 함수가 first와 second를 정확하게 큰 값, 작은 값 순으로 교환하는 작업을 열심히 해도 main 함수의 point1과 point2는 정렬할 수 없다. 이를 해결하는 방법이 주소에 의한 호출과 포인터를 이용하는 것이다.

10.7.4 주소에 의한 호출 예

지금까지 살펴본 대로 함수는 다른 함수에서 선언한 변수를 사용할 수 없다. 그런데 다른 함수의 변수를 직접 사용할 수 없지만 간접적으로 사용할 수 있게 해 주는 것이 포인터(pointer)이다. [그림 10-18]의 (a)와 같이 first를 일반 변수가 아닌 포인터로 선언하여 다른 함수인 main의 point1 변수를 가리키게 하면 sort-by-pointer 함수에서는 (b)와 같이 간접 참조 연산자 '*'를 이용해 main 함수의 변수를 간접적으로 참조할 수 있다.

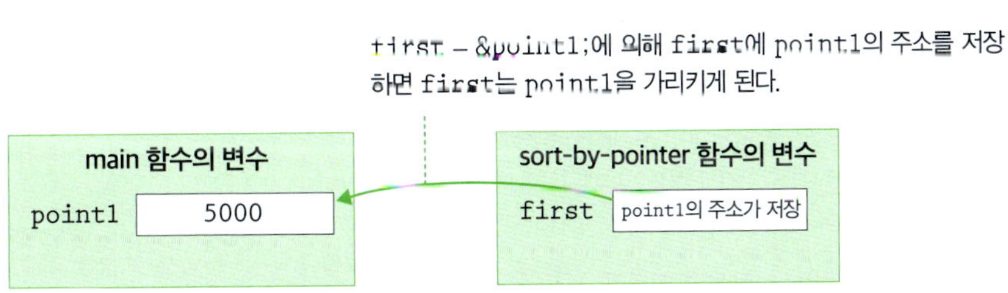

(a) sort-by-pointer 함수의 first가 main 함수의 point1을 가리키게 함

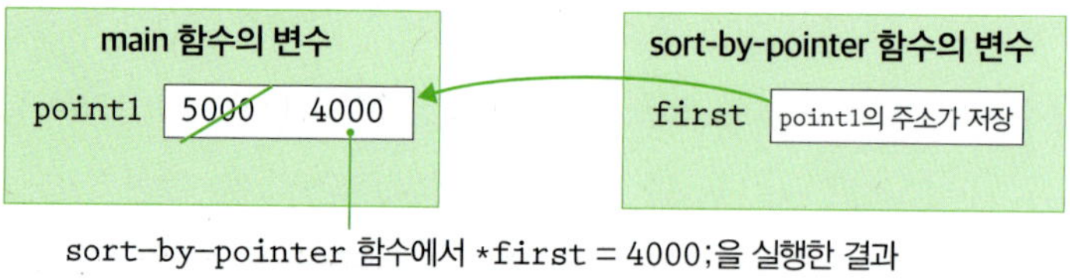

(b) sort-by-pointer 함수의 포인터 first를 이용해 main 함수의 point1 수정하기

[그림 10-18] 포인터를 이용한 간접 참조

다시 말해 point1은 sort-by-pointer 함수의 변수가 아니지만 포인터 first는 sort-by-pointer 함수의 변수이다. 그러므로 sort-by-pointer 함수는 first를 참조할 수 있으며 간접 참조 연산자 *를 이용해 간접적으로 참조함으로써 결국은 sort-by-pointer 함수에서 point1 변수를 참조하게 된다.

[프로그램 10-12]는 [프로그램 10-11]을 포인터를 이용해 두 변수를 정렬하도록 수정한 것으로 주소에 의한 호출로 해결하기 위해 추가된 부분은 구분하기 쉽게 색을 칠하였다. 실행 결과를 보면 sort_by_pointer 함수를 호출한 후 main 함수에서 결과를 출력했을 때 main의 두 변수 point1과 point2가 정렬된 것을 확인할 수 있다.

프로그램 10-12 주소에 의한 호출 인수 전달 방식으로 [프로그램 10-11]의 문제점을 해결하기 (ch10-12.cpp)

```
#include <stdio.h>

void sort_by_pointer(int *first, int *second); // 함수의 원형 선언

// main 함수의 정의
int main()
{
    int point1, point2;

    printf("포인트 점수를 입력하세요 : ");
    scanf("%d %d", &point1, &point2);
                                    main 함수의 point1과 point2의 주소를 함
                                    수로 전달한다.

    printf("함수 호출 전 포인트 점수 %d, %d \n", point1, point2);

    sort_by_pointer(&point1, &point2); // 함수 호출
```

다음 장 »

```
17
18      printf("함수 호출 후 포인트 점수 %d, %d \n", point1, point2);
19
20      return 0;
21 }
22
23 // 포인터를 이용해 자신을 호출한 함수의 두 변수를 오름차순으로 정렬하는 함수
24 void sort_by_pointer(int *first, int *second)
25 {
26      int temp;
27
28      if (*first > *second)
29      {
30          temp = *first;
31          *first = *second;
32          *second = temp;
33      }
34
35      printf("\n( sort_by_pointer 함수의 정렬 결과 ");
36      printf("first: %d, second: %d ) \n\n", *first, *second);
37 }
38
```

- 24행 `int *first, int *second`: 인수로 전달된 주소를 저장하기 위해 first와 second를 포인터로 선언한다.
- 28행: first가 가리키는 곳(*first) 즉 point1의 값이 second가 가리키는 곳(*second) 즉 point2의 값보다 클 때만 교환한다.
- 30~32행: first가 가리키는 곳과 second가 가리키는 곳의 값을 서로 교환한다.

실행 결과

```
포인트 점수를 입력하세요 : 5000 4000↵
함수 호출 전 포인트 점수 5000, 4000

( sort_by_pointor 함수의 정렬 결과 first: 4000 second: 5000 )

함수 호출 후 포인트 점수 4000, 5000
```

설명

▸ 16, 24행: 16행의 sort_by_pointer 함수 호출에서 주소에 의한 호출 방식으로 인수가 전달된다. &point1 즉 point1의 주소를 first에 전달함으로써 *first는 point1을 가리키고, &point2를 second에 전달함으로써 *second는 point2를 가리킨다. 24행 int *first는 first가 int형 값이 저장된 기억 장소를 가리키는 포인터 변수임을 선언하는 것이다.

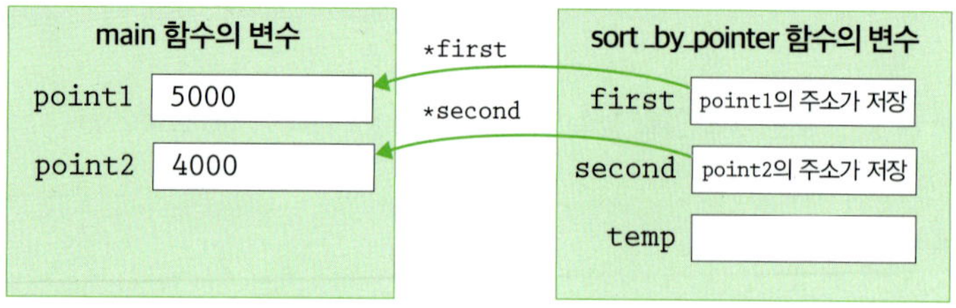

- 28~33행: '*first'는 first를 직접 참조하는 것이 아니라 first에 저장된 주소에 해당하는 기억 장소를 참조하라는 뜻이다. 다시 말해 first가 가리키는 기억 장소를 의미하므로 결국 main 함수의 point1 변수를 의미한다. 즉 sort_by_pointer 함수의 변수인 first 포인터를 통해 main 함수의 변수인 point1을 참조하는 것이다.두 변수의 값을 교환할 때 한 변수의 값을 먼저 임시 저장소로 대피시켜야 함을 7장의 정렬 프로그램에서 이미 소개하였다. first가 가리키는 변수와 second가 가리키는 변수의 값을 교환할 때도 역시 임시 저장소가 필요하다. 이때 first가 가리키는 곳, 즉 point1에 저장된 값은 int형이므로 이 값을 임시로 저장하는 변수는 포인터가 아닌 int형 일반 변수이다.

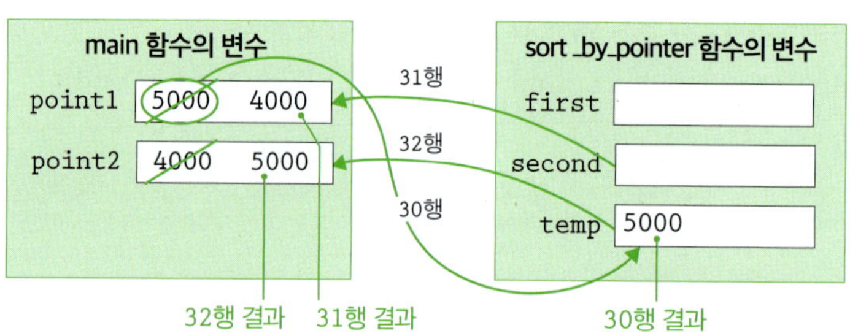

- 18행: sort_by_pointer 함수가 끝나고 main 함수로 돌아와서 point1과 point2를 출력하면 두 변수가 오름차순으로 정렬된 것을 확인할 수 있다.

주소에 의한 호출은 호출된 함수에서 이 함수를 호출한 함수의 의도대로 인수를 제대로 수정하면 좋은 방법이 되지만 인수를 잘못 수정한다면 그 영향이 이 함수를 호출한 함수에 바로 미치므로 좋지 않다. 주소에 의한 호출 방식을 사용함으로써 호출된 함수에서 인수의 내용을 잘못 수정하는 것을 부작용(side-effect)이라고 한다.

10.8 배열을 함수로 전달하기

배열 원소를 함수로 전달할 때는 값에 의한 호출과 주소에 의한 호출 둘 다 사용할 수 있지만 배열 전체를 전달할 때는 주소에 의한 호출 방식만 사용할 수 있다. 이는 값에 의한 호출 방식에서 발생할 수 있는 기억 장소의 낭비와 값 복사 과정으로 인한 시간 낭비를 없애기 위해서인데 이에 대해서는 10.8.2절에서 자세히 소개한다. 아직 포인터를 모르는 상태이므로 이 절에서는 직접 포인터를 이용하는 주소에 의한 호출은 소개하지 않고 포인터 개념과 상관없이 배열을 함수로 전달하는 방법을 소개한다.

10.8.1 배열 원소를 함수로 전달하기

배열의 원소를 함수로 전달할 때는 인수가 배열의 원소임을 명시해야 하므로 배열명 뒤에 첨자를 표시한다. 그러나 호출된 함수의 입장에서는 값을 하나 전달받는 것이므로 전달되는 인수의 자료형과 동일한 매개변수를 선언한다.

형식 함수 간에 배열 원소를 전달하기

• 함수의 호출

```
함수명( 배열명[첨자] )
```

인수가 일차원 배열 원소든 이차원 배열 원소든 값이 하나만 전달되므로 매개변수는 전달되는 값의 자료형으로 선언한다.

• 함수의 정의

```
반환 값의 형  함수명( 자료형  매개변수 )
{
    : 함수의 본체
}
```

[프로그램 10-13]은 두 정수 중 큰 값을 반환하는 find_larger 함수를 이용해 main 함수에서 선언한 score 배열의 배열 원소 score[3]과 score[4] 중 큰 값을 구하는 프로그램이다.

프로그램 10-13 배열 원소 두 개 중 큰 값을 함수를 이용해 구하기(ch10-13.cpp)

```
1  #include <stdio.h>
2
3  int find_larger(int first, int second);          // 함수의 원형 선언
4
5  int main()
6  {
7      int max, score[5] = {10, 8, 9, 7, 8};
8
9      max = find_larger(score[3], score[4]);       // 4째, 5째 원소를 전달
10
11     printf("score[3]=%d과 score[4]=%d 중 큰 값은 %d \n",
12                          score[3], score[4], max);
13     return 0;
14 }
15
16 // 두 정수 중 큰 값을 반환하는 함수
17 int find_larger(int first, int second)
18 {
19     if (first > second)
20             return first;
21     else
22             return second;
23 }
```

실행 결과

```
score[3]=7과 score[4]=8 중 큰 값은 8
```

설명

- 9, 17행: 배열 원소를 전달하기 위해 9행의 score[3], score[4]와 같이 첨자를 정확히 명시해야 하고, 함수를 정의할 때는 17행 같이 전달되는 값의 자료형에 맞게 변수를 선언하며 각각 배열 원소에 저장된 한 개의 자료가 전달되기 때문에 일반 변수로 선언해야 한다. int find_larger(int first[3], int second[4])는 원소가 3개인 first 배열과 원소가 4개인 second 배열을 선언하는 결과가 되므로 에러이다.

10.8.2 배열 전체를 함수로 전달하기

배열 전체를 함수로 전달할 때는 주소에 의한 호출 인수 전달 방식을 사용한다. 그러나 주소에 의한 호출은 포인터와 밀접한 관계가 있으며 포인터는 매우 중요한 개념이지만 프로그래밍 초보자에게는 쉽지 않기 때문에 C언어는 포인터 개념과 전혀 상관없이 배열을 함수로 전달하는 방법을 제공한다. 여기서 소개하는 방법은 포인터 개념을 잘 알고 있는 경우라도 이미 작성된 프로그램을 자신 또는 다른 사람이 분석하거나 수정할 때 프로그램의 가독성을 위해 포인터보다 더 많이 사용하는 방법이기도 하다.

형식 함수 간에 배열 전체를 전달하기

• 함수의 호출

```
함수명( 배열명 );
```

배열의 차원에 상관없이 무조건 배열명만 명시한다.

• 함수의 정의

```
반환 값의 형  함수명( 자료형  배열명[배열 원소 수] )
{
     : 함수의 본체
}
```

전달받는 것이 배열이므로 배열 차원에 맞게 배열로 선언한다.

• 매개변수를 배열로 선언할 때는 일반 배열을 선언할 때와 같이 행수는 생략할 수 있지만 열수는 생략하면 에러가 난다.

• 함수 호출	• 함수 정의
print_arr(score) – int score[5];으로 선언한 배열 전달	int print_arr(int arr[5]) { … }
	int print_arr(int arr[ ]) { … }
input(matrix) – int matrix[2][3];으로 선언한 배열 전달	int input(int m[2][3]) { … }
	int input(int m[ ][3]) { … }
	~~int input(int m[ ][ ]) { … }~~ (X)

• 배열 전체를 전달하려면 배열명만, 특정 배열 원소를 전달하려면 '배열명[첨자]'임을 구분해야 한다. 만일 원소가 5개인 배열을 전달한다는 의미에서 다음과 같이 print_arr(score[5])로 호출하면 컴파일러는 score 배열의 6번째 원소를 전달하는 것으로 해석한다. 실제로 score 배열에는 6번째 원소가 없을 뿐만 아니라 함수 정의에는 매개변수

arr이 배열로 선언되어 있는데 int형 자료 하나만 전달되므로 에러가 발생한다.

• 함수 호출	• 함수 정의
print_arr(score[5]) // int score[5]; 으로 선언한 배열인 경우	int print_arr(int arr[5]) { … }

10.8.3 배열을 인수로 사용한 프로그램

■ 유명인 4명의 인기도를 백분율로 구하기

[프로그램 10-14]는 유명인 4명의 인기도를 조사한 후 각 유명인을 선택한 사람의 수를 count 배열에 저장해 이들의 인기도를 백분율로 출력하는 프로그램이다. main 함수는 인원수가 저장된 count 배열을 백분율로 변경하기 위해 percentage 함수를 호출한다. 그리고 percentage 함수는 arr 배열에 저장된 인원수를 백분율로 변경한다. percentage 함수가 끝난 후 main 함수에서 count 배열을 다시 출력하면 실행 결과와 같이 count 배열의 내용이 변경되어 있다. 왜 그럴까?

지금까지 알고 있는 값에 의한 호출 방식에서는 호출된 함수가 자신을 호출한 함수의 인수를 절대로 변경할 수 없었다. 그런데 배열은 주소에 의한 호출 방식을 사용하기 때문에 함수에서 배열을 수정하면 인수 배열 또한 수정된다. 다음 내용을 따라가면서 인수가 배열이라면 함수끼리 배열을 공유하므로 결국은 같은 배열을 사용한다.

프로그램 10-14 인원수가 저장된 인기도 조사 결과 배열을 백분율로 변환하기(ch10-14.cpp)

```
#include <stdio.h>
#define N 4

void print_arr(int arr[N]);
void percentage(int arr[N]);

int main()
{
    int count[N] = {42, 37, 83, 33}; // 유명인 선택수를 저장한 배열

    printf("인원수: ");
```

다음 장 »

```
12     print_arr(count);                // percentage 함수 호출 전 배열 출력
13                                      배열명만 명시
14     percentage(count);               // 인원수를 백분율로 변경
15
16     printf("\n백분율: ");
17     print_arr(count);                // percentage 함수 호출 후 배열 출력
18
19     return 0;
20 }
21
22 // 배열의 원소를 출력하는 함수         배열 선언
23 void print_arr(int arr[N])           // (int arr[ ])도 가능
24 {
25     int i;
26
27     for (i=0; i<N; i++)
28         printf("%3d", arr[i]);
29 }
30
31 // 배열에 저장된 수치를 백분율로 변경하는 함수
32 void percentage(int arr[N])
33 {
34     int i, total = 0;
35
36     // 인기도 조사에 참여한 전체 인원을 total에 구하기
37     for (i=0; i<N; i++)
38         total += arr[i];
39
40     // 전체 인원수 total을 이용해 백분율 구하기
41     for (i=0; i<N; i++)
42         arr[i] = (int)((double) arr[i] / total * 100);
43 }
```

정수 간의 나눗셈 결과는 정수가 되므로 0이 되는 것을 막기 위해 둘 중 하나를 double 형으로 캐스팅한다.

실행 결과

```
인원수: 42 37 83 33
백분율: 21 18 42 16
```

percentage 함수 호출 전 count 배열의 내용

percentage 함수 호출 후 count 배열의 내용
(42행에서 백분율을 int형으로 캐스팅하여 arr[i]에 저장함으로써 백분율의 합이 100이 되지 않는다.)

[그림 10-19]는 [프로그램 10-14]의 14행에서 main 함수가 percentage(count)로 함수를 호출했을 때의 배열을 보여 준다. count 배열은 main 함수의 것이지만 인수로 count 배열(정확히는 배열의 시작 주소)을 전달함으로써 percentage 함수는 main의 count 배열을 공유하게 된다. 그러나 percentage 함수는 배열명을 매개변수로 명시한 arr로 사용해야 한다. 이와 같이 함수 간의 배열 전달은 결국 배열 하나를 같이 사용하게 된다.

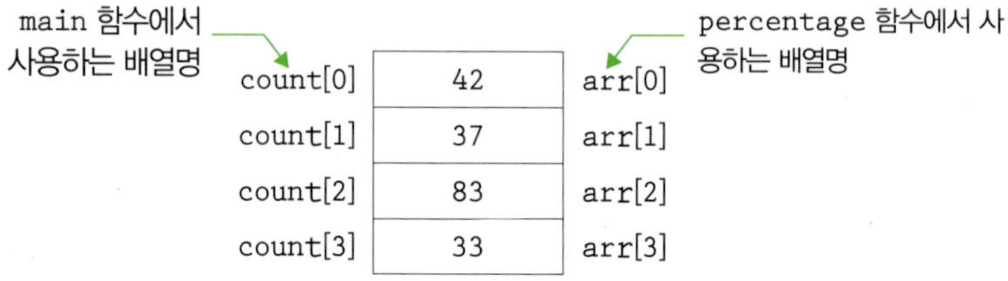

[그림 10-19] 함수에 배열을 전달함으로써 함수끼리 같은 배열을 공유하는 예

그러므로 만일 percentage 함수의 42행에서 arr[0]을 21로 대입하면 결국 main 함수의 count[0]이 21로 변경되는 것이므로 main 함수로 돌아온 직후 count[0]의 값을 확인하면 21로 변경되어 있다.

이와 같이 배열을 함수끼리 공유하게 하는 이유는 [그림 10-20]과 같이 값에 의한 호출 방식을 사용했을 경우 생기는 문제 때문이다. 만일 값에 의한 호출 방식을 사용한다면 함수가 호출되면 전달되는 배열만큼 기억 장소가 새로 필요하며 각 원소의 값을 하나씩 복사해야 한다. 배열 크기가 클수록 기억 장소 낭비와 배열 원소의 값을 복사하기 위한 연산 시간 낭비가 커질 것이다. 그래서 배열은 함수 간에 실제로 전달을 하지 않고 호출된 함수 측에서 공유하도록 한다.

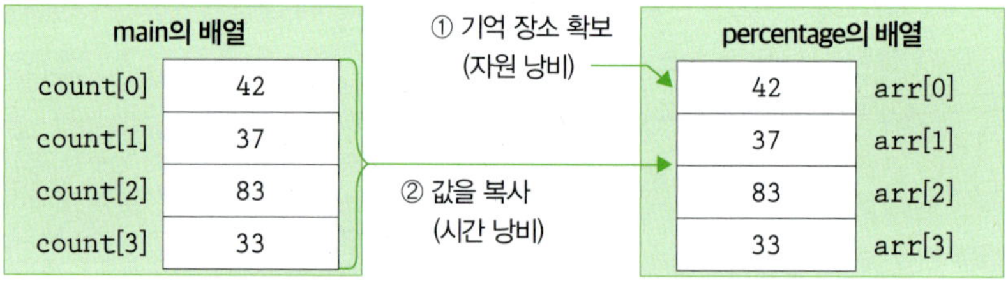

[그림 10-20] 값에 의한 호출 방식을 가정할 때의 문제점

■ 배열의 평균을 구하는 함수

[프로그램 10-15]는 각 분기별로 노트와 펜의 판매 수를 저장한 배열 notebook과 pen으로부터 연평균 판매 수를 구하는 프로그램이다. 11~14행과 19~22행과 같이 배열명만 다를 뿐 배열의 평균을 구하는 코드가 두 번 반복해서 나타난다. 그래서 [프로그램 10-16]

에서는 배열의 평균을 구하는 함수 compute_avg를 정의하고 이를 이용한다.

두 프로그램의 실행 결과는 동일하다. 그러나 [프로그램 10-15]와 비교해 보면 [프로그램 10-16]은 라인 수는 늘었지만 반복적인 부분을 줄이고, 평균을 구하는 부분을 함수로 독립시킴으로써 역할을 분명히 구분하여 간결하게 작성되었음을 알 수 있다.

프로그램 10-15 분기별 판매 수로부터 연평균 판매 수 구하기(ch10-15.cpp)

```
#include <stdio.h>
#define N 4

int main()
{
    int notebook[N] = {2507, 2232, 2009, 2890};     // 노트 판매 수
    int i, sum, pen[N] = {4527, 5370, 4923, 6097};  // 펜 판매 수
    double average;

    // 노트의 평균 판매 수 구하기
    sum = 0;
    for (i=0; i<N; i++)
        sum = sum + notebook[i];
    average = (double)sum / N;

    printf("노트 평균 판매 수: %.1lf \n", average);

    // 펜의 평균 판매 수 구하기
    sum = 0;
    for (i=0; i<N; i++)
    sum = sum + pen[i];
    average = (double)sum / N;
    printf("펜 평균 판매 수: %.1lf \n", average);

    return 0;
}
```

실행 결과

```
노트 평균 판매 수: 2409.5
펜 평균 판매 수: 5229.3
```

프로그램 10-16 배열의 평균을 구하는 함수를 이용해 [프로그램 10-15]를 수정한 프로그램 (ch10-16.cpp)

```
#include <stdio.h>
#define N 4

double compute_avg(int arr[ ]);            // 함수의 원형 선언

int main( )
{
    int notebook[N] = {2507, 2232, 2009, 2890};
    int pen[N] = {4527, 5370, 4923, 6097};
    double average;

    // 노트의 평균 판매 수 구하기
    average = compute_avg(notebook);       // 노트의 평균을 구하는 함수 호출
    printf("노트 평균 판매 수: %.1lf \n", average);

    // 펜의 평균 판매 수 구하기
    average = compute_avg(pen) ;           // 펜의 평균을 구하는 함수 호출
    printf("펜 평균 판매 수: %.1lf \n", average);

    return 0;
}

// 전달된 배열의 평균을 구하는 함수
double compute_avg(int arr[ ])
{
    int i, sum = 0;

    for (i=0; i<N; i++)
        sum = sum + arr[i];

    return (double)sum / N;
}
```

■ 크기가 다른 배열의 처리가 가능한 함수

[프로그램 10-16]의 compute_avg 함수는 배열 원소가 N개로 정해져 있으므로 원소 수가 N이 아닌 배열은 사용할 수 없다. 이 함수를 배열의 크기와 상관없이 평균을 구하는 보다 일반적인 함수로 정의하려면 배열의 원소 수를 함수 안에서 매크로상수 N으로 고정하는 것이 아니라 매개변수로 전달받으면 된다. 그래서 펜의 연평균 판매 수와 연평균 재고량을 구하는 [프로그램 10-17]은 array_avg 함수의 매개변수를 두 개 선언한다. 첫째는 전달받을 배열이고 둘째는 이 배열의 원소 수이다.

프로그램 10-17 배열의 크기와 상관없이 평균을 구하는 함수를 정의하기(ch10-17.cpp)

```
#include <stdio.h>

double array_avg(int arr[], int n);                    // 함수의 원형 선언

int main()
{
    int pen[4] = {4500, 5370, 4920, 6090};
    int monthly_stock[12] = {505, 409, 389, 257, 450, 501,
                             500, 621, 480, 350, 389, 250};
    double average;

    average = array_avg(pen, 4);                       // 연평균 판매 수 구하기
    printf("펜 평균 판매 수: %.1lf \n", average);
    average = array_avg(monthly_stock, 12);            // 연평균 재고량 구하기
    printf("평균 재고량: %.1lf \n", average);

    return 0;
}

// 배열 원소가 n개 있는 arr 배열의 평균을 구하는 함수
double array_avg(int arr[], int n)
{
    int i, sum=0;

    for (i=0; i<n; i++)
        sum = sum + arr[i];

    return (double)sum / n;
}
```

arr 배열의 원소 수를 전달받아 for문에서 활용한다.

실행 결과

```
펜 평균 판매 수: 5220.0
평균 재고량: 425.1
```

설명

- 12, 14행: 배열의 원소 수를 4와 12처럼 상수로 명시하지 않고 sizeof(pen) / sizeof(pen[0]), sizeof(monthly_stock) / sizeof(monthly_stock[0])로 표현해도 된다. sizeof 연산자는 ( ) 안의 자료가 차지하는 기억 장소의 크기를 구한다. 그러므로 배열의 원소 수를 일일이 계산하지 않고도 정확히 전달할 수 있다.

■ 함수의 장점

10장 이전의 프로그램처럼 사용자 정의 함수를 사용하지 않고 main 함수 하나만으로 프로그램을 완성할 수도 있다. 하지만 함수를 이용함으로써 얻는 장점이 많기 때문에 함수를 이용해 작성하는 것이 좋다.

먼저 [프로그램 10-16]과 같이 동일한 작업이 여러 번 반복될 때 함수를 이용하면 프로그램 길이를 줄일 수 있다. 프로그램을 분석할 때도 main 함수 안에서 나열되어 있는 코드를 분석하는 것보다는 부속품과 같이 정의된 함수를 한 번 분석하면 함수 호출을 만났을 때 또 다시 함수 코드를 분석하지 않고 왜 이 코드가 사용되었으며 또 무슨 일을 하는 부분인지 쉽게 해석할 수 있다. 즉 프로그램 가독성이 높아진다. 프로그램에서 특정 함수를 수정해야 하는 경우에도 한 번만 수정하면 일관되게 정확히 수정할 수 있다. 그렇지 않고 main 함수 안에서 동일한 처리 부분이 여러 번 나타나는 경우에는 동일한 코드 범위를 정확히 찾아내 여러 번 수정해야 할 것이다. 그리고 다른 프로그램을 개발할 때 이미 자신이 만들어 둔 함수가 있으면 해당 함수를 복사해 사용하면 되므로 코드 재사용성을 높일 수 있다.

10.9 프로그래밍 실습 2

10.9.1 배열의 최솟값 구하기

배열에 저장된 값 중에서 최솟값을 구하는 프로그램을 작성하여 보자.

배열의 최솟값을 구하는 함수 find_min과 배열의 원소들을 출력하는 함수 print_arr를 정의하여 작성하도록 한다.

프로그램 10-18 배열의 최솟값을 구하는 프로그램(ch10-18.cpp)

```
#include <stdio.h>
#define SIZE 5

// 함수의 원형 선언
[                                                    ]

// main 함수의 정의
int main()
{
    int f[SIZE]={3, 0, -30, -20, -1};        // 배열을 선언과 동시에 초기화하기
    int min;

    // 최솟값 구하기 함수 호출
    [                                                ]

    // 배열 내용 출력하기, 출력 함수 호출
    printf("어는 점 목록:");
    [                                                ]

    // 최솟값 출력하기
    printf("\n가장 낮은 어는 점: %d \n", min);

    return 0;
}

// 배열의 최솟값을 구하는 함수 정의
[                                                    ]
```

다음 장 »

// 배열의 원소를 출력하는 함수 정의

10.9.2 표준 편차 구하기

학생 5명의 국어 점수 90, 89, 47, 78, 90과 음악 점수 99, 98, 86, 75, 100에 대해 각 과목의 평균과 표준 편차를 구해 보자.

- 표준편차= $\sqrt{\sum_{i=1}^{n}\frac{(x_i - m)^2}{n}}$, xi: i번째 원소의 값, m: n개 원소의 평균

분석

- 두 과목에 대해 동일한 작업을 처리해야 하므로 평균을 구하는 함수 compute_avg와 표준 편차를 구하는 함수 compute_S를 정의해 이용한다. 각 함수의 원형 선언은 다음과 같다.

```
double compute_avg(int arr[ ]);    // arr 배열의 평균을 구하는 함수
double compute_S(int arr[ ]);      // arr 배열의 표준 편차를 구하는 함수
```

- 함수 compute_S는 표준 편차를 구할 때 필요한 배열의 평균을 compute_avg 함수를

이용하여 구한다.

- 표준 편차를 구하기 위해 라이브러리 함수 중 pow( ) 함수와 sqrt( ) 함수를 사용하며, 헤더 파일 〈math.h〉를 포함하도록 한다.

실행 결과

```
=======================
    번호  국어  음악
=======================
     1번   90    99
     2번   89    98
     3번   47    86
     4번   78    75
     5번   90   100
=======================
평균:      78.8    91.6
표준 편차: 16.5     9.7
```

프로그램 10-19 표준 편차를 구하는 프로그램(ch10_10.cpp)

```
// 헤더 파일과 매크로 상수 정의하기



// 함수의 원형 선언



int main()
{
        int i, kor[N] = {90, 89, 47, 78, 90};
        int music[N] = {99, 98, 86, 75, 100};

        // 배열 내용 출력하기
        printf("=======================\n");
        printf("    번호  국어 음악  \n");
        printf("=======================\n");
        for (i=0; i<N; i++)
        printf("  %3d번 %4d %4d \n", i+1, kor[i], music[i]);
        printf("=======================\n");
```

다음 장 »

```
    // 과목별 평균과 표준 편차 출력하기
    printf ("평균:   %5.1lf %5.1lf\n",
                                                    // 평균을 구하는 함수 호출
    printf ("표준 편차:%5.1lf %5.1lf\n\n",
                                                    // 표준 편차를 구하는 함수 호출

    return 0;
}

// 배열의 표준 편차를 구하는 함수 정의
double compute_S(int arr[ ])
{

}

// 배열의 평균을 구하는 함수 정의
double compute_avg(int arr[ ])
{

}
```

10.9.3 반별 성적 출력하기

10.9.2절의 프로그램을 확장하여 각 반별 평균, 표준 편차, 최저 점수 및 반별 석차를 구하는 프로그램을 각각의 함수를 만들어 작성해 보자.

조건

- 반 수와 점수를 매크로 상수로 정의하여 사용한다.

```
#define C 5
#define N 10
```

- 각 반별 성적 데이터를 2차원 배열로 선언한다.

```
int score[C][N]={{80,70,96,100,70,95,100,86,77,88},
                 {60,89,96,75,89,95,88,86,95,88},
                 {100,70,90,100,85,95,100,86,80,88},
                 {80,70,90,80,70,95,65,85,77,80},
                 {85,100,95,89,79,90,90,76,90,89}};
```

- 평균을 구하는 함수: f_average(score)
- 표준 편차를 구하는 함수: f_std(score)
- 최저 점수를 구하는 함수: f_min(score)
- 순위를 구하는 함수: f_rank( )
- 출력: 원본을 먼저 출력한 후 성적 결과를 출력한다.

실행 결과

```
========================= 점수 =========================
1반 :  80   70   96  100   70   95  100   86   77   88
2반 :  60   89   96   75   89   95   88   86   95   88
3반 : 100   70   90  100   85   95  100   86   80   88
4반 :  80   70   90   80   70   95   65   85   77   80
5반 :  85  100   95   89   79   90   90   76   90   89

          평균        표준 편차      최저 점수      반별 석차
=========================================================
1반 :    86.20        10.98          70            3위
2반 :    86.10        10.42          60            4위
3반 :    89.40         9.31          70            1위
4반 :    79.20         8.82          65            5위
5반 :    88.30         6.63          76            2위
```

프로그램 10-20 반별 성적을 구하는 프로그램(ch10-20.cpp)

10.9.4 로또 번호를 난수로 생성한 후 정렬하여 출력하기

1~45 범위의 난수 6개로 구성된 로또 번호를 생성하는 프로그램을 작성해 보자. 난수 6개는 no 배열에 저장하되 6개의 난수가 서로 달라야 하며 화면에 출력될 때는 오름차순으로 정렬되어 표시되게 한다. 사용자에게 생성한 로또 번호를 보여 준 후에는 새로운 로또 번호의 생성 여부를 물어 사용자가 〈Esc〉 키를 누르면 실행을 끝내도록 한다.

반복해서 로또 번호를 생성하는 과정은 다음과 같이 do~while문으로 작성할 수 있다.

조건

다음과 같이 함수를 정의하여 프로그램을 작성하도록 한다.

- 1~45 사이의 난수를 생성하는 함수: random_no( )
- 난수 6개를 오름차순으로 정렬하는 함수: sort( )
- 난수 6개를 출력하는 함수: print_lotto( )
- 변수 선언 시 전역변수, 지역변수를 효율적으로 선언하도록 한다.

힌트

1~45 범위의 난수 스케일링: rand( ) % 45 + 1

난수 생성기의 씨드를 현재 시간으로 설정하기: srand(time(NULL));

키보드에서 입력한 〈Esc〉 키의 ASCII 코드 값은 16진수로 0X1B에 해당한다.

사용자가 〈Esc〉 키를 입력하지 않는 한 계속 반복을 하기 위해 do {...} while (getch( ) != 0X!B);와 같이 0X1B란 16진수 코드 값을 직접 사용할 수도 있다. 그러나 #define ESC 0X1B로 매크로 상수를 정의한 후 (ch != ESC)로 사용하는 것이 훨씬 편리하다.

해결 과정

do {

- 난수 6개를 no 배열에 저장하기 위해 random_no 함수를 호출하기random_no 함수는 새로운 난수를 생성한 후에 지금까지 배열에 저장된 난수 중 이와 동일한 것이 없는지 확인한다. 지금 생성한 난수가 이미 배열에 저장된 난수라면 난수를 다시 생성하는 과정을 반복한다.
- 난수 6개를 오름차순으로 정렬하기 위해 sort 함수를 호출하기
- 생성한 로또 번호를 화면에 출력하기 위해 print_lotto 함수를 호출하기

· 새로운 로또 번호 생성 여부를 묻기

```
printf("종료하시려면 ESC키를 눌러 주시고 계속하려면 Enter키를 눌러 주세요");

} while (getch() != 0X1B);        // getch()로 입력된 문자가 <Esc> 키가 아닌 한 반복하기
```

실행 결과

```
7     10     29     37     42     45

종료하시려면 ESC키를 눌러 주시고 계속하려면 Enter키를 눌러 주세요
2     11     16     30     39     44

종료하시려면 ESC키를 눌러 주시고 계속하려면 Enter키를 눌러 주세요
5     12     19     34     39     44

종료하시려면 ESC키를 눌러 주시고 계속하려면 Enter키를 눌러 주세요
```

프로그램 10-21 로또 번호를 난수로 생성한 후 정렬하여 출력하는 프로그램(ch10-21.cpp)

Memo

C 프로그래밍 기초

Chapter

C PROGRAMMING

11 변수의 분류

11.1 변수의 참조 영역

age = 20;과 같이 변수에 값을 저장하거나, 수식 art + music과 같이 변수의 값을 수식에서 사용하는 과정에는 변수를 참조하는 과정이 포함되어 있다. 간단하게 '변수를 사용한다'라는 표현은 컴퓨터 처리 과정에 맞게 자세히 표현한다면 '변수에 해당하는 기억 장소를 참조(access)하여 자료를 저장한다' 또는 '변수에 해당하는 기억 장소를 참조하여 저장된 자료를 읽어 온다'이다. '변수를 사용한다'는 것은 '변수를 참조한다'는 것을 의미하며 참조의 목적은 자료를 저장하기 위해서 또는 저장된 자료를 읽기 위해서로 구분할 수 있다.

프로그램의 변수는 프로그램 어디서나 사용(참조)할 수 있는 것이 아니라 변수를 참조할 수 있는 영역 즉 참조 영역(scope) 안에서만 사용(참조)할 수 있다. 변수의 참조 영역이란 프로그램에서 변수를 참조할 수 있는 영역으로 변수 참조가 유효한(valid) 영역을 의미한다. 사실 앞에서 함수를 소개할 때 함수 안에서 선언한 변수는 함수 안에서만 사용할 수 있다고 했는데 이 역시 변수의 참조 영역이 함수 안으로 제한되어 있기 때문이다. 이 참조 영역이 프로그램 전체인지 함수인지에 따라 변수를 전역(global) 변수와 지역(local) 변수로 나눌 수 있다.

11.1.1 지역 변수

지역 변수는 함수 또는 블록 안에서 선언한 변수로 참조 영역이 자신이 선언된 함수 또는 블록이 된다. 그러므로 함수나 블록을 벗어나서는 이 변수를 사용(참조)할 수 없다. 호출된 함수에서 자신을 호출한 함수의 변수를 사용할 수 없으므로 인수로 전달받아야 하는 이유가 바로 참조 영역 때문이다. 블록은 { }로 묶은 코드를 의미한다. 그러므로 main 함수의 본체, for문의 본체 모두 블록에 해당한다.

지금까지는 함수를 정의할 때 본체 { }의 시작 부분에서 변수를 선언하였고, 그래서 변수의 참조 영역이 함수 자신으로 제한되어 있었다. 그런데 C언어에서 정확한 지역 변수 선언 위치는 { } 블록 안에서 첫 실행문 이전이므로 다음 코드와 같이 if문의 본체 { }의 시작 부분에서도 변수를 선언할 수 있다. 이렇게 선언한 변수는 참조 영역이 자신이 선언된 블록이 된다. 그러므로 이 블록을 벗어나서는 temp 변수를 참조할 수 없다.

```
1  if (n1 > n2)
2  {
3      int temp;
4
5      temp = n1;
6      n1 = n2;
7      n2 = temp;
8  }
```

if 블록의 지역 변수
→ temp의 참조 영역은 2~8행의 { } 블록
→ 2행 앞이나 8행 뒤에서는 temp를 사용할 수 없다.

형식 지역 변수 선언

```
반환 자료형  함수명(매개변수 선언 목록)
{
    자료형  지역 변수1;
    자료형  지역 변수2;
        ⋮
    for (i=0; i<N; i++)
    {
        자료형  지역 변수3;
        자료형  지역 변수4;
            ⋮
    }
    ⋮
    do
    {
        자료형  지역 변수5;
        자료형  지역 변수6;
            ⋮
    }
    ⋮
}
```

① 10장까지 변수를 선언한 위치이며, 함수의 본체 블록에서 선언하였으므로 이 함수 본체(①)가 참조 영역이 된다.

② for 본체 블록에서 선언하였으므로 이 for문 본체(②)가 참조 영역이 된다.

③ do 본체 블록에서 선언하였으므로 이 do문 본체(③)가 참조 영역이 된다.

- ③ 영역에서는 지역 변수$_3$~지역 변수$_4$를 참조할 수 없으며, ② 영역에서는 지역 변수$_5$~지역 변수$_6$을 참조할 수 없다.

다음 [프로그램 11-1]은 블록 안에서 지역 변수를 선언하는 예를 보여 준다.

프로그램 11-1 지역 변수 예(ch11-1.cpp)

```
#include <stdio.h>
#define N 5

```

다음 장 »

```
4 double _average(int ary[ ]);          // 배열 평균을 구하는 함수 원형 선언
5
6 int main( )
7 {
8     int sale[N] = {201, 225, 192, 260, 179}, i, repeat;
9
10    for (repeat=1; repeat<N; repeat++)   // 버블 정렬
11    {
12        for (i=0; i<N-repeat; i++)
13        {
14            if (sale[i] < sale[i+1])
15            {
16                int temp;
17
18                temp = sale[i];
19                sale[i] = sale[i+1];
20                sale[i+1] = temp;
21            }
22        }
23    }
24
25    printf("판매 순서 :");
26    for (i=0; i<N; i++)                  // 정렬 결과 출력
27        printf("%6d ", sale[i]);
28    printf("(평균: %.1lf) \n", _average(sale));
29
30    return 0;
31 }
32
33 double _average(int ary[ ])          // 배열 평균을 구하는 함수 정의
34 {
35    int sum, i;
36
37    for (sum=0, i=0; i<N; i++)
38        sum += ary[i];
39
40    return (double)sum / N;
41 }
```

main 함수의 지역 변수
7~31행에서 사용하는 i는 main의 지역 변수 i를 참조한다.

if 블록의 지역 변수
15~21행 블록 안에서만 참조할 수 있다.

main 함수의 지역 변수이므로 main 함수 밖에서 사용할 수 없기 때문에 호출하는 함수에 인수로 전달한다.

_average 함수의 지역 변수
34~41행에서 사용하는 i는 _average의 지역 변수 i를 참조한다.

[프로그램 11-1]에서 16행의 temp 변수는 지금까지 보았던 프로그램과 같이 9행에서 선언해도 결과는 같다. 그런데 temp를 블록 안에서 선언하는 것은 주기억장치의 제한된 기억 장소를 효율적으로 사용하는 것과 관련이 있다. 지역 변수는 함수(블록)가 호출되어 실행될 때 기억 장소를 할당받고 함수(블록) 실행이 끝나면 할당된 기억 장소가 해제되므로 이 기억 장소는 다른 프로그램이나 함수의 변수에 할당될 수 있는 자유 상태가 된다. temp를 9행에서 선언했다면 main 함수 실행이 시작되어 끝나는 기간 동안 temp 기억 장소는 사용 중 상태가 된다. 하지만 16행에서 선언하면 15행부터 21행 블록이 실행되는 동안만 사용 중 상태가 된다. 그러므로 main 함수의 나머지 실행 기간 동안은 temp에 할당되었던 기억 장소가 다른 변수에 할당될 수 있다.

temp를 main 함수 시작 부분에서 선언했다면 main 함수의 실행 시간이 길수록 temp 기억 장소가 사용되지 않으면서 기억 장소를 차지하는 시간이 길어진다. 이렇게 블록 지역 변수를 사용하는 것은 일상생활에서도 많이 볼 수 있다. 영화관의 특정 상영관이 두 시간짜리 영화를 저녁 7시에 단 한 번만 상영하는 경우와 오전 10시, 오후 1시, 4시, 7시, 10시와 같이 5번을 상영하는 경우의 수입 차이는 몇 배가 된다. 컴퓨터 주기억장치의 기억 장소는 제한되어 있으며 PC에서 인터넷으로 음악을 들으면서, 워드 작업을 하면서, 다운로드를 받는 등 여러 작업을 동시에 한다면 주기억장치의 한계로 인해 컴퓨터 속도가 느려질 수 있다. 그러므로 블록 지역 변수를 잘 활용하는 프로그램이 보다 효율적으로 기억 장소를 관리할 수 있다.

8행의 i와 35행의 i는 변수명은 같지만 다른 기억 장소를 사용하는 완전히 다른 변수임을 10장에서 배웠다. 이 역시 변수의 참조 범위 개념을 포함하고 있다. 8행의 i는 main의 블록에서 선언한 지역 변수이므로 main 함수를 벗어나서는 참조할 수 없다. 그러므로 37행에서 참조하는 i는 35행에서 선언한 _average 함수의 지역 변수이다. 변수명은 같지만 각각 변수가 선언된 참조 영역에 따라 정확하게 구분되어 참조되는 것이다. 사실 _average 함수 실행이 끝나면 _average 함수의 지역 변수 i에 할당된 기억 장소는 해제되므로, main 함수로 복귀했을 때 29행에서 i 변수를 참조한다면 이때의 i는 당연히 main의 지역 변수이다. _average 함수의 지역 변수 i는 이미 사라졌으므로 절대로 참조할 수 없게 된다.

이러한 참조 영역 개념 때문에 main과 _average 함수 둘 다 변수명이 같은 i를 마음 놓고 사용할 수 있다. 만일 함수마다 변수명을 다르게 사용해야 한다면 함수마다 for문을 사용할 때마다 다른 제어 변수를 작명해서 사용해야 하므로 프로그래머 입장에서는 매우 번거롭고 노력을 기울여야 하는 작업일 것이다.

11.1.2 전역 변수

전역(global) 변수는 함수 밖에서 선언하는 변수이다. 전역 변수를 선언하면 선언한 곳 아래로 어디서든 어떤 함수든 참조할 수 있다. 그러므로 전역 변수의 참조 영역은 변수를 선언한 곳부터 프로그램 끝까지가 되며, 프로그램을 실행하면 곧바로 기억 장소를 할당받으며 프로그램 실행이 끝나면 기억 장소가 해제된다.

전역 변수는 다 같이 공유하는 변수가 되므로 함수를 호출할 때 인수로 전달할 필요가 없다는 장점이 있다. 전역 변수에 해당하는 자료는 모든 함수가 공유하므로 언제든 편리하게 참조하여 값을 확인하고 수정할 수 있지만, 또 그렇기 때문에 어떤 함수에서 잘못 사용하여 값을 변경하면 다른 모든 함수에게 영향을 미치는 부작용(side-effect)이 있다는 단점이 있다.

지역 변수는 함수(블록) 안에서만 참조할 수 있으므로 다른 함수를 호출해도 자신의 지역 변수는 변경되지 않아 함수 간 독립성이 보장된다. 그러므로 변수는 지역 변수로 선언하는 것이 기본적이지만 프로그램 전체에서 자주 사용하는 변수라면 매번 인수로 전달하지 않도록 전역 변수로 사용하되 부작용이 발생하지 않도록 주의한다.

형식 전역 변수 선언

```
전처리기 지시자

사용자 정의 함수의 원형 선언

자료형 전역 변수1;

int main() // main 함수 정의
{
    ⋮
}

int _f1(…) // _f1 함수 정의
{
    ⋮
}

자료형 전역 변수2 = 1;

char _f2(…) // _f2 함수 정의
{
    ⋮
}
```

전역 변수는 선언하면서 초기화하지 않으면 자동으로 0으로 초기화된다. 0 이외의 값으로 초기화하려면 int global = 1;로 초기화할 수 있다.

전역 변수$_1$의 참조 영역: 변수를 선언한 이후로 어디서나 참조할 수 있다. (main, _f1, _f2)

전역 변수$_2$의 참조 영역 (_f2)

• 전역 변수는 프로그램 어디서나 어떤 함수도 사용할 수 있도록 프로그램 시작 부분에 main 함수 이전에 선언하는 것이 일반적이다.

[프로그램 11-2]는 지역 변수와 전역 변수를 사용하여 원 단위의 salary를 달러 단위로 변환하는 프로그램이다. salary는 main에서 선언한 지역 변수이므로 _dollar 함수에서 참조할 수 없기 때문에 salary 정보를 _dollar 함수에 전달해야 한다. 하지만 환율 정보가 들어 있는 exchange_rate는 전역 변수이므로 인수로 전달하지 않아도 _dollar 함수에서 사용할 수 있다.

프로그램 11-2 원 단위의 salary를 달러 단위로 변환하기(ch11-2.cpp)

```
#include <stdio.h>

double _dollar();            // 함수 원형 선언

int exchange_rate=1100; // 전역 변수 선언

int main()
{
    int salary;              // 지역 변수 선언

    printf("월 급여는? "); scanf("%d", &salary);
    printf("월 급여 %d원은 %.1lf달러(환율:%d원) \n",
                         salary, _dollar(salary), exchange_rate);

    return 0;
}

double _dollar(int won)  // 원 단위를 달러 단위로 변환하는 함수
{
    return (double)won/exchange_rate;
}
```

main의 지역 변수이므로 다른 함수에 인수로 전달해야 한다.

매개변수는 함수의 지역 변수

전역 변수이므로 참조할 수 있다.

실행 결과

```
월 급여는? 3000000↵
월 급여 3000000원은 2727.3달러(환율:1100원)
```

11.1.3 전역 변수와 함수의 인수 비교

사용자 정의 함수를 정의하고 호출할 때 C언어 초보자가 어려워하고 헷갈려하는 부분은 인수 전달이다. 함수를 호출할 때는 인수에 해당하는 변수명이나 수식, 상수를 적지만 함수를 정의할 때는 전달된 인수를 저장하기 위해 매개변수를 선언해야 한다. 배열의 경우 인수로 전달할 때는 배열명만 적지만 매개변수로 선언할 때는 배열 선언문 형태여야 한다. 이렇게 인수 전달이 힘든 경우 전역 변수를 사용하면 인수 전달이 전혀 필요하지 않으므로 함수 호출은 함수명( ), 함수 정의는 '반환형 함수명( ) { 함수 본체 }' 형태로 작성할 수 있으므로 함수 호출과 정의가 쉬워진다. 하지만 정의한 함수를 여러 곳에서 호출하여 이용하는 것은 어려워진다. 그 예를 [프로그램 11-3]부터 [프로그램 11-6]을 통해 정확하게 이해해 보자. 이 네 개의 프로그램을 통해 10장의 함수에 대한 정리 및 함수의 필요성을 다시 한 번 이해할 수 있다.

[프로그램 11-3]은 main 함수의 지역 변수 n1과 n2 중 큰 값을 구하기 위해 _larger 함수를 이용하는 프로그램이다. main 함수의 지역 변수 n1과 n2의 정보를 _larger 함수에 전달하려면 인수 전달이 필요하다.

프로그램 11-3 main의 지역 변수 중 큰 값을 _larger 함수를 이용해 구하기(ch11-3.cpp)

```
#include <stdio.h>

int _larger(int first, int second);          // 함수 원형 선언

int main()
{
    int n1, n2, max;                         // 지역 변수 선언

    printf(" 첫째 정수? "); scanf("%d", &n1);
    printf(" 둘째 정수? "); scanf("%d", &n2);

    max = _larger(n1, n2);                   // n1과 n2 중 큰 값을 max에 저장
    printf("\n n1=%d, n2=%d : 큰 값은 %d \n", n1, n2, max);

    return 0;
```

```
}

int _larger(int first, int second)        // 전달받은 두 수 중 큰 값을 반환하는 함수
{
    if (first > second)
        return first;
    else
        return second;
}
```

실행 결과

```
첫째 정수? 3↵
둘째 정수? 9↵

n1=3, n2=9 : 큰 값은 9
```

[프로그램 11-4]는 main 함수의 지역 변수를 전역 변수로 수정한 프로그램이다. n1과 n2를 프로그램 전체에서 참조할 수 있으므로 _larger 함수를 호출할 때 굳이 인수로 전달할 필요가 없다. 그러므로 _larger 함수를 호출할 때 인수가 없으며 _larger( )만으로 호출한다.

프로그램 11-4 전역 변수 n1과 n2 중 큰 값을 _larger 함수를 이용해 구하기(ch11-4.cpp)

```
#include <stdio.h>

int _larger();          // 함수 원형 선언

int n1, n2, max;        // 전역 변수 선언

int main()
{
    printf(" 첫째 정수? "); scanf("%d", &n1);
    printf(" 둘째 정수? "); scanf("%d", &n2);

    max = _larger(); // 전역 변수 n1과 n2 중 큰 값을 max에 저장
    printf("\n n1=%d, n2=%d : 큰 값은 %d \n", n1, n2, max);
```

다음 장 »

```
14
15     return 0;
16 }
17
18 int _larger()          // 전역 변수 n1과 n2 중 큰 값을 반환하는 함수
19 {
20     if (n1 > n2)
21         return n1;
22     else
23         return n2;
24 }
```

실행 결과

```
첫째 정수? 3↵
둘째 정수? 9↵

n1=3, n2=9 : 큰 값은 9
```

[프로그램 11-4]는 인수 전달이 없으므로 함수를 호출하고 정의할 때 편하다. 하지만 [프로그램 11-5]와 같이 전역 변수 a와 b를 추가로 선언했을 때 16행에서 이 둘 중 큰 값을 구하는 데 _larger 함수를 이용할 수 없게 된다. _larger 함수는 변수명이 n1과 n2인 전역 변수 중 큰 값만 구할 수 있기 때문이다.

프로그램 11-5 다양한 전역 변수의 큰 값을 구하지 못하는 _larger 함수 예(ch11-5.cpp)

```
1  #include <stdio.h>
2
3  int _larger();  // 함수 원형 선언
4
5  int n1, n2, max;  // 전역 변수 선언
6  int a=5, b=3;     // 전역 변수 선언
7
8  int main()
```

```
9 {
10     printf(" 첫째 정수? "); scanf("%d", &n1);
11     printf(" 둘째 정수? "); scanf("%d", &n2);
12
13     max = _larger();
14     printf("\n n1=%d, n2=%d : 큰 값은 %d \n", n1, n2, max);
15
16     max = _larger();
17     printf("\n a =%d, b =%d : 큰 값은 %d \n", a, b, max);
18
19     return 0;
20 }
21
22 int _larger()
23 {
24     if (n1 > n2)
25         return n1;
26     else
27         return n2;
28 }
```

실행 결과

```
첫째 정수? 3↵
둘째 정수? 9↵

n1=3, n2=9 : 큰 값은 9
                          ← n1과 n2 중 큰 값이다.
a =5, b =3 : 큰 값은 9
```

[프로그램 11-3]과 같이 인수 전달이 있는 _larger 함수를 정의했다면, [프로그램 11-5]를 [프로그램 11-6]과 같이 수정하여 _larger 함수를 전역 변수 a와 b 중 큰 값을 구하는 데도 사용할 수 있다. main 함수 안에서 int width, height;로 지역 변수를 선언했을 때도 _larger(width, height) 호출로 두 지역 변수 중 큰 값을 구하는 데 사용할 수 있으며 _larger(2*10, 3*4)와 같이 호출해서 두 식 중 큰 값을 구하는 데도 사용할 수 있다. 이렇게 [프로그램 11-6]의 22행과 같이 만들어진 함수는 범용(general_purpose) 함수가 될 수 있다.

프로그램 11-6 범용 함수 _larger의 예(ch11-6.cpp)

```
#include <stdio.h>

int _larger(int first, int second);        // 함수 원형 선언

int n1, n2, max; // 전역 변수 선언
int a=5, b=3;    // 전역 변수 선언

int main()
{
    printf(" 첫째 정수? "); scanf("%d", &n1);
    printf(" 둘째 정수? "); scanf("%d", &n2);

    max = _larger(n1, n2);   // 전역 변수 n1과 n2 중 큰 값을 max에 저장
    printf("\n n1=%d, n2=%d : 큰 값은 %d \n", n1, n2, max);

    max = _larger(a, b);     // 전역 변수 a와 b 중 큰 값을 max에 저장
    printf("\n a =%d, b =%d : 큰 값은 %d \n", a, b, max);

    return 0;
}

int _larger(int first, int second)        // 전달받은 두 수 중 큰 값을 반환하는 함수
{
    if (first > second)
        return first;
    else
        return second;
}
```

실행 결과

```
첫째 정수? 3↵
둘째 정수? 9↵

n1=3, n2=9 : 큰 값은 9

a =5, b =3 : 큰 값은 5
```

11.2 변수의 지속 기간

변수에 할당된 기억 장소가 존재하는 기간을 지속 기간(duration) 또는 수명(lifetime)이라고 한다. 변수의 수명이 끝났다는 것은 변수의 기억 장소가 더 이상 존재하지 않는다는 의미로, 변수를 참조(사용)할 수 없다는 뜻이 된다. 변수가 차지하고 있는 기억 장소는 프로그램 시작부터 끝까지 존재하는 것이 아니라 변수 선언 방법에 따라 존재 기간이 달라진다. 그래서 변수는 지속 기간이 함수(블록)의 실행 시작부터 끝까지인 자동 변수와 프로그램 실행 기간 전체인 정적 변수로 구분된다.

11.2.1 자동 변수

자동(automatic) 변수는 11.1절에서 소개한 지역 변수에 해당하며 함수(블록) 안에서 'auto'를 앞에 붙여서 선언한 변수이다. 자동 변수는 함수가 호출되면(블록이 시작되면) 변수에 기억 장소가 할당되고 함수 실행이 끝나면(블록이 끝나면) 할당된 기억 장소가 해제되어 더 이상 참조할 수 없게 된다.

형식 자동 변수 선언

```
반환자료형    함수명(매개변수 선언 목록)
{
    auto 자료형 자동 변수명;   ← auto는 생략할 수 있다.
                                 그러므로 지역 변수는 모두 자동 변수에 해당한다.
    ⋮
}
```

- 자동 변수는 블록을 벗어나면 할당된 기억 장소가 사라지므로 더 이상 참조할 수 없다.
- 비주얼 C++ 2010 이상에서는 'auto'가 C++언어에서 다른 의미의 예약어로 사용된다. 그러므로 소스 파일의 확장자를 '.c'로 해야 C언어 구문대로 자동 변수로 컴파일된다.

자동 변수는 지역 변수에 해당하므로 기억 장소 차지 기간을 프로그램 실행 기간이 아니라 함수의 실행 기간으로, 더 나아가서는 함수 안의 작은 블록의 실행 기간으로 줄여준다. 11.1절에서 소개한 전역 변수는 프로그램 실행이 시작할 때부터 기억 장소를 할당받을 뿐만 아니라 자동으로 0으로 초기화된다. 그러나 자동(지역) 변수는 기억 장소를 할당받더라도 자동으로 초기화되지 않는다.

11.2.2 정적 변수

정적(static) 변수는 프로그램 실행 시작부터 기억 장소를 정적으로 할당받아 실행이 끝날 때까지 기억 장소를 유지하는 변수로 프로그램 실행 기간이 지속 기간이 된다. 함수 안에서 선언한 자동(지역) 변수는 지속 기간이 함수 실행 기간이므로 함수 실행이 끝나면 기억 장소가 사라져 함수를 다시 호출했을 때 이전에 구한 값을 다시 참조할 수 없다. 하지만 정적 지역 변수로 선언하면 이전에 호출되었을 때의 마지막 값이 유지된다. 그러므로 이전 함수 실행 시 저장된 값들을 다음 함수 실행에서 이용할 수 있다. 이런 정적 지역 변수를 이용하면 함수가 자신이 호출된 횟수를 누적하는 것이 가능하다.

정적 변수는 다시 정적 전역 변수와 정적 지역 변수로 나뉜다. 정적 전역 변수는 참조 영역이 프로그램 전체이며, 정적 지역 변수는 함수에서만 참조할 수 있다.

정적 지역 변수는 함수 안에서 선언하며 다음 형식과 같이 선언할 때 앞에 'static'을 붙인다.

형식 정적 지역 변수 선언

반환자료형 함수명(매개변수 선언 목록)
{
    static 자료형 정적 변수$_1$ = 초깃값; ← 정적 변수의 선언 부분은 이 함수가 처음 호출될 때 한 번만 실행된다. 즉, 이 함수가 두 번째 호출될 때부터는 실행되지 않으므로 이전 호출에 의해 저장된 값이 계속 유지되는 것이다.
    static 자료형 정적 변수$_2$; ← 초깃값을 주지 않으면 자동으로 0으로 초기화된다.
    ⋮
}

정적 전역 변수는 다음 형식과 같이 함수 외부에서 'static'을 앞에 붙여 선언한 변수로, 변수를 선언한 이후로 프로그램 어디서나 참조할 수 있다.

형식 정적 전역 변수 선언

static 자료형 정적 전역 변수$_1$ = 초깃값; ← 이 선언문 이후로 어디서나 정적 전역 변수$_1$을 참조할 수 있다.
static 자료형 정적 지역 변수$_2$; ← 초깃값을 주지 않으면 0으로 초기화된다.

함수의 정의

함수의 정의

전역 변수와 정적 전역 변수 둘 다 변수의 지속 기간이 프로그램 실행 기간이므로 프로그램 어디서나 참조할 수 있다. 이 두 변수의 차이는 프로그램을 여러 파일로 나누어 개발할 때 나타난다. 여러 소스 파일로 나누어 개발할 때 정적 전역 변수는 이 변수를 선언한 소스 파일에서만 전역으로 참조할 수 있다. 다른 소스 파일에서는 정적 전역 변수를 참조할 수 없다.

하지만 전역 변수는 다른 소스 파일에서도 동일한 전역 변수로 참조할 수 있다. 이를 위해서는 [그림 11-1]과 같이 사용하고 싶은 전역 변수가 외부 변수임을 추가로 지정해야 한다.

소스1.cpp

```
int g; // 전역 변수 선언

int main()
{
      :
    g를 전역 변수로 참조할
    수 있다.
      :
}

int _f1()
{
      :
    g를 전역 변수로 참조할
    수 있다.
      :
}
```

소스2.cpp

```
extern g; // 외부 변수 선언

int _f2()
{
      :
    '소스1.cpp'에서 전역
    변수로 선언한 g를 전역
    변수로 사용할 수 있다.
      :
}
```

소스3.cpp

```
extern g; // 외부 변수 선언

int _f3()
{
      :
    '소스1.cpp'에서 전역
    변수로 선언한 g를 외부
    변수로 지정하지 않았으
    므로 이 파일에서는 g를
    전역 변수로 사용할 수
    없다.
      :
}
```

[그림 11-1] 외부 변수의 선언과 참조 영역

지금까지 소개한 변수들을 간단히 정리하면 [표 11-1]과 같다.

[표 11-1] 참조 영역과 지속 기간에 따른 변수의 분류 및 특징

변수의 종류	선언 위치	변수의 지속 기간	변수의 참조 영역
전역 변수	함수 외부	프로그램 실행 기간	프로그램 전체
지역 변수 (자동 변수)	함수/블록 내부	변수가 선언된 함수/블록의 실행 기간	함수/블록
정적 전역 변수	함수 외부	프로그램 실행 기간	프로그램 전체
정적 지역 변수	함수/블록 내부	프로그램 실행 기간	함수/블록

11.2.3 서비스 요청 횟수 확인 프로그램

[프로그램 11-7]은 지역 변수와 정적 지역 변수의 차이를 이해하기 쉽도록 단순화한 코

드로 사용자가 아이디나 비밀번호를 잊어버렸을 때 아이디와 비밀번호를 찾는 서비스를 제공하는 코드와 비슷하다. main 함수는 사용할 수 있는 서비스 종류를 메뉴로 표시하고 사용자가 그만두기를 선택할 때까지는 계속해서 서비스를 이용하게 하고 있다.

사용자 아이디 찾기 서비스는 _find_ID 함수에서, 비밀번호 찾기 서비스는 _find_PW에서 처리하며, 지역 변수와 정적 지역 변수의 차이를 쉽게 이해하도록 아이디 찾기 횟수는 정적 지역 변수 cnt_ID로, 비밀번호 찾기 횟수는 지역 변수 cnt_PW로 선언하여 처리한다.

프로그램 11-7 지역 변수와 정적 지역 변수의 차이 확인하기(ch11-7.cpp)

지역 변수 선언 (→ int service;)

```
#include <stdio.h>

void _find_PW();
void _find_ID();

int main()
{
    int service;                                  // 사용자가 요청한 서비스 번호 저장

    do
    {
        printf("\n == 1. 아이디 찾기  2. 비밀번호 찾기  3. 그만두기 == \n");
        printf(" 원하는 서비스 번호는(1~3)? ");
        scanf("%d", &service);

        switch (service)
        {
            case 1: _find_ID(); break;            // 아이디 찾기 서비스 진행
            case 2: _find_PW();                   // 비밀번호 찾기 서비스 진행
        }
    } while (service != 3);                       // 3. 그만두기를 선택하지 않는 한 계속 반복하기

    return 0;
}

void _find_ID()                                   // 아이디 찾기 서비스 함수
{
```

```
28      static int cnt_ID = 0;            // 이 함수의 호출 횟수 저장
                                  ↖ 정적 지역 변수 선언
29
30      cnt_ID++;                         // find_ID 함수가 호출될 때마다 1씩 증가
31      printf("\n 총 %d회째 아이디 찾기 요청입니다. \n", cnt_ID);
32 }
33
34 void _find_PW()                        // 비밀번호 찾기 서비스 함수
35 {
36      int cnt_PW = 0;                   // 자동(지역) 변수
37
38      cnt_PW++;
39      printf("\n 총 %d회째 비밀번호 찾기 요청입니다. \n", cnt_PW);
40 }
```

실행 결과

```
== 1. 아이디 찾기  2. 비밀번호 찾기  3. 그만두기 ==
원하는 서비스 번호는(1~3)? 1↵

총 1회째 아이디 찾기 요청입니다.

== 1. 아이디 찾기  2. 비밀번호 찾기  3. 그만두기 ==
원하는 서비스 번호는(1~3)? 1↵

총 2회째 아이디 찾기 요청입니다.

== 1. 아이디 찾기  2. 비밀번호 찾기  3. 그만두기 ==
원하는 서비스 번호는(1~3)? 2↵

총 1회째 비밀번호 찾기 요청입니다.

== 1. 아이디 찾기  2. 비밀번호 찾기  3. 그만두기 ==
원하는 서비스 번호는(1~3)? 2↵

총 1회째 비밀번호 찾기 요청입니다.

== 1. 아이디 찾기  2. 비밀번호 찾기  3. 그만두기 ==
원하는 서비스 번호는(1~3)? 3↵
```

- 정적 지역 변수 cnt_ID (첫 번째 "총 1회째 아이디 찾기 요청입니다."의 1)
- find_ID 함수가 다시 호출되었지만 cnt_ID는 이전에 저장된 값이 그대로 유지되므로 2로 증가된다.
- 지역 변수 cnt_PW (첫 번째 "총 1회째 비밀번호 찾기 요청입니다."의 1)
- find_PW 함수가 다시 호출된 때마다 새로 기억 장소를 할당받으므로 이전 값을 알 수 없으며, 36행에서 0으로 초기화되므로 39행을 실행하면 1이 된다.

28행은 cnt_ID를 정적 지역 변수로 선언하고 있다. 이 함수가 처음 실행되면 cnt_ID는 0으로 초기화된다. 정적 지역 변수를 선언과 동시에 초기화하는 문장은 이 함수가 처음 호출되어 실행될 때 딱 한 번만 실행되며 정적 지역 변수는 할당된 기억 장소를 프로그램

실행 종료까지 유지한다. 그러므로 결과 화면과 같이 find_ID 함수가 두 번째로 호출될 때는 28행의 초기화가 실행되지 않으므로 이전에 저장된 1이 그대로 유지된다. 이 상태에서 30행의 cnt_ID++을 실행하면 2가 된다. 이렇게 cnt_ID를 정적 지역 변수로 선언하면 다른 함수에서는 cnt_ID를 참조할 수 없게 하면서 이전 호출 결과를 활용할 수 있다.

38행은 cnt_PW를 함수의 (자동) 지역 변수로 선언하고 있다. 그러므로 이 함수가 호출될 때마다 cnt_PW는 36행을 실행하면서 0으로 초기화되고 38행을 실행하면서 1 증가하므로 cnt_PW에는 언제나 1이 된다. 비밀번호 찾기 서비스 요청 횟수를 제대로 구하려면 cnt_PW를 정적 지역 변수로 선언해야 한다.

[프로그램 11-8]은 아이디 찾기와 비밀번호 찾기 서비스 각각의 총 요청 횟수와 모든 서비스의 총 요청 횟수를 표시하도록 [프로그램 11-7]을 변경한 것으로 지금까지 소개한 프로그램 구성 요소의 배치를 확인할 수 있다.

프로그램 11-8 전역, 지역(자동), 정적 변수 및 프로그램 구성요소의 배치 예 (ch11-8.cpp)

```
#include <stdio.h>                          } 전처리기 지시자

void find_PW();                             } 사용자 정의 함수의 원형 선언
void find_ID();
// 게임명
char title[10] = "빙고";                    } 전역 변수 선언 (다른 파일에서는 외부 변수로 선언
                                              하여 참조 가능)
// 모든 서비스 요청 횟수
static int cnt_service = 0;                 } 정적 전역 변수 선언 (다른 파일에서는 참조 불가능)

int main()              // main 함수 정의
{
    int service;        // 요청 서비스 번호 } main 함수에서만 참조할 수
                                              있는 지역(자동) 변수 선언

    do
    {
        printf("\n == 1. 아이디 찾기  2. 비밀번호 찾기  3. 그만두기 == \n");
        printf(" 원하는 서비스 번호는(1~3)? ");
        scanf("%d", &service);

        switch (service)
        {
```

```
            case 1: find_ID(); break;
            case 2: find_PW();
        }
    } while (service != 3);   // 3. 종료하기를 선택하지 않는 한 계속 반복하기

    return 0;
}

void find_ID()                // 아이디 찾기 서비스 사용자 정의 함수
{
    static int cnt_ID = 0;  // 함수 호출 횟수 저장

    cnt_ID++;                 // 현재 함수 호출 시 1씩 증가
    cnt_service++;            // 전체 서비스 요청 횟수를 1 증가

    printf("\n %s 게임 방문 중 \n ", title);
    printf("%d번째 아이디 찾기 요청(모든 서비스 요청 %d번) \n\n",
                                            cnt_ID, cnt_service);
}

void find_PW()                // 비밀번호 찾기 서비스 함수
{
    static int cnt_PW = 0;  // 함수 호출 횟수 저장

    cnt_PW++;                 // 현재 함수 호출 시 1씩 증가
    cnt_service++;            // 전체 서비스 요청 횟수를 1 증가

    printf("\n %s 게임 방문 중 \n", title);
    printf("%d번째 비밀번호 찾기 요청(모든 서비스 요청 %d번) \n\n",
                                            cnt_PW, cnt_service);
}
```

> static int cnt_ID = 0; → 정적 지역 변수 선언(이 함수에서만 참조할 수 있지만 이전 호출 결과값이 유지됨)

실행 결과

```
== 1. 아이디 찾기  2. 비밀번호 찾기  3. 그만두기 ==
원하는 서비스 번호는(1~3)? 1↵

빙고 게임 방문 중
```

```
1번째 아이디 찾기 요청(모든 서비스 요청 1번)


== 1. 아이디 찾기  2. 비밀번호 찾기  3. 그만두기 ==
원하는 서비스 번호는(1~3)? 2↵

빙고 게임 방문 중                                    ←정적 전역 변수 cnt_service
1번째 비밀번호 찾기 요청(모든 서비스 요청 2번)
 ↖정적 지역 변수 cnt_PW

== 1. 아이디 찾기  2. 비밀번호 찾기  3. 그만두기 ==
원하는 서비스 번호는(1~3)? 2↵

빙고 게임 방문 중
2번째 비밀번호 찾기 요청(모든 서비스 요청 3번)


== 1. 아이디 찾기  2. 비밀번호 찾기  3. 그만두기 ==
원하는 서비스 번호는(1~3)? 3↵
```

11.2.4 연 세금 계산 프로그램

main 함수에서 월 급여를 입력받은 후 올해 내야 할 기본 세금을 계산하여 세금 내역을 출력하는 프로그램을 작성해 보자.

조건

- 세금 부과 대상 금액 tax_target은 프로그램 전체에서 사용할 수 있도록 전역 변수로 선언해 함수 호출 시 인수로 전달하지 않도록 한다. 나머지 변수는 지역 변수로 선언한다.

분석 및 해결 과정

- 실행 결과 분석

```
월 급여는? 2000000  ←① 월 급여 입력        ② 연 급여 annual_salary 구하기
                                            ③ 세금 부과 대상액 tax_target 구하기
        >>> 세금 내역서 <<<                  ④ 최종 부과 세금액 tax 구하기
----------------------------------
 연 급여              :30000000원
 세금 부과 대상액     :15000000원           ⑤ 세금 내역 출력
 최종 세금 부과액     : 1800000원
----------------------------------
```

```
월 급여는? 3500000

        >>> 세금 내역서 <<<
------------------------------------
 연 급여            :52500000원
 세금 부과 대상액   :31500000원
 최종 세금 부과액   : 3780000원
------------------------------------
```

```
월 급여는? 500000

        >>> 세금 내역서 <<<
------------------------------------
 연 급여            : 7500000원
 세금 부과 대상액   : 3000000원
 최종 세금 부과액   :  180000원
------------------------------------
```

• 프로그램 구조

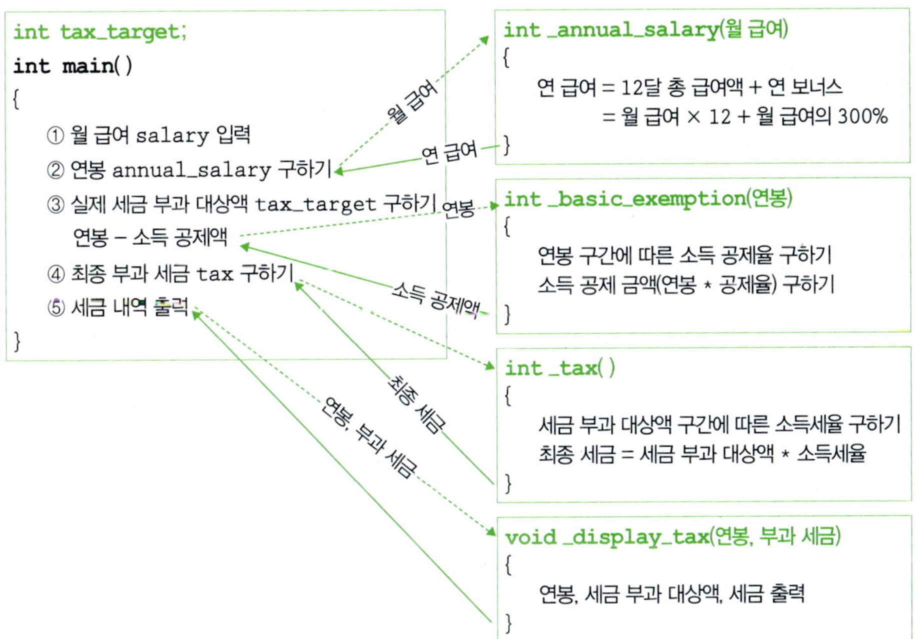

• ① salary에 월 급여를 입력받는다.

• ② _annual_salary 함수를 호출하여 연 급여를 구한다. 월 급여 salary는 지역 변수이므로 인수로 전달해야 한다.

연 급여는 다음과 같이 구한다.

연 급여 = 12달 월급 + 연 보너스
↑ 월 급여 × 12　↑ 월 급여의 300%

• ③ 연 급여 중 실제 세금 부과 대상액 tax_target을 구한다.

소득 공제액이란 세금을 내지 않아도 되는 소득액이다. 그러므로 실제 세금 부과 대상액 tax_target = 연봉–소득 공제액이다. 소득 공제액은 _basic_exemption 함수를 사용하여 구한다. 실제 소득 공제율은 다양하며 하위 구간의 금액을 제외하고 이를 초과하는 금액에 대해 상위 공제율을 적용하지만 이 프로그램에서는 다음과 같이 단순히 4가지 구간별로 연 급여*소득 공제율로 처리한다.

연봉이 500만원 이하 : 70%(소득 공제율)
연봉이 500만원 초과 ~1,500만원까지 : 60%
연봉이 1,500만원 초과 ~4,500만원까지 : 50%
연봉이 4,500만원 초과 : 40%

- ④ _tax 함수를 이용하여 최종 기본 세금액을 구한다. tax_target은 전역 변수이므로 전달할 필요가 없다. 소득세율 역시 여기서는 단순화하여 다음과 같이 tax_target 구간별로 적용한다.

세금 부과 대상액이 1,200만원 이하 : 6%(소득세율)
세금 부과 대상액이 1,2000만원 초과~4,600만원까지 : 12%
세금 부과 대상액이 4,600만원 초과 : 20%

- ⑤ _display_tax 함수를 이용하여 세금 부과 내역을 출력한다.

프로그램 11-9 연 소득의 기본 세금 계산하기(ch11-9.cpp)

```
#include <stdio.h>

int _annual_salary(int salary);                          // 연 급여 계산
int _basic_exemption(int annual_salary);                 // 기본 소득 공제액 계산
int _tax( );                                             // 최종 기본 세금 계산
void _display_tax(int annual_salary, int tax);           // 세금 내역 출력 함수

int tax_target;                                  // 세금 부과 대상액 전역 변수

int main( )
{
    int salary, annual_salary, tax;              // 연 급여, 세금 부과 대상액, 최종 세금

    printf("월 급여는? ");
    scanf("%d", &salary);                        // 월 급여 입력

```

```
    annual_salary = _annual_salary(salary);     // 연 급여 계산
    // 기본 세금 부과 대상액 계산
    tax_target = annual_salary - _basic_exemption(annual_salary);
    tax = _tax();                     // 기본 세금 부과 대상액으로부터 기본 세금 계산

    _display_tax(annual_salary, tax);    // 세금 내역 출력하기

    return 0;
}

int _annual_salary(int salary)  // 월 급여와 연 보너스율을 이용 연 급여 계산 함수
{
    int bonus_rate = 3;              // 연 보너스가 월급의 300%임을 의미

    return (salary * 12) + (salary * bonus_rate);
}

int _basic_exemption(int annual_salary) // 연 급여 구간별로 소득 공제액 계산 함수
{
    double rate;                          // 소득공제율

    if (annual_salary<= 5000000)
        rate = 0.7;                       // 공제율이 70%임을 의미
    else if (annual_salary <= 15000000)
        rate = 0.6;
    else if (annual_salary <= 45000000)
        rate = 0.5;
    else
        rate = 0.4;

    return (int)(annual_salary*rate);
}

int _tax()                        // 최종 세금 부과 대상액 tax_target 구간별로 세금 계산 함수
{
    double tax_rate;      // 소득세율
```

다음 장 »

```

    if (tax_target <= 12000000)
        tax_rate = 0.06;        // 소득세율이 6%임을 의미
    else if (tax_target <= 46000000)
        tax_rate = 0.12;
    else
        tax_rate = 0.2;

    return (int)(tax_target * tax_rate);
}

void _display_tax(int annual_salary, int tax) // 부과 세금 내역 출력
{
    printf("\n    >>> 세금 내역서 <<< \n");
    printf("----------------------------------\n");
    printf(" 연 급여          : %8d원 \n", annual_salary);
    printf(" 세금 부과 대상액 : %8d원 \n", tax_target) ;
    printf(" 최종 세금 부과액 : %8d원 \n", tax);
    printf("----------------------------------\n");
}
```

11.3 프로그래밍 실습

11.3.1 계좌 조회, 입금, 출금 서비스 프로그램

개인 계좌의 잔액 조회, 입금, 출금 세 가지 서비스가 가능한 프로그램을 작성해 보자.

조건

- 일단 사용자에게 시스템에서 제공하는 서비스 종류를 보여 준 후 사용자가 선택한 서비스를 제공하며 종료를 선택하면 실행을 종료한다. 일단 서비스 목록을 보여 주고 종료를 선택하든지 서비스를 선택하므로 do~while문을 이용한다.
- 잔액 조회와 출금 서비스는 이 시스템의 비밀번호 9981을 알고 있을 때만 가능하다.

- 비정상적 계좌 서비스를 차단하기 위해 프로그램 시작 후 비밀번호 오류가 총 3회 발생하면 서비스를 전면 차단한다. 이는 실제로 은행의 인터넷 뱅킹이나 사이트 로그인과 같은 서비스에서 많이 사용하는 방법이다.

분석 및 해결 과정

- 프로그램 구조

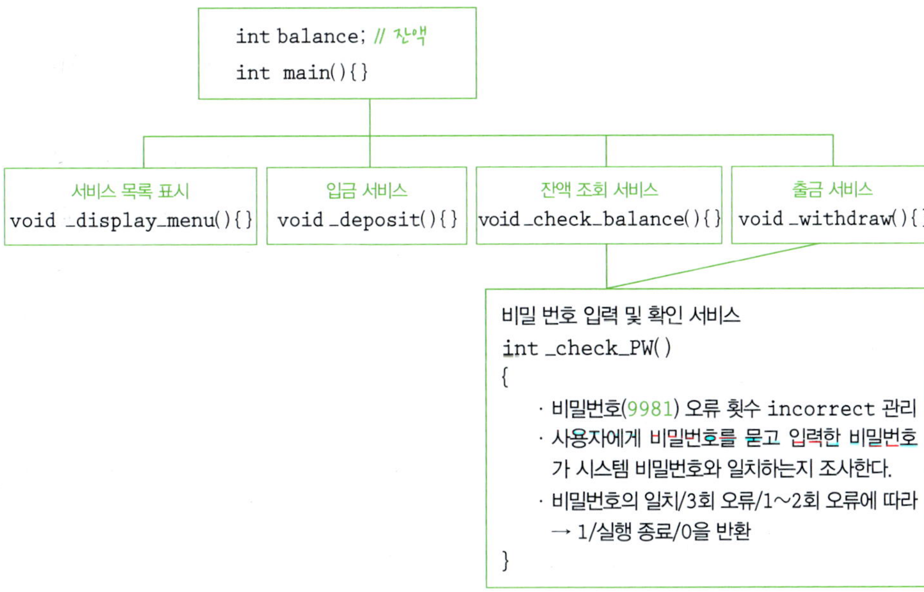

- 실행 결과 분석

```
=================
== 1. 잔액 조회 ==
== 2. 입금      ==
== 3. 출금      ==
== 4. 종료      ==
=================
원하는 서비스를 선택하세요. 2↵

입금하실 금액은? 70000↵

입금 후 현재 잔액: 70000원

계속 서비스를 원하시면 아무 키나 누르세요.↵
```

원하는 서비스 번호 입력

아무 키나 누르면 현재 화면을 지우고 다음 결과 화면과 같이 새 화면에 서비스 목록을 다시 표시

```
=================
== 1. 잔액 조회 ==
== 2. 입금      ==
== 3. 출금      ==
== 4. 종료      ==
=================
원하는 서비스를 선택하세요. 3↵

시스템 비밀번호를 입력하세요. 9981↵
출금하실 금액은? 80000↵

잔액이 부족합니다. 현재 잔액 70000원

확인했으면 아무 키나 누르세요.↵
```

원하는 서비스 번호 입력

잔액이 사용자가 원하는 출금액보다 작다면 출금 서비스를 제공하지 않음

```
=================
== 1. 잔액 조회 ==
== 2. 입금      ==
== 3. 출금      ==
== 4. 종료      ==
=================
원하는 서비스를 선택하세요. 3↵

시스템 비밀번호를 입력하세요. 9981↵
출금하실 금액은? 30000↵

출금 후 현재 잔액: 40000원

확인했으면 아무 키나 누르세요.↵
```

```
=================
== 1. 잔액 조회 ==
== 2. 입금      ==
== 3. 출금      ==
== 4. 종료      ==
=================
원하는 서비스를 선택하세요. 1↵

시스템 비밀번호를 입력하세요. 1234↵
비밀번호가 틀렸습니다. 총 1회 오류!

확인했으면 아무 키나 누르세요.↵
```

원하는 서비스 번호 입력

비밀번호가 틀리면 총 오류 횟수 즉 정적 지역 변수 incorrect를 출력

```
=================
== 1. 잔액 조회 ==
== 2. 입금      ==
== 3. 출금      ==
== 4. 종료      ==
=================
원하는 서비스를 선택하세요. 3↵

시스템 비밀번호를 입력하세요. 3456↵
비밀번호가 틀렸습니다. 총 2회 오류!!
                    ↖── 비밀번호 총 오류 횟수 출력
확인했으면 아무 키나 누르세요.↵
```

```
=================
== 1. 잔액 조회 ==
== 2. 입금      ==
== 3. 출금      ==
== 4. 종료      ==
=================
원하는 서비스를 선택하세요. 3↵

시스템 비밀번호를 입력하세요. 1212↵     비밀번호 오류가 총 3회 발생하면 안내문을
비밀번호 오류 3회 발생!              ↙── 표시하고 프로그램 실행을 종료
신분증을 가지고 서비스센터를 방문하세요.
```

- 계좌의 잔액 balance는 전역 변수로 선언하다. 잔액은 잔액 조회 서비스에서도 참조하며, 입금 서비스에서도 입금액만큼 잔액을 증가시키기 위해서 참조하며, 출금 서비스에서도 출금액만큼 잔액을 감소시키기 위해서 참조하므로 모든 함수에서 직접 참조할 수 있게 한다.
- 출금 서비스 함수: void _withdraw( )

  사용자가 정확한 비밀번호를 입력했을 때만 서비스를 제공해야 하므로 비밀번호를 제대로 알고 있는지 확인할 때 _check_PW 함수를 이용한다. 이 함수의 반환 값이 1이면 비밀번호가 일치하는 것이므로 서비스를 제공한다. 반환 값이 0이면 단순히 이 함수 실행을 끝낸다.

  잔액이 사용자가 원하는 출금액보다 작으면 안내문을 표시하고 함수를 끝낸다. 그렇지 않을 때는 현재 잔액을 출금액만큼 감소시키고 끝낸다.
- 입금 서비스 함수: void _deposit( )

  사용자가 입금한 금액만큼 잔액을 증가시킨다.

• 잔액 조회 서비스 함수: void _check_balance( )

_check_PW 함수를 이용하여 비밀번호 일치 여부를 확인한 후 비밀번호가 일치하면 계좌의 잔액을 표시한다.

• 비밀번호 일치 여부 확인 함수: int _check_PW( )

사용자에게 시스템 비밀번호를 묻고 입력한 비밀번호가 같은지 확인한다.

- 시스템 비밀번호 system_PW는 이 함수의 지역 변수로 9981로 초기화한다.
- 비밀번호가 같다면 1(PASS)을, 다르다면 지금까지의 비밀번호 일치 오류 횟수가 3인지를 확인한다. 오류 횟수가 3이면 안내문을 표시하고 프로그램 실행을 끝낸다. 오류 횟수가 3보다 작은 경우라면 단순히 0(FAIL)을 반환한다.
- 비밀번호 오류 횟수는 _check_PW 함수에서만 변경할 수 있어야 하며, 이전에 발생한 오류 횟수를 계속 유지하며 누적해야 하므로 정적 지역 변수로 선언한다.

프로그램 11-10 시스템 비밀번호 오류가 3회 발생하면 실행을 끝내는 계좌 조회, 입금, 출금 서비스 프로그램(ch11-10.cpp)

```
#include <stdio.h>
#include <conio.h>              // getch 함수를 위한 헤더 파일
#include <stdlib.h>             // exit, system 함수를 위한 헤더 파일

#define PASS 1                  // 반환 값 1 대신 매크로 상수 PASS를 사용
#define FAIL 0                  // 반환 값 0 대신 매크로 상수 FAIL을 사용

void _display_menu();           // 서비스 메뉴 표시
int _check_PW();                // 비밀번호 확인 서비스 함수
void _check_balance();          // 잔액 조회 서비스 함수
void __deposit();               // 입금 서비스 함수
void _withdraw();               // 출금 서비스 함수

int balance;                    // 계좌 잔액 전역 변수

int main()
{
    int service;                // 사용자가 원하는 서비스 번호
```

```
    do                                              // 4. 종료를 선택하지 않는 한 서비스를 계속 제공
    {
        _display_menu();                            // 제공 서비스 목록 표시
        printf("원하는 서비스를 선택하세요. ");
        scanf("%d", &service);                      // 원하는 서비스 번호입력

        switch (service)
        {
            case 1: _______________; break;         // 잔액 조회
            case 2: _______________; break;         // 입금
            case 3: _______________; break;         // 출금
            case 4: exit(0);                        // 프로그램 종료
        }

        /* 요청한 서비스 결과를 확인한 후 아무 키나 누르면 현재 화면을
           지우고 새 화면에 서비스 목록을 다시 나타내도록 화면 지우기 */
        printf("\n확인했으면 아무 키나 누르세요.");
        getch();
        system("cls");
    } while (_______________);                      // 그만두기를 선택하지 않는 한 계속하기

    return 0;
}

void _check_balance()                               // 잔액 조회 서비스 함수
{
    if (_check_PW() == PASS)                        // 비밀번호가 일치하면 서비스 제공
        printf("\n현재 잔액: %d원 \n", balance);
}

void _deposit()                                     // 입금 서비스 함수
{
    int amount;

    printf("\n입금하실 금액은? ");
    scanf("%d", &amount);
```

다음 장 »

```c
    ________________________             // 잔액 증가
    printf("\n입금 후 현재 잔액: %d원\n", balance);
}

void _display_menu()                     // 서비스 목록 표시
{
    printf("\n\n");
    printf("=================\n");
    printf("== 1. 잔액 조회 ==\n");
    printf("== 2. 입금      ==\n");
    printf("== 3. 출금      ==\n");
    printf("== 4. 종료      ==\n");
    printf("=================\n");
}

// 사용자가 입력한 비밀번호와 시스템 비밀번호의 일치 여부를 반환하는 함수
int _check_PW()
{
```

```
}
```

```
void _withdraw()      // 출금 서비스 함수
{



}
```

C 프로그래밍 기초

Chapter

C PROGRAMMING

12 포인터

12.1 포인터란?

12.2 포인터의 사용

12.3 포인터와 배열

12.4 포인터와 함수

12.5 프로그래밍 실습 1

12.6 포인터와 문자열

12.7 포인터 배열

12.8 프로그래밍 실습 2

12.1 포인터란?

C언어를 다른 많은 프로그래밍 언어와 차별화하는 특징 중 하나가 이 장에서 소개할 포인터(pointer)를 아주 강력하면서도 유연하게 사용할 수 있다는 것이다. 지금까지 사용한 변수와 이제 소개할 포인터 변수의 중요한 차이는 저장하는 값의 종류가 다르다는 것이다. 점수, 키, 요금 등과 같이 프로그램에서 사용하는 자료를 저장하는 것이 변수라면 포인터 변수는 주기억장치의 주소만 저장하며, 그 값을 주소로 인식한다.

지금까지 프로그래밍 과정에서 계산에 필요한 초깃값이나 계산 결과 값을 저장하려고 먼저 변수를 선언한 후 프로그램 실행문에서 변수를 사용한 것을 기억할 것이다. 이때 변수를 선언한다는 것은 선언할 때 명시한 변수의 자료형에 따라 정해진 크기의 주기억장치의 일부를 할당받으면서 변수명으로 영역이 지정된다. 그리고 변수를 사용한다는 것은 변수에 할당된 영역에 값을 저장하거나 저장된 값을 읽어서 사용한다는 것을 의미한다.

그러면 일반 변수만으로 충분히 프로그램을 작성했는데 왜 포인터 변수가 필요할까? 앞서 7장에서 배열을 다룰 때 배열명 자체가 시작 주소를 나타내고 특히 문자열 배열은 char형 포인터를 사용하는 방법이 있다는 것과 10장 함수에서 인수를 전달할 때 값에 의한 호출로 발생할 수 있는 오류(Side Effect)를 해결하는 방법으로 주소를 전달하고 포인터 변수를 사용해 해결함으로써 이미 포인터의 필요성과 효율성을 짐작할 수 있다. 이제부터는 구체적으로 포인터가 얼마나 효율적이고 강력한지 하나씩 살펴보자.

[그림 12-1]과 같이 변수를 char a;로 선언하면, a는 char형 자료를 저장하는 변수로, 주기억장치에서 1바이트에 해당하는 기억 공간을 할당받는다. int b = 5;로 변수를 선언하면서 값을 대입하면, b는 int형 변수로 주기억장치에서 4바이트의 기억 공간을 할당받아 이 영역에 5라는 값이 곧바로 저장된다. double c;로 변수를 선언하면, c는 double형 변수로 8바이트의 기억 공간이 할당된다. 이러한 변수 생성의 원리를 이해하면 포인터 변수도 쉽게 이해할 수 있다.

1바이트(byte)는 기억 공간의 크기를 나타내는 단위로서 문자 1개를 저장할 수 있는 크기이며 8비트(bit)에 해당한다.

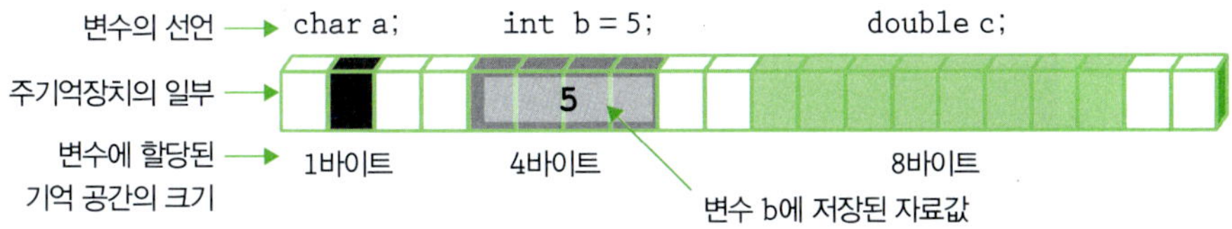

[그림 12-1] 변수의 선언과 기억장치

포인터 변수를 알기 위해 변수를 좀 더 파헤쳐 보자. 변수가 갖는 속성에는 변수의 이름, 변수의 자료형, 변수에 저장된 자료 값, 그리고 여기에 추가해 주기억장치에서 변수가 차지하는 기억 공간의 위치, 즉 주기억장치의 주소(address)가 있다. 주기억장치는 수많은 기억 공간의 모임이므로 정해진 크기의 기억 공간마다 0번지부터 1씩 증가하는 주소가 부여된다. 집마다 구분을 위해 주소가 부여된 것과 같은 원리이다. 물론 프로그래머의 입장에는 이 주소 값은 알 수 없고 또한 몰라도 상관이 없다. 주소를 의미하는 연산 기호(&)와 주소가 정해져 있다는 것만 이해하면 된다.

[그림 12-2]는 주기억장치의 용량이 2GB이며 1바이트 단위로 주소가 부여되는 시스템에서 char형 변수 a에 할당된 기억 장소의 위치가 주기억장치의 1310588(0x13FF7C)번지인 경우를 보여 준다.

1GB(Giga Byte)는 2^{30}바이트이다.

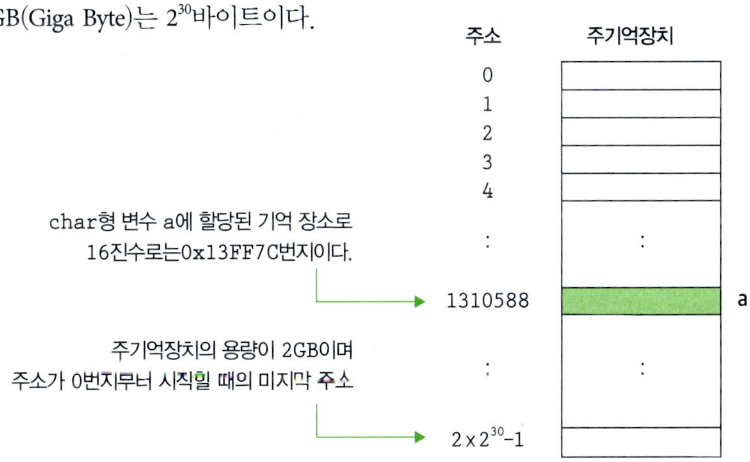

[그림 12-2] 용량이 2GB인 주기억장치의 주소와 변수 a에 할당된 기억 장소

주기억장치는 일정 크기의 공간마다 위치를 나타내는 일련번호가 붙는데 이를 주기억장치의 주소라고 한다. 주소를 부여하는 단위는 컴퓨터에 설치된 운영체제에 의해 결정되는데 대부분은 1바이트마다 부여된다. 그러므로 주기억장치 용량이 20GB라면 20x(2^{30}−1)

번지의 주소가 사용된다. 주기억장치의 주소 하나를 저장하는 데 필요한 기억 공간은 운영체제에 의해 결정되는데 32비트/64비트 운영체제라고 말할 때 32비트와 64비트가 바로 주소 하나를 저장하는 데 필요한 기억 공간이다. 또한 이 32비트와 64비트는 CPU가 한 번에 처리할 수 있는 자료의 양을 나타내는 워드(word)의 크기를 의미하기도 하는데 같은 단위 시간동안 더 많은 양의 자료를 처리하는 시스템이 속도가 더 빠르다.

지금까지는 변수에 저장된 값을 읽어 오거나 변수에 값을 저장하려고 변수명을 직접 사용했다. 하지만 변수명을 사용하지 않고 변수에 할당된 기억 장소의 주소를 이용해 변수를 참조할 수도 있는데 이것을 가능하게 하는 것이 바로 포인터이다.

그렇다면 변수를 직접 사용해도 되는데 왜 굳이 변수의 주소를 이용해 프로그램을 작성하는 것일까? 먼저 포인터를 좀 더 쉽게 느껴 보기 위해 [그림 12-3]과 같이 실생활에서 사용하는 레이저 포인터와 우편함을 예를 들어 보자.

먼저, 빔 프로젝션을 이용해 발표할 때 청중이 잘 확인할 수 있도록 레이저 포인터로 화면의 특정 위치를 가리키곤 한다. 이때 레이저 포인터는 포인터 변수의 역할을 하는 것으로, 청중은 발표자가 들고 있는 레이저 포인터를 보는 것이 아니라 레이저 포인터가 가리키는 화면의 빨간 점을 본다.

또 다른 예로 우편함에는 주소가 적힌 우편물이 있다고 하자. 이 우편물에는 편지가 배달될 주소가 적혀 있고 우편 배달원은 이 주소를 보고 배달한다.

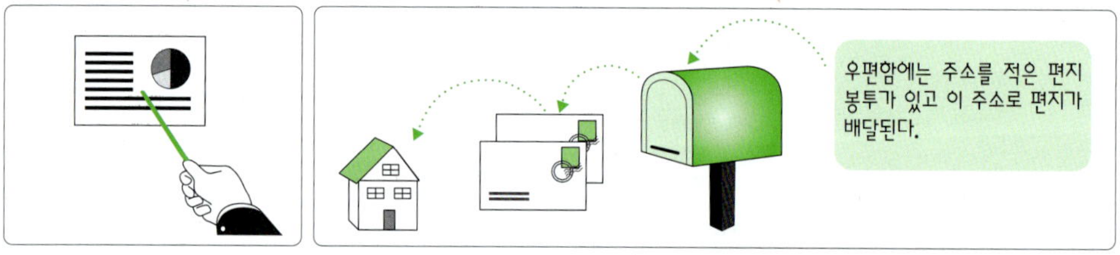

[그림 12-3] 실생활의 포인터: 레이저 포인터와 우편함

편지를 보낼 때 편지를 받을 상대방에게 직접 줄 수도 있지만 우편 배달원이 편지에 적힌 주소 정보를 보고 대신 전하는 것과 같이 변수명을 이용해 변수를 직접 참조할 수도 있다. 그러나 그것이 곤란한 경우에는 참조하고 싶은 변수의 주소가 저장된 포인터를 통해 간접적으로 참조할 수도 있는데, 이것이 포인터를 사용하는 이유이다.

좀 더 자세히 말하면, 함수를 호출할 때는 변수 a를 인수로 사용해 a에 저장된 값 'Y'를 매개변수 b로 전달하면 호출된 함수의 매개변수 b에 'Y'가 저장된다. 그러나 a와 b는 서로 다른 기억 장소를 차지하므로 호출된 함수에서 a 값을 직접 변경하는 것은 불가능하다. 만일 호출된 함수에서 a 값을 변경하기를 원한다면 변수 a의 주소를 전달하고 호출된 함수에서는 이 주소를 이용해 a를 간접적으로 참조하여 값을 변경할 수 있다. 함수를 호출할 때 주소를 인수로 전달한다면 이 주소를 저장하기 위한 매개변수가 필요한데 이것이 바로 포인터 변수이다.

[프로그램 10-11]의 sort_by_pointer 함수가 포인터를 사용하는 예를 상기하여 보자. 이 함수에서는 main 함수의 point1 변수를 직접 참조할 수 없다. 그러나 point1 변수의 주소를 저장하고 있는 first라는 포인터 변수를 통해 간접적으로 point1 변수를 참조할 수 있다.

이와 같이 포인터는 다양하게 사용되는데 포인터의 필요성을 정리하면 다음과 같다.

- **함수 간의 인수 전달**: 호출된 함수에서는 자신을 호출한 함수의 지역 변수를 직접 참조할 수 없으므로 포인터 변수를 이용해 간접적으로 참조해야 한다. 그리고 크기가 큰 배열이나 구조체를 함수에 인수로 전달할 때 값에 의한 전달 방식은 기억 공간의 낭비와 값 복사에 의한 시간 낭비를 초래하므로 프로그램 성능을 떨어뜨린다. 이럴 때 배열이나 구조체의 시작 주소만 인수로 전달하고 함수에서는 포인터 를 이용해 배열과 구조체를 참조함으로써 프로그램의 성능을 높일 수 있다. 이와 같은 주소에 의한 인수 전달 방식은 포인터로만 구현할 수 있다.
- **배열 원소에 대한 접근**: 배열이나 문자열과 같은 경우 배열 요소는 첨자보다 포인터를 사용해 접근하면 더 좋은 성능을 제공한다.
- **구조체와 파일에 대한 접근**: 구조체나 파일과 같은 규모가 있는 자료형에 접근할 수 있는 방법을 제공해 매우 유연한 프로그램을 제작할 수 있다. 또한 자료형을 몰라도 되는 일반 작업에도 사용한다.
- **동적 할당**: 프로그램에서는 배열 크기를 정할 때 최악의 경우를 대비하여 최대로 잡는다. 그런데 실제로 프로그램을 실행하는 동안 배열에 저장된 배열 원소 수가 예상보다 많이 작으면 이미 할당된 배열의 기억 공간 중 사용되지 않는 부분은 낭비된다. 이를 해결하기 위해 프로그램을 실행하면서 필요할 때마다 배열을 위한 기억 공간을 할당받고 나중에 필요 없어진 공간은 해제하는 동적 할당 방법을 사용할 수 있다. 이러한 동적 할당에 포인터가 사용된다.
- **자료구조**: 트리(tree)나 연결 리스트(linked list)와 같은 복잡한 자료 구조를 구현할 때 특정 구성 요소를 가리키게 한다.

포인터에 대한 이해를 돕기 위해 용어를 좀 더 정확히 정리해 보자.

sum = 0;에서 0은 정수형 상수, sum은 0의 값을 저장하는 변수인 것처럼 주기억장치의 주소 값은 정수형 상수이므로 포인터 상수라 하고 이러한 주소만 저장하는 변수는 포인터 변수라고 한다.

특별히 주소 값 상수와 주소를 저장한 변수를 구분하는 경우가 아니라면 포인터 변수를 포인터로 줄여 사용하기도 한다. 참조하고 싶은 기억 장소의 변수명과 상관없이 기억 장소의 주소 값을 이용해 원하는 기억 장소를 찾아가 참조하는 것이 바로 포인터의 개념이다.

포인터를 제대로 사용하려면 [그림 12-4]와 같이 세 단계가 필요하다.

① 포인터 변수 선언하기: 포인터 변수도 일반 변수처럼 선언을 해야 사용할 수 있다. (int *pointer)

② 포인터 변수에 주소 대입하기: 포인터 변수가 특정 기억 장소를 가리키게 하려면 가리키고 싶은 기억 장소의 주소를 대입해야 한다. (pointer = &variable)

③ 포인터 변수로 값 참조하기: 포인터 변수에 저장된 주소를 이용해 다른 기억 장소를 참조하려면 특별한 연산자인 간접 연산자 '*'를 이용해야 한다. (*pointer)

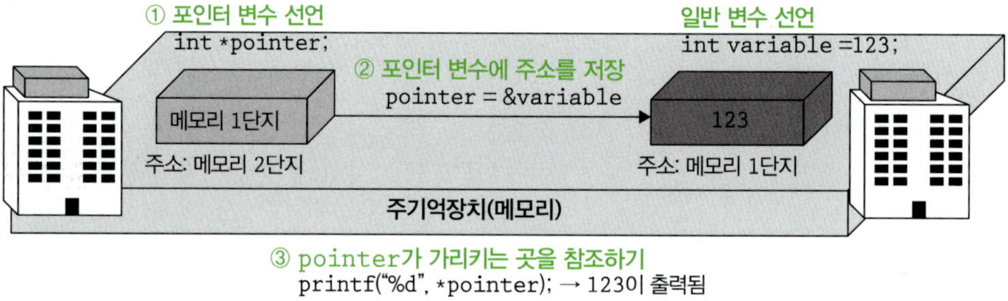

[그림 12-4] 주기억장치, 일반 변수, 포인터 변수와의 관계

지금까지 소개한 내용을 간단히 요약하면 다음과 같다.

일반 변수

- 처리할 자료를 저장하는 변수
- 직접 변수명을 사용해 변수를 참조

포인터 변수

- 변수의 주소를 저장하는 변수, 즉 특정 변수를 가리키는 변수
- 포인터 변수가 가리키는 변수의 이름을 사용하지 않고도 '*ptr'과 같이 '*'란 간접 연산자를 통해서 자신이 가리키는 변수를 참조 가능
- 주소에 의한 호출에서 인수 전달 방식과 동적 할당을 구현하는 데 사용

12.2 포인터의 사용

일반 변수와 마찬가지로 포인터 변수도 사용하기 전에 선언부터 해야 한다. 일단 선언을 한 후에는 어딘가를 가리키기 위해 포인터 변수에 가리키는 곳의 주소를 대입해야 하며, 그 다음에는 간접 연산자를 이용해 포인터가 가리키는 기억 장소를 참조한다.

12.2.1 포인터 변수의 선언

포인터 변수를 선언하는 형식은 다음과 같다.

형식 포인터 변수 선언

```
자료형 *포인터 변수명;
```

- 자료형: 포인터 변수가 가리키는 기억 장소에 저장될 자료의 형이다. 지금까지 사용한 int형 변수, char형 변수와 같은 일반 변수와 달리 포인터 변수는 언제나 주기억장치 주소만 저장하므로 포인터 변수에 저장되는 내용에 대한 자료형은 의미가 없다. 그러므로 포인터 변수를 선언할 때는 이 포인터가 어떤 형의 변수를 가리키는 데 사용할지를 명시한다. 변수의 자료형이 다르면 해당 변수가 차지하는 기억 장소의 크기도 다르므로 포인터를 선언할 때와 다른 자료형의 변수를 가리키게 할 수 없다.
- *: 선언하는 변수가 일반 변수가 아니라 단순히 포인터 변수임을 표시하는 기호
- 포인터 변수가 차지하는 기억 공간의 크기는 운영체제에 따라 다르며 32비트 운영체제라면 4바이트(32비트)가 된다.

■ 각 자료형에 따른 포인터 변수의 선언 예

- **char *p;**

  char형 포인터 변수 p를 선언한다. 포인터 변수명은 *p가 아니라 p이다. char는 포인터 변수 p의 자료형이 char형임을 의미하는 것이 아니라 그림과 같이 이후에 p가 가리키는 곳에 저장될 값의 자료형이 char형이라는 의미이다.

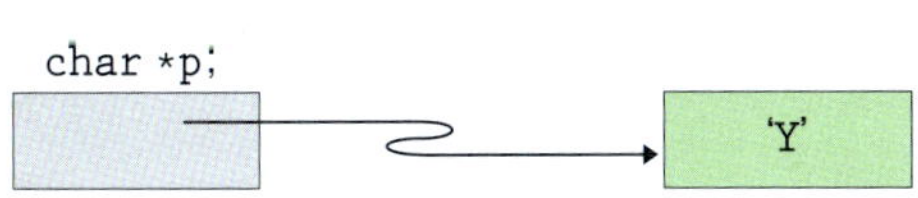

실제로 p가 선언되면 p의 기억 공간만 확보된 것으로, 그림과 같이 다른 기억 장소를 가리키는 상태는 아니다. 다만 p가 나중에 어떤 기억 장소를 가리키게 되면 그 곳에는 char형 자료만 저장됨을 표시하려고 미리 포인터를 그린 것이다.

· **int *pi ;**

int형 포인터 변수 pi를 선언한다. 포인터 변수명은 pi며, int는 이후에 포인터 변수 pi가 가리키는 곳에 저장될 값의 자료형이 int형임을 의미한다.

· **double *pd ;**

double형 포인터 변수 pd를 선언한다. double은 이후에 포인터 변수 pd가 가리키는 곳에 저장될 값의 자료형이 double형임을 의미한다.

주의

- 포인터 변수의 이름: 포인터 변수도 변수이므로 일반 변수와 명명 규칙이 같다. 단, 포인터 변수를 선언할 때 변수명 앞에 *를 붙여야 하는데 이때의 *는 곱셈 연산자가 아니다. 포인터와 관련해서 사용될 때는 **간접 연산자** 혹은 **역참조 연산자**를 의미하며 정확한 의미는 12.2.2절에서 소개한다.
- 포인터 변수를 선언하는 유형은 *의 위치에 따라 세 가지이다. 모두 의미가 같지만 ①의 유형이 가장 많이 사용된다.

  ① **자료형 *포인터 변수명;** // 가장 많이 사용하는 방법
  ② 자료형* 포인터 변수명;
  ③ 자료형 * 포인터 변수명;

  포인터 변수를 선언할 때 ②와 ③은 띄어쓰기로 인해 오해를 불러올 소지가 있다. 다음과 같이 선언한다면 얼핏 보기에는 ptr1과 ptr2 모두 포인터 변수로 선언한 것처럼 보이지만 포인터 선언에 사용된 간접 연산자 *는 항상 자신의 오른쪽에 있는 대상 하나에만 적용되므로 ptr1만 포인터 변수가 되고 ptr2는 일반 int형 변수가 된다.

```
int* ptr1, ptr2;       // ptr1만 포인터 변수로 선언된다.
int *ptr1, *ptr2;      // ptr1과 ptr2 둘 다 포인터 변수로 선언된다.
```

- int *ptr;로 선언한 경우 ptr이 가리키는 곳에는 int형 자료만 저장할 수 있다.

12.2.2 주소 연산자 &와 간접 연산자 *

포인터 변수는 특정 기억 장소를 가리키는 데 사용한다. 그런데 포인터 변수가 특정 기억 장소를 가리키게 하려면 어떻게 해야 할까? 포인터 변수에 가리키고 싶은 기억 장소의 주소를 대입하면 된다. 즉, 특정 변수의 기억 장소를 가리키게 하려면 포인터 변수에 가리킬 변수가 위치한 기억 장소의 주소를 저장해야 한다. 그렇다면 변수의 주기억장치 주소는 어떻게 알 수 있을까? 불행히도 프로그래머는 자신이 사용하는 변수의 주기억장치 주소를 미리 알 수 없다. 운영체제가 실행할 프로그램을 주기억장치 어디에 저장하느냐에 따라 변수의 주소도 달라지기 때문이다. 그러므로 C언어에서는 프로그래머가 변수의 주소를 쉽게 구할 수 있도록 주소 연산자 &를 제공한다. 사실 주소 연산자 &는 표준 입출력 함수인 scanf를 사용할 때 이미 사용해 왔다. 사용자가 입력한 자료를 저장할 변수의 주소를 구하려고 &age와 같이 변수명 앞에 &를 붙였던 것을 잘 알고 있을 것이다. 이제부터는 &를 scanf 함수에서뿐만 아니라 포인터를 위해 계속 사용하게 된다.

프로그램에서 선언된 변수의 주소를 구하기 위해 주소 연산자 &를 사용하는 형식과 포인터 변수가 특정 변수를 가리키게 하는 방법은 다음과 같다.

형식 주소 연산자

주소 연산자

```
&변수명
```

- 변수가 실제로 주기억장치의 몇 번지에 해당하는 기억 장소를 차지하는지, 즉 변수의 주소를 구한다.

```
포인터 변수명 = &변수명;
```

- 포인터 변수에 원하는 변수의 주소를 대입하면 결과적으로 포인터 변수가 해당 변수를 가리키게 된다.

주의

- 주소 연산자 &는 변수의 기억 장소 주소를 구하는 것이므로 int형 변수 또는 char형 변수와 같은 일반 변수뿐만 아니라 포인터 변수도 가능하다. 그러나 상수에는 사용할 수 없으며 레지스터 변수의 주소를 구하는 데는 사용할 수 없다.
- 포인터 변수 선언문 int *ptr = &var;은 *ptr을 &var로 초기화하는 것이 아니라 다음 두 문장을 줄인 표현이다.

```
int *ptr;
ptr = &var;
```

- '&변수명'의 결과는 일반 자료 값이 아닌 주기억장치 주소이다. printf 함수를 이용해 주소를 출력하려면 다음과 같이 %u(10진수로 출력)나 %p(16진수로 출력)를 이용한다.
- 다음 코드의 2행과 같이 포인터 변수에 상수로 표현한 주소를 직접 대입하는 것은 에러이다. 3행과 같이 포인터 변수의 초깃값으로 가리키는 곳이 없음을 의미하려고 '\0'에 해당하는 상수 NULL을 대입하는 것만 허용된다. 4행과 같이 상수로 표현한 주소도 포인터 변수의 형에 맞게 캐스팅한 것을 직접 대입할 수 있지만 잘 사용하지 않는다.

```
int *ptr;
ptr = 1234;
ptr = NULL;
ptr = (int *)1234;
```

```
printf("변수 var의 주소: %u (16진수: %p) \n", &var, &var);
        → 변수 var의 주소: 1310588 (16진수: 0013FF7C)
printf("포인터 변수 ptr의 주소: %u (16진수: %p) \n", &ptr, &ptr);
        → 포인터 변수 ptr의 주소: 1310584 (16진수: 0013FF78)
```

포인터 변수에 상수 주소를 직접 대입하지 못하게 하는 이유는 다음에 소개하는 간접 연산자를 이용해 다른 프로그램의 기억 장소를 잘못 참조해 값을 함부로 변경하지 못하게 하기 위해서이다. 그래서 일반적으로 포인터 변수에는 현재 프로그램에서 사용하는 변수의 주소나 포인터 변수를 대입해 현재 프로그램에서 사용 가능한 영역만 안전하게 참조한다.

변수에 대한 직접 참조(일반 참조)와 간접 참조의 차이를 알아보자.

■ **변수의 직접 참조**

일반 변수에 값을 저장하거나 변수에 저장된 값을 읽어 오려면 [그림 12-5]와 같이 변수명을 사용한다.

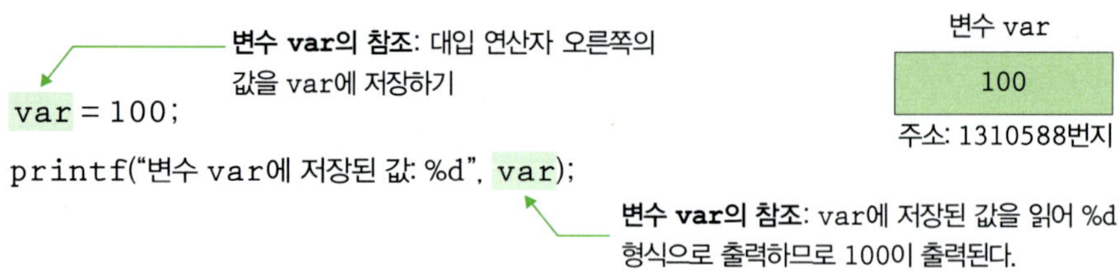

[그림 12-5] 일반 변수의 참조

그렇다면 [그림 12-6]과 같이 포인터 변수도 변수명을 사용해 직접 참조하면 어떻게 될까? 포인터 변수에 저장된 주소를 읽어 오거나 포인터 변수에 새로운 주소를 저장할 수는 있으나 포인터가 가리키는 곳의 내용을 참조할 수는 없다.

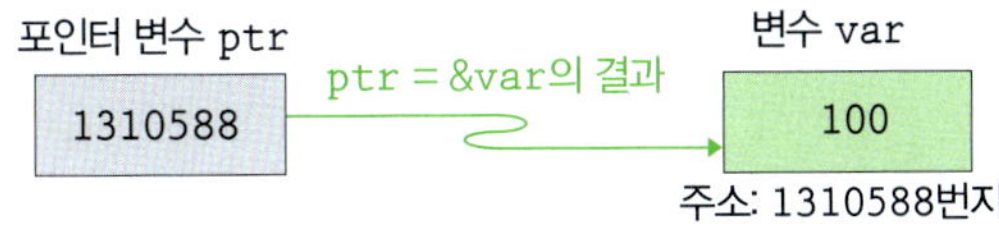


```
int var = 100;
int *ptr;
ptr = &var;
printf("포인터 변수 ptr의 주소:%u \n", ptr);
```

포인터 변수 ptr의 참조: 변수 var의 주소 1310588을 ptr에 저장함으로써 ptr은 var을 가리키게 된다.

포인터 변수 ptr의 참조: ptr에 저장된 값을 읽어 %u 형식으로 출력하므로 1310588이 출력된다.

[그림 12-6] 포인터 변수의 참조

■ 포인터 변수를 이용한 간접 참조

[그림 12-6]에서 변수명 var을 이용하지 않고 포인터 변수 ptr을 이용해 var에 저장된 값을 참조하려면 어떻게 해야 할까? 이때 필요한 것이 간접 연산자 또는 역참조 연산자 *이다.

형식 간접 연산자(혹은 역참조 연산자)

간접 연산자 또는 역참조 연산자

***포인터 변수명**

- 포인터 변수를 참조하는 것이 아니라, 포인터 변수에 저장된 주소에 해당하는 기억 장소를 참조하라는 의미이다.
- *는 포인터 변수가 가리키는 일반 변수의 기억 장소를 변수명이 아닌 포인터 변수명을 이용해 참조하게 해 준다.
- *는 피연산자의 주소 값을 이용해 해당 주소로 찾아가 참조하기 때문에 간접적인 방법으로 참조한다하여 간접 연산자라고 한다. 포인터 변수의 강력함은 이와 같이 자신이 가지고 있는 주소를 이용해 다른 기억 장소를 참조할 수 있다는 것이다.
- 포인터 변수를 선언할 때 int *ptr;의 정확한 의미는 ptr이 가리키는 곳(*ptr)에는 int형 자료가 저장된다는 것이다.

[그림 12-7]과 같이 ptr이 1310580번지를 지정하고 있으며 77이 저장되어 있는 변수명을 모르는 상황에서 77을 출력하는 방법은 없을까? 변수명을 모르므로 변수명을 사용해서는 출력할 수 없다. 그러나 포인터 변수 ptr이 이 기억 장소의 주소를 저장하고 있다. 그렇다면 알고 있는 정보를 활용해 ptr이 가리키는 곳에 저장된 값을 출력하라고 요청하면

된다. ptr을 참조하는 것이 아니라 ptr이 가리키는 곳을 참조하라는 표현이 바로 *ptr이므로 다음과 같이 출력할 수 있다.

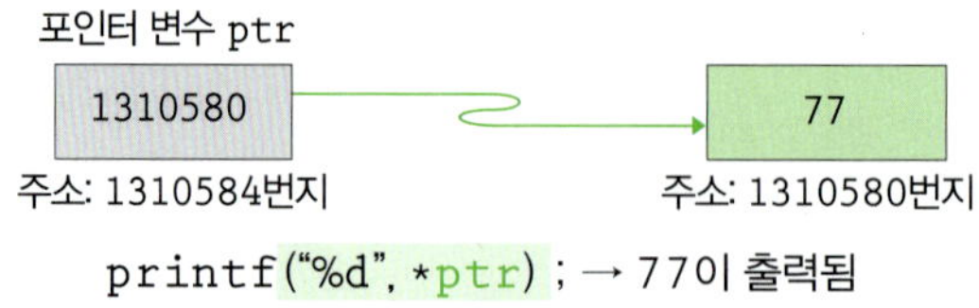

[그림 12-7] 간접 연산자 사용 예

지금까지 소개한 포인터에 관한 내용 중 가장 많이 혼동하는 부분이 간접 참조와 관련이 있다. 이는 [그림 12-8]을 통해 프로그램에서 변수가 사용될 때는 두 가지 의미로 사용된다는 사실을 먼저 명확히 알고 나면 쉽게 해결할 수 있다. [그림 12-8]의 (a)와 같은 상태에서 (b)의 대입문을 실행하면 결과는 (c)와 같이 된다. (b)의 대입문에는 같은 변수명이 대입 연산자 왼쪽과 오른쪽에 모두 나타난다. 변수가 대입문 왼쪽에 있을 때와 오른쪽에 있을 때 실제로 의미하는 것은 완전히 다르다.

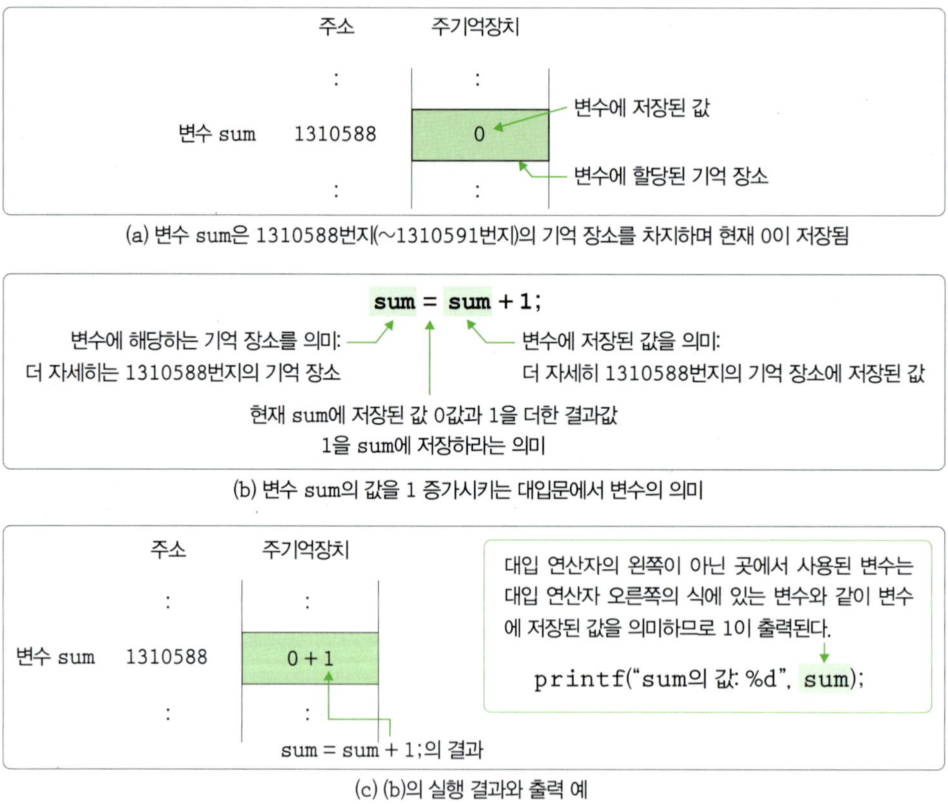

[그림 12-8] 변수의 두 가지 의미(기억 장소, 저장된 값)

변수가 사용될 때 실제로는 변수의 기억 장소와 변수의 기억 장소에 저장된 값으로 구분됨을명확히 알았으므로 이제는 [그림 12–9]를 통해 간접 연산자를 정확히 이해해 보자.

(a) ptr이 변수 sum을 가리키는 상태

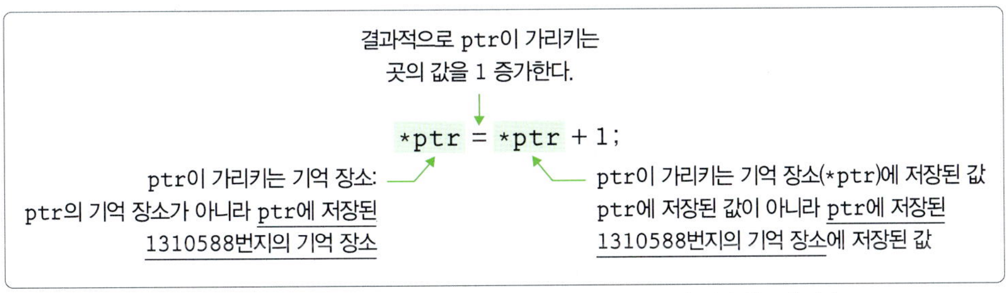

(b) ptr이 가리키는 곳(*ptr)의 값을 1 증가하는 대입문에서 간접 참조의 의미

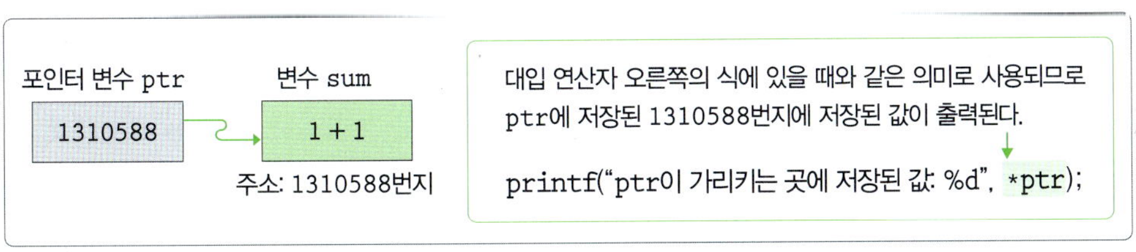

(c) (b)를 실행한 결과와 출력 예

[그림 12-9] 간접 연산자 사용 예

12.2.3 포인터의 덧셈과 뺄셈

포인터 변수에는 주소를 저장할 수 있고 주소는 4바이트로 표현된 정수형 상수이므로 포인터를 피연산자로 사용해 연산을 할 수 있다. 단지 포인터를 피연산자로 하는 곱셈과 나눗셈은 불가능하며 덧셈과 뺄셈만 가능하다. 또한 주기억장치 주소는 양의 정수이므로 실수와 함께 연산할 수 없다. 주의할 것은 포인터에 대한 덧셈과 뺄셈은 일반적인 덧셈과 뺄셈과는 다르다는 것이다.

다음과 같이 포인터 변수에 1을 더했을 때의 결과 값은 얼마일까?

포인터 변수 + 1

실제로 1을 더하는 것이 아니라 [표 12-1]과 같이 포인터 변수를 선언할 때 명시한 자료형의 기억 장소 크기만큼 더한다.

일반 변수 sum에 0이 저장되어 있는 상태에서 sum + 1의 결과 값은 0+1=1이다. 그러나 포인터에 대한 +1에서 1이 의미하는 것은 절댓값 1이 아닌 포인터의 자료형 크기에 따라 달라진다. 즉, 포인터가 가리키는 곳이 int형 자료를 저장하기 위한 곳이라면 int의 자료형의 크기인 4를 더한다.

[표 12-1] 포인터의 증감 연산

자료형	ptr + 1의 실제 연산	ptr - 1의 실제 연산
char *ptr;	ptr + 1	ptr - 1
int *ptr;	ptr + 4	ptr - 4
float *ptr;	ptr + 4	ptr - 4
double *ptr;	ptr + 8	ptr - 8

주소에 대한 연산이 어떤 의미를 갖는지 [프로그램 12-1]을 이용하여 자세히 살펴보자. 이 프로그램은 char형, int형, double형의 포인터 변수에 1을 더하거나 뺐을 때의 결과를 잘 보여 준다.

프로그램 12-1 (포인터 변수 + 1)과 (포인터 변수 - 1)의 결과(ch12-1.cpp)

```
#include <stdio.h>

int main()
{
    char vc = 'A', *pc;
    int vi = 123, *pi;
    double vd = 12.345, *pd;

    pc = &vc;       // pc는 vc를 가리키게 됨
    pi = &vi;       // pi는 vi를 가리키게 됨
    pd = &vd;       // pd는 vd를 가리키게 됨

    printf("\n pc-1 = %u, pc = %u, pc+1 = %u", pc-1, pc, pc+1);
    printf("\n pi-1 = %u, pi = %u, pi+1 = %u", pi-1, pi, pi+1);
```

```
15     printf("\n pd-1 = %u, pd = %u, pd+1 = %u", pd-1, pd, pd+1);
16
17     return 0;
18 }
```

실행 결과

```
pc-1 = 1310587, pc = 1310588, pc+1 = 1310589
pi-1 = 1310576, pi = 1310580, pi+1 = 1310584
pd-1 = 1310560, pd = 1310568, pd+1 = 1310576
```

10행 pi = &vi;에 의해 pi에 저장된 변수 vi의 주소

int형 포인터이므로 4씩 차이가 남

설명

- 13행: pc는 char형 포인터이므로 pi에 대한 1의 가감 연산은 실제로도 1씩 가감된다.

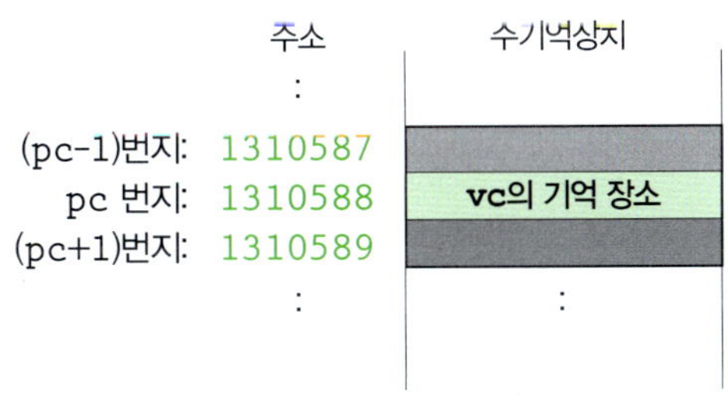

- 14행: pi는 그림과 같이 vi를 가리키는 int형 포인터 변수이다. 그러므로 pi-1은 pi에 저장된 값 1310580에서 4를 뺀 1310576이 되며, pi+1은 1310580에 4를 더한 1310584가 된다.

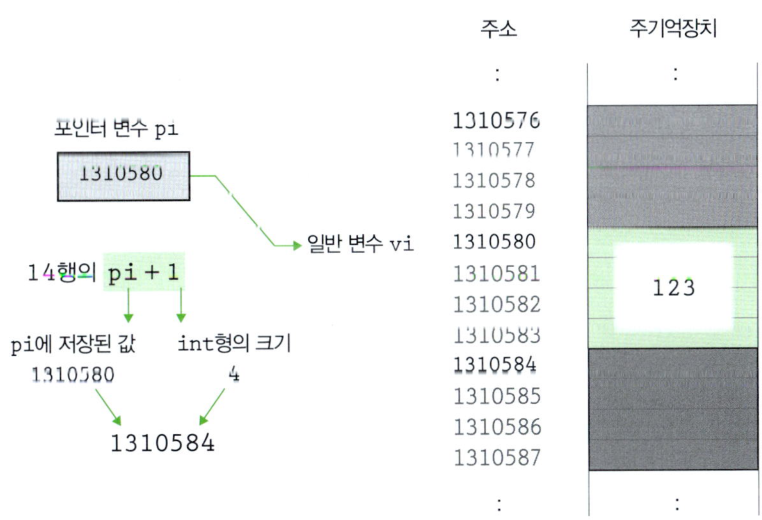

▸ 15행: pd는 double형 포인터로서 pd에 대한 1의 가감 연산은 실제로는 8씩 가감된다.

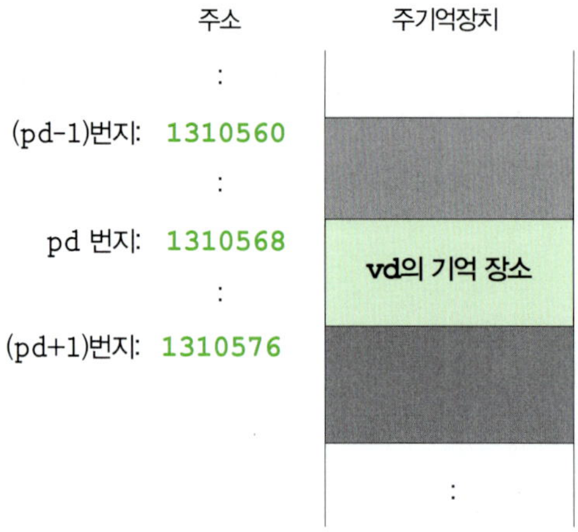

12.3 포인터와 배열

포인터에 대한 가감 연산이 어떻게 처리되는지 앞에서 살펴보았다. 그러면 이러한 포인터의 가감 연산은 어디에서 사용될까? 바로 배열을 참조할 때 사용할 수 있다. 7장에서 배열명은 '배열의 시작 주소이다'라고 했던 것을 기억할 것이다. 배열의 원소를 참조하는 방법이 사실은 배열명, 즉 배열의 시작 주소에 대한 덧셈 연산과 간접 연산자를 이용하는 것이다. 지금까지는 arr 배열의 두 번째 원소를 참조하려고 arr[2]와 같이 배열명과 첨자를 사용하였지만 직접 포인터를 사용해 표현하면 *(arr + 2)가 된다. 이것이 어떻게 가능한지 자세히 살펴보자.

12.3.1 포인터와 배열의 동일성

C언어에서 배열은 동일한 자료형의 많은 자료를 주기억장치의 연속된 기억 공간에 저장한다. [그림 12-10]과 같이 int arr[5] = {1, 2, 3, 4, 5};로 배열을 선언했을 때 arr이 배열명임을, [ ] 안의 숫자는 배열의 원소 수임을 잘 알고 있을 것이다. 또한 각 원소는 0부터 시작하는 첨자를 사용해 구별하므로 arr[0]은 arr의 첫 번째 원소, arr[4]는 다섯 번째 마지막 원소이다. 이제 꼭 기억할 것은 arr이라는 배열명은 이 배열의 첫 번째 원소 arr[0]의 주기억장치 주소인 상수 값으로 배열의 시작 위치를 가리키는 포인터 상수라는 것이다. 결국 다음과 같은 관계가 성립한다.

배열명 arr == 배열의 시작 주소 == 첫 원소의 시작 주소 &arr[0]

배열명은 배열의 시작 주소인 포인터 상수기 때문에 앞서 소개한 포인터에 대한 가감 연산이 가능하므로 다음과 같이 해석할 수 있다.

- *(arr+0) 또는 *arr : 배열의 시작 주소에 해당하는 기억 장소이므로 arr[0]
- *(arr+1): 배열의 시작 주소에서 int형 자료 한 개 크기만큼 더한 곳이므로 arr[1]
- *(arr+2): 배열의 시작 주소에서 int형 자료 두 개 크기만큼 더한 곳이므로 arr[2]

⇒ *(arr + i) == arr[i]

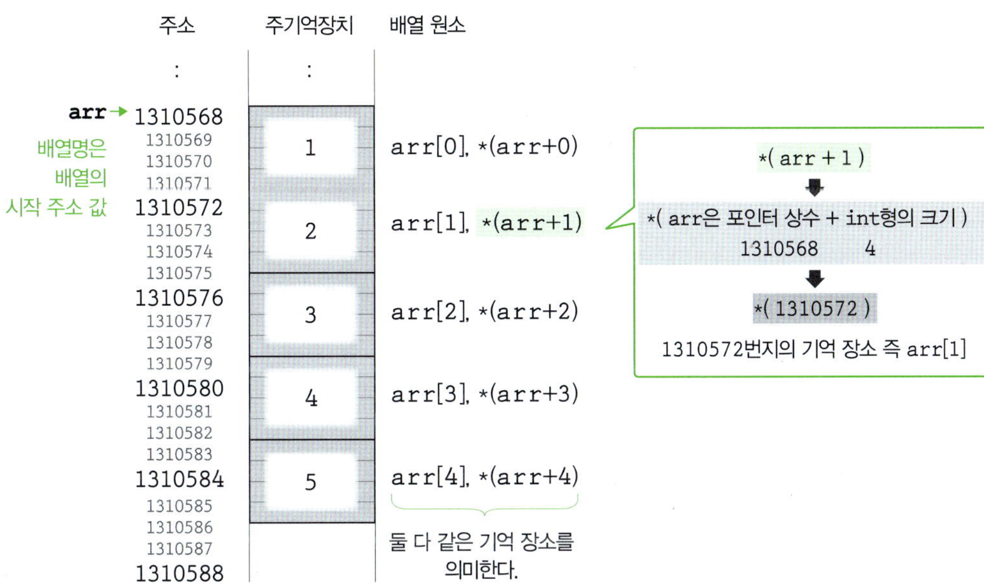

[그림 12-10] int arr[5] = {1, 2, 3, 4, 5};로 선언한 배열 원소의 두 가지 표기법

프로그래머가 배열 원소에 접근하려고 배열명[첨자]로 표현한 것을 실제 컴파일러는 [그림 12-10]과 같이 *(배열명+첨자)인 포인터 연산으로 처리한다. 그러나 지금까지 C언어에서 arr[i]로 표현하게 한 것은 arr[i]가 *(arr+i)보다 알아보기 쉽고 표현도 간단해 포인터 개념을 정확히 모르는 사람도 배열을 쉽게 사용할 수 있게 하기 위해서이다.

'배열명[첨자]'가 내부적으로는 '*(배열명+첨자)'로 처리되는 것은 배열명이 배열의 시작위치인 포인터 상수기 때문이다. 그렇다면 반대로 특정 포인터 변수가 배열 시작 위치를 가리키는 상태라면 '포인터 변수명[첨자]'로 배열 원소를 참조할 수 있을까? 포인터 변수명[첨자]는 내부적으로 *(포인터 변수명+첨자)로 처리되므로 당연히 가능하다. 즉, 포인터 변수를 마치 배열명인 것처럼 사용할 수 있는 것이다. 그래서 '배열과 포인터는 동일하다'고 하는 것이다. 둘 중 이해하고 해석하기 쉬운 방법을 사용하면 된다.

주의

- x = 3;은 가능하지만 3 = x;는 불가능한 것처럼 포인터 변수에는 배열명을 대입할 수 있지만 배열명은 상수이므로 다음과 같이 배열명에 다른 주소를 대입할 수는 없다.

```
int arr[5];
int *p = arr;     // 포인터 변수 p에 배열의 시작 주소 대입 가능
arr = p;          // 배열명에 포인터 변수 대입 불가능
```

- 피연산자가 차지하는 기억 장소의 크기를 구하는 sizeof 연산자를 배열명과 포인터 변수에 적용하면 포인터 변수는 무조건 4가, 배열명은 배열의 전체 크기가 나온다. 그리고 배열 원소에 대해 적용하면 배열 원소의 자료형에 해당하는 크기가 나온다. 그러므로 sizeof(arr)은 20, sizeof(ptr)은 4, sizeof(arr[0])는 4가 된다.

[프로그램 12-2]는 배열과 포인터의 동일한 관계를 잘 보여 주는 예제 프로그램이다.

프로그램 12-2 다양한 배열 원소 참조 방법을 보여 주는 프로그램(ch12-2.cpp)

```
#include <stdio.h>
#define SIZE 5

int main()
{
    int i, arr[SIZE] = {1, 2, 3, 4, 5};  // 배열 선언
    int *ptr;      // 포인터 선언

    ptr = arr;     // ptr에 배열 arr의 시작 주소를 대입, 결국 ptr도 arr 배열을 가리킴

    // 배열명과 첨자를 사용해 배열 원소에 저장된 값 출력
    for(i = 0 ; i<SIZE ; i++)
```

int *ptr = arr;로 줄일 수 있다.

```
        printf("arr[%d] = %d \n", i, arr[i]);
    printf("\n");

    printf("arr 배열의 시작 주소(%u) = ptr에 저장된 주소(%u) \n\n", arr, ptr);

    // 배열명에 대한 연산을 통해 배열 원소에 저장된 값을 출력하기
    for(i = 0 ; i<SIZE ; i++)
        printf("*(arr+%d) = *(%u) = %d \n", i, arr + i, *(arr + i));
    printf("\n");

    // 포인터 연산을 통해 배열 원소에 저장된 값을 출력하기(포인터와 배열의 성질은 동일)
    for(i = 0 ; i<SIZE ; i++)
        printf("*(ptr+%d) = *(%d) = %d \n", i, ptr + i, *(ptr + i));
    printf("\n");

    // 포인터 변수 ptr을 배열명처럼 사용하여 원소를 출력하기
    for(i = 0 ; i<SIZE ; i++)
        printf("ptr[%d] = %d \n", i, ptr[i]);
    printf("\n");

    return 0;
}
```

같은 배열 원소를 의미한다.

같은 기억 장소를 의미한다.

실행 결과

```
arr[0] = 1
arr[1] = 2
arr[2] = 3
arr[3] = 4
arr[4] = 5

arr 배열의 시작 주소(1310568) = ptr에 저장된 주소(1310568)

*(arr+0) = *(1310568) = 1
*(arr+1) = *(1310572) = 2
*(arr+2) = *(1310576) = 3
*(arr+3) = *(1310580) = 4
*(arr+4) = *(1310584) = 5
```

다음 장 »

```
*(ptr+0) = *(1310568) = 1
*(ptr+1) = *(1310572) = 2
*(ptr+2) = *(1310576) = 3
*(ptr+3) = *(1310580) = 4
*(ptr+4) = *(1310584) = 5

ptr[0] = 1
ptr[1] = 2
ptr[2] = 3
ptr[3] = 4
ptr[4] = 5
```

설명

- 9행: ptr에 배열명 arr을 대입함으로써 다음 그림은 ptr에는 배열의 시작 주소 1310568이 저장된 상태를 보여 준다.

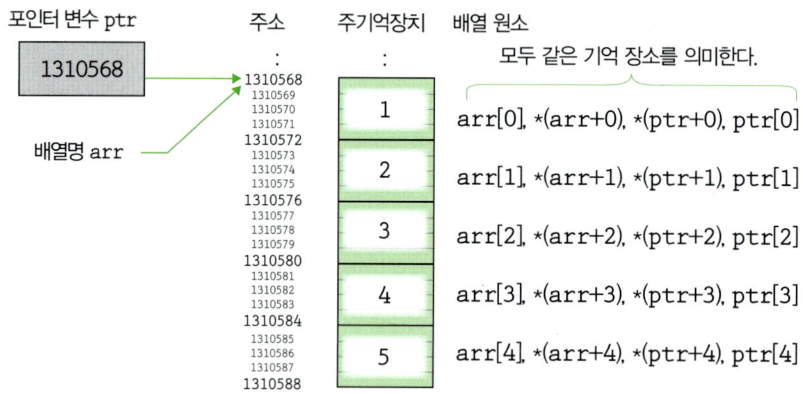

- 20, 25행: 포인터 상수 arr과 포인터 변수 ptr에 대한 더하기 연산과 간접 연산자의 적용은 다음 그림과 같은 결과가 된다.

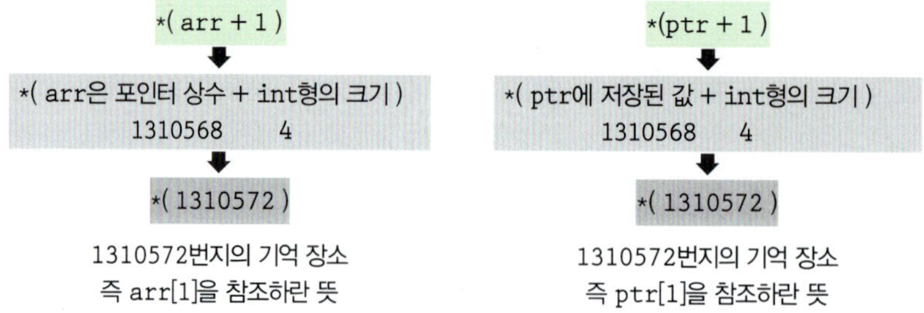

- 30행: ptr은 원래 배열명이 아니지만 ptr[i]는 내부적으로 *(ptr+i)로 처리되고 (ptr == 배열 arr의 시작 주소)이므로 *(ptr+i) == *(arr+i) == arr[i]가 성립한다. 그러므로 13, 20, 25, 30행 모두 같은 결과가 출력된다.

12.3.2 포인터를 이용한 배열 원소 참조

배열명이 실제로는 배열 시작 위치인 포인터며, 포인터 변수에 배열명을 대입함으로써 포인터 변수를 배열명처럼 사용할 수 있다. 실제로 지금까지 사용해 온 배열 원소 표기법은 포인터 개념을 감춘 모습이기 때문에 앞에서 '포인터와 배열은 동일하다'라고 하였다.

[프로그램 12-3]은 5명의 퀴즈 점수를 배열에 저장한 후 평균과 평균 미만자 수를 구하는 프로그램으로 포인터 상수인 배열명을 이용하여 처리하도록 작성한 프로그램이다.

프로그램 12-3 배열 원소를 포인터를 이용해 참조하도록 작성하기(ch12-3.cpp)

```
#include <stdio.h>
#include <conio.h>                          // getch 함수를 위한 헤더 파일
#define SIZE 5

int main()
{
    int quiz[SIZE];
    int i, count, sum;
    double ave;

    printf("%d명의 점수를 순서대로 입력하세요.\n\n", SIZE);
    for (i = 0; i<SIZE; i++)
    {
        printf("%d번의 퀴즈 점수는? ", i+1);
        scanf("%d", (quiz + i));            // scanf("%d", &quiz[i]);
    }

    sum = 0;
    for (i = 0; i<SIZE; i++)
        sum = sum + *(quiz+i);              // sum = sum + quiz[i];

    ave = (double)sum / SIZE;

    count = 0;
    for (i = 0; i<SIZE; i++)
        if (*(quiz+i) < ave)                // if (quiz[i] < ave)
```

(quiz + i) 자체가 입력되는 값을 저장할 기억 장소의 주소이므로 주소를 구하는 연산자 &를 앞에 붙여서는 안 된다

*에 의해 quiz보다 (i*4)번지 뒤의 기억 장소 즉 quiz[i]를 참조한다.

다음 장 »

```
27          count++;
28
29     printf("\n결과를 보려면 아무 키나 누르세요 \n");
30     getch(); // 외부로부터 문자 한개를 입력받는다. 일시 정지하는 효과를 가진다.
31
32     printf("\n=================\n");
33     printf("평균 = %.1lf점 \n", ave);
34     printf("평균 미만  = %d명 \n", count);
35     printf("====================\n");
36
37     return 0;
38 }
```

실행 결과

```
5명의 점수를 순서대로 입력하세요.

1번의 퀴즈 점수는? 85↵
2번의 퀴즈 점수는? 92↵
3번의 퀴즈 점수는? 78↵
4번의 퀴즈 점수는? 84↵
5번의 퀴즈 점수는? 79↵

결과를 보려면 아무 키나 누르세요↵

=================
평균 = 83.6점
평균 미만  = 2명
=================
```

설명

- 15행: 이전까지 배열 원소를 참조하기 위해 입력된 정수를 저장할 배열 원소 quiz[i]의 실제 기억 장소 주소를 구하려고 &quiz[i]로 작성했다. 그러나 지금처럼 포인터를 직접 이용할 때는 quiz 자체가 배열의 첫 원소의 주소며, (quiz + i)는 배열의 (i+1)번째 원소의 실제 기억 장소이므로 &(quiz+i)와 같이 &를 붙일 필요가 없으며, (quiz+1)은 자연히 다음 원소의 위치를 나타낸다.주소 연산자 &는 피연산자가 (포인터) 변수명이나 배열 원소와 같이 특정 값을 저장하는 기억 공간일 때만 이 기억 공간의 실제 주소를 구하기 위해 사용할 수 있다. (quiz+i)는 주소 상수 값이므로 앞에 &를 붙이면 오류가 된다.

12.4 포인터와 함수

포인터는 주소를 다루며 간접 연산을 통해서만 처리할 자료를 참조할 수 있으므로 포인터를 사용하지 않는 코드보다 가독성이 낮아지고 처리 과정도 복잡하게 얽힐 수 있다. 게다가 실행 시간 에러도 많이 발생할 수 있다. 그럼 왜 굳이 포인터를 사용할까? 이 부분에 대한 답은 앞에서 간단히 소개했지만 함수 간의 인수 전달과 문자열 처리 때문이다. 물론 더 응용된 것으로 트리, 연결 리스트와 같은 다양한 자료 구조를 가지고 프로그래밍할 때 아주 유용하지만 이 부분은 고급 과정으로서 생략하기로 하고 이 절에서는 함수 간의 인수 전달에서 포인터가 어떻게 사용되고 얼마나 효율적인지를 소개한다.

10장에서 함수를 정의하고, 그 함수를 사용하기 위해 호출하는 방법을 다양한 프로그램을 통해 배웠다. 또한 11장에서는 변수의 참조 범위를 통해 함수 안에서 선언한 변수는 그 함수 안에서만 사용할 수 있으며 다른 함수는 그 변수를 사용할 수 없다는 것을 확인하였다. 그래서 함수를 블랙박스라고 표현한 것을 기억할 것이다. 함수 간에 통신을 하려면 변수를 인수로서 전달하고, 호출된 함수에서는 이를 매개변수로 전달받는다. 그리고 함수에서 구한 결과 값 또한 return 문을 사용해 자신을 호출한 곳으로 전달해야 한다. 이와 같이 각 함수마다 각자의 변수를 사용하는 이유는 호출된 함수의 부작용으로 호출을 한 함수의 변수를 잘못 변경할 수도 있기 때문이다.

함수를 호출할 때 호출된 함수에서 호출을 한 함수의 변수를 원하는 대로 변경해 주기 원할 때가 있다. 예를 들면 main 함수가 자신의 두 변수의 값을 교환하기 위해 교환을 전문으로 하는 함수를 정의해서 사용하려는 경우이다. 그런데 main 함수가 교환이 전문인 함수에게 "내가 두 변수에 저장된 값 두 개를 건네줄 테니 이 두 변수 값을 서로 교환하여 내게 다시 돌려주시오."라고 한다면 이 함수가 제대로 잘 교환하여 전해 줄까? 10장에서 소개한 대로 함수는 1개의 값만을 반환할 수 있으며, 값에 의한 호출 방식으로 인수를 전달할 때는 다른 함수의 변수 값을 변경할 수 없으므로 불가능하다. 이 문제를 해결해 주는 것이 바로 포인터이다. 지금까지 포인터에 대해 자세히 개념을 잡은 것도 바로 이러한 이유이다. 이제는 지금까지 배운 포인터를 제대로 응용해 보자.

12.4.1 주소를 인수로 사용하는 함수 호출

C언어에서는 함수를 호출할 때 사용하는 인수 전달 방식에는 값에 의한 호출과 주소에

의한 호출 두 가지가 있다. 10장에서 배운 것을 상기하여 보자.

이제 포인터를 배운 상태이므로 다음 프로그램 예제를 통해서 두 가지 방식의 차이를 명확하게 알아보자.

[프로그램 12-4]는 main 함수의 두 변수 x와 y를 함수에 인수로 전달하여 서로의 값을 교환하기 위한 프로그램이다. 두 일반 변수의 값을 인수로 사용하는 '값에 의한 호출'과 두 변수에 대한 주소를 인수로 사용하는 '주소에 의한 호출' 두 인수 전달 방식의 사용법이 어떻게 다르며 프로그램 실행 결과도 어떻게 다른지 자세히 비교해 보자.

프로그램 12-4 값에 의한 호출과 주소에 의한 호출을 이용해 두 변수 값을 교환하는 함수 비교하기 (ch12-4.cpp)

```
#include <stdio.h>

void swap_value (int x, int y);
void swap_address(int *x, int *y);

int main()
{
    int x = 100, y = 200;

    printf("In main: x = %d, y = %d \n\n", x, y);

    swap_value(x, y);           // 값에 의한 호출: x와 y의 값을 전달
    printf("In main: x = %d, y = %d (swap_value(x, y) 호출 후)\n\n", x, y);

    swap_address(&x, &y);   // 주소에 의한 호출: x와 y의 주소를 전달
    printf("In main: x = %d, y = %d (swap_address(&x, &y) 호출 후)\n\n", x, y);

    return 0;
}

// 자신의 x와 y의 값을 교환하지만 main 함수의 x와 y는 교환하지 못하는 함수
void swap_value(int x, int y)
{
    int temp;

```

함수의 원형을 선언할 때 매개변수명을 생략하고 싶다면 (int *, int *)로 작성해야 한다. *를 생략하면 일반 변수가 되므로 주의해야 한다.

```
26     temp = x;
27     x = y;
28     y = temp;
29     printf("In swap_value: x = %d, y = %d \n", x, y);
30 }
31
32 // 자신이 가진 포인터 변수 x와 y를 이용해 main 함수의 x와 y를 교환하는 함수
33 void swap_address(int *x, int *y) // 주소를 저장해야 하므로 포인터 변수로 선언
34 {
35     int temp;
36
37     temp = *x;   // x가 가리키는 곳의 값을 temp에 대입
38     *x = *y;     // y가 가리키는 곳의 값을 x가 가리키는 곳에 대입
39     *y = temp;   // temp의 값을 y가 가리키는 곳에 대입
40     printf("In swap_address: *x = %d, *y = %d \n", *x, *y);
41 }
```

실행 결과

```
In main: x = 100, y = 200

In swap_value: x = 200, y = 100
In main: x = 100, y = 200(swap_value(x, y) 호출 후)

In swap_address: *x = 200, *y = 100
In main: x = 200, y = 100 (swap_address(&x, &y) 호출 후)
```

일반 변수를 인수로 사용해 swap_value 함수의 변수 x, y는 값이 변경되었지만 main 함수의 변수 x, y는 변경되지 않았다.

주소를 인수로 사용해 swap_address 함수에서 main 함수의 변수 x, y를 직접 변경한 결과

설명

▸ 12, 22행: swap_value 함수를 호출할 때 인수로 x, y의 값이 전달된다. 변수명은 x, y로 동일하지만 실제로 기억 장소는 다르다.

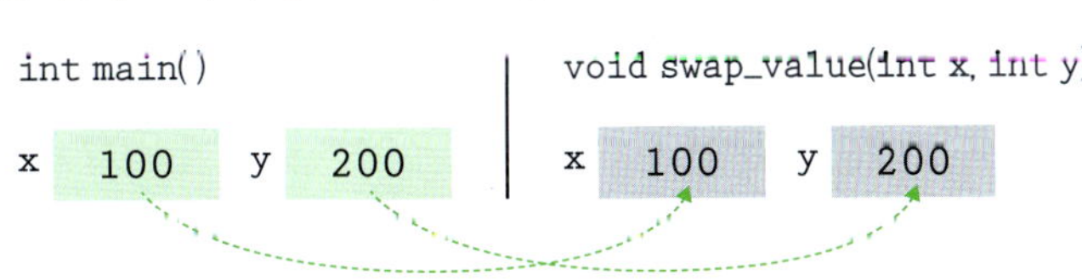

swap_value(x, y);로 호출함으로써 x, y의 값이 전달되어
swap_value 함수의 매개변수 x, y에 저장된다.

- 26~28행: swap_value에서 x, y의 값을 변경하지만 main의 x, y는 변경되지 않는다.

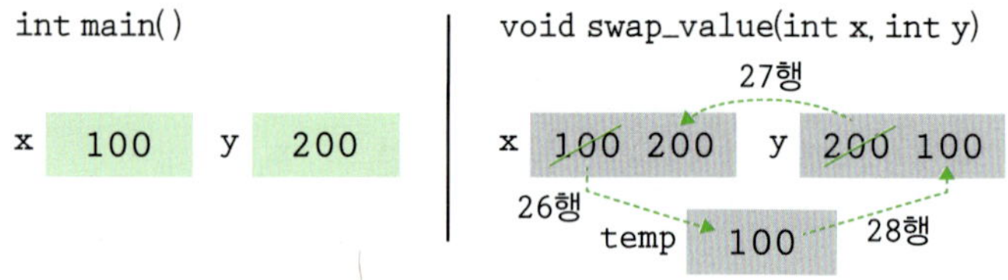

- 29, 13행: 위 그림에서 알 수 있듯이 swap_value에서 출력한 x, y는 200, 100으로 서로 변경되었지만 main의 x, y는 그대로 유지된다. 그러므로 main 함수로 복귀하여 main 함수의 x, y를 출력하면 100, 200이 그대로 출력된다.
- 15, 33행: main 함수에서 swap_address를 호출할 때 인수로 x의 주소 &x와 y의 주소 &y를 전달한다. 호출된 swap_address 함수에서는 전달되는 주소를 저장해야 하는데 주소를 저장할 수 있는 것은 포인터 변수뿐이다. 인수인 main의 x, y가 int형 변수이므로 swap_address 함수에서 선언하는 포인터 변수 x, y도 int형 포인터 변수로 선언해야 한다. 그래서 함수 정의의 헤더가 void swap_address(int *x, int *y)이 된다. 결국 다음 그림과 같이 swap_address 함수의 포인터 변수 x, y는 main 함수의 일반 변수 x, y를 가리키게 된다.

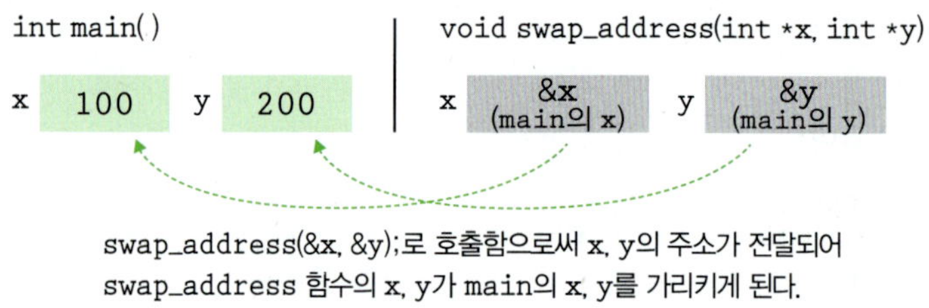

- 37행: 두 변수의 값을 교환할 때 x의 원래 값을 임시 저장소에 대피시키기 위해 temp = *x;를 실행한다. 가끔 temp 또한 포인터 변수로 선언하여 *temp = *x로 작성하는 경우를 볼 수 있는데 임시로 대피시킬 x의 원래 값은 단순히 정수 값이므로 굳이 포인터를 사용해 간접 참조를 할 필요가 없다.

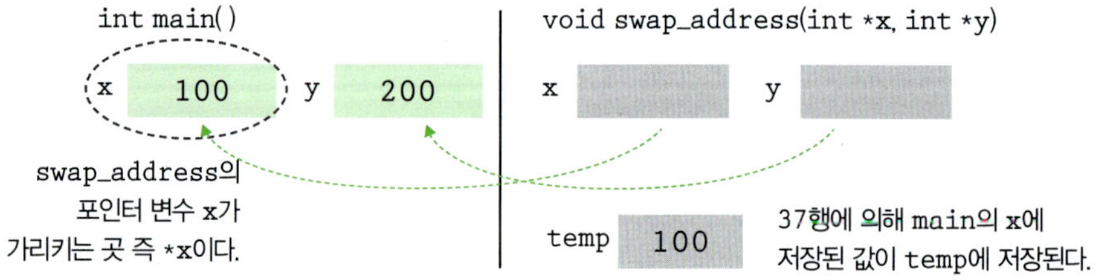

▸ 38행: *y(main의 y)에 저장된 값을 *x(main의 x)에 대입한다.

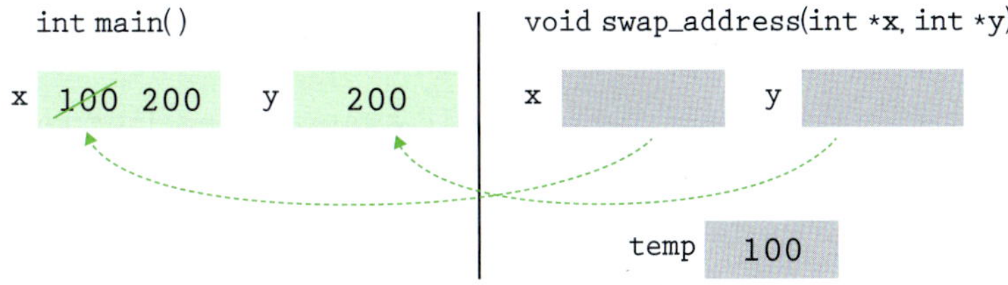

▸ 39행: temp에 대피해 놓은 값을 *y(main의 y)에 대입하여 두 값의 교환을 완료한다.

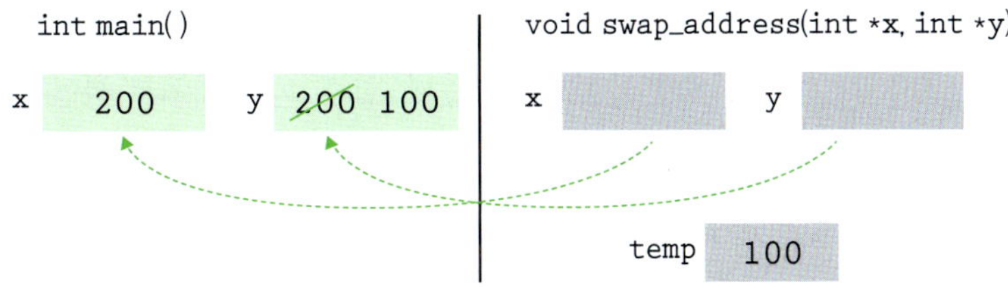

▸ 16행: swap_address 함수의 실행을 끝내고 main 함수로 복귀하여 x, y를 출력하면 호출 전의 두 값이 서로 교환된 것을 확인할 수 있다.

▸ 정리: main 함수에서 swap_value(x, y);와 swap_address(&x, &y); 호출문의 차이를 다시 한번 분명히 정리하자.

swap_value(x, y); 호출문: 함수 정의 헤더에서 (int x, int y)로 매개변수 x, y를 정수형 변수로 선언하고 있다. 이 x, y는 main의 x, y와 이름은 같지만 서로 다른 기억 장소를 차지하므로 동명이인처럼 서로 다른 변수이다. 그러므로 swap_value 함수에서 x와 y의 값을 서로 교환하더라도 main의 x와 y는 변하지 않는다. 그 결과 함수가 끝난 후 main으로 돌아와 x, y를 출력하면 교환이 되지 않고 원래의 값이 출력된다.

swap_address(&x, &y); 호출문: 함수 정의 헤더에서 (int *x, int *y)로 매개변수 x, y를 int형 포인터 변수로 선언하고 있다. 이 함수가 호출되면 포인터 변수에는 각각 main의 x, y의 주소가 저장되고 결국 main 함수의 지역 변수인 x, y를 가리키게 된다. swap_address 함수에서는 main 함수의 x, y 변수를 직접 참조할 수 없다. 그러나 자신이 가진 포인터 변수 x, y를 이용해 *x, *y를 통해 main의 x, y 변수를 간접 참조하여 서로 값을 교환할 수 있게 되는 것이다. 이렇게 주소를 저장하는 포인터 변수를 사용해 다른 함수의 변수를 참조하여 변경할 수 있다는 것이 포인터가 중요하면서도 강력한 이유이다.

예에서는 같은 이름이지만 서로 다른 기억 장소임을 강조하려고 매개변수 이름을 인수와 똑같이 사용했지만 다음과 같이 다른 이름을 사용해도 결과는 같다.

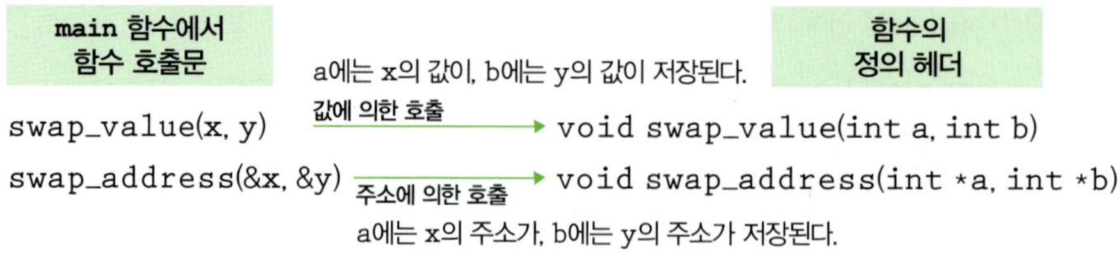

12.4.2 배열 전체를 함수의 인수로 사용하는 경우

배열은 함수 내의 두 곳에서 나타날 수 있다. 첫째, 함수 본체 내에서 선언될 수 있다. 둘째, 함수의 인자가 될 수 있다. 이전까지 우리는 첫째 종류의 배열에 대한 것을 공부하여 왔다. 이제 인자로서의 배열에 대해서 생각해 보자.

함수를 호출하면서 값을 전달하면 이는 함수의 정의 헤더 부분에서 선언한 매개변수에 저장이 된다. 아주 간단하지만 이것이 우리가 앞에서 배운 함수로 값이 전달되는 원리이다. 그러면 이번에는 함수를 호출하면서 배열을 통째로 전달하는 것은 어떻게 될까? 10장에서 간단히 언급한 것처럼 C언어에서는 배열을 통째로 인수로 전달하는 것은 비효율적일 뿐만 아니라 불가능하다. 그렇다면? 지금까지 포인터와 배열의 관련성에 대해 배운 것을 생각하면서 금방 '아~ 바로 이것이구나'라며 머리를 스치며 떠오르는 것이 있다면 '빙고'이다.

배열을 통째로 전달하는 것이 아니라 배열의 시작 주소(배열명)를 전달함으로써 호출된 함수 측에서 포인터를 통해 같은 배열을 참조하도록 하는 것이다. 즉, [그림 12-10]과 같이 함수를 호출할 때는 인수로서 배열의 주소를 전달하도록 배열명을 사용하고, 함수를 정의하는 곳에서는 매개변수로 포인터 변수에 전달되는 주소를 저장한 다음 포인터 변수를 이용하여 배열을 참조한다.

[프로그램 12-5]는 인원수가 저장된 인기도 조사 결과 배열을 백분율로 변환하는 [프로그램 10-14]를 포인터를 사용해 변경한 것이다. 주석문에는 포인터를 사용하지 않을 때의 방법이 있으므로 두 방법을 비교해 보기 바란다.

프로그램 12-5 배열을 포인터로 전달받아 처리하기(ch12-5.cpp)

```
#include <stdio.h>
#define N 4

```

```c
void print_arr(int *arr);                // void print_arr(int arr[N]);
void percentage(int *arr);               // void percentage(int arr[N]);

int main()
{
    int count[N] = {42, 37, 83, 33};

    printf("인원수: ");
    print_arr(count);                    // count 배열을 전달해 출력하기

    percentage(count);                   // count 배열을 전달해 백분율로 변환하기

    printf("\n백분율: ");
    print_arr(count);                    // count 배열을 전달해 출력하기

    return 0;
}

void print_arr(int *arr)                 // void print_arr(int arr[N])
{
    int i;

    for (i=0; i<N; i++)
        printf("%3d", *(arr + i));       // printf("%3d", arr[i]);
}

void percentage(int *arr)                // void percentage(int arr[N])
{
    int i, total = 0;

    for(i=0; i<N; i++)
        total += *(arr + i);             // total += arr[i];

    for (i=0 ;i<N; i++)
        *(arr + i) = (int) ((double) *(arr + i) / total * 100);
        // arr[i] = (int) ((double) arr[i] / total * 100);
}
```

실행 결과

```
인원수: 42 37 83 33
백분율: 21 18 42 16
```

설명

▸ 4, 5행: [프로그램 10-14]에서는 함수의 매개변수를 다음과 같이 배열로 선언하였다.

```
void print_arr(int arr[N]);
void percentage(int arr[N]);
```

이 프로그램에서는 주소가 전달되므로 매개변수를 포인터 변수로 선언한다.

```
void print_arr(int *arr);
void percentage(int *arr);
```

▸ 12, 22행: print_arr 함수를 호출하면서 배열명을 전달하면 배열의 시작 주소 1310576이 전달된다. print_arr 함수에서는 전달받은 주소를 arr에 저장하므로 arr도 count 배열을 가리키게 된다.

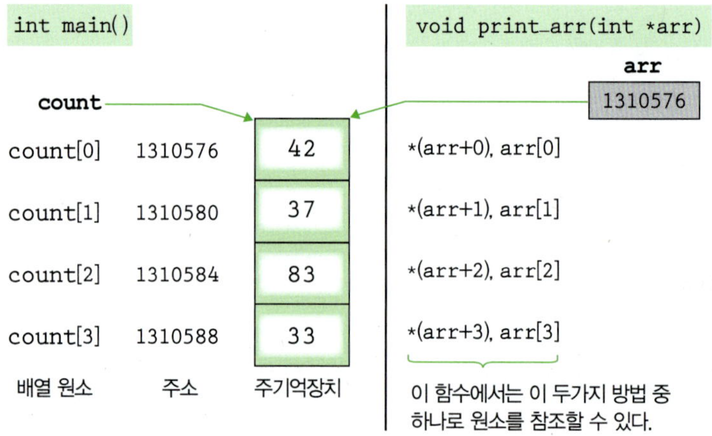

12.5 프로그래밍 실습 1

12.5.1 나머지와 몫을 구하는 프로그램

다음 프로그램은 main 함수에서 정의된 두 정수 a와 b에 대해 나누기를 한 몫과 나머지를

quotient와 remainder에 구하여 출력하기 위한 것이다. 그러나 프로그램을 실행하면 잘못된 결과가 나온다. 프로그램에서 잘못된 곳을 찾아 그 이유를 설명하고 바르게 수정해 보자.

실행 결과

잘못된 실행 결과

```
75 / 8 = -858993460
75 % 8 = -858993460
```

원하는 실행 결과

```
75 / 8 = 9
75 % 8 = 3
```

프로그램 12-6 나머지와 몫을 구하기(ch12-6.cpp)

```
#include <stdio.h>
void division(int x, int y, int q, int r);
int main()
{
    int a = 75, b = 8, quotient, remainder;

    division(a, b, quotient, remainder);
    printf("%d / %d = %d \n", a, b, quotient);
    printf("%d %% %d = %d \n", a, b, remainder);

    return 0;
}
// x를 y로 나눈 몫은 q에, 나머지는 r에 구하는 함수
void division(int x, int y, int q, int r)
{
    q = x / y;
    r = x % y;
}
```

변환 명세의 %가 아닌 % 문자를 출력하려면 %%를 두 개 연속으로 사용해야 한다.

프로그램 수정 잘못된 부분을 찾아 프로그램을 바르게 수정하여 작성해 보자.

12.5.2 입력받은 초를 시 분 초로 구하기

main 함수의 sec 변수에 초 단위의 시간을 입력받은 후 이 시간이 몇 분 몇 초에 해당하는지 main 함수의 min과 sec 변수에 구하는 프로그램을 작성해 보자. sec와 min의 값은 compute_time 함수를 이용하여 구한다.

힌트

함수 compute_time은 main의 sec와 min 두 변수의 값을 해당 분과 초가 되도록 수정해야 하므로 주소에 의한 호출 방식으로 인수를 전달받아야 한다. 함수 호출은 compute_time(&sec, &min);과 같이 할 수 있다.

실행 결과

```
초를 입력하세요. 280↵
280초는 4분 40초입니다.
```

프로그램 12-7 입력받은 초를 시 분 초로 구하기(ch12-7.cpp)

12.5.3 배열의 최댓값과 첨자 구하기

10명의 퀴즈 점수 {15, 4, 8, 9, 6, 13, 12, 10, 9, 11}을 저장하고 있는 배열 quiz의 최댓값을 출력하는 프로그램을 작성해 보자. quiz 배열의 최댓값은 전달된 배열에서 최댓값을 반환하는 함수 find_max를 이용하도록 작성하라.

조건

- find_max 함수는 배열의 최댓값을 반환한다.
- 함수에서 반환 값을 전달할 수 있는 값은 한 개만 가능하기에 최댓값이 있는 배열의 원소 첨자 index는 주소를 전달하여 main 함수에 있는 index를 사용하도록 한다.

실행 결과

```
퀴즈 점수 목록 : 15  4  8  9  6  13  12  10  9  11
퀴즈 최고 점수 : quiz[0] = 15
```

프로그램 12-8 배열의 최댓값과 첨자 구하기(ch12-8.cpp)

12.6 포인터와 문자열

C언어에서는 문자 하나를 표현하기 위해 char라는 자료형을 지원하지만 여러 문자로 구성된 문자열을 표현하기 위한 자료형은 지원하지 않는다. 그러므로 문자열을 처리할 때는 char형 배열이나 char형 포인터를 이용해야 한다. char형 배열을 사용하는 방법은 이미 7장 배열에서 소개하였고 이제 포인터를 배웠으므로 char형 포인터를 이용해 문자열을 처리하는 방법을 소개한다.

[그림 12-11]은 배열과 포인터를 이용해 문자열을 저장할 char형 배열 str1과 포인터 str2를 선언하면서 문자열 상수로 초기화했을 때의 기억 장소 상태를 보여 준다. C언어에서는 문자열을 하나의 자료 값으로 처리하지 않기 때문에 문자열형 포인터를 선언할 수가 없다. 그러므로 str2 포인터가 가리키는 곳에는 문자 한개 'L'이 저장되는 char형 포인터로 선언해야 한다. 그 대신 C언어에서는 str2가 가리키는 곳에서부터 널 문자('\0' 또는 NULL)를 만날 때까지의 내용을 하나의 문자열로 취급해서 처리하도록 다양한 방법으로 지원해 준다.

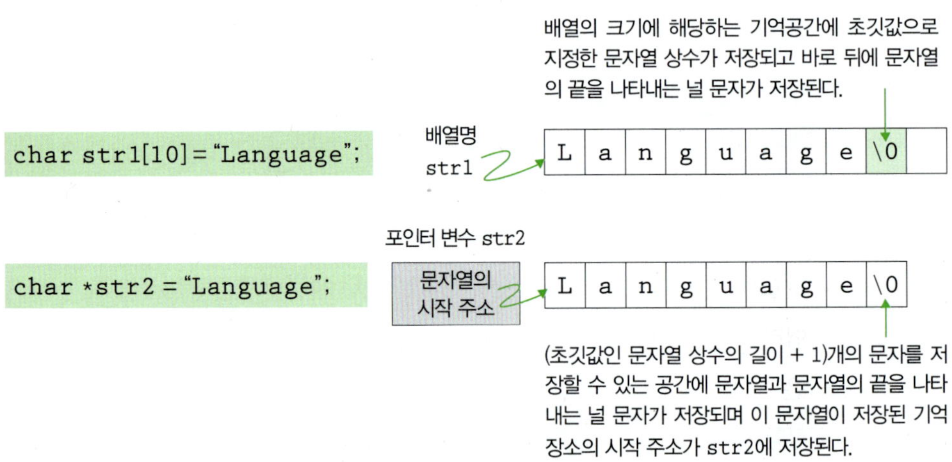

[그림 12-11] 배열명, 포인터 변수명, 문자열의 상태

[표 12-2]는 char형 배열과 char형 포인터를 이용한 문자열 처리를 잘 비교해 준다. 7장 배열에서 char형 배열은 문자열의 끝을 의미하는 널 문자가 포함되도록 배열 원소 수를 저장할 최대 문자 수보다 1 많게 선언해야 한다고 하였다. char형 포인터 역시 문자열 복사, 수정 등을 처리할 때 문자열의 끝에 언제나 널 문자가 포함되도록 신경을 써야 하지만 선언하면서 초기화를 한다면 언제나 문자열 끝에 자동으로 널 문자가 들어가므로 char형 배열과 같이 원소 수에 신경 쓸 필요는 없다.

[표 12-2] char형 배열과 포인터를 이용한 문자열 처리의 비교

처리 내용	char형 배열 이용	char형 포인터 이용
문자열 선언 및 초기화	**char str1[10] = "Language";**	**char *str2 = "Language";**
문자열 출력	printf("%s", str1);	printf("%s", str2);
둘째 문자 출력	printf("%c", str1[1]); printf("%c", *(str1+1));	printf("%c", *(str2+1)); printf("%c", str2[1]);
문자열 입력	scanf("%s", str1);	scanf("%s", str2); /* str2에 동적으로 할당된 기억 장소가 있을 때만 가능 */

둘째 문자 입력	scanf("%c", &str1[1]);
	scanf("%c", str1+1);
		scanf("%c", str2+1);
		scanf("%c", &str2[1]);
		/* str2에 동적으로 할당된 기억 장소가 있을 때만 가능 */

문자열의 주소 대입	~~str1 = "언어";~~ // str1은 상수 ~~str1 = str2;~~	str2 = "언어"; str2 = str1;
문자열 수정(복사)	strcpy(str1, "언어");	strcpy(str2, "언어"); /* str2에 동적으로 할당된 기억 장소가 있을 때만 가능 */

[표 12-2]에서 주의해서 볼 내용이 몇 가지 있다. 먼저 [표 12-2]와 같이 str을 선언하면서 문자열로 초기화한 상태에서 str2에 문자열을 입력받거나 str2가 가리키는 문자열의 특정 위치에 문자 한 개를 입력받으려면 프로그램 실행 도중에 프로그램이 중단된다. 그 이유는 동적 할당을 이용하여 str2 = (char *) malloc(10);과 같이 str2 포인터에 문자열을 저장할 기억 장소를 먼저 할당받아 공간이 확보되어야 하는데 아직 할당받지 않은 상태이기 때문이다. 동적 할당을 배우지 않았지만 여기서는 char형 배열과 포인터의 차이를 구분하기 위해 표에 입력문을 포함하였다.

둘째로 str1은 배열의 시작 주소인 포인터 상수이므로 대입문을 이용해 다른 문자열이나 주소로 수정할 수 없다. 그러나 str2는 포인터 변수이므로 주소인 str1을 저장할 수 있을 뿐만 아니라 문자열 상수 "언어"도 대입할 수 있다. 여기서 주의할 것은 str2 = "언어";가 의미하는 것은 현재 str2가 가리키는 곳의 문자열 "Language"를 직접 "언어"로 수정하는 것이 아니라 새로운 문자열 "언어"의 시작 주소가 str2에 대입된다는 것이다. 결국 str2는 "Language"가 아닌 "언어"를 가리키게 된다. 이러한 포인터를 이용한 문자열 처리를 제대로 하려면 기억 장소의 동적 할당 부분도 알아야 하는데 여기서는 생략한다.

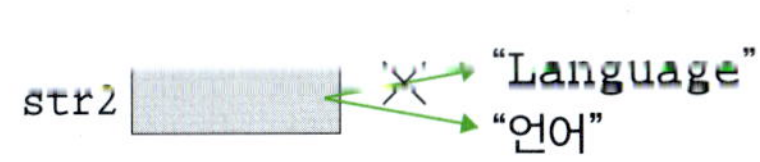

문자열을 저장하기 위해 char형 배열이나 char형 포인터를 선언하면서 곧바로 문자열을

초기화하는 방법은 다음과 같이 정리할 수 있다.

① char str[6] = {'h', 'e', 'l', 'l', 'o', '\0'};

일반 배열 초기화와 같이 { } 안에 각 원소를 나열하는 방법으로 문자열 끝을 표시하는 널 문자 '\0'를 반드시 포함해야 한다. {'h', 'e', 'l', 'l', 'o'};로 초기화한다면 초기화할 문자가 없는 str[5]에 널 문자가 저장되지만 {'h', 'e', 'l', 'l', 'o', '!'};로 초기화하면 str 배열에 널 문자가 저장될 곳이 없다. 이런 경우에는 문자열을 출력할 때나 다른 문자열 처리에서 문제가 발생할 수 있으므로 주의해야 한다. 이유는 7.8.1에서 소개한 것처럼 C언어에서는 문자열을 다룰 때 배열의 크기와는 상관없이 널 문자를 만나기 전까지의 내용을 하나의 문자열로 처리하기 때문이다. 그러므로 printf("%s", str);로 출력할 때 초기화 내용이 {'h', 'e', 'l', 'l', 'o', '!'}인 경우 출력을 할 때 주기억장치의 내용에 따라 '!' 뒤의 문자를 계속 출력할 수 있어서 'hello!儆儆儆'와 같이 이상한 문자가 뒤에 출력될 수 있다.

② char str[6] = "hello";

간단히 문자열 상수로 직접 초기화할 수 있다. 배열 크기가 문자열의 길이보다 크면 문자열 끝에 널 문자가 자동으로 추가된다.

③ char str[ ] = "hello";

배열의 크기를 지정하지 않고 문자열 상수를 초깃값으로 지정할 수 있다. 문자열 상수는 겉으로 보기에는 문자 5개로 구성된 것으로 보이지만 실제로는 컴파일러에 의해 마지막에 널 문자가 자동으로 추가된다. 그러므로 컴파일러는 문자열 상수의 길이인 5에 1을 더한 6을 배열의 크기로 설정한다.

④ char *str = "hello";

언제나 널 문자를 끝에 포함한 문자열이 저장된 기억 장소의 시작 주소를 str에 저장한다. 그러므로 배열로 선언할 때보다 문자열의 끝을 나타내는 널 문자의 포함 여부에 신경을 덜 써도 된다.

[프로그램 12-9]는 포인터를 이용해 두 문자열을 교환하는 프로그램이다. 포인터의 직접 교환이 훨씬 효율적임을 보여 준다.

프로그램 12-9 포인터를 이용해 두 문자열을 교환하기(ch12-9.cpp)

```
#include <stdio.h>

int main()
```

```c
4  {
5      char *first = "GilDong";
6      char *last = "Hong";
7      char *temp;
8
9      printf("Name: %s %s\n", first, last);
10
11     // 포인터 변수에 저장된 두 주소를 교환해 두 포인터가 가리키는 문자열 교환하기
12     temp = first;
13     first = last;
14     last = temp;
15
16     printf("Name: %s %s\n", first, last);
17
18     return 0;
19 }
```

실행 결과

```
Name: GilDong Hong
Name: Hong GilDong
```

설명

- 5~7행: 7행까지 실행했을 때 기억 장소의 상태는 다음과 같다.

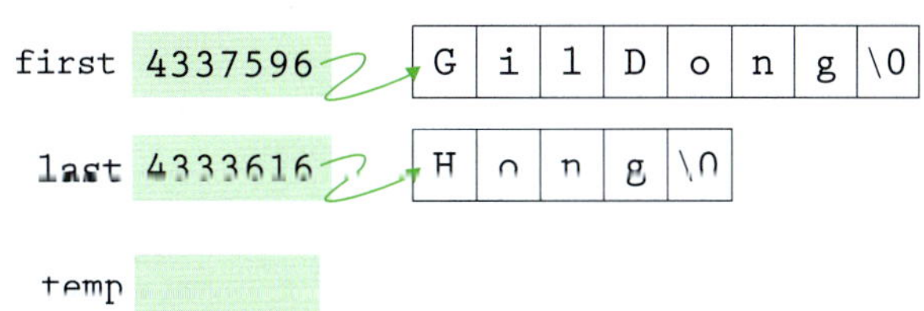

- 12~14행: first와 last에 저장된 주소를 서로 교환한다. 결국 first가 가리키는 문자열은 "Hong"이 last가 가리키는 문자열은 "GilDong"이 된다. [그림 12-11]의 설명과 같이 "Hong"과 "GilDong" 두 문자열의 내용을 교환하려면 해당 위치의 문자별로 교환해야 하므로 문자열의 길이가 길수록 교환하는 데 시간이 오래 걸린다. 포인터를 직접 교환함으로써 문자열 길이와 상관없이 언제나 두 포인터 변수의 교환으로 문자열을 교환

하는 효과를 얻을 수 있으므로 훨씬 효율적이다.

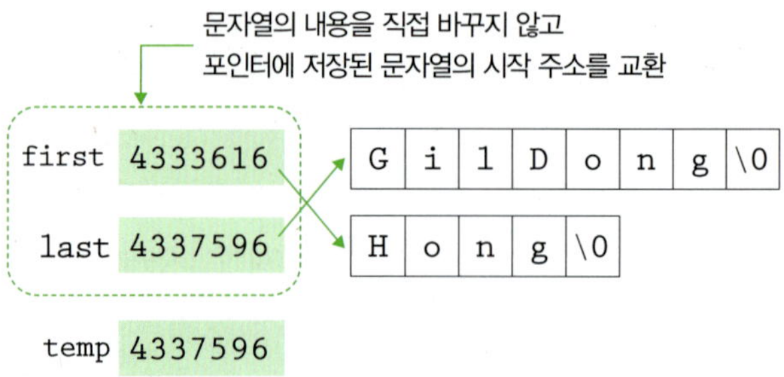

[프로그램 12-10]은 입력받은 문자열을 모두 대문자로 출력한 후 다시 모두 소문자로 출력하는 프로그램이다. 배열의 첨자를 이용해 처리할 수도 있지만 포인터 변수를 이용해 문자열의 문자를 하나씩 차례로 변환한다. 이 프로그램을 이해하면 포인터를 이용해 연결 리스트나 트리 구조를 탐색하는 프로그램을 이해하는 데 많은 도움이 될 것이다. 대문자로 변환하기와 소문자로 변환하기는 C언어에서 제공하는 라이브러리 함수 toupper와 tolower를 사용하며 이 함수들을 사용하려면 〈ctype.h〉 헤더 파일이 필요하다.

프로그램 12-10 포인터가 가리키는 문자열의 문자를 순서대로 방문하면서 대문자, 소문자로 변환하기 (ch12-10.cpp)

```
#include <stdio.h>
#include <ctype.h>            // toupper와 tolower 함수를 위한 헤더 파일

int main()
{
    char str[100], *p;

    printf("문자열을 입력하시오 : ");
    gets(str);                // 문자열 전용 입력 함수 gets를 이용해 str에 문자열 입력받기

    p = str;                  // p가 str 배열, 즉 방금 입력된 문자열을 가리키게 함

    while (*p != '\0')        // p가 가리키는 문자가 널 문자가 아니면 계속 변환하기
    {
        *p = toupper(*p);     // p가 가리키는 곳의 문자를 대문자로 변경
        p++;                  // p가 다음 문자를 가리키도록 포인터를 1 증가
    }
```

```
18      printf("대문자로 변환한 결과: %s\n", str);
19
20      p = str;
21
22      while (*p != '\0')
23      {
24          *p = tolower(*p);
25          p++;
26      }
27      printf("소문자로 변환한 결과: %s\n", str);
28
29      return 0;
30  }
```

실행 결과

```
문자열을 입력하시오 : god bless you!↵
대문자로 변환한 결과: GOD BLESS YOU!
소문자로 변환한 결과: god bless you!
```

설명

- 6행: 키보드로 입력받은 문자열을 저장하기 위해 char형 배열 str을 선언한다. 사용자가 얼마나 긴 문장을 입력할지 모르는 상황에서 최대 99개의 문자를 저장할 수 있도록 크기를 100으로 지정한다. str 배열의 각 원소를 차례대로 가리키기 위해 char형 포인터를 선언한다.
- 11행: p = str;에 의해 p는 문자열의 첫 글자를 가리키게 된다.

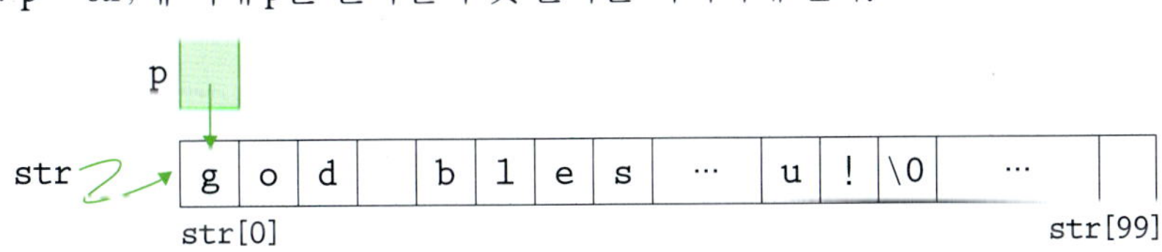

- 13~17행: str 배열에 저장된 각 문자를 대문자로 바꾸는 것은 str[i] = toupper(str[i]);로 가능하다. 그러나 이 프로그램에서는 그림과 같이 char형 포인터 p가 문자열의 각 문자를 차례대로 방문하면서 p가 가리키는 문자를 대문자로 바꾸는 방법을 사용한다.

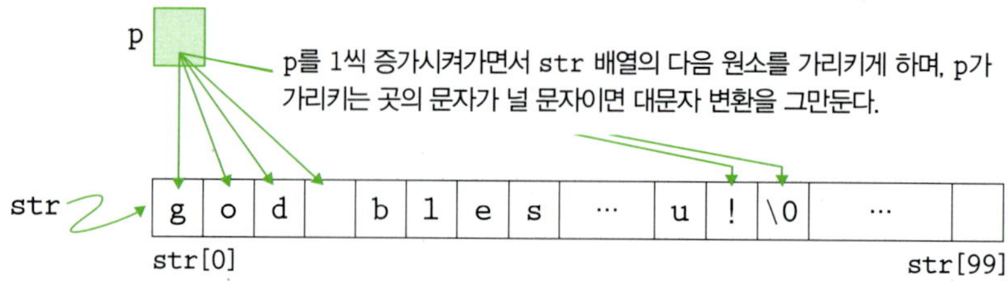

▸ 13행: str 배열의 크기는 100이지만 실제로 저장된 문자열의 길이는 사용자가 입력하는 내용에 따라 달라진다. 그렇다면 언제까지 문자를 대문자로 바꾸어야 할까? 문자열 끝에는 널 문자 \0이 자동으로 저장되므로 널 문자를 만날 때까지 차례대로 문자를 한 개씩 대문자로 변경하면 된다. p가 가리키는 곳의 문자가 널이 아니라면 계속 반복하게 하기 위한 while 뒤의 조건식은 다음과 같다.

(*p != '\0') 혹은 (*p != NULL)

이 조건식은 다시 (*p)로 표현할 수도 있다. 정수 0은 거짓이고 그 외의 수치는 참에 해당하므로 (*p)의 문자가 널 문자면 (*p)는 (0)으로 (거짓)이 되고, 널 문자가 아니면 문자의 ASCII 코드 값이 적용되어 (참)이 된다.

▸ 16행: 현재 p가 가리키는 곳의 문자를 대문자로 변경한 후에는 p를 다음 문자가 저장된 곳을 가리키게 하기 위해 p++를 실행한다. p는 char형 포인터이므로 실제로도 현재 p에 저장된 주소가 1 증가된다. 결과적으로 다음 원소를 가리키게 된다.

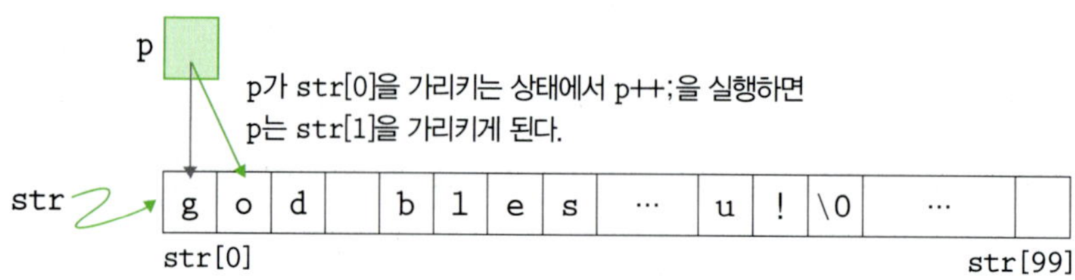

다음 그림과 같이 double형 포인터 pd에 대해 pd++;을 하면 현재 pd에 +8이 되었을 것이다. 그러나 이 또한 그림으로는 다음 double형 원소를 가리키게 될 것이다. 이처럼 포인터 변수에 대한 ++이나 +1은 포인터 변수의 자료형과는 상관없이 단순히 다음 것이라는 의미로 해석하고 프로그래밍하게 해 준다.

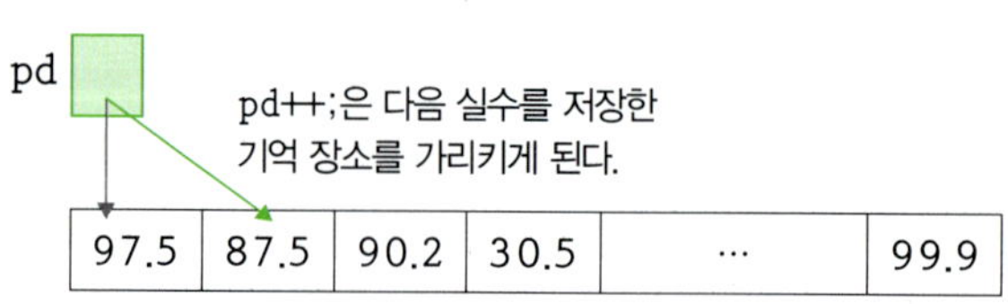

▸ 20행: 13~17행의 while 반복문을 마치면 p가 문자열의 끝을 가리키는 상태이므로 p가 다시 처음 입력된 문자열의 시작 위치를 가리키도록 배열의 시작 주소 str을 대입한다.

12.7 포인터 배열

12.7.1 포인터와 다차원 배열

이번 단원에서는 포인터를 배열로 선언한 포인터 배열에 대해 알아보자. 포인터와 1차원 배열은 서로 동일한 관계임을 배웠다. 그렇다면 포인터와 다차원 배열은 어떤 관계일까? 해답을 알기 위해 다음 몇 가지 예제를 살펴보자.

먼저 다음과 같이 2차원 배열이 선언되었다고 가정해 보자.

```
int array[4][2];
int *ptr;

ptr = array;
```

이때 ptr은 어디를 가리킬까? 이는 첫째 행, 첫째 열 주소를 가리킨다.

```
array == &array[0][0]
```

그러면 ptr+1은 어디를 가리킬까? array[0][1], 1행 2열일까? array[1][0], 2행 1열일까? 2차원 배열도 연속 기억 장소를 차지하는 1차원 배열과 같이 저장된다. 이 순서는 오른쪽 첨자, 즉 행을 먼저 변화시켜 가는 방법으로 결정된다. 즉 내부적인 순서는 다음과 같다.

```
array[0][0] array[0][1] array[1][0] array[1][1] array[2][0] ………
```

즉, 첫째 행이 저장되고 그 다음으로 둘째 행, 셋째 행 순으로 저장된다. 따라서 이 예제에서는 다음과 같이 생각할 수 있다.

```
ptr == & array[0][0]
ptr+1 == & array[0][1]
ptr+2 == & array[1][0]
ptr+3 == & array[1][1]
```

그러므로 ptr + 1은 array[0][1]을 가리킨다.

2차원 배열 array에서 4행에 대한 이름은 무엇일까? 첫 행의 이름은 array[0]이고, 4행의 이름은 array[3]이다. 각 배열명은 또한 그 배열에 대한 포인터가 되므로 그 배열의 첫 번째 원소를 가리키게 된다. 이것은 다음의 사실을 의미한다.

```
array[0] == & array[0][0]
array[1] == & array[1][0]
```

```
array[2] == & array[2][0]
array[3] == & array[3][0]
```

여기서 다음 문장이 성립한다.

```
array[0] == *ptr
array[0][0] == *ptr[0]
array[1][0] == *ptr[1]
array[2][0] == *ptr[2]
array[3][0] == *ptr[3]
```

자연스럽게 포인터가 배열로 사용된 것을 알 수 있다. 따라서 포인터를 배열로 선언하는 것은 어떤가? 당연히 포인터도 배열로 선언하는 것이 가능하며 이런 경우를 포인터 배열이라고 하며 포인터 배열은 2차원 배열처럼 사용된다는 것을 알 수 있다.

예를 들어 포인터 배열을 선언해 보자.

```
int *arrptr[3];
```

정수형 포인터 배열은 그림으로는 다음과 같이 표현할 수 있다.

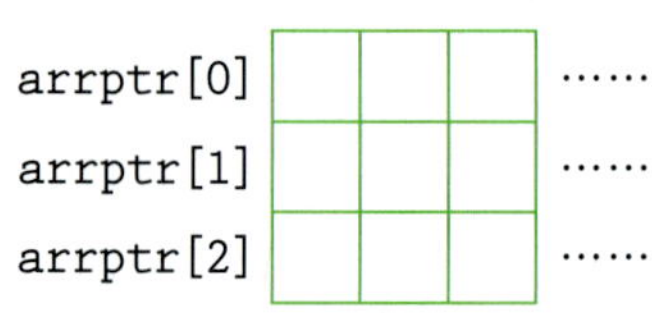

int *에 의해 arrptr는 정수형 포인터가 되고, []에 의해 arptrr은 정수형 포인터 배열이 된다. 정수형 포인터 배열 arrptr에는 배열 원소가 3개 있고, 각 원소들은 정수형 포인터이므로 정수형 변수들의 주소가 저장된다. 이때 포인터 배열 변수 이름은 배열의 행과 같은 역할을 담당한다.

2차원 배열에서 행 이름은 그 행에 포함된 배열 요소 중 첫 번째 요소의 주소를 의미한다. 따라서 각 행의 이름을 포인터로 사용한다.

a[3][3]의 2차원 배열에서 다음 표현은 의미가 모두 같다.

[표 12-3] a[3][3] 2차원 배열에서의 동일한 표현

행의 시작	배열 이름	2차원 배열	포인터
a[0]	a	a[0][0]	*a[0]
a[1]	a+1	a[1][0]	*a[1]
a[2]	a+2	a[2][0]	*a[2]

다시 정리해 보자. 2차원 배열로 다음과 같이 선언되었다고 할 때

int array[3][4];
array ⇒ 2차원 배열에서 배열 이름은 한 행을 의미한다.
&array ⇒ &를 붙인 배열은 배열 전체의 주소를 의미한다.
**array ⇒ **array는 원소 자체의 값을 의미한다. 즉 array[0][0]의 값이다.
&array[0][0] ⇒ array[0][0] 원소의 주소를 나타낸다.
array[0] ⇒ array[0]은 0번 행의 주소를 나타낸다.

배열식 표기법을 포인터식 표기법으로 표현하면

array[0] = *array
array[0]+1 = *array + 1

배열식 표기법을 포인터식 표기법으로 바꿀 때는 다음 규칙대로 하면 쉽게 해결된다.

array[2][3]
열을 간접연산자 * 기호로 바꾸면 된다.
*array[2]

12.7.2 문자형 포인터 배열

포인터 배열은 문자형 포인터 배열을 사용할 때 유용하다. 문자열이 여러 개인 경우에는 문자열을 배열로 하여 2차원 배열이 된다. 마찬가지로 이런 경우에 포인터를 모아 배열로 처리할 수 있다.

예를 들어 꽃 이름을 배열에 저장한다면 다음과 같이 두 가지 유형, 2차원 배열과 포인터 배열을 사용할 수 있다. 다음 두 가지 표현 방식은 역할이 같다.

2차원 배열에 저장

```
char flower[5][10] = {"rose", "sunflower", "lily", "lavender", "cosmos"};
```

포인터 배열 사용

```
char *flower[] = {"rose", "sunflower", "lily", "lavender", "cosmos"};
```

여러 개의 문자열을 저장하기 위해 2차원 배열을 사용하는 경우에는 두 번째 첨자의 크기는 저장할 문자열의 크기를 감안하여 충분한 크기로 정해 주어야 한다. 그러므로 이런

경우에는 기억 공간의 낭비를 초래할 수 있다.

flower 배열이 생성되고 초기화된 후의 주기억장치 상태를 2차원 배열과 포인터 배열을 그려 보면 다음과 같다.

- **2차원 배열을 사용한 경우**: flower[5][10]으로 크기를 정하면 다음과 같이 주기억장치를 차지하게 된다. 길이가 짧은 문자열에서는 낭비되는 공간이 발생해 기억 공간의 낭비가 생김을 알 수 있다.

[표 12-4] 2차원 배열을 사용한 문자열 저장 형태

r	o	s	e	\0					
s	u	n	f	l	o	w	e	r	\0
l	i	l	y	\0					
l	a	v	e	n	d	e	r	\0	
c	o	s	m	o	s	\0			

- **포인터 배열을 사용한 경우**: 아래 그림과 같이 필요한 공간만 사용하게 된다. 포인터 배열 flower의 각 배열 요소에는 각 문자열이 시작되는 주소가 저장된다.

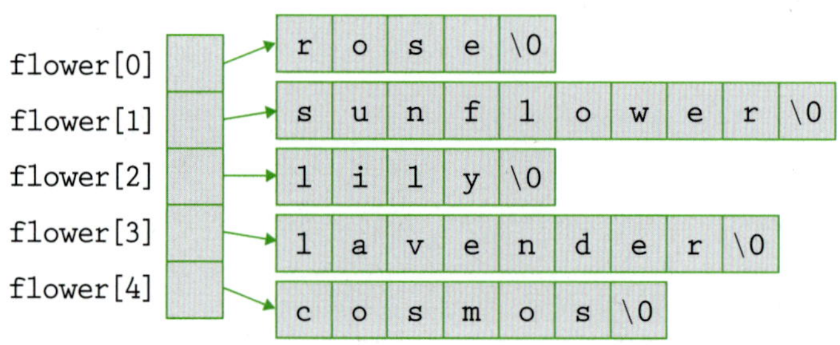

[그림 12-12] 포인터 배열을 이용한 문자열 저장 형태

다음의 예제는 포인터 배열로 문자열을 저장한 후 그 내용을 출력하는 프로그램이다. 포인터를 사용하지 않고 2차원 배열로 한 경우일 때는 이중 for문을 사용하는 번거로움을 훨씬 간결하게 해결해 준다.

프로그램 12-11 포인터 배열 출력하기(ch12-11.cpp)

```
#include <stdio.h>

int main()
```

```
4 {
5     int i,n;
6     char *flower[]={"rose", "sunflower", "lily", "lavender",
                      "cosmos"}; // 포인터 배열
7
8     n = sizeof(flower) / sizeof(flower[0]);
9
10    for(i=0 ; i<n ; i++)
11       printf("%s\n", flower[i]); // *(flower + i)로도 가능
12    return0;
13 }
```

배열 전체 크기를 첫 행 크기로 나누면 당연히 5가 나오면서 배열의 행이 5개임을 쉽게 알 수 있다.

실행 결과

```
rose
sunflower
lily
lavender
cosmos
```

설명

- 6행: 5개의 문자열을 포인터 배열로 선언하였다. 각 문자열이 행의 형태로 저장된다.
- 8행: 한 행씩 출력하기 위해 행수를 계산한다. 배열 전체 크기를 첫 행 크기로 나누면 당연히 5가 나오면서 배열의 행이 5개임을 쉽게 알 수 있다.
- 10~11행: 행수만큼 반복하면서 각 행의 문자열을 출력한다. 포인터 배열로 선언하여 flower[i]는 행의 시작 주소를 의미하므로 for문이 한 번 순회할 때마다 문자열이 한 행씩 출력된다.

  문자열을 표현하는 경우에는 포인터를 사용하면 주기억장치의 사용도 효율적으로 사용하게 되고 프로그램을 작성하는 것도 간결하게 표현되어 효과적이다.

> 포인터 == 1차원 배열
> 포인터 배열 == 2차원 배열 혹은 다차원 배열

12.8 프로그래밍 실습 2

12.8.1 문자열 정렬 프로그램: 2차원 배열 vs 포인터 배열

앞에서 배운 [프로그램 12-11]을 활용하여 이번에는 주어진 문자열인 사람 이름을 가나다순으로 정렬하여 출력하는 프로그램을 작성하여 보자.

문자열을 정렬하는 기능은 색인을 만드는 과정, 이름 목록을 준비하는 과정 등에서 자주 사용되는 기법으로 배열과 포인터를 이용하여 손쉽게 정렬할 수 있다. 주어진 문자열을 2차원 배열 혹은 포인터 배열로 저장한 후 정렬한다. 포인터와 포인터 배열을 숙지하였다면 충분히 프로그램을 이해할 수 있을 것이다.

배열로 표현한 방법 [프로그램 12-12]와 포인터로 표현한 방법 [프로그램 12-13] 두 가지로 작성하여 어떻게 다르게 표현되는지 차이점을 살펴보면서 문자열과 포인터 배열을 이해하자.

해결 과정

① 사람 이름을 배열식 표현방법에서는 '2차원 배열', 포인터식 표현방법에서는 '포인터 배열'로 저장한다.

② 문자열 함수 중에서 2개의 문자열을 아스키코드 값으로 크기를 비교하여 순서를 알 수 있는 strcmp( ) 함수를 사용한다.

③ 정렬 알고리즘 중에서 교환정렬 방법을 사용한다.

교환 정렬은 다음 그림과 같이 첫 원소를 다른 모든 원소와 비교하여 첫 원소 자리부터 순서대로 값이 저장되도록 하여 정렬을 완료한다.

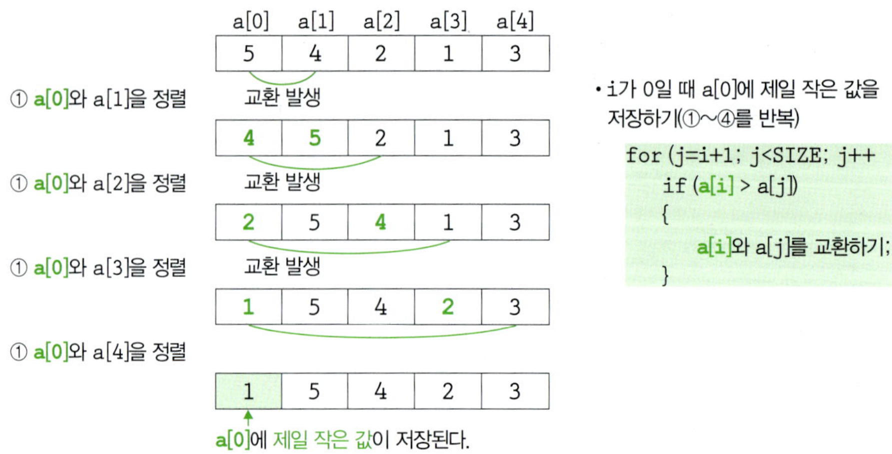

같은 방식으로 a[1]~a[3] 각각에 대해 정렬을 반복하면 되므로 교환 정렬 프로그램은 다음 코드와 같이 작성할 수 있다.

```
// 교환 정렬
for (i=0; i<SIZE-1 ; i++)
    for (j=i+1; j<SIZE; j++)
        if (a[i] > a[j])
        {
            temp = a[i];
            a[i] = a[j];
            a[j] = temp;
        }
```

- a[4]에 대해서는 안쪽 for문을 실행할 필요가 없다.
- i가 0이라면 a[1]~a[SIZE]까지
- i가 1이라면 a[2]~a[SIZE]까지
- i가 2이라면 a[4]~a[SIZE]까지
- i가 3이라면 a[4]~a[SIZE]까지 비교한다
- a[i]와 a[j]를 교환한다.

④ 2차원 배열인 경우에는 문자열의 크기에 따라 자리를 교환할 때 문자열을 복사하는 strcpy( )함수를 사용한다.

⑤ 정렬하기 전과 정렬 후를 각각 출력한다.

다음은 문자열을 2차원 배열로 선언하여 배열식 방법으로 프로그램을 작성한 것이다.

프로그램 12-12 문자열 정렬하기: 배열식 표현 방법(ch12-12.cpp)

```
#include <stdio.h>
#include <string.h>

int main()
{
    [                    ]
    

    int i, j;
    int n = sizeof(gold) / sizeof(char[10]);

    printf("\n** %d명의 금메달 리스트 **\n", n);

    for(i = 0 ; i<n ; i++)     // 정렬 전 출력
        [                    ]
```

- sizeof(char[10]): 열의 크기와 동일하게 지정

다음 장 »

```
15
16     for(i = 0 ; i<n-1 ; i++)
17         for(j = i+1 ; j<n ; j++)
18             if(strcmp(gold[i], gold[j]) > 0){
19
20
21
22             }
23
24     printf("\n** 정렬된 금메달 리스트 **\n");
25
26     for(i = 0 ; i<n ; i++)        // 정렬 후 출력
27
28
29     return 0;
30 }
```

→ 첫번째 문자열이 다른 모든 문자열을 비교한다.

gold[i] 문자열이 gold[i+1]보다 뒤에 나오는 문자열이면 1을 반환

실행 결과

```
** 5명의 금메달 리스트 **
gold[0] = 송주
gold[1] = 고효진
gold[2] = 사공진석
gold[3] = 최연희
gold[4] = 김하눌

** 정렬된 금메달 리스트 **
gold[0] = 고효진
gold[1] = 김하눌
gold[2] = 사공진석
gold[3] = 송주
gold[4] = 최연희
```

설명

▸ 6행: 문자열을 2차원 배열로 선언하여 저장한다.

행의 시작 주소이다

gold[0]	송	주	\0					
gold[1]	고	효	진	\0				
gold[2]	사	공	진	석	\0			
gold[3]	최	연	희	\0				
gold[4]	김	하	눌	\0				

배열을 선언과 동시에 초기화하지 않고 입력을 받는다면 다음과 같이 작성한다.

```
for (i=0; i<SIZE; i++)
{
    printf("%d번째 메달리스트는? ", i+1);
    scanf("%s", gold[i]);
}
```

(i+1)번째 행의 시작 주소이므로 앞에 &를 붙이지 않는다.

- 9행: 여기서 n은 2차원 배열에서 행의 개수를 구하는 공식으로 전체 배열 크기에서 한 행에 있는 열 개수를 나눈다. 5가 된다.
- 18행: if(strcmp(gold[i], gold[j]) > 0)

  C언어에서 strcmp( ) 함수는 문자열을 비교하는 함수로서 문자열 내에 있는 내용자체를 비교한다. 헤더 파일 〈string.h〉를 반드시 포함하여야 한다. 예를 들어 gold[0]의 '송주'와 gold[1]의 '고효진'을 비교한다고 했을 때 각 문자열의 아스키코드 값을 이용해서 환산한 숫자의 결과를 비교한다. 아스키코드 값에서는 ㄱ, ㄴ, ㄷ, ㄹ 순으로 뒤로 갈수록 값이 높게 표시된다.

  앞의 문자열이 크면 1을 반환, 같으면 0을 반환, 작으면 -1을 반환한다. 따라서 0보다 크면 자리를 교환한다.
- 19행: strcpy(temp, gold[i]);

  strcpy( ) 함수는 문자열을 복사하는 함수이다. gold[i]에 저장된 문자열을 temp로 복사한다.
- 16~22행: 정렬방식은 제일 간단한 교환정렬 방식으로 첫번째 문자열이 뒤에 나오는 모든 문자열을 비교하여 첫 원소부터 정렬이 된다. 문자열을 교환해야 하는 경우 행 전체를 문자열 복사 함수를 사용하여 교환한다.
- 13~14행, 26~27행: 2차원 배열에 저장된 문자열을 출력한다. 2차원 배열에서 첨자가 1개이면 행의 시작위치를 의미하기에 첨자를 1개만 사용하여 gold[i]라고 하면 행에 저장된 이름이 출력된다.

프로그램 12-13 문자열 정렬하기: 포인터식 표현 방법(ch12-13.cpp)

```
#include <stdio.h>
#include <string.h>

```

다음 장 »

```
4  int main()
5  {
6
7
8      int i, j;
9      int n = sizeof(gold) / sizeof(char*);
10
11     printf("\n** %d명의 금메달 리스트 **\n", n);
12
13     for(i = 0 ; i<n ; i++)      // 정렬 전 출력
14
15
16     for(i = 0 ; i<n-1 ; i++)
17         for(j = i+1 ; j<n ; j++)
18             if(strcmp(gold[i], gold[j]) > 0){
19
20
21
22             }
23
24     printf("\n** 정렬된 금메달 리스트 **\n");25
26     for(i = 0 ; i<n ; i++)      // 정렬 후 출력
27
28
29     return 0;
30 }
```

실행 결과

실행 결과는 배열식으로 표현한 것과 동일하다.

설명

▸ 6행: 문자열을 포인터 배열로 선언하여 저장한다.

- 9행: 여기서 n은 행의 개수를 구하는 공식으로 전체 배열 크기에서 한 행의 문자 크기(개수)를 나눈다. 5가 된다.

```
sizeof(gold) / sizeof(char *)
```

↖ gold 배열의 전체 크기 ↖ gold 배열의 한 원소의 크기
gold 배열의 원소가 되기도 하므로 (gold[0]) 형식으로 표현된다.

교환 정렬은 다음 for문과 같이 첫 원소 자리부터 순서대로 정렬이 완료된 상태의 값이 저장되도록 하여 정렬을 완료한다.

```
for (i=0; i<SIZE-1; i++)
    a[i]에 (i+1)번째로 작은 값을 저장하기;
```

→ i가 0일 때: a[0]에 제일 작은 값을 저장하기
i가 1일 때: a[1]에 둘째로 작은 값을 저장하기
i가 2일 때: a[2]에 셋째로 작은 값을 저장하기
i가 3일 때: a[3]에 넷째로 작은 값을 저장하기
원소 수가 5개이므로 a[3]에 넷째로 작은 값을 저장하면 a[4]에는 당연히 제일 큰 값이 저장된다.

- 19~21행: 포인터 배열에서는 자리를 교환할 때 이름이 교환되는 것이 아니라 주소가 교환된다. 즉 포인터만 교환되는 것이다.

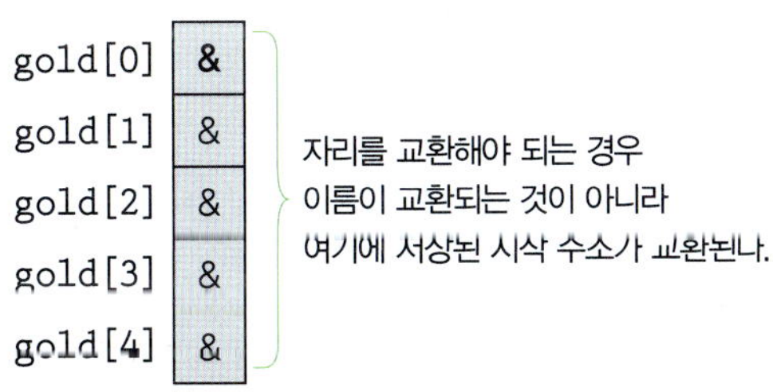

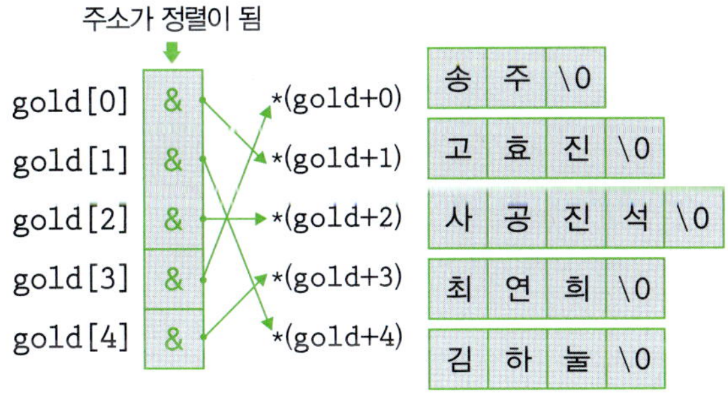

▸ 13~14행, 26~27행: 포인터 배열에 저장된 문자열을 출력한다. 간접 연산자 '*'를 사용하여 *(gold+i)표현하면 이름이 저장된 위치에서 이름을 읽어 와서 출력할 수 있다.

12.8.2 [프로그램 12-13]을 함수와 전역 변수를 사용하여 수정하기

앞의 [프로그램 12-13] 문자열 정렬 프로그램을 수정하여 출력 함수, 정렬 함수, 전역 변수를 사용하여 정렬된 문자열을 출력하는 프로그램을 작성해 보자.

조건

- 출력 함수를 정의하여 사용하기
- 정렬 함수를 정의하여 사용하기
- gold의 원소 수를 지정할 size 변수를 프로그램에 전체에서 참조할 수 있도록 선언하기

다음에 주어진 프로그램 코드는 main( )의 코드이다. 그 외 필요한 부분을 추가하여 프로그램을 완성해 보자.

프로그램 12-14 [프로그램 12-13]을 함수와 전역 변수를 사용하여 수정하기(ch12-14.cpp)

```
// 헤더 파일, 함수 원형, 전역 변수 선언



int main()
{
    char *gold[] = {"송주", "고효진", "사공진석", "최연희", "김하늘"};

    size = sizeof(gold) / sizeof(gold[0]);

    printf("** 금메달 리스트 : ");
    prn(gold);                          // 출력 함수 호출
    align(gold);                        // 정렬 함수 호출
    printf("** 정렬한 리스트 : ");
```

```
    prn(gold);                              // 출력 함수 호출

    return 0;
}
```

// 출력 함수 정의

// 정렬 함수 정의

12.8.3 학생 정보를 검색하여 출력하는 프로그램

학생 10명의 이름, 전화번호, 평점 정보가 저장되어 있을 때 학생 이름으로 검색하여 정보를 출력하는 프로그램을 작성해 보자. 입력된 학생 이름과 동일한 이름의 학생이 있는지 검색하는 함수 search를 정의하여 이용한다. search 함수는 사용자가 입력한 이름과 학생 이름이 저장된 배열을 전달받아 동일한 이름의 학생이 있으면 그 문자열의 행 첨자를 반환하고 그렇지 않으면 -1을 반환한다. 즉 main 함수에서는 search 함수가 반환한 이름 배열의 행 첨자를 이용하여 전화번호와 평점 정보를 출력할 수 있으며, 반환 값이 -1이라면 검색에 실패했음을 확인하고 적절한 메시지를 출력할 수 있다. char형 포인터를 이용하여 문자열을 처리할 때는 동적 할당을 받지 않고는 문자열을 입력할 수 없으므로 학생의 정보는 char *name[N] = {이름 문자열 N개}, 전화번호는 char *phone[N] = {전화번호 문자열 N개}, 평점은 double grade[N] = {평점 N개}와 같이 선언을 하면서 초기화한다. 문제 해결 과정은 다음과 같다.

해결 과정

① 찾고자 하는 학생의 이름은 문자열 한 개이므로 char who[10];으로 선언한 후 사용자에게서 찾고자 하는 이름을 who에 입력받는다.

② name 배열의 문자열 중 who와 동일한 문자열의 첨자를 index에 구하기 위해 search 함수를 호출한다: index = search(who, name);

③ index가 -1이라면 검색이 실패한 것이므로 적절한 안내 메시지를 출력하고 프로그램을 끝낸다. 그렇지 않다면 name[index], phone[index], grade[index]를 출력하여 검색 결과 정보를 제공한다.

```
10명의 정보
나태희  010-5228-7889  4.3
유현빈  010-5211-1472  4.0
나원빈  010-1235-8765  3.2
문건영  010-8282-8282  2.7
소지법  010-5165-3483  3.2
나보배  010-5232-1628  4.0
장도건  010-3452-1676  4.4
고수영  010-5210-5463  3.7
이나라  010-5210-1234  4.2
김해수  010-8255-8255  3.8
```

• **검색 성공 화면의 예**

```
정보를 찾고 싶은 학생의 이름은? 유현빈
 이름          전화          평점
유현빈    010-5211-1472     4.0
```

• **검색 실패 화면의 예**

```
정보를 찾고 싶은 학생의 이름은? 지원빈
지원빈 학생은 찾을 수 없습니다.
```

힌트

여러 개의 문자열을 저장하기 위해 char형 이차원 배열을 이용했을 때와 char형 포인터 배열을 이용했을 때 배열을 함수로 전달하고 함수에서 배열을 전달받는 방법은 다음 표와 같다. 그러므로 search 함수의 원형은 who는 문자열 한 개이며 name은 N개의 포인터 배열이므로 int search(char *name, char *name_list[N])이 될 수 있다.

함수 호출	함수 정의
char array[N][10]; : f1(array);	void f1(char str[N][10]) {…} void f1(char str[ ][10]) {…} void f1(char (*str)[10]) {…} void f1(char *str[N]) {…} // 에러
char *pointer[N]; : f2(pointer);	void f2(char *str[N]) {…} void f2(char str[N][10]) {…} // 에러

실행 결과

• 학생을 찾은 경우

```
정보를 찾고 싶은 학생의 이름은? 장도건↵

 이름        전화         평점
---------------------------------
장도건  010-3452-1676  4.4
```

• 학생이 없는 경우

```
정보를 찾고 싶은 학생의 이름은? 장동건↵
장동건 학생은 찾을 수 없습니다.
```

프로그램 12-15 학생 정보를 검색하여 출력하기(ch12-15.cpp)

다음 장 »

12.8.4 줄 단위 문자열 정렬 프로그램

앞의 [프로그램 12-14]를 응용하여 이번에는 한 줄씩 문자열을 외부로부터 입력받아서 배열에 저장하고, 저장된 문자열을 비교하여 정렬된 문자열을 출력하는 프로그램을 작성해 보자.

해결 과정

① 문자열을 외부로 입력받아 2차원 배열에 저장한다.

② 최대 20행까지, 1행에는 100자까지 입력할 수 있다.

③ 빈 행에서 〈Enter〉 키를 치면 입력을 종료한다. while 반복문을 사용하여 빈 행과 널 문자가 아니고 20행 전까지는 계속 입력할 수 있도록 한다.

④ 교환 정렬 알고리즘을 이용한다.

⑤ 2차원 배열에 입력된 문자열을 포인터 배열로 저장하여 문자열을 교환할 때는 포인터만 교환하도록 한다.

프로그램 12-16 입력받은 문자열 정렬하기(ch12-16.cpp)

```
#include <stdio.h>
#include <conio.h>
#include <string.h>

#define SIZE 100   // 입력할 문자열의 최대 길이
#define LIM 20     // 입력할 문자열의 최대 행수
#define HALT ""    // 입력 정지를 위한 null 문자열

void stsrt(char *strings[], int num)        // 문자열 정렬 함수
{
    char *temp;
    int top, seek;

    // 교환 정렬 알고리즘을 사용해 정렬
    for(top=0 ; top<num-1 ; top++)
        for(seek=top+1 ; seek<num ; seek++)
            if(strcmp(strings[top], strings[seek]) > 0){
```

```
            // strings[top]과 strings[seek]의 값을 교환하지만 실제는 포인터만 교환된다.
            temp = strings[top];
            strings[top] = strings[seek];
            strings[seek] = temp;
        }
}

int main()
{
    char input[LIM][SIZE]; // 입력 내용을 저장할 2차원 배열
    char *ptrstr[LIM];     // 포인터 배열
    int  ct = 0;           // 입력 카운터
    int k;                 // 출력 카운터
    printf("%d줄까지 입력할 수 있습니다 \n", LIM);
    printf("끝내시려면 줄 시작점에서 Enter키를 치세요 \n\n");

    // [Enter] 키를 누르기 전까지 계속 문자열을 입력받는다.
    while(gets(input[ct]) != NULL && strcmp(input[ct], HALT) != 0 && ct++ < LIM)
        // 포인터 배열 ptrstr의 각 원소가 배열 input의 1차원 배열들을 가리킨다
        ptrstr[ct-1] = input[ct-1]; // 1행씩 입력된 내용을 포인터 배열로 넘긴다.

    stsrt(ptrstr, ct);             // 입력된 내용과 행수를 인자로 하여 함수 호출
    puts("\n 정렬이 완료된 내용 : \n");
    for(k=0 ; k<ct ; k++)
        puts(ptrstr[k]);           // 정렬이 된 포인터 배열

    return 0;
}
```

실행 결과

```
20줄까지 입력할 수 있습니다
끝내시려면 줄 시작점에서 Enter키를 치세요
---------------------------------------------
하늘의 따뜻한 바람이↵
그대 집 위로 부드럽게 일기를↵
위대한 신이 그 집에↵
```

```
들어가는 모든 이들을 축복하기를↵
그대의 모카신 신발이↵
눈 위에 여기저기 행복한↵
흔적 남기기를↵
그리고 그대 어깨 위로↵
늘 무지개 뜨기를...↵
↵
정렬이 완료된 내용 :
-----------------------------------------------
그대 집 위로 부드럽게 일기를
그대의 모카신 신발이
그리고 그대 어깨 위로
눈 위에 여기저기 행복한
늘 무지개 뜨기를...
들어가는 모든 이들을 축복하기를
위대한 신이 그 집에
하늘의 따뜻한 바람이
흔적 남기기를
```

Memo